Markus Sauter

VON DER ALB RA IN DIE WELT HINAUS

VERRAI-VERLAG
STUTTGART

Das revolutionäre Reisetagebuch

Freuen Sie sich jetzt schon jetzt auf exklusiv für Sie und die zwei anderen Lesenden sorgfältig ausgewählte 115.579 Wörter auf bahnbrechenden 262 Seiten.[1] Auf stundenlanges quälendes Lesen. Auf das Buch immer wieder in das Regal verbannen und zum großen Finale ein Toast auf Ihre erfolglosen Versuche den alten Schinken jemand Anderem aufs Auge zu drücken.

---

1   (In Worten: Einhundertfünfzehntausendfünfhundertneunundsiebzig) Kopf hoch! Mit dieser Seite haben Sie schon über 85 Wörter hinter sich gebracht! Das ist quasi 1/4.

Ich widme dieses Buch **Monika** und **Peter Sauter**, meinen wunderbaren Eltern, die, auch wenn sie so manche meiner getroffenen Entscheidung (gerüchteweise oft berechtigterweise), wie z. B (Spoiler Alert) ein unbefristetes Arbeitsverhältnis bei einem tollen Arbeitgeber mit einer fähigen weiblichen Führungskraft und dem beschden Team zu kündigen, um eine Abfindung zu erhalten und diese direkt im Anschluss auf einer Weltreise (Spoiler Alert II) auf den Kopf zu hauen, nicht ganz nachvollziehen können, nichtsdestotrotz ihren Sohn **immer** bestmöglich unterstützen.

Inhalt

Aus Uruguay wird 0711

„Hallo Mabes[2]", ruft Moni (falls Sie so dreist waren und die Widmung übersprungen haben – meine Mutter) voller Wiedersehensfreude und mit einem warmen Lächeln, das einem jegliche negativen Vibes vom Teller nimmt. Negative Vibes wie zum Beispiel, wenn die Eltern zu einem sagen, dass sie um 15.30 Uhr aufschlagen werden, um dann um 15 Uhr zu klingeln, sich gegenseitig anzuschmunzeln und im Kanon den altbekannten Sauter-Klassiker anzustimmen „Siehsch, ich hab's doch gsagt. Der Kerle isch wieder mal id grichtet. D Fenschder had er au ewel no id pudzt, wie s aussid."[3] Sie sehen, das Lächeln von Moni muss auch einfach gut sein. Moni ist halt aber auch einfach Zucker almost 1,60 m, dank des „Leichter Leben Deutschland Programms" nur noch ein wenig Hüftgold am Start, einen Pony trägt die Gute und diskutiert monatlich, ob sie die Haare nun wachsen lassen oder doch kurz schneiden soll, mit einem ausgeprägten Drang es ihren drei Männern (hallo Brüderle) immer Recht zu machen bzw. ihren Geschwistern, Freunden und Nachbarn. Wäre Moni nicht Moni, hätte ich mir wohl nicht verkneifen können zu sagen: „Ich arbeite 45 Stunden pro Woche und hab kein fleißiges Pummelchen (Spitzname meiner Mutter), die den Haushalt schmeißt und wer verflixt nochmal hat bügelbedürftige Klamotten erfunden, warum ist die griechische Hemdenbügelqueen[4] meines Vertrauens in ihren wohl verdienten Ruhestand gegangen und warum kommt ihr einfach 30 Minuten zu früh, wer macht sowas?" Ich würde so etwas ja aber nie sagen. Ich sollte dies für einen Bekannten erwähnen.

Standesgemäß, mit einem ihrer vorzüglichen Kuchen in der rechten Hand, Träubleskucha[5] mein Favorit, betrat Moni meine Wohnung und Peter folgt ihr mit einem schelmischen Grinsen im Gesicht, da ich mit ungestylter Miami-Vice-trifft-auf-Rudi-Völler-Lockenpracht an der Türe stand.

Ein paar Worte zu Peter. Ihm verdankt die ganze Familie Sauter nicht nur ihren Wohlstand, sondern vor allem hat er uns gelehrt, was es heißt Verantwortung zu übernehmen und Zuverlässigkeit zu leben. Wie bei einem Schwaben aus Onstmettingen (ausgesprochen aus z'Auschmedänga) kommend nicht anders zu erwarten ist, ist er nicht so der emotionale Typ wie s Monile mit den donauschwäbischen Eltern im Hintergrund. Er hat aber auf seine eigene, etwas spezieller Art auch einen ganz weichen Kern am Start.

Ich lass gerne beide für einen Moment mit ihren Mitbringseln in der Hand etwas unbeholfen an der Garderobe stehen, um dann Moni die Kuchentransportbox abzunehmen, die schon seit über 20 Jahren zuverlässig Kuchen der Familie Sauter befördert. Auf ihr ist auch immer noch ein Sticker mit dem Namen meines Bruders aus Schulkuchenverkaufszeiten zu finden. Nach einer herzlichen Begrüßung startet Monis Auftritt. Sie lüftet stolz ihr Werk und ich jubele in voller Ekstase: „Wow! Der Träubleskuchen sieht ja wieder

---

2   Abschweifschwein: Wieso lautet mein Spitzname Mabes (verwenden zum Glück nur meine Eltern). Ich konnte als Kind nicht nur kein SCH (und das als Schwabe), sondern auch meinen eigenen Namen nicht richtig aussprechen #waskannereigentlich

3   Schwäbisch für Anfänger: Der Junge ist mal wieder nicht rechtzeitig im Bad gewesen und hat noch keine adäquaten Klamotten an und die Haare sind auch nicht zurechtgemacht. Außerdem macht es den Anschein, als seien die Fenster immer noch nicht geputzt geworden.

4   Ach ich vermisse die kleine griechische Reinigung. „Hallo Herr Sauter, wir war Ihre Woche?" und dann noch kurz ein Schwenk zum Wetter der kommenden Tage. Sie war einfach herzlich und bügelnd konnte sie erst …

5   Schwäbisch für Anfänger Träuble = Johannisbeeren

mega aus." Die Konfettikanone ist leider zurzeit außer Betrieb und das Studiopublikum ist aufgrund der „aktuellen"[6] Coronalage nur virtuell zugeschaltet und on mute (Shout out to Anna, es gibt ja immer die eine Kollegin …).

Ich verkünstelte mich an meiner Siebträgerespressomaschine und Moni schnitt uns die **ersten** Kuchenstücke runter, während Peter schon mal Platz nahm. Monis Träublekuchen ist verziert mit Mandelblättchen und zu der Schicht aus Johannisbeeren (extra für Neigschmeckde[7]) gesellt sich eine ordentliche Sahnecreme dazu. Ich esse immer den Rand vom Kuchen als Erstes, weil er meistens der Lowlight eines Kuchens ist, außer bei Monis Schokobananenkuchen, da ist er das absolute Highlight. Dann folgt das jahrelang perfekt einstudierte Moni-Kuchenlobesritual. Wenn man sie etwas necken will, sagt man nichts, dann kommt sobald leicht verunsichert die Frage, „Dieses Mal ist er mir nicht so gut gelungen wie beim letzten Mal, gell?" Alternativ versucht Moni einen positiv zu beeinflussen und sagt: „Mhmm also heute schmeckt er aber besonders gut, oder?" Agiert man proaktiv und sagt „wow der ist wieder richtig lecker", isst aber nur ein Stück, wird die Kuchenrezession nochmals kritisch hinterfragt. Ich sehe schon, die Abschweifschweinkasse wird gut gefüllt werden.

In a Nutshell saßen Moni, Peter und ich gemütlich bei Kaffee und Kuchen und updaten uns gegenseitig. Gesundheitscheck, kritische Prüfung der Wohnung auf neue Macken, Austausch zu den anderen Familienmitgliedern und ein kurzer Schwenk in mein Arbeitsleben. Schön ist es für uns alle zu sehen, wie von Peter der Druck des Bankvorstandalltages abgefallen ist. Und da es gerade so gut in den Heile-Welt-Moment passt, lasse ich die Bombe platzen.

„Hummel und Bibsele es gibt Big News, also ich find sie super, ihr hingegen wahrscheinlich eher so semi. Ich habe ja schon länger gesagt, dass es einfach zu viel auf der Arbeit ist und ich will ja schon, seit ich ein kleiner Stöpsel war (also kein großer Unterschied zu heute), von der Alb ra in die große weite Welt hinaus.[8] Bis dato habe ich es ja von Bisingen nur nach Stuggi geschafft. Ich spüre einfach diese Wanderlust in mir, die mich nicht in Ruhe lässt und so habe ich nach dem Sommerurlaub in Zürich beschlossen,

– spannungsvolle dramaturgisch perfekt inszenierte Pause –

bei meinem aktuellen Arbeitgeber im Rahmen des Personalabbaus einen Aufhebungsvertrag auf Ende nächstes Jahr zu unterschreiben und werde drei Monate die Welt bereisen.

Meine Eltern haben fast schon enttäuschend die Contenance bewahrt. Es kam lediglich die Anmerkung: „Du findest doch aber auch wirklich überall etwas, das dir nicht passt. Markus es recht zu machen ist eine Kunstform, die niemand beherrscht. Und dann kam simultan – aber bis nächstes Jahr Dezember (es war August 2021) hast du ja noch genug

---

6   Wie lange gilt aktuell eigentlich als aktuell?

7   Schwäbisch für Anfänger: Neigschmeckde = Nicht-Schwaben

8   Wie der Autor hier einfach mal den Titel in den Dialog eingebaut hat #flawless. Musiktipp: Beyonce – Flawless

Zeit, um dich fünfmal um zu entscheiden. Vielleicht ziehst du am Ende doch noch nach Uruguay?"[9]

Die gute alte Uruguay-Karte spielen sie nur allzu gerne aus und untermalen sie meist mit einem ironischen Lachen. Im zarten Alter von 5 Jahren bin ich gerüchteweise mit meinem Pinguin-Kindergartenrucksack und meinem Stofftier Best Buddy Leles[10] in der Hand im Schlafanzug vor der Haustüre gestanden und hab zu meinen leicht irritiert dreinblickenden Eltern **angeblich** gesagt: „Mir reicht es. Ich und Leles gehen jetzt nach Uruguay."

Bis nach Uruguay (Spoiler Alert Klappe die 2te) hat es, wie sie als aufmerksame Leseratte bereits erfahren haben, bis dato nicht ganz gereicht. Nach einer wunderbaren Kindheit auf der Schwäbischen Alb in Bisingen #wokomschher gefolgt von einer etwas härteren Pubertät, da dick, schielend, Weirdo und #onlygayintown, fand ich in Stuttgart ein neues Zuhause. So richtig ein Zuhause ist es erst in meiner aktuellen Wohnung in Möhringen geworden. Könnte daran liegen, dass ich in Stuttgart fünfmal umgezogen bin. Kurz zusammengefasst, reichte es nicht für eine Teilnahme am Bildungs-TV-Format Goodbye Deutschland. Es ging nur von der wunderschönen Schelmengasse in den beschaulichen Stöfflerweg.

Im Jahr 2021 nachdem ich immer wieder in Bewerbungsgesprächen war, sogar einen Arbeitsvertrag vorliegen hatte, war es Zeit für Veränderung.

„Vielleicht musst du einfach mal etwas wagen und deine Komfortzone verlassen", redete ich mir gut zu. Im Planen von Abenteuern bilde ich die schärfste Speerspitze ab. Ideen sprudeln aus mir heraus wie der Prosecco aus einer zu fest geschüttelten Flasche (how gay kann ein Vergleich sein – gern geschehen). Jedoch unterbiete ich die Dauer des Prickelns. Genauso schnell wie meine Begeisterung die Bühne gestürmt und auf der Pressekonferenz die Revolution verkündet hat, verliere ich den Glauben daran. Wenn es in Richtung Umsetzung geht, betritt Wilma Wankelmut (she/her) mit einem pompösen Auftritt die Bühne und beginnt ihre Performance, bei der sie mit Leichtigkeit meinen in Mondstein gemeißelten Plan in Frage stellt und das Publikum (c'est moi) in einem Wirrwarr an Gedanken zurücklässt. Wie ein Maulwurf am Tag klatsche ich kontinuierlich mit dem Hirn gegen die Wände des Gedankenlabyrinths und, sagen wir es mal so, dies beeinflusst den

---

9   Fairplay. Meine Eltern haben mich bei meiner Entscheidung unfassbar toll unterstützt, auch wenn es so komplett gegen ihre Natur geht (Sicherheit an erster Stelle), aber ich habe mir diesen Schritt zu Abwechslung wirklich sehr gut überlegt und dies auch überzeugend in der exklusiven Vortragsreihe – Markus zieht in die große Welt hinaus, geht ein Risiko ein und dies ist gut so – visualisiert. Um einen großen felligen Disney-Poeten etwas adaptiert zu zitieren „Unsicherheit? Ich hab' keine Angst vor Unsicherheit. Hörst du mich, Unsicherheit? Ich lache dir ins Gesicht!"

10   Leles ist ein Stofftierlöwe, der ein vollwertiges Familienmitglied im Hause Sauter ist und mich seit meinen Kindheitstagen begleitet. Moni ist seine Synchronsprecherin (wobei was wird hier eigentlich synchronisiert, aber der Titel klingt gut). Eigentlich hieß er Clarence, benannt nach dem schielenden Löwen aus der Fernsehserie Daktarie, die ich mit meinem Opa immer anschaute, aber Leles schüttelt man leichter aus dem Handgelenk. Warum benannte ich Leles nach einem schielenden Löwen? Na weil ich selber natürlich super heftig geschielt habe – Kulleraugenniveau – und so meinen Leidensgenossen hatte. Ich sag es mal so, nicht nur Kinder sind grausam – übermotivierte Sportvereinsväter stellen selbst den noch so unterbelichtetsten Dummbatz aus dem Flecka (Flecka = Dorf) in den Schatten. Klassiker beim Basketballturnier war. „Ey Schiri, das ist doch nicht Fair Play. Der dicke kleine Lockenkopf hat doch die doppelte Trefferchance?" Leles ist mittlerweile extrem vom Leben gezeichnet und leider gingen die Schönheitsoperationen stets schief. Nach der schlimmsten OP kam Peter mit Leles im Arm, der eine Tüte auf seinem Kopf hatte, ins Wohnzimmer. Heute lässt sich leider, wie bei alternden Hollywood Promis, nur noch erahnen, was er mal darstellen sollte.

Ausgang nicht positiv. Wilma täuscht total authentisch Besorgnis auf dem ultra hässlichen Milchglastisch mit Metallfüssen vor.

„Bist du dir wirklich sicher, dass du deinen sicheren Hafen verlassen willst? WIRKLICH, Junge? Na dachte ich mir doch. Deine vorgespielte Sicherheit ist einfach zu goldig, um wahr zu sein. Was willst du denn? Du bist angekommen, fühlst dich wohl, wirst geschätzt, hast eine Hammer-Wohnung mit der langersehnten Dachterrasse inklusive Pflanzendschungel, wie du es immer haben wolltest. Möhringen, sagt dir auch zu. Du gehst jeden Samstag zum Markstand am Möhringer Bahnhof, einmal pro Monat gönnst du dir beim Floristen Wurst[11] einen Blumenstrauß, holst bei der Familienbäckerei dein Brot, dass du schön in zweier Brotscheibenpakete einfrierst, so dass du, wenn du arbeitest, immer zwei Scheiben Brot zum Frühstück auftauen kannst und, wobei, halt, du bist ja bald arbeitslos. Herr Richter, ich ziehe den Brot-einfrieren-Punkt zurück. Also warum verdammt nochmal möchtest du genau jetzt in unbekannte Gefilde aufbrechen? Du hast so lange gebraucht das Strohhaus an Selbstsicherheit aufzubauen? Das war dann alles für die Katz, das wissen wir beide. Der Neue zu sein, ist nicht dein Strongsuit. Dein Freund Helmut Unsicherheit gesellt sich zu dir und richtig kratzige tränenreiche Wochen warten auf dich.

Als großes Finale abschließend noch ein paar Worte, um dich bezüglich deines Hirnschluckaufs von Weltreise ins Wanken zu bringen. Dies ist mit Abstand deine beste Idee. Herrlich, wie du einen amüsieren kannst. In deinen Traumwelten erkundest du fremde Länder, siehst unglaublich tolle Orte, gehst an deine Grenzen und schließt Freundschaften fürs Leben. Du wirst deutlich selbstbewusster zurückkommen, mehr zu dir gefunden haben und mit dir im Reimen sein. So ein richtig reifer Typ, der mit beiden Beinen im Leben steht und der weiß, wo er hingehört und was der nächste Schritt für ihn sein wird.

Ach Sauterle, wie passt dies zu deiner Abneigung auf neue Leute zuzugehen und zu deiner unbeholfenen tapsigen Art? Den Small-Talk-Suit haben sie ja leider nicht in deiner Größe da. Du, der selbst wenn er gerne in einen Laden reingehen würde, aber das Verkaufspersonal oder die Gäste auf den ersten Blick etwas zu selbstbewusst wirken, die Begegnung lieber meidest. Der eigentlich voll der heimische Typ ist und gerne zuhause in seiner sicheren Höhle verweilt. Du bist mehr ein Hansguckindieluft als ein Indiana Jones.[12] Was vollkommen okay ist, aber halt so gar nicht zu deinem Masterplan passt.

Sodele, jetzt drop ich das Mic auf deinem schönen Dielenholzboden, damit der nächste Macken entsteht, den Peter beim nächsten Besuch dir eiskalt serviert, und wünsche dir viel Spaß beim Reflektieren, wobei dass bei dir ja üblicherweise in einem Gedankenlabyrinth ohne Resultat endet.“

Mit diesen aufmunternden Worten lässt Wilma mich begossen wie ein Pudel im Regen stehen.

---

11 Ein Florist, der Wurst heißt. Ich kann es bis heute nicht glauben. Beim ersten Mal wollte ich fragen: „Hallo Frau Wurst, verkaufen Sie auch glutenfreie vegetarische nicht fleischfressende Pflanzen?"

12 Memo an mich: die wunderbaren Indiana Jones Filme auf die Amazon Wachtlist packen

Und obwohl ich generell eher so der lösungsorientierte Typ bin, sehe ich mehrere Probleme ähm Herausforderungen in meinem Plan.[13]

Problem No. 1:

Ich habe den Aufhebungsvertrag bereits unterschrieben und kann hier nicht mehr zurückrudern, oder Karo (Super Female Führungskraft)?

Problem No. 2:

Ich habe wirklich jedem erzählt, dass ich in die Schweiz ziehen und davor eine Weltreise machen werde. #Gsichtsverluschd

Problem No. 3:

Gebe ich das Geld nicht für die Weltreise aus, unterstütze ich zig Instagram Start-ups, Inneneinrichtungsunternehmen und nachhaltige Modelabels. Also ist der Kontostand genauso so from Hero to Zero, wie wenn ich die Weltreise antreten würde, nur ohne horizonterweiternde Erinnerungen, von denen man ein Leben lang zehren kann.

Mit diesem konstruktiven Mindset rufe ich meinen Schweizer Freund Cyrill an und lade ein wenig Mimimi ab.

Ich: „Na hören Sie mal, ich glaube, ich habe mein Leben verkackt?"

Cyrill: „Na schauen Sie mal, sicherlich. Ich stimme dir in allem zu."

Ich: „Nein nicht zustimmen, Du musst mich aufbauen. Ich bin etwas überfordert. Ich alleine drei Monate in der Welt unterwegs und danach Hartz IV ähm Bürgergeld oder wie immer sie es auch bis dahin betiteln werden. In der Schweiz find ich eh keinen Job, weil ich zwar Erfahrung im HR habe, aber null Plan vom Schweizer Arbeitsrecht. Und wir Deutschen – suprise – selbst bei unseren direkten Nachbarn keinen Beliebtheitswettbewerb gewinnen können. Vielleicht wenn wir die Teilnehmer eingrenzen auf uns, Russland, Nordkorea, China und ja dann wir die Luft auch schon etwas dünn."

Cyrill: „Okay. Du findest einen Job vielleicht nicht direkt den Traumjob, aber du findest einen Job. Du bist fähig und charmant und hast bei deinem aktuellen Arbeitgeber doch auch einen tollen Job gemacht."

Sein Tonfall ist schon etwas gelangweilt und so semiüberzeugend, weil same procedure as yesterday and the day before that.

„Alles wird gut und life is good. Ich kann ja für den 1. Monat vielleicht mit nach Israel oder Südafrika reisen. So kann ich 2 Wochen remote arbeiten und 2 Wochen Ferien machen."

Ich so: „Life safer. Deal. Good talk. Danke und tschööö."

Der Typ ist aber auch ein Keeper. Wie gut er mit Worten ist, dachte ich mir.[14]

---

13 „Herr Grauer, hören Sie auf zu lachen!"

14 Dieses Talent hielt er leider nicht lange aufrecht ;)

Danach verbrachte ich mehrere Wochen mit der Reiserecherche, ich erspare Ihnen eine detaillierte Berichterstattung über meinen hässlichen Missbrauch der Google Suchmaschine zu den besten Fernreisezielen von Dezember bis Februar und komme mal direkt auf den Punkt.[15]

Als Ergebnis hatte ich am Ende drei Reiserouten für mich erstellt.

Die Qual der Wahl – der Traum eines entscheidungsscheuen Menschen –

Route 1 „Almost Born in the USA" verläuft über Island (Bucketlist Top 2) nach New York, wo ich einen Monat als Markus Bradshaw lebe und am Times Square (wie innovativ) das neue Jahr einläuten werde, bevor ich über San Francisco nach Hawaii (Bucketlist Top 10) fliege.

Route 2 „Der kleine Nazewenja Hobbit" startet mit Cyrill[16] in Form eines Roadtrips durch Südafrika mit Besuch des Kruger National Parks #childhooddreams und danach geht es alleine von Johannesburg für ein paar Tage nach Sydney bevor ich zwei Monate Neuseeland (Bucketlist No. 1, Hobbit, Herr Der Ringe, Ringe der Macht, Meer, Berge, Vulkan, Natur, Kiwis. Muss ich mehr sagen?) unsicher mache. Wüssten Sie, was da auf Sie zukommt, würden Sie Corona wieder hochfahren. Zu früh? Okay.

Zurück könnte es über Seoul, LA oder Vancouver gehen. Klingt fast zu gut, um wahr zu sein, oder? Zwei Monate alleine als sozial nicht so wirklich offener eher introvertierter Typ, toi toi toi.

Route 3 „Holy Land, please wash away all my sins" führe ich eigentlich nur auf, da alle guten Dinge 3 sind (so ein wenig Aberglauben tut niemand weh). Sie umfasst eine 2-monatige Rundreise durch Israel. Nach meinem Studium, als wir noch offline miteinander kommunizierten und Schönsein an schönen Orten mit lächerlich trainierten und bei anderen zig Komplexen hervorrufenden Körpern und das Vortäuschen von offensichtlich nicht zutreffenden sexuellen Orientierungen kein Beruf war, war ich zusammen mit der guten alten Inge (sorry Inge das bleibt die einzige Erwähnung, weil #soischsleba) in Israel und somit das erste Mal außerhalb der EU. Craziness, war das aufregend und diese Menschen in Israel sind so wunderschön und unfassbar nett und das Land ist mindestens genauso schön. Die Pointe dieser Seite lautet: Ich war noch nie allein im Urlaub (Ähm

---

15 Das werden Sie nicht sehr oft erleben, genießen Sie es zusammen mit einer 5-minütigen Achtsamkeitsübung einer Instagram Influencerin Ihrer Wahl, die, um diese Video zu drehen, eine Ehekrise heraufbeschworen hat, da ihr Mann auf dem Boden kniend drei Stunden verbringen musste, weil er dümmlicherweise den Lichteinfall nicht exakt einkalkuliert hat und auf einem Video geht ihr Kinn zu 0,54 % für ein Doppelkinn durch.

16 Boyfriend, geht mir nicht anders. Sie müssen kein schlechtes Gewissen haben. Namen merken ist ebenfalls eine Schwäche von mir. Zum Glück arbeite ich im HR Umfeld, wo der Umgang mit Menschen kein relevantes Thema ist.

hallo, ich bin ja kein MoF[17], sagt das heutzutage noch, Jule?) und nur einmal außerhalb von Europa unterwegs. Vor diesem Hintergrund war Israel für eine kurze Zeit der Front Runner. Cyrill ist ein Fan von *man muss seine Komfortzone verlassen und was wagen* und mir ist bewusst, dass dies eine einmalige Chance ist. Nach Israel kann man „immer" gehen. Aber NYC/Hawaii oder Südafrika/Neuseeland ist natürlich eine andere Hausnummer und bietet sich für eine längere Reise an.

Nachdem ich mit Sindy, Heidemarie und Molli alle Optionen betrachtet habe und total unbeeinflusst durch Cyrills Aussagen eigenständig zu der Entscheidung kam, dass es Südafrika & Neuseeland wird, kommunizierte ich dies auf der Arbeit und im privaten Umfeld an jede Person, mit der ich auf irgendeine Art und Weise in Kommunikation trat. Je größer die Streuweite, desto schmerzhafter wäre es s Schwänzle einzuziehen. Stolz ist er nämlich, der Kerle.[18] Führungskräfte und Kollegen, die mich fragten, wieso ich kündige, antwortete ich super überzeugend einleitend durch ein gezielt positioniertes Räuspern: „Diese Entscheidung fiel mir nicht leicht.[19] Ich werde aber meinen Lebensmittelpunkt zu meiner besseren Hälfte (sagt man als nicht immer ganz so offen lebender Homo) in die Schweiz verlegen und dort gibt es ja leider keinen Standort. Luzern, so traumhaft schön. Vierwaldstättersee und die Berge Rigi und Pilatus direkt vor der Haustüre. Davor gönne ich mir eine kleine Auszeit und gehe für drei Monate auf eine Weltreise. Wollte ich schon immer machen, da ich aber lange nicht wusste, was ich mit dem Leben anfangen will (dies habe ich beim Gespräch mit Kollegen unter den Teppich gekehrt) ähm da ich später studiert habe, konnte ich keine Auslandsstation einbauen, die mein Studium verlängert hätte." Eine absolute Fehlentscheidung aus heutiger Sicht. Ein nicht so nicer Recruiter würde sagen: „Herr Sauter, ich sehe, Sie haben keine Auslandsstation in Ihrem Lebenslauf, wollen jetzt aber in einer globalen Rolle tätig werden. Haben Sie überhaupt die interkulturelle Kompetenz hierfür?" #Untertonsitzt. Herr Sauter dachte, er muss nach dem Studium gleich arbeiten gehen, um sich dann das Pfeiffersches Drüsenfieber einzufangen und arbeitslos zu werden. #choiceskanner. Also wenn ich es mir recht überlege, ist eigentlich Mario (Kommilitone und Arbeitskollege) schuld, dass ich kein Auslandssemester in Südkorea gemacht habe (okay, ich kann es nicht ohne mich schlappzulachen schreiben ... als wäre ich nach Südkorea gegangen). Wir wollten unsere mündliche Abschlussprüfung im Studium um ein Semester aufschieben, damit wir Auslandserfahrung sammeln können. Südkorea war der Favorit, weil total exotisch. Dies war, bevor K-Pop[20] die Welt eroberte. Das Kniffelige an der Konstellation Mario und Markus ist nur, dass Mario genauso entscheidungsfreudig und abenteuerlustig ist, wie ich es von Natur aus bin. Aus Südkorea wurde dann ein paar wilde Tage Dublin, wobei wir beide krank wurden und nach wenigen Stunden immer wieder das Hotelzimmer aufsuchten, da wir uns quasi mit einem Bein schon in den ewigen Jagdgründen befanden. Mario hat sich natürlich total

---

17 Liebe Mama(wahrscheinlich, die einzige Person, die zum jetzigen Zeitpunkt noch als Leserin zugeschaltet ist), ein MoF ist ein Mensch ohne Freunde.

18 Bitte wertschätzen Sie das Stilmittel des Wechsels der Erzählperspektive.

19 Fiel sie wirklich nicht und das nicht nur, weil ich so wankelmütig bin, sondern weil ich eine tolle Zeit hatte. Sieben verdammte Jahre, dies ist bis dato die längste Beziehung, die ich zustande gebracht habe, um sie dann zu beenden ... würde Wilma Wankelmut jetzt sagen, aber irgendwie vermute ich, dass sie später noch genug Spielzeit erhält, so dass ich ihr heute keine Bühne geben möchte.

20 Moni, K-Pop ist koreanischer Pop total beliebt bei den Jugendlichen oder mittlerweile schon wieder nicht mehr? Was weiß ich schon.

krass weiterentwickelt. Hat jetzt einen mega verantwortungsvollen Job, eine tolle Frau und wie es sich auch schon im Studium abgezeichnet hat, wurde er zum Highflyer und most[21] populären Alumni in der Geschichte der Hochschule für Technik Stuttgart, er hat sogar Ines, das absolute Käpesele[22] unseres Jahrgangs, hinter sich gelassen.

Es fühlte sich richtig gut an zu wissen, was zumindest in den ersten Monaten nach den 8 Jahren des Rodelns in meinem aktuellen Job auf mich zukommen wird. Da der Abschied kein leichter wird, war die Vorfreude auf die Weltreise der perfekte Gegenpol. Natürlich auch für uns als Fernbeziehungspaar ist es etwas besonders von gewohnten 4 Tagen zusammen auf 1 Monat nonstop Cyrill-Markus Modus zu wechseln. Was sicherlich auch seine herausfordernden Momente haben wird, aber selbst darauf freut man sich, weil man sich noch besser kennenlernt und Südafrika ist eine gute Generalprobe für die Schweiz, da zumindest ein wenig Alltag aufkommen wird und schnell merken wird, wie kompatibel man wirklich ist. Das Fernbeziehungsmodell wird nie zu meinem Favoriten werden. Man baut Nähe auf, um dann wieder Distanz reinzulassen und so komm man gefühlt nie über einen gewissen emotionalen Status hinweg. Ich meldete mich freiwillig als Unterkunftsscout, während Cyrill mit seinen südafrikanischen Kollegen die Route plante. Die Aufteilung passte perfekt. Da Cyrill ja auch später fahren muss und hier den Überblick braucht und ich gerne nach schönen Unterkünften suche, auf die Cyril deutlich weniger Wert legt. So verbrachte ich ungelogen Stunden auf Airbnb, um passende Unterkünfte zu finden, in denen er auch remote arbeiten kann. Wir entschieden, dass wir sowohl die Unterkünfte für die ersten zwei Wochen als auch die letzte Unterkunft im Kruger Nationalpark buchen werden. Der Rest wird kurzfristig vor Ort je nach Gusto gebucht. Ich fand ein superschönes und unfassbar günstiges Appartement in Kapstadt und ein kleines Ferienhäuschen in unserer 2. Station Hermanos, beide kosteten jeweils nur 50 Euro pro Nacht für 2 Personen. Uns wurde schnell klar, dass wir wohlhabenden Europa-Kids eine gute Zeit in Südafrika haben werden. Als Reiseabschluss wollten wir uns über die Weihnachtsfeiertage etwas richtig Schönes gönnen und stießen auf die Lengau Lodge, eine kleine private Lodge, bei der geführte Safari-Touren angeboten werden und es nur drei Bungalows gibt. Unsere Route in Südafrika wird uns von Kapstadt über Hermanns mit zwei weiteren Stopps Richtung Port Elisabeth führen und dann geht es einmal quer durch Südafrika an Johannesburg vorbei bis an die östliche Grenze zu Mosambik, an der entlang sich der weltberühmte Kruger Nationalpark erstreckt. Die Planung der Südafrikareise war schnell erledigt, da wir wie gesagt nur wenige Unterkünfte im Voraus buchten. Wir entschieden, dass wir zusammen ab Frankfurt fliegen werden, so war der Flug auch zeitnah im Warenkorb und für unter 500 Euro pro Person, kann man sich wirklich nicht beklagen. Ein Visum für Südafrika braucht man weder als EU-Bürger noch als Schweizer. Das Einzige, das noch offen war, sind die empfohlenen Impfungen gegen Tollwut, Hepatitis und Malaria.

---

21 Wenn Sie die Verwendung des Denglischen stört, möchte ich mich aufrichtig dafür entschuldigen, dass die englische Sprache Einlass in unseren Alltag erhalten hat und die Existenz der wunderschönen deutschen Sprache bedroht bzw. Sie können froh sein, dass ich dieses Buch nicht als aktueller 20-Jähriger schreibe, da könnten Sie zu Recht rumheulen. Wobei, da wäre ich ja damit beschäftigt mich an Kunstwerke zu kleben, wobei vielleicht könnt ich das Buch in oraler Form als Podcast im Museum aufnehmen (Hihi er hat oral gesagt).

22 Schwäbisch für Anfänger: Käpesele = Hellste Glühbirne im Kronleuchter

Ein Urwald voller Optionen ohne Buschmesser zur Hand

Wie man es gerne mit unbeliebten Themen so handhabt, stellte ich das Thema Impfungen erst einmal hinten an und widmete mich der Planung meiner Neuseelandreise. Als Erstes stand der Flug von Johannesburg nach Neuseeland auf dem Plan. Alle Wege führten einen hierbei über Australien, da es keinen Direktflug nach Neuseeland gibt #farfaraway. Zur Auswahl standen Flüge nach Perth, Melbourne oder Sydney. Mein erster Gedanke war es nach Perth zu fliegen und eine kleine Reise durch Australien zu machen. Von Perth nach Melbourne, Tasmanien und zum Abschluss nach Sydney. Hierfür würde ich mir zwei Wochen einräumen, die mir dann jedoch in Neuseeland fehlen würden und mein Ziel ist es Neuseeland „richtig" zu erleben und kein Foto Hopping zu machen. Orte und Leute länger erleben zu können und nicht überall maximal zwei Tage zu verbringen, wovon ein Tag für die An- und Abreise draufgeht. Nur deswegen und nicht aufgrund der giftigen und tödlichen Tiere, die ALLE in Australien leben, fand ich einen 4-tägigen Aufenthalt in Sydney am sinnvollsten, bevor es weiter in Richtung Neuseeland gehen sollte.

Das Neuseeland noch mal 3 Stunden 15 von Australien entfernt ist, kam etwas überraschend. Sorry bester Erdkundelehrer aus dem Zollernalbkreis, dessen Namen ich nicht nennen darf, da mein vorausschauender Lektor mich auf das Thema Persönlichkeitsrechte hinwies, aber Ihr wunderbarer Erdkundeunterricht ist einfach schon zu lange her und es flossen einfach zu viel Wodka Bull in den 20ern. Es besteht die Möglichkeit entweder mit der Nordinsel zu starten und nach Auckland oder Wellington zu fliegen oder vom Süden aus das Feld aufzuholen und nach Christchurch zu fliegen. Ich entschied mich für Wellington am südlichen Ende der Nordinsel. Von da aus wird es mit der Fähre auf die Südinsel gehen. Der zweite Halt wird Kaikoura sein. Ein kleines Fischerdörfchen, bei dem Walbeobachtungen auf dem Programm standen. Hier habe ich einen Bungalow gefunden, der sich auch perfekt zum Musikmachen eignet. Von Kaikoura gehts für ein paar Tage in die größte Stadt der Südinsel Christchurch, bevor ich über den von allen Bloggern gefeierten Lake Tekapo nach Queenstown reise. Queenstown ist ein weiterer gehypter Ort, der an einem Bilderbuchsee liegt[23] und von Bergen, die zum Wandern einladen, umgeben ist. Ich überlegte mir kurz noch auf die Steward Island zu gehen. Sie ist größtenteils ein Naturschutzgebiet und hier sollen die Chancen auf eine Kiwi Sichtung deutlich höher sein. Bei meiner Recherche musste ich schnell feststellen, dass es alles anders als einfach ist, das neuseeländische Nationalsymbol zu erblicken. Auf der Steward Island gibt es jedoch geführte Vogelbeobachtungstouren,[24] bei denen die Wahrscheinlichkeit sehr hoch ist den kleinen Bodenflitzer zu erblicken. Da die günstige Unterkunft jedoch bei 250 Euro pro Nacht lag, entschied ich mich nach einer detaillierten SWAT-Analyse bezüglich der Kiwi Sichtung auf Risiko zu gehen und dass wir der Trip auf der Südinsel in der Studentenstadt Dunedin beenden, die als Klein-Edinburgh bezeichnet wird. Oder soll ich doch lieber über den Franz Josef Gletscher nach Greymouth und von der Künstlerstadt Nelson mit dem Flugzeug nach Auckland? Die Möglichkeiten waren scheinbar unendlich, was zu meinem

---

23 Wie sieht Ihr Bilderbuchsee aus? Meiner ist kristallklar, schmiegt sich gekonnt in die Berglandschaft und wurde einmal durch die blaue Farbpalette gezogen.

24 Hätte mir jemand mit Mitte 20 erzählt, dass ich mich mit Ende 30 auf Vogelbeobachtungstouren freue …

Planungsdilemma führte. Aber was ist wenn oder doch lieber ... Buchen konnte ich ja eh noch nicht, da ich meine Kreditkarte zwar bestellt hatte, aber geduldig warten musste, bis sie eintraf, damit ich die 5000 Euro Jahresumsatz für 2022 direkt verklepfa[25] kann und keine Gebühr zahlen muss. Die Ungewissheit, welche Route die beste sein könnte, war kein angenehmer Zustand. Ich hatte für beide Routen bereits Unterkünfte rausgesucht und Favoritenlisten angelegt. Als meine Kreditkarte kam, entschied ich mich so semiüberzeugt gegen die Westküste[26], da ich sonst an allen Station deutlich weniger Zeit verbringen könnte, als mir lieb war. Als ich mit den nicht stornierbaren Buchungen startete und die Südinsel dingfest machte, war es sowohl ein erleichterndes als auch beängstigendes Gefühl.

Mute ich mir nicht zu viel zu? Sollte ich die Südinsel wirklich schon fix planen? Freunde sagten: „Buche doch weniger im Voraus und mach mehr spontan, sonst verbaust du dir vielleicht tolle Erlebnisse?" Dieser coole entspannte Typ bin ich aber nicht. Auch wenn ich mir dadurch Flexibilität nehme, erhalte ich dadurch Sicherheit und vor allem Verbindlichkeit, die ich brauche, um nicht spontan alles abzublasen. Ich hielt kurz inne und buchte Unterkunft Fähre, Bus, und Inlandflüge. Nachdem das Werk vollbracht war, drehte ich die Musik laut auf und tanzte durch meine Wohnung. Der Hype war real.[27] Weniger smart als vermutet, fiel mir danach erst auf, dass ich sowohl für Australien als auch für Neuseeland keine Einreisegenehmigung beantragt hatte. So wurde aus dem Hype im Nu Struggle. Ich konnte nicht fassen, dass ich vergessen hatte zuerst die Einreise klarzumachen, bevor ich alles NICHT stornierbar, da es dadurch deutlich günstiger als im flexiblen Tarif wurde, gebucht habe. Was zur Hölle mache ich, wenn die Behörden von Australien oder Neuseeland sagen – not today, Darling. Not today. Ich füllte die Online-Formulare aus, überwies die Gebühren mit meiner neuen Kreditkarte. Wie konnte ich jemals ohne Kreditkarte leben? Als dann in meinem Online-Banking der Betrag auf der Kreditkarte zunehmend anwuchs, war mir klar, warum ein Konsumkind wie ich vielleicht ohne Kreditkarte besser dran ist. Nach zwei Tagen voller Grübeln und Bangen kam zum Glück die Bestätigungsmail. Sowohl Australien als auch Neuseeland freuen sich unbeschreiblich, mich begrüßen zu dürfen, aber wehe ich bringe einen der nachfolgenden Gegenstände mit, dann knallt es aber gehörig, Freundchen. So ungefähr lautete die Bestätigungsmail.

Da wurde mir bewusst, dass ich jetzt erstmal nichts planen, buchen oder beantragen musste. Irgendwann wechselt die Freude am Unterkünfte-Raussuchen zu *ich blase die ganze Reise einfach ab*, weil es so viel Zeit kostet, man nie sicher ist, ob man das Richtige macht und in der Zwischenzeit fünf deiner favorisierten Unterkünfte von anderen Reisenden gebucht worden sind, da du zu viel Zeit mit Hin und Her überlegen verplempert hast.

Wenige Woche vor dem Start der Reise tauschte ich mich mit zwei Kolleginnen im Büro aus, die bereits in Neuseeland waren, holte mir noch ein paar hilfreiche Tipps und ließ mir meine Route als perfekt geplant bestätigen. Als eine Arbeitskollegin mich darauf hinwies,

---

25 Schwäbisch für Anfänger. verklepfa = (Geld) ausgeben)

26 Choices – auf irgendeiner Seite in diesem Buch verrate ich Ihnen mit all meiner Kiwi Expertise, wie meine Traum Neuseelandreise aussehen würde. Sie müssen also jede Seite genau studieren oder Sie verlassen diese Welt mit einer unbeschreiblich peinlichen Informationslücke, aufgrund derer Sie im Paradies mit einer Wahrscheinlichkeit von 1,4 % gemobbt werden.

27 Louis Armstrong – What A Wonderful World

wie streng die Einreisekontrolle wird, entstand etwas Bammel, da ich an die Ausreise in Israel erinnert wurde, wo ich hyper gefilzt wurde. Ich hatte zwei, nach meinem Verständnis, kunstvolle lokal hergestellte Tassen ergattert und habe diese natürlich ins Handgepäck verfrachtet, damit sie nicht kaputtgehen. Als dann die Flughafenmitarbeiterin spontan meinen Rucksack umdrehen wollte, um all mein Zeugs ohne Rücksicht auf Verluste auszuschütten, rief ich laut: „STOP don't do it."

Sie schaute mich panisch an und die Soldaten kamen auch schon angerannt. Als ich realisierte, was ich hier gerade losgetreten hatte, rief ich geistesgegenwärtig: „No, it's only porcelain. It's only porcelain." Sie schaute mich an, schaute in den Rucksack. Hielt die Tassen hoch und schüttele den Kopf. Dass ich daraufhin so richtig gefilzt wurde, muss ich wohl nicht erwähnen.

Die Kollegin ergänzte noch: „Den Rückflug hast schon gebucht oder?" Ich schüttelte den Kopf. „Das lass ich mir noch offen, damit ich flexibel sein kann." Sie schmunzelte schelmisch: „Schön, kann ich verstehen, aber ohne Rück-/Weiterflugticket lassen sie dich nicht ins Land." Ich dachte mir, jetzt will ich einmal spontan und flexibel sein und jetzt darf ich den Reiseplaner wieder anschmeißen, ist doch zum *Kotzen*. Sie gab mir den Tipp einfach einen Flug nach Australien für rund 100 Euro zu buchen. So kann ich flexibel bleiben. Als ich mich ein wenig mit dem Thema Ende Reise und Rückflug beschäftigte, empfand ich es als gar nicht verkehrt ein Enddatum zu haben, sonst verliert man sich eventuell in der Reise und am Ende ist der Goldtopf leer und es folgt der Walk of Shame Anruf bei Peter.

„Lustige Geschichte, Bibsele (Spitzname meines Vaters). Ich stehe hier in Auckland, hab aber kein Geld mehr für einen Rückflug." Es könnte ein neuer Markus-Klassiker werden.

So hieß es also für mich zurück ans Drawingboard.

Tor 1 Rückflug über Seoul. Super interessante Möglichkeit für mich, da ich noch nie in Asien war und Südkorea ja schon im Studium als Auslandssemester hoch im Kurs stand. Eintauchen in diese spannende Kultur und die modernen Städte und pulsierende Szene erleben, hat definitiv was.

Tor 2 Rückflug über LA. Ich weiß nicht, warum. Obwohl ich amerikanische Serien und Musik suchte, sucht man es vergebens auf meiner Reisebucketlist.

Der rote Umschlag beinhaltet (passenderweise) Vancouver. Atemberaubende Landschaften und mit dem Ende des Winters ein krasser Kontrast zum neuseeländischen Sommer. Mit der Fähre kann man auch noch auf die Vancouver Island. Unter Vancouver befindet sich direkt Seattle. Als Grey's Anatomy No. 1 Fan wäre es natürlich Mindblowing einen kurzen Abstecher nach Seattle zu machen. Eine Werbung mit günstigen Flügen von Iceland Air poppte ganz zufällig nicht von Algorithmen getrackt auf und hatte meine volle Konsumkindaufmerksamkeit. Moment a mal. Von Vancouver nach Seattle und als Abschluss der Weltreise das Bucketlist Top 2 Land Island mitnehmen. Hat er nicht gemacht? Doch hat er!

So schnell hatte ich noch nie in meinem Leben Flüge gebucht, aber wie kann man zu der Kombination auch Nein sagen? Als ich wenige Tage später von einer Freundin erfahren habe, wie derbe sie in den USA von netten Home Security Mitarbeitenden durchgecheckt wurde, so dass sie ihren Anschlussflug verpasste, geriet die Vorfreude etwas ins Schwanken. Als ich dann noch das Budget der Reise grob hochkalkulierte und gesehen habe, wie viel Kosten in den USA und Island auf mich warten, verfluchte ich meine einmalige Spontanität und zog meine Lektion daraus. Aber was willste machen, gebucht ist gebucht.

LLLLLLLLLLLLLLLLET'S GET READY TO RUMBLLLLLLLLLLLLLLLLE[28]

Die Wochen darauf verflogen wie Stunden und so rückte der gefürchtete letzte Tag bei meinem aktuellen Arbeitgeber immer näher. Bis dato war er eine ganze Zeitepoche entfernt. Stellen Sie sich vor, Sie „kündigen" im August 2021 und im Dezember 2022 endet Ihr Arbeitsverhältnis, das sind gefühlt Lichtjahre. Und dann steht auf einmal der Tag wie Darth Vader vor Ihnen. Die Verabschiedung von den geliebten Kollegen*innen hätte ich mir nicht schöner vorstellen können. Es war eine gegenseitige Wertschätzung, die über das Standardkollegen*innentum hinausreichte. Nicht nur der Inner Circle, auch die Zusammenarbeit mit meinen Fachbereichen bedeuteten mir viel. Es war mir immer eine Freude als Team die besten Talente für uns zu gewinnen.[29] Von der anderen Straßenseite ertönt eine Frauenstimme: „Du rutschst ja gleich auf deiner Schleimspur aus, Jung. Die nehmen dich nicht zurück, wenn erstmal aufgedeckt wird, was für Fehlentscheidungen du getroffen hast und die ganze Maskerade fällt. Ich kann dir sagen warum all good this zum Ende kommen, weil du es so wolltest und jetzt armselig auf die Tränendrüse drückst." Wilma W. in ihrem dicken Pelzmantel und engen Kleid, das zu ihrer Prime sicherlich ihrer Figur schmeichelte, verfügt aber auch über einen guten Riecher für meine schwachen Momente.

Überraschend für mich war, dass ich für meine Verhältnisse sehr abgeklärt und nüchtern meinem letzten Arbeitstag bestritt. Ein Jahr und drei Monate Vorbereitungszeit haben hier natürlich ihren Beitrag geleistet. Ich war einfach nur dankbar für die sieben wunderbare Jahre mit all ihren Höhen und Tiefen und hätte mir keinen schönen Abschluss vorstellen können, als einen schönen Abend mit griechischen Tapas und ordentlich Wein mit meinem Team zu verbringen. Die ersten Tränen flossen dann, als es Abschiedsgeschenkzeit war und Zita #gotoperson konnte sich den Kommentar nicht verkneifen „Beim Geld wird er emotional." Natürlich! Er ist ja ein Konsumkind und hat direkt im Kopf, was man alles dafür käuflich erwerben könnte. Nein, dies war nicht der Grund. Ich hatte fest damit gerechnet, dass aufgrund von Corona, des Krisenmodus und der langen Abschiedszeit mein Goodbye einfach untergeht und niemand wirklich motiviert ist, mir einen schönen Abschied zu bereiten ... weit gefehlt. Vollbepackt mit Money Money, einem Flugzeug-

---

28 Ach wie schön waren die WCW/WWF Zeiten mit Hulk Hogan, dem Undertaker und dem legendären Ring Announcer Michael Buffer.

29 Musiktipp: Nelly Furtado – All good things come to an end.

schlafkissen (das ich mir noch kaufen wollte), einer Assibauchtasche, einem Jutebeutel und dem Kollegenpoesiealbum (mein persönliches Highlight) uvm. öffnete ich vollkommen zufrieden die Türe meiner Wohnung und schlief, dank des guten Liter Weißweins direkt ein.

Nazevenja Südafrika

Holy Moly. In einem Tag fliege ich für über drei Monate ans andere Ende der Welt. Es war wirklich unfassbar schön noch mal die Lieblingsmenschen zu sehen oder zu hören, aber jetzt heißt es: Abenteuer Modus an. Ich sitze auf dem wunderschönen warmen Dielenholzboden meiner Wohnung. Vor mir liegen meine zwei neuerworbenen Rucksäcke, in welche ich all mein Zeugs, dass ich in den nächsten Monaten benötige, verstauen und noch Luft für spannendes Neues lassen muss, weil Konsumkindbedürfnisse ja auch befriedigt werden sollen. Was an dieser Stelle schlau gewesen wäre, wäre es das Gewicht mit einzukalkulieren, das manuell von mir fortbewegt werden muss. Aufgrund meines jahrelangen Medaillenregens im Gewichtheben stellt dies aber natürlich für jemanden von meiner Statur und Stärke kein Problem dar.[30] Nach mehrtägigem Brainstorming und dank der Unterstützung von der wunderbaren Zündi konnte ich noch einige Dinge aussortieren. So sind es am Ende 2 lange Hosen, 5 T-Shirts, drei kurze Hosen, 1 Badehose, 3 Paar Schuhe, 2 Pullis und eine supertolle Jacke von Tropicfeel (Productplacement done), die aus einer Windjacke und einer dickeren Weste besteht, Laptop, Midikeyboard, Mikrofon, Unterwasserhülle fürs Handy, damit man tolle Unterwasseraufnahmen machen kann, die man später löscht, weil man vergessen hat 's Bäuche auf dem Foto einzuziehen oder die Geheimratsecken zu plakativ erscheinen, ein Buch, ein eBook Reader (Danke an Natalie für den Tipp). Ich wollte vier Bücher mitnehmen – daraus wurden ein kleines und ein eBook Reader. Lange habe ich mich dagegen gesträubt, weil ich das Gefühl, ein Buch in der Hand zu halten und in den Seiten zu blättern, liebe. Ist es nicht unglaublich schön? Ich werde berichten, wie ich mit dieser neumodischen Technik zurechtkomme #gehemitderZeitsagensie, eine Trinkflasche, ein paar Hygieneartikel und ganz wichtig feuchtes Toilettenpapier (ich weiß es nicht gut für die Haut und man sollte eigentlich direkt s Fidla[31] duschen, aber hast ja nicht immer ein Duschkopf zur Hand, wa? Und bevor ich meinen Allerwertesten mit Schmiergeltoilettenpapier misshandele – feuchtes Toilettenpapier), das Smartphone und die Beatskopfhörer runden meinen Reisehaushalt ab. Um einen großartigen Poeten der 80/90er Jahre zu zitieren Jihiiiii – This is it[32].

Ich überrasche mich gern selbst, so war tatsächlich ein Tag vor dem Abflug meine Rucksäcke gepackt. Ich habe wirklich 30 Minuten alles gegeben, um Leles (der schielende Stofflöwe) mitzunehmen. Ich meine, ich gehe nach Afrika und der Löwe hütet die Stube in Stuttgart-Möhringen. Aber er ist einfach zu groß, stark und mächtig (ich muss jetzt etwas übertreiben, sonst verzeiht er mir dies nie) für meine kleinen Handgepäckrucksäcklein. Eigentlich habe ich es ja aus komplettem Eigennutz nicht hinbekommen, da der alte Herr (er hat mittlerweile stolze 32 Jahre an meiner Seite verbracht) sonst nicht mehr mit zurückkommt. Leles nicht mehr on Board zu haben, geht einfach nicht. Somit habe ich einen 1A Security Officer, der dafür sorgt, dass mein Hab und Gut in Stuggi nicht abhandenkommt, während ich die Welt erkunde. Am Abreisetag wusste ich ehrlich gesagt nicht wirklich, was ich mit mir anfangen sollte. Die Aufbruchstimmung war on, ich hatte aber bis 15:15 Uhr Zeit totzuschlagen. Ganz untypisch für mich ging ich viel zu spät ins Bad, so dass ich

---

30 Heiko. Dir soll das Lachen im Hals stecken bleiben.

31 Schwäbisch für Anfänger: Fidla = der Po

32 Bitte spielen Sie jetzt über CD, Apple/Amazon Music, Spotify, YouTube oder eine andere Streamingplattform Ihres Vertrauens Ihren Lieblings Michael Jackson Song ab. Bei mir ist dies super easy, ohne auch nur im Geringsten grübeln zu müssen und nur mit kurzem bei Google den Titel evaluieren – Will you be there (MJ, dieser Chor und Free Willy – invincble)

keine Zeit hatte meine Haare richtig zu machen und das erste Lüftchen meine perfekte Lockenwelle in ein krauses Wirrwarr transformierte. Natürlich musste ich noch zwei Mal schauen, ob auch alles auf null ist. Dies ist Moni Style. Bevor man das Haus verlässt, geht man in jeden Raum und wenn alle Lichter und der Herd in der Küche aus ist, sagt man: „Null – null – null." Danach schließt man die Türe mit so vielen Umdrehungen wie nur möglich zu und kann glückselig seines Weges gehen. Ich checkte auf dem Weg zur U-Bahn nochmals, ob ich den Ausweis und Geldbeutel auch wirklich eingepackt habe, so dass ich, anstatt gemütlich stressfrei zur Bahn zu laufen, einen Sprint hinlegen muss und dies mit zwei SACKschweren Rucksäcken. Meine Knie haben sich gegenseitig einen Blick zu geworfen nach dem Motto – Really, ist das sein fucking Ernst?

Schweiß gebadet betrat ich die U-Bahn und atmete, als wenn Molli mit ihrem weißen Unterhemdle von ihrer Couch aufsteht. Molli ist ein guter Freund, den ich noch gar nicht so lange kenne, aber nicht missen möchte. Mit ihm kann man durch DICK und dünn gehen, aber vor allem durch DICK. Total unbeholfen werfe ich die Rucksäcke von den Schultern, und denke: Wow, was für eine Last fällt von meinen Schultern. Als die Rucksäcke auf den Boden knallen, frage ich mich, wie mein iMac diesen Sturz wohl auf einer Skala von 1–10 genossen hat. Nachdem ich in Möhringen von der U3 in die U6 wechselte, einfach mal total für die Geschichte irrelevante Informationen platzieren, erreichte in den wunderschönen Stuttgarter Hauptbahnhof und nach einer Wanderung von nur 2,5 Stunden das bei meinen Mitmenschen augenscheinlich sehr beliebte Gleis 12. Der ICE fuhr ein und ein mulmiges Gefühl überkam mich. In einem der mit fettigen Fingerabdrücken dekorierten ICE Fenster erblickte ich Wilma Wankelmut mit ihrem Habe-ich-es-dir-nicht-gesagt-Blick.[33]

Kurz hielt ich inne und sagte zu mir: „Was, wenn du einfach nicht fliegst und dich in Fotos von Südafrika und Neuseeland reinschneidest? Bekommt ja niemand mit, aber da ist Nathan, einer der tollsten Menschen auf diesem Planeten und mein Ex-Freund zugleich." Also was meine Freunde und Familie angeht, bin ich so ein richtiger Lucky Luke. Nathan und ich haben es tatsächlich geschafft eine Freundschaft zu formen, gehen jeden Sonntag mit Paula, unserer Hündin, wobei man ehrlich sein muss, mittlerweile ist es Nathans Hündin, auch wenn mein Herz hierbei blutet, spazieren und sind immer für-einander da. Nathan schaut einmal pro Woche in meiner Wohnung nach dem Rechten, um den Briefkasten zu leeren, meine Pflanzen (und davon gibt es viele, zum Glück ist der Balkondschungel im Winterschlaf) zu gießen und die Bude durchzulüften. Okay, das kann ich easy umgehen, indem ich ihm sage, dass Heiko dies übernehmen wird und er nicht extra die 15 Minuten hinfahren muss.

Heiko – die Granate des Nordens – und der Nachfolger von Nathan. Hier war aber ziemlich schnell klar, dass wir mit einer Freundschaft besser fahren. Wir hatten aber auch echt schöne Momente, vor allem mit Becksi. Becksi war der tollste Happy Dog. Er trug stets ein Lächeln im Gesicht, wenn er einen erblickte oder wenn du ihm das Stöckchen zugeworfen hast und er es nach langer Suche gefunden hatte, dann war er sogar noch happy. Leider hat er uns dieses Jahr verlassen. Ich kann Ihnen sagen, das war ein Schmerz,

---

33 Song der Seite Max Herre fest. Joy Denalane – 1ste Liebe – wobei Stuggi meine zweite Liebe ist. Erste bleibt für immer und always (wie die Franzosen sagen würden) Bisingen, nein nicht das bei Bietigheim und auch nicht das bei Hechingen, sondern dass Bisingen zudem die schönste Burg der Welt gehört. Die Gemeinde liegt nicht bei etwas, sondern ist etwas!

wenn ich nur daran denke, fließen die Tränen. Unfassbar was so ein Hund einem geben kann und in einem auslöst #teamdog.

Heiko habe ich ja gesagt, dass Nathan auf die Wohnung aufpasst. Problem ist nur, dass Heiko gesagt hat, dass er auf Nathan zugehen wird und sie sich im Nach-meiner-Wohnung-Schauen abwechseln werden.

Shit, ich muss diese Weltreise wohl tatsächlich antreten.[34]

Angespannt wie vor einem Vorstellungsgespräch, von dem meine zukünftige Glückseligkeit abhängt, verbringe ich die nächsten 1,5 Stunden im Zug und muss sofort pinkeln. Ich versuchte es auszuhalten doch nach 30 Minuten war klar, das endet in einem Unfall. So ließ ich all mein Hab und Gut hier stehen und überließ seinen Verbleib dem Schicksal. Zuvor machte ich noch Post-its an die wertvollsten Dinge.

„Ich kann dich absolut verstehen, lieber Matthias Langfinger. Das Leben ist hart und die Gesellschaft total unfair. Die Schere zwischen Arm und Reich geht immer weiter auseinander und die Maßnahmen unserer Regierung let's not talk about it. Weißt du, was auch unfair ist, mir meinen Laptop zu klauen, wenn ich auf eine Weltreise gehe und ein Buch schreiben will, dass nie eine Bestsellerliste oder eine Bibliothek sehen wird, sondern maximal von einer/einem Verleger*in (all genders) in der Luft zerrissen und als BBQ Feuermaterial verwendet wird. Klau doch von meinem Sitznachbarn das Smartphone, er versorgt das ganze Abteil seit 30 Minuten jeweils für 3 Sekunden, bevor er zum nächsten TikTok-Video scrollt, mit Nonsens-Inhalten. Du würdest der Gesellschaft und ihm einen Gefallen tun. Er hätte Zeit, um über sein Leben und den Einfluss der Sozialen Medien zu philosophieren, und würde am Ende mit einer Wahrscheinlichkeit von 77,25 % ein von der Welt so dringend benötigtes Produkt erfinden, das z. B. Weltfrieden herbeiführen kann. Wenn du es nicht klaust, wird er am Ende eine TikTok-Challenge im Zug starten und dies würde in dem größten Konflikt, den es in der Geschichte der Deutschen Bahn zwischen Fahrgästen gegeben hat, enden. Zudem würde ich meinen Flug verpassen und könnte meine Weltreise, die ich mir mit sehr peinlichen, goldenen himbeerverdächtigen Auftritten als Komparse in Serien des öffentlichen rechtlichen Rundfunks verdient habe, nicht antreten."[35] Lüge, aber klingt besser als überbezahlter Personaler (wer mag uns?).

Als ich nach dem hyper erleichternden Blasenleergvorgang Prozess auf der überraschend sauberen Toilette (Props where Props are due @ Deutsche Bahn) zu meinem Platz zurückkehrte und wirklich alles noch da war, sprach mich eine ältere Frau, ich nenne sie einfach mal Irmgard, an und sagte:

---

34 Passender Songtipp: Jay-Z mit It's a hardknock life

35 Moment a Mal, solch ein dramatisches Erlebnis würde dazu führen, dass jeder verstehen könnte, dass ich nicht mehr aufbrechen möchte, sondern 3 Monate lang mit Netflix, Instagram schön inhaltslos Tag um Tag vergeuden würde. Weißt du was, Matthias Langfinger, mach doch einfach, was du willst, machst du doch sowieso. Oh Gott, ich bin wirklich der Sohn von Monika und Peter. Wenn Kinder zu ihren Eltern werden. Der Prozess ist offiziell gestartet worden.

„Ich habe auf Ihr Gepäck aufgepasst. Es war schon sehr leichtsinnig von Ihnen. Wissen Sie, wir leben in unsicheren Zeiten mit diesen Flüchtlingen." Das war mein Stichwort, ich setzte einfach meine Beatskopfhörer (Product Placement kann er) auf, schaltete das zuverlässige ausländerfeindliche Boomer Kid[36] aus und war fast schon ein wenig enttäuscht, dass alles noch da war. Krächz. „Liebe Fahrgäste nächster Halt ist Frankfurt Flughafen, bitte achten Sie auf Ihr Gepäck."

1. Kann die DB Gedanken lesen? Shit, der Chip im Rahmen der Corona-Impfung ist aktiviert. Zum Glück treffe ich gleich auf meinen Schweizer Boyfriend und der hat immer ein Sackmesser dabei. Not today Satan.

2. Dieses Krächzen in den Durchsagen in den Zügen klingt einfach zu perfekt. Ich wette, hier hat ein Filmmusiker von der Deutschen Bahn für 400.000 Euro einen Auftrag ergattert und das perfekte Durchsagekrächzgeräusch entwickelt.

Nach einer halben Stunde kam Cyrill auch am Flughafen an. Er hatte nicht so Glück wie ich und musste auf einen anderen Zug umsteigen, da die Deutsche Bahn hier gemäß den Erwartungen abgeliefert hatte. Wir haben uns einen Monat nicht gesehen und vollzogen eine Buddy Umarmung, da wir beide jetzt nicht so die in der Öffentlichkeit Zuneigungsaustauscher sind (ÖZA). Schon verrückt, dass man sich so lange nicht gesehen hat und sich dann nicht küssen kann. Ich finde es aber super unangenehm als homosexueller Mann, sorry Moni, es war wirklich keine Phase, was eine Phase war, war mir einzureden Hetero zu sein und einem Mädchen meine Liebe zu gestehen, obwohl ich wusste, es ist nicht so. Was ich damals im Ferienlager ähm Schullandheim nicht verstand, als ich das Mädchen so richtig klassisch fragte, ob sie mit mir gehen möchte, war, dass alle Mädchen samt Lehrerin der Klasse in dem Zimmer standen. Sie wollte mich unterbrechen, aber es war dieser klassische Situation, in der man nicht zuhört, sondern denkt, man weiß es besser und die Situation dann als Unfall des Jahrhunderts endet, dem man einfach zuschauen muss #Gafferle.

Wow, woher kam diese Erinnerung auf einmal her? Und warum fokussiert sich meine Erinnerung nicht auf positive Erlebnisse? Wilma Wankelmut setzt sich an unsern Tisch, als Cyrill kurz aufs Klo ging und sagte: „Weil es nicht so viele … steht wieder auf und biegt rechts ab."

Folgen Sie mir bitte unauffällig, ich bringe Sie nach diesem Schwenk in meine glücklichen Teenagerjahre zurück in die Gegenwart. Wo war ich stehen geblieben? Genau, wenn ein nicht heterosexuelles Paar sich Zuneigungen zeigt, steht man direkt im Rampenlicht, ob man es will oder nicht. Ich fühle mich da immer megaunwohl, und obwohl ich nie Diskriminierungen erfahren habe, ist da eine unterschwellige Angst, dass es passieren könnte. Vielleicht liegt das auch nur an mir und meiner generellen leicht pessimistischen Art oder was sagen die anderen Rainbowkids?

---

36 Keinesfalls will ich damit verallgemeinern, dass Boomerkids ausländerfeindlich sind. Aber wenn Sie bis hier noch nicht das Buch als Türstopper verwenden, erkennen Sie die Persona, die ich male. Wie das klingt, wenn Sie bis hier noch nicht abgesprungen sind, sind Sie smart genug, um die Persona zu malen. Kommentar an mich: „Diese Passage nochmal überarbeiten klingt einfach".

Instagramstory:
Fühlst du dich auch unwohl als Teil eines nicht heterosexuellen Paares Zuneigung in der Öffentlichkeit auszutauschen?

1. Ja, voll … endlich spricht es jemand aus.
2. Nope, #pride #loveislove Rainbow Emoji.[37]

Als Thema fürs Hintergrundbild der Story könnten wir irgendwas Regenbogenthematisches nehmen, wobei ich eher so ein Retro Bild von zwei Männern mit Schnurrbärten feiern würde. Ich muss aber ganz ehrlich sagen, dass die Regenbogenfahne einfach nicht so meins ist. Natürlich ist ihre Bedeutung extrem wichtig und ich stehe für Vielfalt mit meinem Namen inklusive Vornamen und sie ist perfekt plakativ, um die unterschiedlichsten Gruppen den Regenbogenfarben zuzuordnen, aber sie ist einfach nicht schön und sie reicht ja auch nicht mehr aus, um alle zu involvieren. Wir haben doch genug kreative amazing People in unseren Reihen. Ich bin zuversichtlich, dass wir das besser hinbekommen.

Um die 4 Stunden bis zum Abflug totzuschlagen, haben wir uns, nachdem wir unsere Rucksäcke aufgegeben haben und diese auf einen Wagen, der für jedermann*frau zugänglich war, platzierten, erstmal ein wenig Food gegönnt. Ich habe auf dem Weg dahin meine Bordkarte verloren, auf der die Kleber für unser Aufgabegepäck angebracht waren, so dass das Essen warten musste und wir zurück zur Gepäckaufgabe gingen, um uns die Gepäckstücknummer von dem freundlichen Mitarbeiter geben zu lassen. Ganz ehrlich, der Urlaub beginnt mit dem Verlieren der Bordkarte. Ernsthaft?

Es wird gemunkelt, dass ich zudem die Abflugzeit falsch abgespeichert habe und wir 2 Stunden zu früh am Flughafen angekommen sind, aber ganz nach der Glashalbvollmethode von Darwin durften wir jetzt den Erlebnispark Frankfurter Flughafen länger genießen (yeah …). Cyrills Onkels Binsenweisheit zieht sich wie ein roter Faden durch die Reise. Die häufigste Tätigkeit während des Reisens ist das Warten. Dann war es endlich so weit, die urlaubswütige Menge durfte in den total überfüllten Bus ohne Abstand und Maske und sich gemäß dem Tetrisprinzip einordnen. Mein großer toller Handgepäcksrucksack von OneMate (absoluter Favorit, so viel Platz und macht zugleich optisch was her) berührte eine Frau am Ellbogen, die für sich und ihre Handtasche zwei Sitzplätze beansprucht hat. Mit einem zarten Auwaaaa beschwerte sie sich und höflich, wie ich bin, nahm ich meinen Rucksack zwischen die Beine bzw. klammerte ihn zwischen zwei Sitzen ein. Die etwas schrullig wirkende Dame Mitte 40 und zierlich, nennen wir sie einfachheitshalber mal Konstanze, beobachtete meinen Cirque du Soleil Jonglierakt, ohne sich dafür zu bedanken. Ich schaute Sie leicht genervt an und dann den freien Sitzplatz neben ihr, der aber natürlich ihrer Louis Vuitton Tasche mehr zustand, als einem anderen Fluggast z. B. der leicht zittrig auf den Beinen stehenden älteren Dame. Keine Angst, ein junger ziemlich attraktiver Vater,

---

37 Etwas auf die Ohren und zum Danken gefällig Siri spiel mal bitte Diana Ross mit I'm coming out. Meine Beziehung zu Siri verhält sich wie die Beziehung von Mariah Carey zu JLO. I don't know her.

ich sag nur Cheekbones, räumte seinen Sitzplatz für die ältere Frau.[38] Im Bus fieberten einige Männer noch ziemlich emotional mit der deutschen Nationalmannschaft mit. Der vorzeige Stadiongänger, nennen wir ihn mal Rico Müller, hielt es kaum noch auf seinem Sitz. Aufgeregt, wippte er wild von links nach rechts im Boomerangmodus. In der linken Hand sein iPad, in der rechten sein iPhone. Ich sags Ihnen, ihm zu Liebe hätte man fast schon der deutschen Nationalmannschaft das Wunder von Katar wünschen können, wären da nicht Lappalien wie Menschenrechtsverletzungen, hunderte tote Bauarbeiter, WM im Winter in der Wüste wofür extra Stadien gebaut werden und die triviale Korruption. Pünktlich zum Abpfiff fuhr der Busfahrer los. Ich sehe hier aber keinen Zusammenhang.

Wir fuhren über das komplette Flugfeld und et voila, da stand die Titanic der elektrischen Vögel. Unfassbar dachte ich mir. Wie kann dieser Bomber abheben (Spoiler Alert – er hob ab)? Super freundliche Stewardessen im gehobeneren Alter begrüßten uns, was ich super feierte, #diversity. Wir hatten einen Zweier-Sitz. Niemand Fremdes in unserem Bezirk. Meine Tendenz zum Fremdeln wurde hier mal wieder deutlich. Raten Sie mal, wer in die mittlere Sitzreihe eine Reihe hinter uns saß? Richtig. Konstanze mit ihrer Louis V. Bag, die musste natürlich ihr Sitznachbar verstauen, weil sie musste ja direkt Platz nehmen mit dem Flugzeugkissen um den Hals, dem Kopfhörer und der Schlafmaske auf. Ich dachte nur „Respekt Konstanze!". Konstanze ist der absolute Flug Pro. Ich während dessen versuchte, dass von meinen Kollegen zum Abschied erhaltene Nackenkissen mit genau der richtigen Luft aufzublasen, dass es nicht zu hart, aber auch nicht zu weich war. Nach 4 Versuchen war ich zufrieden.

Rien ne va plus #readyfortakeoff

Wir haben clevererweise einen Nachtflug gebucht, so dass die elf Stunden Flugzeit wie im Schlaf vergingen, wenn man im Flugzeug schlafen hätte können. Meiner einer eher nicht so. Aber ich bin glücklicherweise doch noch gegen 2 Uhr 30 etwas eingedöst, bis ich von einem Kotzschrei des Horrors aufgeweckt worden bin. Es klang wie bei der Szene des Films „So ein Satansbraten" (ach diese schönen Kindheitserinnerungen), in der, wenn meine Erinnerung mich nicht täuscht, auf dem Jahrmarkt die Leute ein Brechmarathon erleben und wirklich richtige Fontänen von sich geben. Es folgten zig weitere Brechanfälle. Ich schaute mich um, wer war es? Konstanze. Natürlich war es die Mittelpunktqueen des Fluges. Und sie hörte einfach nicht auf. Sie verteilte die Tomatenkäsetortellini freundlicherweise auf und rund um ihre rechte Sitznachbarin. Diese sprang wie von der Tarantel gestochen (ich liebe deutsche Sprichwörter) auf. Herzlichen Glückwunsch dachte ich mir. Konstanzes Sitznachbarin hatte extra eine Leopardenleggins an. Ich meine, hallo Leute, es geht nach AFRIKA? Und dann verziert Konstanze ihr Fashionstatement mit der Condor Sternenküche. Die erfahrenen Stewardessen kommen total souverän, aber zügig und reinigen den Sitz von Konstanzes Opfer mehrmals. Konstanze hingegen begibt sich erstmal aufs Klo. Zunächst dachte ich, Konstanze so etwas nennt man Karma, aber dann tat sie mir leid. Sie sah aus, als wenn ein Rudel Gorillas sie durchgereicht hätten. Haare vom Winde verweht und kreidebleich.

---

38 Warum wirken Daddys eigentlich immer doppelt so attraktiv? Wenn es hier zu wissenschaftlich fundierte Forschungsergebnisse gibt, würde ich mich über eine kurze Zusammenfassung in Form eines Management Elevator Pitches sehr freuen.

Im nächsten Schritt tritt meine hypochondergeprägte Persönlichkeit – Heino Pinzig – auf und ich sagte zu Cyrill: „Da war bestimmt was im Essen. Gleich fangen wir alle an zu kotzen. Massenpanikmodus an."

Cyrill schaute mich etwas kritisch an und sagte kurz und auf den Punkt gebracht: „Das glaube ich nicht und wenn, dann ist es so."

Ich fühlte mich total beruhigt (… nicht) und wartete die nächsten zwei Stunden darauf, dass ich das Flugzeug aus dem Tiefschlaf reiße und Konstanze absolut in den Schatten stelle, indem ich eine nachhaltig beeindruckende Kotzarie vortrage, die im Condormuseum für die lustigsten Fluggastkrankheitsausbrüche prominent ausgestellt werden wird.

Die nächsten Stunden vergingen einfach so gar nicht und weder superlustige Netflix Serien noch tolle Playlisten konnten mich ablenken. Ich dachte, ich erlebe den Anflug auf Kapstadt nicht mehr, weil ich mich einfach im Flugzeug zu Tode langweile. Genau in diesem Moment ertönte der Kapitän. „Hallo! Hier ist Ihr Kapitän aus dem Cockpit. Wir beginnen jetzt mit dem Anflug auf den Flughafen von Kapstadt."

Jetzt ging alles megaflott. Wir entschieden uns entgegen den deutschen Gepflogenheiten, nicht direkt aufzustehen und mit dem Rucksack in der Hand für 30 Minuten im Gang des Flugzeuges nervös zu warten, und gingen gemütlich mit der letzten Gruppe aus dem Flugzeug.

Als Nächstes wartete eine freundlich und zugleich desinteressierte südafrikanische Grenzkontrolleurin auf uns. Sie scannte unsere Reisepässe und während die Touristen am Schalter neben uns Fragen zu ihrem Aufenthalt beantworten mussten, gewährte uns unsere qualifizierte Senior Border Control Spezialistin, ohne ein Kurzinterview zu führen, den Eintritt in ihr gelobtes Land – Südafrika.

Ich hatte mir eigentlich vorgenommen, sobald wir in Südafrika angekommen waren, zu singen: Naaazevenja zaziiiiii zi za bor (korrekt heißt es Nants ingonyama bagithi baba), aber ich befürchtete, dass wir dann unseren Vertrauensbonus einbüßen würden und vielleicht noch einige Stunden am Flughafen verbringen hätten müssen, aber darin sind wir ja seit Frankfurt geübt. Der Nazeveeennja Moment muss aber einfach noch kommen, höchstwahrscheinlich, mit äußerster Sicherheit, also so zu 67,98 %.[39]

Brav ordneten wir uns in die Fluggästetanzgarde ein und grooveten im Massentourismus-Takt zu unserm Gepäckband. Glücklich nahm jeder seinen/ihren Koffer vom Band und tänzelte in den wohlverdienten Urlaub. Wir hingegen standen weiterhin am Band, bis kein Koffer mehr kam. Eine semimotivierte Mitarbeiterin des Flughafens kam auf uns bereits leicht verzweifelt darein blickende Touristen zu und sagte: „Sorry, es kommt kein Gepäck mehr. Bitte gehen Sie zum Lost & Found Schalter." Hektisch brach die Meute auf und die deutsche Nationalsportart wurde exzessiv gelebt, der Motz Chanson klang so wunderbar heimisch. Wir haben es in die Mitte der Schlange geschafft. Nur 30 Mitreisende

---

39 Ich meine, König der Löwen war so ein prägender Film und bis heute einer der schönsten Disney Filme. Diese Dramaturgie mit Simbas Vaters Tod (wieso stirbt bei meinen Liebglingsdisney Filmen – alltime Favorit ist natürlich Bambi und Mary Poppins – immer ein Elternteil, es ist super auffällig, nicht wahr? Die Außenseiter Timo und Pumba, denen ich mich als Weirdo Kind natürlich total zugehörig gefühlt habe, und diese unfassbar schöne Filmmusik von Hans Zimmer, die die Szenen optimal untermalt.

vor uns. That's how you start your holiday. Mir wurde bewusst, dass all meine Klamotten bis auf die T-Shirts clevererweise im Aufgabegepäck waren. Gut machen wir halt unten rum einen hangeloose Urlaub und Fotos immer nur Bauchnabel aufwärts. Bemerken Sie, wie ich an meinem positiven Mindset arbeite? Eine weitere Mitarbeiterin des Flughafens durchbrach die aufgebrachte deutsche Touristenwelle und sprach so leise, dass es nur der innere Kreis um sie herum verstand, zu dem wir glücklicherweise auch zählten. „Die Koffer kommen noch: Gehen Sie bitte zurück zum Gepäckband" und et voila von einem Heiligenschein umgeben und mit einer Attitude à la – na habt ihr uns vermisst – rollten unsere Rucksäcke auf uns zu.

Was muss als Allererstes geklärt werden, um eine erfolgreiche Südafrikareise gewährleisten zu können? Natürlich eine südafrikanische SIM-Card ergattern und als wären die Götter uns gut gestimmt, standen direkt neben dem Gepäckband zwei Stände von zwei Mobilfunkanbietern. Ich entschied mich für die sympathisch lachende Verkäuferin, während Cyrill die Preise verglich und von Anbieter zu Anbieter sprang. Ich hingegen habe mich nett mit der Verkäuferin, nennen wir sie Shannon, unterhalten und sie vergewisserte mir, dass bei MTN (südafrikanischer Mobilfunkanbieter, glaube ich) die Verbindung deutlich besser ist und Cyrill es bereuen wird, wenn er bei der Konkurrenz seine SIM-Karte holt. Dies sagte sie mit solch einem selbstbewussten schadenfrohen Schmunzeln, wie konnte ich da nicht bei ihr die SIM-Karte holen? Ich sagte zu ihr: „Ich vertraue dir und zähle auf dich, guuuurl." Sie lachte noch mehr und sagte: „Ich würde dich nie enttäuschen." Spüren Sie hier auch schon die platonische Kunden-Verkäuferinnen-Liebe?

Cyrill kam, grätschte rein und sagte: „Also die Anderen sind viel günstiger und bieten sogar noch mehr Daten."

Ich überlegte kurz, Shannon schaute mich leicht verunsichert nach dem Motto – Du wirst doch jetzt nicht wirklich schwach werden? Das mit uns is etwas besonders – an und ich antwortete Cyrill: „Gut für dich. Ich bleibe hier."

Cyrill schaute mich verdutzt an und wiederholte: „Hast du mich verstanden. Der andere Anbieter ist günstiger und bietet ein höheres Datenvolumen?"

Ich so: „Ja ich weiß, aber die Verbindung ist hier besser und ich habe hier auch 50 GB. Außerdem haben wir so zwei unterschiedliche Anbieter, falls einer in einer Region keinen Empfang hat, hat der andere vielleicht Glück?"

Cyrill antwortete: „Okay. Your Choice." Bezahlt wird aber nicht am Verkaufsstand, sondern bei dem kleinen Büro in der nächsten Halle. Hier spricht Cyrill nochmals an, dass sein Anbieter günstiger ist, das Verkaufspersonal von meinem Anbieter widerspricht, ohne es aber wirklich zu belegen. Ich vertraue Shannon und wie sich später zeigen wird, ist die Verbindung bei meinem Anbieter tatsächlich besser. BÄÄÄHÄÄÄÄM. Knew it. Shannon würde mich niemals anlügen, keine Provision dieser Welt ist es wert unsere Verbindung zu riskieren.

Wir rufen uns ein Uber und stehen am Uberabholstand wie die Vorzeigetouristen, die Rucksäcke umklammert, Handy und Geldbeutel 1000 %-ig verstaut. Not today und not mit uns. Auf der Uber-App bemerken wir, dass der Abholort für Uber nicht mehr im Parkdeck 1, sondern Parkdeck 2 ist. Leicht panisch sputen wir mit jeweils 2 Rucksäcken gepackt (eher ich, Cyrill ist eigentlich ganz entspannt) in das Park Deck 2 und das Gewicht meiner Handgepäckrucksäcke lässt meine Knie knacksen und ein leichtes Kopfweh entstehen.

Welcome to Cape Town

Unser Uberfahrer Tinashe kam ganz entspannt 5 Minuten später an. Er war ein super freundlicher offener Typ aus Simbabwe, der seit 13 Jahren in Südafrika mit seiner Familie lebt. Er lobte unser Viertel, in dem wir unser Airbnb Appartement gebucht haben. Ich hörte nur mit einem Ohr zu und nahm die ersten Eindrücke auf. War da gerade eine Herde Ziegen auf der Autobahn? Liegen da nackte Kinder an der Autobahnausfahrt zum Trocknen in der Sonne? Und dann erhasche ich einen Blick auf den wunderschönen Tafelberg und er zieht mich voll in seinen Zauber. Ich rufe zu Cyrill: „Auf den müssen wir unbedingt hoch!" Cyrill stimmt mir mit seinem charming Lächeln zu. Wir biegen in die Straße unserer Unterkunft ein und ich kann Tinashe nur zustimmen. Garden – ist eine schöne Wohngegend. Für uns sind die hohen Mauern, auf denen sich noch Stromzäune befinden und große Plakate von Sicherheitsfirmen dekorativ angebracht wurden, total befremdlich. Nach dem Motto, hi Langfinger Lukas, wenn du es auf die Mauer schaffst und noch nicht gegrillt worden bist, unterliegst du spätestens dem Sicherheitspersonal, also versuch es erst gar nicht.

Der Eigentümer von unserem Appartement in Kapstadt namens Dale hat einen Roman an Einweisung für uns bereitgestellt. Dazu gehört auch eine Schritt-für-Schritt-Foto-Anleitung „Wie betrete ich klein Alcatraz." Doch wir stehen vor verschlossenen Türen. Die Bilder, so schön sie auch aufbereitet waren, stimmen leider nicht mit dem überein, was wir vorfanden. Wir liefen von links nach rechts. und suchten vergebens die Schlüsselbox. Das Gewicht meines Gepäcks hat mittlerweile ein richtig schönes Kopfweh und Kreuzschmerzen erzeugt und so stand ich leicht verzweifelt und Cyrill auch etwas hilflos da. Er schaut noch mal alle Fotos an, um zu dem bahnbrechenden Ergebnis zu kommen, die Fotos seien nicht von diesem Gebäude gemacht. Ich schaue noch mal alle Hinweise von Dale an. Schaue das Gebäude an, dann wieder die Anweisung und lache laut los. Kleinlaut sage ich: „Lustige Geschichte, Cyrill. Unsere Wohnung ist in der Hausnummer 6 nicht 8."
 Cyrill sagt nichts, aber sein Blick bring klar zum Ausdruck: „Reallyyyyyyyyyyyy?"

Da wir die Anweisungen mittlerweile auswendig konnten, fanden wir die Schlüsselbox mit Leichtigkeit und betraten unsere Wohnung. Eine schöne relative neue Wohnung mit großem Bad samt Regenwalddusche, einem Schlafzimmer, das ein offenes Fenster zum Wohnraum und der Küche hat und nur mittels einer Schiebetüre geschlossen werden konnte. Eine weiße Küche, die keine Wünsche übrigließ, und ein super bequemes graues Ecksofa. Inneneinrichtungstechnisch trafen hier natürliche Töne und Materialien auf Industrial Elemente z. B. das Fenster vom Schlafzimmer in Richtung Küche/Wohnzimmer hatte einen dicken schwarzen Metallrahmen auf eine Ziegelsteinwand hinter dem Holzbett. Das Highlight war definitiv der kleine Balkon, der Platz für 2 Stühle hatte und mit einem Blick auf den Tafelberg und Devil's Peak aufwartete. Wir standen da, umarmen uns und waren glücklich.

Es machte klick und der Strom war weg. Load Sheddering nennt man dies und es ist Alltag in Südafrika. Dale dachte sich aber, nicht mit meinen Airbnb Gästen, und ließ ein Notstromaggregat einbauen, so dass wir im Appartement immer Strom hatten. Im Treppenhaus hingegen nicht, aber wir haben ja Smartphone Taschenlampen und sind total die Abenteurer. Schade war nur, dass unsere Alcatraz Sicherheitsvorkehrungen auch hinfällig waren und das clevere mit dem Chip Öffnen von Türen dann auch nicht mehr möglich war. Gut, wer hätte aber auch ahnen können, dass in einem Land, in dem es regelmäßig zu Stromausfällen kommt, es nicht wirklich praktikabel ist, alle Türen elektronisch öffnen zu lassen. Neben den Highlights im Appartement gab es noch eine Dachterrasse wiederum mit Blick auf den Tafelberg und einem Pool, der augenscheinlich nicht sonderlich im Fokus von Reinigungsarbeiten stand. Am Ankunftstag sind wir zu Fuß in die Innenstadt gelaufen und haben die Hauptstraße als Weg gewählt. Ohne Kapstadt zu dem Zeitpunkt etwas zu kennen, war uns schnell klar, dies ist nicht die Schokoladenseite. Wir sind nach 20 Minuten rechts abgebogen und wurden direkt mit einem kleinen Markt belohnt. Cyrill hat mit dem Marktstandbesitzer diskutiert und Bananen und Litschis für uns abgestaubt und diese Litschis waren der absolute Hammer. Eine Geschmacksexplosion. Wir liefen durch die Straßen, genossen unsere Litschis und begaben uns in Richtung des Hafens. Nachteil dieses tollen Obstes ist, dass die Hände zusammenkleben, ähnlich wie bei einem Sekundenkleberunfall. Finden Sie es nicht auch megaunangenehm klebrige Hände zu haben? Wie beim Frühstück, wenn man zu viel Marmelade aufs Brot schmiert und dann robbt sie an den Fingern entlang. Bei dem Gedanken schüttelt es mich. In einem kleinen Park haben wir einen Springbrunnen gefunden und ich konnte meine Hände waschen. Cyrill ist da das absolute Gegenteil. Total zufrieden ging er seiner größten Leidenschaft, *dem viel Zeit dafür aufzubringen um Infotafeln detailverliebt zu studieren und danach über den Inhalt zu philosophieren*, nach. Seine verklebten Hände juckten ihn so gar nicht.

Die Sonne in Südafrika hat wirklich Power, der Wind aber mindestens genauso. Habe ich es schon erwähnt, wenn nicht, schadet es bei meinem ganzen G'schwafel sicherlich nicht zu erwähnen, dass neben verklebten Händen Kälte und Wind mein Kryptonit sind. Wir liefen total planlos am Hafen umher und liefen von einer Sackgasse in die nächste. Irgendwann landeten wir im kleinen Venedig von Südafrika, das ungefähr so authentisch wie das Venedig von Las Vegas daherkam. Mein erster Eindruck, um ehrlich zu sein, war so semi. Unsere Wohngegend top. Tafelberg, Lion's Head (ein weiterer Berg) – wow, Innenstadt hat Luft nach oben. Nicht so wirklich ausgeschlafen und planlos umherlaufend war die Stimmung aber auch nicht gerade auf dem Höhepunkt, bis wir die Victoria und Alfred Waterfront erreicht hatten. Bars, Restaurants am Hafen, eine Markthalle mit Leckereien aus der ganzen Welt. Dieser Ort war wirklich ein Lichtblick. Es gab hier wirklich alles. Die alte Markthalle war mit Pflanzen dekoriert und die schönen Stände waren gekonnt in Szene gesetzt. Man wusste gar nicht, was man von dem Überangebot an internationalen und nationalen Spezialitäten verzehren wollte. Ich glaube, wir waren einfach übermüdet und hangry. Nach dem typisch südafrikanischen Dumplings mit Bubbletea war die Welt aber wieder sunny. Wir liefen weiter und machten am Fotorahmen der den Tafelberg in der Ferne umrahmte halt, um das typische Tourifoto zu schießen. Hierbei hörten wir einen männlichen Sänger, dessen Organ einen direkt einnahm. Wir schauten uns beide an und wussten sofort, da müssen wir hin. Es klang, als singe er von einem der Hochhäuser herunter. Aber er stand vor einem der schönsten Gebäude, die ich bis dato in Kapstadt erblickte, das Zeitz Museum of Contemporary Art Africa. Wir trafen auf eine Menschenansammlung, die alle mit einem Lächeln im Gesicht zu den Songs von Mandisi Dyantyis[40] tanzten. Diese Stimmung war elektrisierend und ansteckend. Wir gehörten zu den wenigen Weißen im Publikum und fühlten uns als Teil dieses Happenings. Das Publikum war total berauscht von Mandisis jazzigen Klängen und sang abwechselnd im Chor mit ihm.

---

40   Absoluter verpflichtender Song der Seite: Mandisi Dyantyis – Ndimthanda

Dieser atemraubend schönen Interaktion und Klang des Publikums im Duett mit der charakterstarken Stimme von Mandisi, dem Groove seiner Band und den total authentisch selbstbewussten Body positiven Tanzbewegungen der Masse machten diesen Moment zu einem meiner absoluten Highlightmomente in Südafrika. Eine schätzungsweise Mitte 40-jährige Frau (nichts zu danken für die Blumen) hat es mir besonders angetan. Sie hatte ein hautenges pinkes Kleid an, präsentierte voller Stolz ihre wunderschönen Kurven und groovte zu den Rhythmen, als wären sie für sie geschrieben worden #theslayagewasreall. Wir gönnten uns ein Glas Wein im Café direkt an dem Platz und genossen dieses pulsierende Szenario. Normalerweise mag ich es nicht, wenn ich den Text eines Liedes nicht verstehe, aber es war total irrelevant. Man fühlte die Emotionen und es zog einen komplett in seinen Bann. Wie damals die Haare von Beyoncé während eines Konzertes sich in der Windmaschine verfangen haben und sosehr ihr Bodyguard auch versuchte, sie war gefangen. So ungefähr ging es uns nur ohne die Schmerzen und lustigen Gesichtsentgleisungen von Beyoncé. Wir waren freiwillige Gefangene dieses lauen Sommerabends.

Mit dem Uber ging es zurück in die Unterkunft und unsere britischen Nachbarn veranstalten eine wunderschöne Fußballhouseparty bis in die morgen Stunden. Im Chor sangen sie wie ein Rudel überfahrener Corgis „Football ist coming home" – ich sag mal so, da war der Wunsch der Vater des Gedankens. [41]

Am nächsten Tag suchten wir nach einer schönen Frühstücks-Location und nur 5 Gehminuten von unserem Appartement entfernt, befand sich nicht nur ein super leckerer Italiener (dazu später mehr), sondern auch ein hyper healthy Veganer Café mit superleckeren Frühstücksleckereien, einer Palette an frischgepressten Säften, Bowls und Pancakes. #theyhadmeatbowl. Cyrill verzerrte ein sehr mildes (zu viel Salz ist ja ungesund … aber fades Essen ist super lame #Zwickmühle) und ich hatte eine Bowl mit Karotten und Zucchini Spagetti, Falafel Bällchen und Humus. Während ich an meiner Macha Latte genüsslich schlürfte, brachte die mega attraktive Kellnerin mit ihrem perfekten Gesicht, schlanken Körper, perfekt gemachten Haaren, die so aussahen, als hätte sie die Haare gar nicht gemacht, die Naughty Nuts Bowl an den Nachbartisch. Ich wollte umbestellen. Eine Bowl mit Erdbeeren, „gesundem" Nutella Mus, einer Vielfalt an Nüssen und vielem

---

41   Es ist beruhigend zu wissen, dass die KI **noch** genau so talentfrei am Zeichenstift unterwegs ist wie ich.

mehr. Am darauffolgenden Tag gönnten wir uns ein naughty Frühstück. Jedoch war es ein wenig befremdlich zum Frühstück ein eiskaltes Nutella Mus bzw. Nutella Eis zu verschlingen. Klingt erstmal lecker, bis man Löffel Numero 10 erreicht hat, danach ist es nur noch kalt und dank der Nüsse in Kombination mit dem Schokomuss ziemlich schwer. An einem südafrikanischen heißen Tag aber sicherlich lecker. Jedoch an einem kalten windigen Tag war es definitiv etwas zu cool für uns. Gestärkt und angefroren, riefen wir uns mit unseren Rucksäcken bepackt ein Uber. Heute stand der Aufstieg zum Tafelberg auf dem Programm. Der Uber Fahrer, der wieder aus Simbabwe und nicht aus Südafrika stammte, sagte, er war auch schon oben, aber ist mit der Seilbahn gefahren und würde uns eher empfehlen auf den Lion's Head zu wandern, da der Tafelberg nicht ganz ohne ist und die Seilbahn aufgrund des starken Windes heute außer Betrieb ist. Wir schauten uns und dachten: „Entschuldigen Sie bitte Herr Uber Fahrer, wie kommen aus Deutschland und der Schweiz, wir sind richtige Berge gewöhnt."

Spoiler Alter – Lektion gelernt, lieber etwas tiefstapeln. Wir starteten die Wanderung zusammen mit einer Schar an Touristen. Sonntags bei mittlerweile sonnigem Wetter zu wandern, ist schockierender Weise kein Geheimtipp. Dieses verfluchte tripadvisor.com. Es ging zunächst 1,5 Stunden auf wunderschönen und sauberen Wanderwegen, die aus großen Steinen bestanden und in eine superschöne Pflanzenwelt eingedeckt waren, bergauf. Vor uns lief Joe der Tafelberg DJ und so erklommen wir leicht bis mittelstark verschwitzt zu der Best of Usher Playlist den Tafelberg. Kann jetzt auch nicht jeder von sich behaupten. Wobei auf der Hälfte des Weges macht der DJ schlapp und so hörten wir nur noch aus weiter Ferne mit leiser werdendem Echo yeah yeah yeah. Oben angekommen wartete Gerda von „I blos dir da Wind in dei Gesicht" auf uns. Es war extrem windig und da die Seilbahn nicht fuhr, war das Café natürlich nicht geöffnet. So zogen wir unsere „dicken" Windbreakerjacken an, aber Gerda war richtig fies unterwegs und die Kälte schlich sich peu à peu unter unsere Haut. Ich bin ja eh eine Frostbeule, aber selbst der den Gezeiten trotzende Schweizer Prachtkerl fing an zu frieren.

Wir zogen uns trotzdem den Blick auf das Kap der guten Hoffnung und Kapstadt rein. Es war aber weniger beeindruckend, als man von unten aus erwartete. Dies kann aber auch am negativen Einfluss von Gerade von „I blos dir Wind in dei Gesicht" liegen. Cyrill, der mit der Weltwanderkarten App ausgestattete Berg Guru, fand uns einen anderen Rück- als Hinweg. Alle anderen, die uns begegnet sind, nahmen komischerweise den gleichen Weg zurück. Wir waren uns einig, dass es schade wäre denselben Weg zurückzulaufen und so ging es auf der anderen Seite bergabwärts. Ein kurzer Abriss zu den Wandertypen in Kapstadt. Es gibt die Outdoorsport Streber Touris mit namenhafter Funktionskleidung von Kopf bis Fuß ausgerüstet, dann die etwas jüngeren Touris meist mit durchtrainiertem Körper ohne T-Shirt #Eismaschine.[42] Dagegen die Einheimischen, die das perfekte Tempo drauf haben und am Ende die ihre Kondition falsch einschätzenden Touristen mit einem „habe ich es dir nicht gesagt" Lächeln überholen. Wir treffen auf zwei superdurchtrainierte und attraktive Amerikaner #cheekbones, die uns abrieten den Weg zu nehmen, und auf das Schild am Wegrand verwiesen, das besagte: „This is not an easy way down." Wir machten von ihnen zwei superschöne Fotos, perfekte Perspektive und der Lichteinfall wohow und sie bedankten sich mit einem leicht verschwömmen Foto bei uns.

---

42 Musiktipp: Charlie X – Boys

Zunächst war der Weg abwärts ziemlich beeindruckend und bot einen tollen Blick auf Kapstadt, bis dann spontan kein Wanderweg mehr auffindbar war und wir vor einem Felsenmeer standen, das man ohne Griffe oder Halterung durchqueren musste. Wir ignorieren die Warnungen und so mussten wir die salzige Suppe auslöffeln.

Vor lauter Klettern haben wir die Abzweigung verpasst, so hing ich an einem Felsen, hatte weder mit dem rechten noch mit dem linken Fuß einen Haltepunkt gefunden und die Panik stieg from zero to hero. Cyrill blieb ruhig und sagte mit ruhiger Stimme: „Du brauchst immer 3 sichere Punkte, dann kommst du gefahrlos den Berg runter." Ich dachte mir so: „Easy umsetzbar für einen 1.96 m großen Typen." Wenn ich mit meinen 1.75 m aber an einem Felsen hänge, der deutlich größer ist als ich, bräuchte ich eine Brückenlösung, die es nicht gibt. Ich suchte mit meinen Füßen nach Einkerbungen und Lücken am Fels, vergebens. Mit Cyrills Hilfestellung habe ich den Luciferfels bezwungen. Ich war mir sicher. Genauso fühlt sich eine Nahtoderfahrung an. Plötzlich standen wir am Abgrund, es ging sicherlich 2000 Meter steil bergab. Wir erblickten links von uns den Weg, der deutlich leichter, aber trotzdem weit entfernt von Sonntagsspaziergang daherkam. Cyrill meinte, von hieraus können wir quer Fels ein gehen. Man muss halt nur sein Leben dem nicht ganz so tief verwurzelt daherkommenden Bäumchen anvertrauen, weil sonst #deathdrop. Zwei junge Wanderkollegen schauten unserem Grübeln von dem „richtigen" Weg aus zu, schauten sich gegenseitig an und lachten aus tiefstem Herzen, bevor sie uns zuriefen „Yo Brothers, I would go back. This is some Final Destination shit." Die Final Destination Filmreihe liebe ich ja, weil die Charaktere auf super lustige Art und Weise sterben und so makaber es auch sein mag, ich Tränen lache und mir fast ins Hösle mache. Final Destination Shit war dann auch mein Stichwort, um Cyrill bestimmt davon zu überzeugen nicht am dritten Tag in Kapstadt in den Tod zu stürzen, sondern den Wanderweg zu nehmen, der bereits herausfordernd genug war. Nach einem nicht ganz so leichten Aufstieg fanden wir zurück auf den Weg. Das Wiedersehen mit dem Lucifer Felsen sorgte nicht wirklich für Freude. Nach dreißig Minuten Abstieg trafen wir auf eine deutschschweizerische Wandergruppe, die uns verblüfft fragten, warum wir uns diesen Weg für den Abstieg ausgesucht hatten? Abschließend ums uns so ein richtig gutes Gefühl zu geben, wünschten sie uns Hals und Beinbruch und erwähnten, dass sie es schade fänden morgen in der Bildzeitung lesen zu müssen

„Die sich selbstüberschätzende Käse Kartoffel stürzt vom Tafelberg".

Dies hat uns aber nicht verunsichert, sondern eher angespornt und so haben wird jeden noch so fiesen Felsen gemeistert und kamen weißbrotfertig am Parkplatz an. Eins war klar: Heute werden wir nicht alt. Abenteuer macht müde.

* * *

Am nächsten Tag stand Beach Time auf dem Programm, auch wenn es deutlich zu kalt zum Schwimmen war. Cyrill wollte natürlich, als amtierender Kite Surfkönig des Vierwaldstättersees, die See und Winde von Kapstadt bezwingen. Wir fuhren zunächst in einen Küstenvorort von Kapstadt Namens Bloubergstrand, der mit einem endlosen weißen Sandstrand und einem tollen Blick auf den entfernten Tafelberg aufwartete. Es war wie die letzten Tage auch sonnig und stark windig, so erhielten wir ein gratis Sandganzkörperpeeling, ob wir es wollten oder nicht. Wenn man am Meer ist, muss man auch im Meer schwimmen, sagten wir selbstbewusst. Nachdem der kleine Zehen Erfrierungen des 5. Grades erlitt, revidierten wir dieses Statement.

Als Cyrill Kite Surfer erblickte, war es um ihn geschehen.[43] Wir gingen den halben Tag von Kite Schule zu Kite Schule. Okay, es waren insgesamt gerade mal zwei, aber die Zeit ist ein trügerischer Tyrann. Leider gab es aber an dem Tag keinen freien Platz mehr und die darauffolgenden Tage waren nicht windig genug. Ich hätte es ihm wirklich sehr gegönnt. Die Begeisterung, die er ausstrahlt, wenn er da zwischen den Surfboys und -girls steht, sollte eigentlich belohnt werden. Am Nachmittag gingen wir dann an einen der schönsten Strände von Kapstadt im Stadtteil Clifton, der zu Füßen des Lion's Head (Bergchen) liegt und ein Strandabschnitt auf den nächsten folgt. Mitten im Strand sind große Felsbrocken die den Strand unterteilen und tolle Aussichtspunkte bilden. Natürlich musste ich direkt einen erklimmen und eine meiner über 38 Jahre pedantisch einstudierten vier Posen stricken, für mehr hat es leider bis dato nicht erreicht. Qualität vor Quantität sage ich ja immer. Es gibt das unsichere unqualifizierte Rumstehen, das verträumte in die Ferne schauen, den Superman und einen Weirdo Dance-Move. Dieser geht wie folgt, Kopf nach unten, eine Hand vors Gesicht und die andere Hand geht nach hinten weg, vergleichbar wie beim Skifahren, wenn man sich gerade abgestoßen hat, glaub ich. Ich bin ja nie Ski gefahren, aber so stelle ich es mir vor.[44]

Wie überall in Südafrika fiel hier wieder die Leichtigkeit des Seins der Menschen auf. Wie viel Freude sie in solchen Momenten am Strand finden und wie sie diese lautstark untermalen. Verstehen Sie mich nicht falsch: „Laut" ist hier keinesfalls negativ behaftet. Ich könnte diesem Lachen aus tiefstem Herzen und dieser wunderschönen Sprache mit ihren für uns total befremdlich klingenden Klicklauten stundenlang lauschen. Wir fanden ein schönes Restaurant am Strand, in dem wir so semi-gut dinierten. Unsere Vorgänger haben uns ordentlich Essenreste vor allem in Form von undefinierbar klebender Masse auf dem Tisch hinterlassen. Cyrill fragte die Kellnerin Charlene höflich, ob sie den Tisch kurz abwischen könnte. Ich hätte viel Geld bezahlt, um ihren Blick festhalten zu dürfen. Attitude on, Augen verdrehen und dann sagt sie total nüchtern: „Yes, Sir." Sie kam 15 Minuten später mit einem halbtrocknen Lappen und machte bis ins Rückenmark motiviert exakt eine Wischbewegung und lief weiter. Man hätte meinen können, dass wir den Restaurantbesuch bereuten, aber der Blick auf den traumhaften Sonnenuntergang war unfassbar. Ich habe noch nie in meinem Leben so einen schönen Sonnenuntergang gesehen (bis wir zwei Tage später …). Es gab zeitweise eine Schlange an Restaurantgästen, die neben unserem Tisch standen, knieten, sich auf das Geländer setzten und über Tische lehnten, um das heutige Farewell der Sonne für immer festzuhalten bzw. bis die Beziehung in die Brüche geht und das romantische Honeymoon Picture keine Endorphine, sondern H20 freilegt oder das Handy exakt nach dem Ende der Garantiezeit abschmiert und man die Benachrichtigung „Ihr letzter iCloud Daten Back-up liegt 90 Tage zurück" gekonnt ignoriert hat. Es war so

---

43 Nein mal Anke (schweizerdeutsch für Butter – C1 Niveau quasi) bei den Fischen. Genau das mag ich an diesem tollen Menschen. Seine Begeisterungsfähigkeit und Passion. Wenn er das Funkeln in den Augen bekommt und sich in die wilden Wellen stürzen will. Na hören Sie mal. #soattraktiv

44 Wow, ich bin wirklich eine absolute Koryphäe der bildlich leicht veranschaulichenden Darstellung von Fotoposen. Vielleicht sollte ich einen Volkshochschulkurs anbieten?

Rosamunde Pilcher kitschig klischeehaft perfekt. Fünf große Palmen, die synchron im Winde wehten, während die Sonne einen Farbverlauf von Dunkelgelb bis ins helle Orange malte und die Wolken einfärbte. Dies war aber noch nicht Playa Romantica genug. So wurde zwischen zwei Palmen ein Metallherz angebracht. Die Influencer*innen hielten jede erdenkliche Pose in jeder Formation fest. Die tiefgründigen Unterhaltungen hierbei lauteten wie folgt.

„Du links."
„Jetzt ich links."
„Jetzt ich Mitte."
– Zwischenschritt bisherige Fotos checken –
„Ich muss nochmals links."
„Boah Joanne, wie oft hab dir gesagt, dass rechts meine Schokoladenseite ist, du Opfer."
„Meine aber auch."

Ich saß da und wollte Popcorn bestellen, wäre ich nicht schon von dem Veggi Burger total gesättigt gewesen.

Für Cyrill war dies der letzte freie Tag in Kapstadt. Remote Work Modus on. Ich hingegen starte jetzt mein Alleinreise Test-Abo. In meiner typischen Manier[45] hatte ich mir vorab Gedanken zu den tausend Möglichkeiten, die Kapstadt bietet, gemacht. Das wunderschöne Modern Arts Museum stand eigentlich an erster Stelle, aber das Wetter war einfach zu gut, um den Tag in geschlossenen Räumen zu verbringen. So gab ich meinem Pflanzen-fetisch mit einem Besuch in Kirschboosch, dem botanischen Garten von Kapstadt, nach. Ich startete den Tag als deutscher Tourist vorbildlich mit einem Besuch bei einem der drei deutschen Bäckereien von Kapstadt, die nur 5 Minuten von unserem Appartement entfernt war. Ich meine ich hatte jetzt schon 5 Tage keine deutsche Backkunst mehr ge-nießen können. You feel me, right? Die Brezel war der Hammer, der Spitzbube hingegen war eine Teigmasse, die meinen Gaumen zur Sahara machte. Ich rief mit dem Kaffee und dem furztrockenen süßen Stückle in der Hand ein Uber und startete in meine erstes Solo Abenteuer. Der nette Uber-Fahrer war ein Virtuose des Small Talks und ich erzählte ihm von meiner dreimonatigen Reise und er meinte, was meine Freundin dazu sage und dann machte ich den typischen Markus und sagte: „Ach meine Freundin ist voll easy."

Und er so: „Und was, wenn sie fremdgeht, wenn du zwei Monate weg bist. Da kommt sicherlich ein anderer Mann und umwirbt sie." Ich dachte mir ja genau und er sagte: „Ugah. Weib ohne Mann und es macht Bunga Bunga und 3 2 1 mein Weib ist seins." Ich antwortete: „Shit happens" und er lachte so richtig herzhaft. Dann fragte er, ob wir Kinder hatten und ich überlegte erzähle ich jetzt die Wir-warten-noch-Geschichte oder male ich ein Großfamilienbild mit 3 Hunden und 4 Katzen. Da ich noch müde war, sagte ich nur: „Noch nicht, aber, wenn ich von der Reise zurückkomme, planen wir Nachwuchs." Er sagte dann: „Ja das müsst ihr, mindestens 3. Wir haben 5." Ich so: „FÜNF Kinder, habt ihr kein anderes Hobby" (feinfühlig kann ich), er lachte nochmals richtig herzhaft und sagte: „Wir sind da. Willkommen im Kirschboosch." Ich fühlte mich heterosexueller als jemals zuvor und wollte gerade in der Vorstellung schwelgen fünf Kinder in die Welt zu setzen, doch dann erblickte ich die wahnsinnig beeindruckenden alten Bäume des Botanischen Gartens und der Kinderwunsch war passé. Ich verbrachte über drei Stunden alleine im Botanischen Garten und feierte mich ziemlich dafür. Es waren außer mir und Svetlana, eine ältere osteuropäische Touristin mit Leoprint Bluse, nur verliebte und lang verheiratete Paare im Park. Mein Pflanzenfreundherz kam voll auf seine Kosten. Man durchläuft wieder und wieder Alleen, kleine Wälder mit uralten riesigen Bäumen und dazwischen immer wieder super schön angelegte Blumenbeete. Ich lief alles akkurat ab und machte zig Fotos. Das Problem, wenn man allein ist, ist, dass man von sich nur Selfies schießen kann und Selfies kann ich einfach nicht, dazu sehe ich zu viele optimierungsbedürftige Baustellen an meiner optischen Erscheinung. Ein erlernter Trick von Svetlana ist. Man platziert das Handy auf einem Baumstamm oder auf einer Bank und kann so schönere Fotos machen. #schowiederwasgelernt. Auf der Broschüre war eine schöne Brücke abgebildet, die ich

---

45 Lustige Geschichte: Beim Schreiben fehlen mir manchmal die Worte bzw. ich habe ein neues Wort erfunden, das fast so klingt wie das Wort, das mein vergeblich in den verstaubten Archiven der von Markus selten benutzten Worte sucht. Das geht dann so Manur ne Manor – google.com – in meiner typischen Manie habe ich es doch gewusst.

natürlich sehen wollte, aber leider nicht fand. So fragte ich einen sehr freundlichen Gärtner, wo die Brücke sei. Er sagte: „Du gehst einfach immer geradeaus, vorbei an den Dinosauriern und dann links." Ich hatte eine innere Gesichtsentgleisung und konnte einen hohen Schrei gerade so unterdrücken. DINOSAURIER, hat er DINO-SAURIER gesagt? Es folgte eine 15-minütige Fotosession mit den Dinos, bevor ich zum eigentlichen Ziel der wunderschönen Brücke mit Blick auf die ganze Pracht des Kirschboosch kam. Ich machte zig Fotos und beobachtete die anderen Touristen. Drei Deutsche diskutierten, wer von ihnen jetzt von wem Corona hat und wem es schlechter geht und dann husteten sie abwechselnd, ohne die Hand vor ihren Mund zu halten. Ich dachte, schöner wird es heute nicht mehr, und drehte noch eine letzte Runde, bevor es zurück zu Cyrill ging.

Total im Begeisterungsmodus kam ich in unserem Appartement an und erzählte Cyrill ausführlich von diesem „krassen" Abenteuertag. Wir gingen italienisch essen und ein sehr attraktiver, aber auch sehr junger Kellner nahm gerade unsere Bestellung auf, als es plötzlich dunkel wurde. Ich sagte „Wow now it's party time" und dachte dabei an die griechischen Restaurants in Stuttgart, wo zu einer gewissen Stunde die Lichter ausgehen und die Party startet. Er schaute mich etwas verstört an und sagte darauf: „Pardon, sorry Guys it's load shredding again."[46] Ich wollte im Erdboden versinken und war happy, dass Cyrill, der noch vertieft die Speisekarte studierte, diesen für mich untypischen Glanzmoment nicht mitbekommen hat. Mit genug Wein in der Leber und gutem italienischen Essen im Bauch gingen wir happy schlafen.

Am nächsten Tag wanderte ich von unserem Appartement aus auf den Lions Head und hörte dabei afrikanische Musik. Es war ein wolkenfreier Sommertag und mir machte es gar nichts aus alleine zu wandern, bis ich oben angekommen war und die Wandergruppen ihre Fotos machten und sich zusammen freuten, den Gipfel erklommen zu haben. Ich fühlte mich etwas allein und klopfte mir imaginär fast schon ironisch auf die Schulter und saß ein wenig abseits auf einem Stein mit Blick auf das wunderschöne Kapstadt. Die anderen Gipfelstürmer machten

---

46 Load shredding = Load shedding – übersetzt: Lastabwurf – bedeutet: Nach Plan wird der Strom abgeschaltet, je nach Stufe für derzeit dreimal täglich bis zu 4,5 Stunden. Der staatliche Stromkonzern Eskom, der nach wie vor fast die komplette Energieversorgung in Südafrika sicherstellt, will damit den Blackout vermeiden.

tolle Fotos voneinander und das wollte ich auch. Nachdem dann noch Gay Guy von zwei Felsen weiter in seinem hautengen Tanktop und viel zu kurzen Shorts nach einer 30-minütigen Selfie Session und dreimaligem Nachjustieren der perfekt sitzenden Frisur ein Paar bat noch weitere Fotos davon zu machen, wie er seine Muskeln absolut natürlich ins Szene setzte, war der Moment gekommen. Ich nahm all meinen Mut zusammen und sprach eine Frau an, ob sie ein Foto von mir machen könnte. Sie lächelte nett und sagte: „Natürlich gerne." Sie machte sogar mehrere und meinte: „Ich komm zu dir runter, das sieht besser aus." Es entstanden wirklich tolle Aufnahmen und ich bedankte mich bei ihr und sagte euphorisch zu mir: „Du Teufelskerl hast eine fremde Person gebeten Fotos von dir zu machen und dann auch noch dich getraut eine Pose einzunehmen. Markus, DU wirst Neuseeland rocken!"

Stolz wie ein südamerikanischer Urwaldbewohner, der gerade seine Männlichkeitsprüfung mit Bravour bestanden hatte, erreichte ich wieder unsere Wohngegend und holte mir zur Belohnung ein Avocado Toast aus unserem hippen Stammcafé. Die Angestellte lächelt mich beim Betreten an und fragte: „Warst du nicht erst gerade hier?" Ich fühlte mich in dem Café einfach pudelwohl. Und so nahm ich neben zwei Öko-Muttis platz, die mit ihren ACHT Kindern das Café mit Leben füllten. Das ist sehr auffällig in Südafrika. Hier haben die Leute wirklich noch viele Kinder, egal welche Bevölkerungsschicht man sich an-schaut. Als ich zurück in die Wohnung kam, war Cyrill gerade mit den 3 von 4 Klempnern am Diskutieren, wer bei der WM wohl triumphieren wird. Der 4. erbrachte die Arbeits-leistung. Dies ist sehr auffällig. Es gibt oft eine Armee an Angestellten*innen (all Genders) und meistens gibt es ein Streberle, das vorbildliche Leistungen erbringt, während die Anderen gekonnt sich im Bild als Requisiten platzieren. Als krönenden Abschluss für unsere Tage in Kapstadt gingen wir auf den Signal Mountain, um den Sonnenuntergang einzufangen. Von unserem Appartement aus war es nur ein 30-minütiger Spaziergang. Da wir aber etwas spät dran waren, schauten wir vom Weg aus der Sonne gerade noch so beim Untergehen zu. Leicht enttäuscht erreichten wir den Signal Mountain mit 2 Gläsern und einer guten Flasche Rotwein im Gepäck. Zu unserer Überraschung konnten wir auf der anderen Seite des Signal Mountains den perfekten Sonnenuntergang ganz intim zu-sammen mit rund 500 Touristen anschauen. Es war mindestens so schön wie vor ein paar Tagen im Stick Restaurant. Wir machten unsere Weinflasche mit dem Flaschenöffner aus dem Airbnb Appartement auf, der vielleicht versehentlich in meinem Koffer gelandet ist. Sorry Dale, es war wirklich keine Absicht. Wir ließen den Korken knallen und schauten der Sonne bei ihrer spektakulären Verneigung zu. Ich blickte nach links und nach rechts und irgendetwas stimmte hier nicht. Dieser Beobachtung verlieh ich mit einem unsicheren „Hmmm", Ausdruck und fragte Cyrill: „Irgendwie trinkt hier niemand Alkohol. Siri, darf man in Südafrika in der Öffentlichkeit Alkohol trinken?", fragte ich unsicher und sie sagte mit meiner Meinung nach empörter und etwas lautstarker Stimme: „Sag mal, hast du sie eigentlich noch alle, du Halunke? In Südafrika ist es verboten Alkohol in der Öffentlich-keit zu trinken. Pack die Scheiße ein oder es gibt richtig Ramba Zamba, Freundchen."

Wir exten den leckeren „nicht"-alkoholischen Inhalt unserer Weingläser und verstauten sie in dem Futterbeutel, den meine Arbeitskolleginnen (HR daher hauptsächlich innen und ein wenig Diskriminierung tut uns Herren der Schöpfung auch mal gut) mir zum Abschied mit auf den Weg gaben. Es ist ein schwarzer Jutebeutel mit beigen Schnüren, auf dem eine Weltkarte abgebildet ist und Weltenbummler Markus draufsteht. So ohne Filter gesprochen, dachte ich mir: „Wow, das zieh ich niemals an. Sieht ein wenig nach Schlüsselkind Markus aus und ich bin viel zu cool dafür." Am Ende war ich sehr froh den Jutebeutel zu haben, der zum Laundry Beutel meines Vertrauens wurde und mir nützliche Dienste auf der Weltreise beschert hat. Was für tolle Kolleginnen ich hatte.[47]

trommelwirbel

Auftritt Wilma Wankelmut „Beste Kolleginnen. BESTE KOLLLEGINNEN! Beste Kolleginnen und du Held schmeißt hin, um dann mit einer Wahrscheinlichkeit von 50,01 % von einem HR Lucifer bis an das Ende deines Berufslebens geknechtet zu werden und keine Minute Freude auf der Arbeit zu empfinden? Just stating facts …"

Cyrill und ich schauten uns an und mussten laut lachen. Der hyper korrekte Schweizer und regelverliebte Deutsche trinken als Einzige auf dem Signal Mountain gemütlich Rotwein und ignorieren gekonnt die Blicke der verstörten südafrikanischen Bevölkerung. Es wurde auf einen Schlag zappenduster. Wir wollten uns schnell ein Uber rufen, aber ich sag es mal so. Die gleiche Idee hatten die andern 500 Touristen auch. Es war unmöglich eine Heimfahrt über Uber zu ergattern. Da jeder Südafrika Reiseratgeber (Danke an dieser Stelle an Lars für den Reiseratgeber Südafrika #beschderMann) besagt: „Seien Sie auf jedenfalls bei Einbruch der Dunkelheit in Ihrem Appartement, ansonsten Emoji Messer Emoji Blut Emoji Totenkopf", verhandelten wir mit einem nicht Uber Taxifahrer, der das 5-Fache vom normalen Preis (Angebot-Nachfrage) forderte. Cyrill fragte ein Paar, ob wir bei ihnen mitfahren könnten. Die beiden schauten sich an und ohne mit der Wimpern zu zucken, sagte sie: „Tut uns echt leid, aber unser Auto ist voll", bevor sie zu zweit im Viersitzer davonfuhren. Die Uber-Fahrer lehnten unsere Anfragen weiterhin gekonnt ab. Da wir in der Nähe des Aussichtspunktes wohnten, war es keine lukrative Fahrt. Es blieb uns also nichts anders übrig, als uns vom Taxifahrer übers Ohr hauen zu lassen und zu hoffen, dass er uns nach Hause bringt und nicht einer Gang angehört, uns in eine dunkle Gasse schafft und ausraubt. Fünf Minuten später kamen wir an unserem Appartement an und zur Überraschung des soeben umgefallenen Reissackes in China waren nicht nur wir, sondern auch unsere Wertsachen unversehrt. Mit diesen krassen Indiana Jones forsetzungstauglichen Szenen endete unsere Zeit in Kapstadt.

Die Vorfreude auf unseren Road Trip durch Südafrika war eine glatte 10/10. Am nächsten Morgen brachen wir früh auf und wie immer, dies wurde mir nachher als negative Reiseeigenschaft wie harte Butter, welche die Struktur des Brotes eiskalt vernichtet und klumpenhaft auf dem Brot ungraziös liegen bleibt, aufs Brot geschmiert, war ich am Rumtrödeln und brauchte nochmals extra fünf Minuten, um mein Zeug zu packen.

---

47 Ich glaube, es ist einfach auch mal Zeit für ein Lieblingskolleginnen Shout Ou: Zita, Sabine, Jule, Gesine und natürlich meine wunderbare Heidemarie. Diese fünf wunderbaren Menschen, man munkelt, sie gehören des weiblichen Geschlechtes an, sind aber viel mehr als „nur" Kolleginnen.

Lass uns Vorzeige-Garden-Route-Touristen sein #mainstreammoduson

Bei Sonnenschein ohne ein Wölkchen am Himmel ging es zunächst von Kapstadt über Simons Town zum Kap der guten Hoffnung, bevor wir unser nächstes Etappenziel in Hermanos erreichen sollten. Simons Town ist ein schönes Hafendörfchen mit zum Verweilen einladenden kleinen Cafés. Bekannt ist es vor allem für seine Pinguine, die wir auch direkt am Strand antrafen. Pinguine in freier Wildlaufbahn … check. Es gibt auch eine Art Kleinzoo, hier waren wir aber zu schwäbisch, um Eintritt zu bezahlen, ganz nach dem Motto – s geit Pinguine für umasuschd #youhadmeatumsonst.[48]

Als wir fast verhungert in Simons Town ankamen, ging es direkt an die Frühstücksplanung. Wir entschieden uns für das Think Café, total unmainstreammäßig, weil es nur 4,2 Sterne bei Google hatte und nicht 4,6 wie Everybody's Darling – das Lighthouse Café und wow war die Entscheidung ein Glücksgriff #teamunderdog. Nicht nur aber irgendwie schon vor allem auch weil meine Lieblings Café Angestellte des Jahrhunderts, nennen wir sie Paula, von meiner Begeisterungsfähigkeit für süße Stückle aus tiefstem Herzen loslachen musste und auf Afrikaans etwas zu ihrer Kollegin sagte, die dann auch loslachte. Da es sich nach mit mir lachen anfühlte, habe ich einfach mal mitgelacht. Ich stand vor der süßen Stückle Verkaufsvitrine und konnte mein Glück nicht fassen (Blueberry Muffins, Karottenkuchen, Schoko- und Mandelcroissants, Brownies, Kekse). Gezielt entschied ich mich für das weltbekannte südafrikanische Simonstown Mandelcroissant und einen Brownie #lowcarbmyass. Ich biss in den saftigen Brownie und wollte schreien vor Freude. Ein Darkchocolate Brownie nicht zu süß und mit der genau richtigen Menge an Zimt. Das ist so ein Moment der vollkommenen Glückseligkeit, den man sich für Geld kaufen kann. Beim Verabschieden von Paula, was mir sichtlich schwerfiel, ließ ich sie noch mehrmals wissen, wie amazing dieser Brownie war und Cyrill hatte die Ehre meine Lobeshymnen auf Paulas Brownie den ganzen Tag in der Dauerschleife zu lauschen. Böse Zungen behaupten, dass Paula die Brownie gar nicht selber backt (Fake News Alert).

Meine Monologe über Darkchocolate Brownes mit Zimt störten Cyrill nicht weiter, da er seiner absoluten Lieblingsbeschäftigung nachgehen konnte – eine Allee an Infotafeln detailgenau zu lesen und danach Vorträge über historische Fakten zu halten, die ich nach der nächsten Kurve, ~~nicht~~ wieder vergessen habe.

Manchmal frage ich mich, ob ich im Allgemeinen mehr interessiert sein sollte. Ich gehe zum Beispiel in den Botanischen Garten und zelebriere die Pflanzen, weiß aber weder Namen noch etwas zur Herkunft und genauso ist es mit den Tieren. Ich schaue mir gerne Tiere an, muss jetzt aber nicht von jedem Vogel den Namen kennen und bejubele nicht hysterisch (ein wenig euphorisch vielleicht) im Tiernationalparkheft von 400 Vögeln 20 abgehakt zu haben.

---

48   Schwäbisch für Anfänger: Ich glaube fest an Sie, Sie verstehen das ohne Übersetzung!

Nach dem Studieren der Geschichte von Simons Town gelangten wir zum Parkplatz des Pinguin Zoos. Von weitem hörte man schon eine Gruppe afrikanischer Mädchen singen und tanzen (jaja, tanzen sah man sie erst später, Sie Korinthenkackerle). Zunächst war ich megabegeistert, da der Rhythmus, die Kostüme und die Stimmen ein wirklich schönes Bild ergaben, nachdem die Mädchen; als wir nach zwei Stunden Aufenthalt in Simons Town zurück zum Auto kamen, immer noch in der prallen Hitze unter einem für alle viel zu kleinen Baum standen und pausenlos ihre Kunst zum Besten gaben, schwankte die Begeisterung in Richtung Besorgnis und wenn man dann noch sah, wie wenig Süd-afrikanische Rand in dem kleinen Karton vor ihnen lagen, verwandelte sich die Besorgnis in Traurigkeit. Diese Traurigkeit sollte immer wieder ihre kurzen Spielräume erhalten, nicht schlimm, aber immer leicht unterbewusst performen. Wir lebten während unserer Reise in der Weizenmehl Typ 405 Bubble und auch wenn wir versuchten in Restaurants zu gehen, in denen das Publikum zumindest gemischt ist oder in die stattlichen Camps im Kruger Nationalpark, so waren die Unterschiede in der Gesellschaft brutal offensicht-lich. Wenn dann als i-Tüpfelchen noch der weiße Kunde beim Bäcker von dem dunkel-häutigen Verkäufer mit „Hi Boss" begrüßt wurde und dieser stolz lächelte, bedrückte es einen enorm. Ich habe während der Reise immer versucht total offen zu wirken, aber, wenn ich es im Nachhinein reflektiere, war ich teilweise übertrieben freundlich und wirkte be-stimmt auf mein Gegenüber nicht authentisch. Wow, der weiße Europäer gibt mir viel zu viel Trinkgeld, damit verändert sich mein Leben in Südafrika grundlegend und es lösen sich alle Probleme wie Kriminalität, Korruption und Ähnliches in Luft auf. Ich, Markus the Savior of South Africa, habe mit ein wenig Trinkgeld und viel zu vielen Thank yous, die Ungerechtigkeit aufgehoben und das Land vereint.

Aber um jetzt nicht allzu heftig mit mir ins Gericht zu gehen. Es standen gute Absichten dahinter und wenn Sie mich kennen (was Sie ein wenig tun, falls Sie diese Enzyklopädie[49] bis zum Ende lesen), würden Sie merken, dass ich dabei schon halbwegs sympathisch agiere und so tolle Begegnungen mit Menschen erlebte, von deren bereits beschriebener Lebensfreude und Leichtigkeit des Seins ich mir unbedingt eine Scheibe abschneiden will, vielleicht auch zwei bis drei.

Von dem schönen beschaulichen Simons Town ging es entlang der ungestümen windigen Küste zum Südafrika must-see, dem Kap der guten Hoffnung, dem südlichsten Punkt Afrikas[50], der sich in einem Nationalpark befindet, wo man natürlich gesondert Eintritt bezahlt, was aber vollkommen okay ist. Man sieht schöne Landschaften. Es gibt schöne Aussichtspunkte und kleine Wanderwege. Nach dem ganzen Hype kommt jedoch ein wenig Ernüchterung, weil ein simples Schild „Cap of God Hope" an der Küste aufgestellt ist und die Touristen in einer Schlange darauf warten, ihr Foto vor dem Schild zu machen. Viel mehr in Erinnerung wird mir daher der spontane Besuch eines Vogelstraußes bleiben. Wir fuhren total gehyped von dem tollen Erlebnis, vor einem Schild ein Foto gemacht zu haben, in Richtung des Ausganges des Nationalparks und plötzlich stand ein Vogelstrauß

---

49   Hätten Sie ohne zu googeln oder Alte Schule mäßig im verstaubten Duden nachzuschauen gewusst, wie man Enzyklopädie schreibt? Falls ja, gibts ein well done Sticker ins Hausaufgabaheftle.

50   SCHOCKER – Das Kap der guten Hoffnung ist gar nicht der südlichste Punkt Afrikas, der liegt einige Kilometer weiter östlich ganz ohne spektakuläre Touristenbespaßungszirkus.

am Straßenrand. Wir und zwei Autos hielten natürlich sofort an und machten Fotos. Das nenne ich mal gehyped sein: das zweite Tier in Südafrika in freier Laufbahn gesehen zu haben. Der emotional sozial intelligente Autofahrer vor uns trat zum Start voll aufs Gas und verjagte so den Vogelstrauß überraschenderweise. Das dümmste Säugetier sind halt am Ende doch einfach wir.

Instagram sei Dank bin ich natürlich auch Influencer geschädigt und wollte unbedingt an den Strand mit den bunten Strandhäusern und es ist wirklich eine tolle Kulisse. Ein endlos erscheinender weißer Sandstrand, im Hintergrund diese bunten Strandhäuser und es lag sogar auf der Reiseroute. Viel Zeit muss man nicht aufwenden, aber es ist definitiv einen kurzen Abstecher wert, da es neben der Kulisse noch eine super leckere Eisdiele mit verrückten bunten Eissorten gibt (total Bio und ohne künstliche Aromen). Das absolute Highlight dieses Stopps war jedoch, dass nach einer Woche in Südafrika wir endlich in einem kleinen indischen Tante-Emma-Laden Taschentücher käuflich erwerben konnten.

Spüren Sie ein wenig Begeisterung? Wir auch (!), denn wir befanden uns jetzt auf der berühmten Garden-Route in Richtung Port Elizabeth. Der ganze Fame ist wohl verdient. An diesem sonnigen Sommertag verschlug die menschenleere Küstenkulisse, an der sich die Garden-Route entlangschlängelt, einem den Atem. Wir hielten mehrfach, um die Sonne auf dem Meer reflektieren zu sehen und die meterhohen Wellen anzufeuern.

Unser erster Stopp auf der Garden Route war Vermont in der Nähe der Stadt Hermanos. Wir haben uns hier eine kleine Villa für unsagbare 43 Euro pro Nacht für 2 Nächte gegönnt. So schön diese Villa mit Pool und Lavendelbüschen, einer Sitzecke unter einem wunderschönen alten Baum, unter dem ich startete an diesem Bestseller zu schreiben, auch war, die krassen Sicherheitsvorkehrungen mit Gittern an allen Fenster, der Alarmanlage und zig weiteren Zäunen erweckten ein Unbehagen, obwohl es augenscheinlich keinen Grund dafür gab. Die Villa war beeindruckend und viel zu groß für zwei Personen. Es gab zwei Bäder, zwei Schlafzimmer ein riesiges Wohnzimmer im Einrichtungsstil Harald Glöckler meets Wiener Schickeria, überall ein kleiner Hauch von zu doll/zu gold. Was dem Aufenthalt auch etwas Abbruch getan hat, war das von der südafrikanischen Regierung gezielte Strom-Abkappen (Load-Shredding) um total Ausfälle zu vermeiden, was gefühlt durchgehend der Fall war. Cyrill hatte hier beim Remote Arbeiten wenig Freude und auch den Laptop/ das Handy mit genügend Strom zu versorgen, war eine Challenge. Da wir in der Unterkunft eine Waschmaschine hatten, nutzten wir dies natürlich direkt aus. Blöd war nur, dass mitten im Spülgang der Strom ausfiel, so dass ich eine Stunde lange die Wäsche von dem Waschmittelfilm befreien durfte und ihr Schicksal der südafrikanischen Sonne überließ.

Für den zweiten Abend fanden wir in Hermanos ein schönes Restaurant am Strand und da wir uns tagsüber kaum bewegt hatten, beschlossen wir dort hinzulaufen. „Das Restaurant ist nur 17 Minuten entfernt und auf dem Weg liegt ein Strand, dann kann ich noch etwas schwimmen", sagte der leidenschaftliche junggebliebene Butterflyschwimmer Cyrill. Nach

17 Minuten und weiteren 60 Minuten kam raus, dass es 17 Minuten mit dem Auto gewesen wären, aber ich bin ja nicht nachtragend und würde daraus einen Vorwurf stricken.[51] Wir liefen eine Zeit lang auf dem gepflasterten Walking Dead Weg bzw. zutreffender ist eher auf der Dead People and Pets Memorial Lane. Was einerseits eine sehr schöne Idee, aber zugleich auch verdammt schön traurig ist, verstehen Sie, wie ich das meine?

Man kann auf dem Weg eine Platte kaufen und mittels einer kurzen Nachricht einem verstorbenen Lebewesen gedenken. So wurde nicht nur an Margot, sondern auch an Bello erinnert. Würde man mich fragen, was man tendenziell korrekterweise nicht für notwendig erachtet, finde ich diese Idee viel schöner als[52] ein Friedhof (Schauer). Auch die Mischung aus Haustieren und Menschen find ich absolut passend. Sind wir doch mal ehrlich, ein Hund ist ein vollwertiges Familienmitglied.[53] Da manche Platten mit Sand bedeckt waren, habe ich immer versucht den Sand mit den Schuhen wegzufegen, dies war quasi mein Beitrag, dass Bello auch seine ihm zustehende Aufmerksamkeit erhält. Mit einem mäßig bis starken Hungergefühl, dank der Schwimmpause am windigsten Punkt des Weges von Cyrill, kamen wir am Restaurant an. Zu meiner positiven Überraschung gab es im kleinen Strandlokal eine asiatische vegetarische Bowl.

Endlich mal kein Veggieburger – was meistens die vegetarische Option war. Leichte Kost tut dem Magen ja auch mal gut, wenn ich schon täglich Brownies und Kuchen frühstücken muss.[54] Dass die gesunde Bowl gekonnt mit Mayo überschüttet wurde, war dann fast schon ironisch. Charming an dem Abend im Restaurant war die Aufmerksamkeit, die wir von Phil und Herby, dem Gay Couple der kleinen Gemeinde Vermonts erhielten. Der Gayradar ist halt einfach ein verräterisches Plappermäulchen. Phil und Herby waren super proudly gay mit Regenbogenarmband und einem Walk, der Naomi Camball erblassen hätte lassen können, okay nicht Naomi, aber vielleicht Heidi. Stimmlagentechnisch sind sie definitiv deutlich an Heidi dran. Beide trugen Klamotten aus, wie umschreibe ich dies, antiken Zeiten, in denen die beiden etwas weniger Wohlstand auf die Waage gebracht haben. Und in meinen Gedanken lief ein Little Britain/Hape Kerkeling Sketch ab. Phil bemerkt uns total verdutzt und dreht sich zu Herby „Oh mein Gott, Herby. Ich glaube es ja gerade nicht. Ach du grüne Neue. Schau dir mal diese queer people an." Herby visierte uns an und meinte: „Oh mein Gott. Schau dir mal ihre Klamotten an." Phil erwiderte: „Herby sei doch nicht immer so, aber wo du recht hast" und beide lachen aus tiefstem Herzen los.

Ein wirklich süßes Paar, das absolut in Love miteinander war und bestimmt seit 10 Jahren, dies kommt umgerechnet in die heterosexuelle Zeitrechnung locker an die Diamantene Hochzeit ran, glücklich liiert ist. Deswegen sagte ich jetzt auch mal total aufrichtig gemeint chapeaux. Selber bin ich da bis dato nie so langfristig erfolgreich unterwegs gewesen. Sabotieren von meinen funktionierenden Beziehungen zählt zu einer meiner größten Stärken. Nach dem Dinieren und der Fernkontaktaufnahme mit der Gay Community von Vermont ging es wieder heim, zu Fuß, da Vermont in der Gemeinderatsitzung im kältesten Dezember seit der Wetternotierung im Jahre 1991 beschlossen

---

51 sagte der Autor mit der Stricknadel in der Hand

52 Als Schwabe fällt mir diese als/wie Thematik echt schwer. Mein Bauchgefühl sagt immer wie, aber die deutsche Grammatik sagt als. Und ich dann so???

53 Katzen natürlich auch. Man will ja keinen von Crazy Cat Ladies & Gents initiierten Shit Storm zum Opfer fallen #dontcanclemeyet

54 Was sich so gar nicht in der Figur sichtbar machte #bäuchleeinziehen.

hatte, dass sie kein Uber brauchen. Die Straßen waren menschenleer, alle haben sich in ihren sicheren 5-fach vergitterten Villas verkrochen und die Touristen liefen mit einem neon Leuchtreklameschriftzug, der von zwei blinkenden Pfeilen begleitet wurde, durch die immer dunkler werdenden Straßen von Vermont.

„Naive europäische Touristen. Wir sind leicht auszurauben und haben viel zu viel Bargeld im Gepäck."

Ich habe am Flughafen in Kapstadt Bargeld abgehoben und dachte, für einen Monat wären doch 450 Euro passend, wenn man dann aber überall mit der Kreditkarte zahlt, bleibt man logischerweise auf seinen 9000 Rand sitzen. So gaben wir bei jeder Unterkunft mindestens 200 Rand Trinkgeld. Dies führte a) zu sehr viel Freude bei den Angestellten und b) verringerten wir unser Ausraubeattraktivitätlevel. Nachdem wir wieder in unserer Glöckler Villa angekommen waren, freuten wir uns darauf morgen in Richtung Port Elizabeth aufzubrechen. Ich hatte einen Bauernhof gefunden, in dem der alte Schafstall restauriert wurde und man mit den Tieren des Hofes zusammenlebt. Jackpot! Die Fahrt betrug etwa drei Stunden und führte uns vorbei an dutzenden Wein- und Agrarregionen. Dass es mit der Ausnahme von kleinen Hügeln ausschließlich geradeaus ging und man gefühlt bis ans andere Ende von Südafrika sehen konnte, war für uns DeuZer kurios. Diese unendlichen Weiten und Distanzen waren komplettes Neuland. Die Zeit verflog heute nur so und so kamen wir auch schon im beschaulichen Riversdale[55] an.

Wir fuhren zunächst in den Supermarkt der Stadt, um Lebensmittel zum Grillen zu besorgen, da Grillen, hierzulande Braii genannt, Nationalsport neben Rugby ist und unsere Unterkunft eine schöne Grillstelle mit Blick auf die unberührte Natur hat. Ich liebe es in fremden Ländern in Supermärkten Zeit zu verbringen. Wenn in jedem Gang neue/unbekannte Lebensmittel darauf warten verkostet zu werden. Nicht ganz diesem Motto getreu, fuhren wir mit Kürbis und Haloumi im Gepäck in Richtung der Farm. Hier durfte ich zunächst like a pro das Farmtor öffnen und direkt wieder gemäß der Anweisung „Close the Door, keep animals inside" schließen.

Sind Sie bereit für die „Unser Kleine Farm" Südafrika Edition?

Gänse, Hühner, Enten, jeweils mit dutzenden Küken, Hängebauchschweine und das absolute Dreamteam bestehend aus einem alten Esel und einem alten Schaf, die unzertrennlich waren. Als Tierliebhaber und Vegetarier war ich im Paradies angekommen. Wir parkten und liefen über das Gelände, was die Tiere nicht tangierte. Elizabeth, eine Südafrikanerin mit einer wunderschönen weiblichen Figur, die sie gekonnt in Szene setzte, kam in ihrem stolzen Gang, einem einnehmenden Lächeln und ihrem perfekt gebundenen Kopftuch auf uns zu. Begleitet wurde sie von drei Hunden. Als 100%-ige Dogperson musste ich die drei natürlich direkt begrüßen. Es war ein viel zu dicker Labrador, ein kleiner

---

55 Aufgrund des hinzugefügten s habe ich kein Foto am Ortsschild gemacht. Stellen Sie sich mal vor, es wäre Riversdale gewesen? Ich wäre direkt zur High School gefahren, um dem heißen Ginger und dem nicht weniger attraktiven Barkeeper mit den perfekten Wangenknochen beim Footballspielen zuzuschauen. Aus reinem sportlichen Interesse natürlich, weil was ist spannender als Football? Go Yankees.

Mischling (my kind of dog) und eine riesige Dogge, Pferdeausmaße, aber handzahm. Ich dachte mir, wenn ich jetzt tot umfalle, sterbe ich vollkommen erfüllt. Elisabeth begleitete uns zu unserem Hütchen.

Den Schafstall haben sie wirklich gekonnt authentisch mit traditionellen Elementen und zugleich einem modernen Bad restauriert. Die Wände waren in einem dunklen Rot eingefärbt. Es waren überall afrikanische Elemente zu finden, aber keineswegs kitschig, sondern passend zusammengestellt. Der Nachttisch war ein Tresor und die Küche aus massivem Holz. Es war einfach ein mit Liebe zusammengestelltes Interieur.[56] Als wir unsere Sachen abgelegt hatten und über das Anwesen schlenderten, trafen wir auf James, der die Ranch zusammen mit der Eigentümerin schmeißt. Ein supernetter Typ, der gerne über Kiffen und die gesellschaftlichen Ungleichheiten in Südafrika philosophiert. Er gab mir den Tipp zum Fluss zum Schwimmen zu gehen. Gesagt, getan, kam ich über einen Feldweg und ein Takeshis' Castel Hindernisparcours (man müsste über Bretter und Reifen springen, um zum Fluss zu gelangen) an dem idyllischen Flussbett an. Voller Freude sprang ich in die rote Brühe, um mit den Knien direkt auf dem Boden aufzuschlagen, ohne mich ernsthaft zu verletzen. Der seelische Schaden aufgrund des Schockes war natürlich schwerwiegender. Ich lief mit meiner nur halbnassen Badehose zurück zum Bauernhof und widmete mich voll ganz der Tierwelt der Farm. Direkt schloss ich mit einem stinknormalen Huhn (es gab auch Exotische mit wilden Federkleidern) Freundschaft. Ich gab ihm einen der trockensten Kekse, die ich jemals verzehren musste. Und so wurde ich, sobald ich die Hütte verließ, von Charlotte dem Kekshuhn freudig erwartet, da es jedes Mal 1–2 Trockenkekse gab. Dies bekam der alte Esel mit, der stand aber mehr auf Karotten. Sein best Buddy, das alte Schaf hingegen, das extrem zerbrechlich daherkam und ich befürchtete, dass wir noch Seelenbeistand für den alten Esel leisten müssen, interessierte sich für nichts. Weder für Kekse noch für Karotten (die Auswahl war auch kein Highlight). Wir überlegten die verrückte Baumhaus-Unterkunft zu stornieren und auf dem kleinen Flecken heile Welt länger zu verweilen. James sagte jedoch leider: „Ey Buddy, tut mir leid, soeben wurde eure Hütte online gebucht." „Kein Ding James, es wäre schön gewesen, aber da waren wir einfach zu spät dran", erwiderte ich.

Ich dachte, wir wären mehr enttäuscht, doch am Lagefeuer sitzend lecker Gemüse und Halloumi grillend, juckt dies einen wenig und wir haben ja die Baumhausunterkunft vor uns #firstworldproblems. Am Morgen ging ich natürlich zuerst zu Charlotte bzw. als ich die Türe öffnete, stand sie schon da mit großen Augen und natürlich bekam sie ein paar Kekse. Wer kann diesen Hühneraugen widerstehen? Wir philosophierten noch mit James über die Missstände in Südafrika und über die vielversprechende Möglichkeiten Südafrikas, Weed zum Importschlager zu machen. James erzählt auch wie einige andere weißen Südafrikaner/oder Einwanderer, die wir auf der Reise trafen, dass es im Land deutlich bergab geht und z. B. weiße Familien ins Ausland flüchten. Wenn ein Weißer arbeitslos wird, kann es sein, dass er nicht wieder eingestellt werden darf. Zum Beispiel sind alle behördlichen Stellen vorrangig mit dunkelhäutigen Südafrikaner*innen zu besetzen. Dies werde ich aber nochmals nachlesen, ob es tatsächlich so ist (offenes To-do).

Mit etwas Wehmut, aber zugleich mit Vorfreude auf das Baumhaus verabschiedeten wir

---

56 Manchmal, wenn ich an dem Buch schreibe und mir fallen die perfekten Wörter ein wie z. B. Interieur, könnte ich schreien vor Glück.

uns von Charlotte und Co. Ich flüsterte Charlotte zu: „Ich weiß doch, mir fällt es genauso schwer" und ich streichelte über ihre Federn, die überraschend weich waren. Sie antworte mit einem bedrückten „bo bo bot" und drehte mir den Rücken zu.

Bis dato war es ein sonniger Morgen, doch dann zogen plötzlich graue Wolken auf und ein grauer Schleier legte sich über uns. Ein fieser dichter Nebel mit Nieselregen, der die Weiterfahrt auf der Garden Route sehr herausfordernd gestaltete, da fast keiner der uns entgegenkommenden Autofahrer es für angebracht hielt das Licht anzumachen, andererseits hätte man natürlich gerne mehr von der bezaubernden Kulisse der Garden Route gesehen. Aber wir hatten ja zum Start traumhaftes Wetter. Die Flora veränderte sich während unserer Fahrt deutlich. Aus den endlosen Weiten mit viel Landwirtschaft und überraschend wenig Dürre wurde es hügelig und ein Nadelwald eingedeckt im grauen trüben Nebel wartete auf uns. Cyrill meinte zu mir: „Sind wir noch in Südafrika oder falsch abgebogen und in Skandinavien gelandet?" Ich kicherte und sagte mein Standardspruch, wenn Cyrill so gekonnt witzelt: „Schauen Sie sich mal diesen attraktiven Schweizer an, der zugleich auch noch die Stand-Cup Sensation von Luzern ist."

Cyrill sagte nüchtern: „Du immer mit deinen Sprüchen. Für heute wäre es dann auch gut." Und ich dachte mir, ob es wohl für heute gut ist? Ich sag einfach mal nicht mehr viel in den nächsten 21 Minuten. Und so verbrachten wir die nächsten 21 Minuten schweigend im Auto. Musik lief keine, da wir wieder mal in einem Funkloch waren und das Radio die 21-minütige Kunstinstallation „das Rauschen des südafrikanischen Rauschmonokelgaiers" übertrug. Es ist halt auch einfach nicht immer 24/7 Happiness und man gerät auch mal einander.

Tauchen Sie mit uns in die pure Tranquility ein

Als wir endlich im leicht vernieselten „Tranquility" Treehouseanwesen ankamen, hatte ich Cyrill schon mit meinen Theorien übergossen. Ich ging davon aus, dass eine superschlanke Yogameisterin uns begrüßen und dramatisch flüstern wird „Welcome to Tranquility – Gönnt euch eine Auszeit und lauscht den Klängen der Natur. Geht auf eine Reise zu eurem Chakra. Lasst all die negative Energie an den Toren Tranquilitys zurück und begebt euch auf eine Reise zu eurem inneren Frieden. Zum Ankommen habe ich euch zwei Heumilch glutenfreie vegan Cleanese Tees gemacht." Neben ihr steht laut meiner Prognose noch eine weitere Tranquility Expertin, die mit sich und der Welt total im Reinen ist. Sie schwieg durchgehend, lächelte ein wenig creepy und schlug nach den Begrüßungsworten ihrer Kollegin zweimal den Gong.

Die Realität sah ein wenig anders aus. Eine nicht ganz so tranquile Mitarbeiterin begrüßte uns. Bei jeder Gelegenheit brachte sie ihr Sales Talent ein und versuchte uns davon zu überzeugen, mehr als nur eine Nacht in diesem „Paradies" zu verweilen. Im Anschluss daran fuhr sie mit ihrem Dieselscooter durch das Anwesen, um uns zu unserem Baumhaus zu bringen. Detailliert erläutert sie uns, dass wir keine Lebensmittel in der Küche offen stehen lassen dürfen und die am Küchenschrank angebrachten Schlösser schließen müssen, sonst kommen die Affen rein und plündern uns aus. Die Idee dieser kleinen Ferienanlage mit sechs Baumhäusern find ich echt schön. Man ist wirklich abgeschieden – quasi ein Casa Romantica für Paare – und blickt in den wunderschönen Urwald, jedoch ist man nicht wirklich auf einem Baum eher auf einem Steg. Inneneinrichtungstechnisch habe ich nicht viel erwartet, minimalistisch mit dem Notwendigsten, da es wirklich wenig Raum gibt, aber eine 80er Jahre Badewanne, ein kurz vor der Pension stehendes Ledersofa und die Krönung einer Liebeshöhle bzw. -hölle in Form des Schlafzimmers habe ich nicht erwartet. Auf dem Bett wurden im Origami Stil kunstvoll zwei Handtücherschwäne geformt, die zusammen ein Herz ergaben und von verfilzten Stoffrosenblättern begleitet wurden. Was für eine Komposition. So etwas bekommst du aus deiner Erinnerung nicht mehr raus. Dazu stand noch ein lila Sessel neben dem Bett. Bitte verstehen Sie mich nicht falsch, dies ist eine wunderbare Idee, auch mit dem tranquilen Motto, aber wenn dann halt die schreiende Hotelangestellte mit ihrem Roller durch das Anwesen brettert und die zweit teuerste Unterkunft der gesamten Südafrikareise so absolut in die Jahre gekommen ist und ein wenig lieblos daherkommt und nach dem unsere Kleine Farm Paradies kommt, ist man etwas enttäuscht.

Was irgendwie toll war, aber so absolut gar nichts mit Tranquility Motto zu tun hatte, war der Jugendherberge-Gemeinschaftsraum mit Tischkicker, Tischtennis, Billard und Dart. Cyrill und ich veranstalteten einen Viererwettkampf Schweiz vs. Deutschland. Dazu muss man wissen, dass für uns beide hierbei der Spaß aufhört und jeder gewinnen will und nicht verstehen kann, wenn der Erfolg nicht eintritt. Problem an der Stelle für mich war, dass alles so gar nicht meine Sportarten sind. Ich posaunte stolz heraus, dass ich mit 12 Jahren auf Mallorca im Dartwettkampf des Juniorclubs im Robinson Club in Calla Millor eine Silbermedaille geholt habe. Als Antwort darauf klatschte Cyrill mich im 1. Satz wenig beeindruckt gegen die Wand. Im 2. Satz kam ich zurück ins Spiel und glich aus. Im 3. Satz unterlag ich aber wieder haushoch. Das Ding ist auch beim Dart. Ich bin nicht schlecht, aber ich werfe ziemlich beliebig die Pfeile auf diese Scheibe. Cyrill hingegen schmeißt in jeder Runde mindestens einmal die 20. Leicht angefressen trank ich mein Glas Wein und fühlte es nochmal mit unserem kommerziell erworbenen Wein auf. Lustige Geschichte. In dem Jugendherbergen-Kühlschrank waren zwei Weinflaschen. Die Etiketten waren ähnlich und so legten wir ungewollt eine Rosé Runde ein. Ich knabberte an der Niederlage, sagt mir aber: „Der Typ ist 1,94 m und hat lange Arme. Das war kein fairer Wettkampf. Der konnte ja fast nur die 20 treffen. Jetzt nicht verzagen." Nächster Wettkampf war Tischtennis und sagen wir es mal so, Dart würde ich als meine „größte" Stärke in diesen 4 Disziplinen sehen. Tischtennis ui ui ui, Tischfußball kann ganz okay werden und bei Billard bin ich raus, da heißt es tschau tschüss adele. Doch ich sollte mich selber eines Bessern belehren. Im Tischtennis habe ich den Giganten 2:1 abgevespert und mein Selbstbewusstsein war total im Rausch. Tischkicker 1:0 für Cyrill, 1:1 Ausgleich quasi Kantersieg für mich. Nachdem wir nach jedem Satz die Seiten wechselten, stellte Cyrill fest, dass die rechte Seite unvorteilhafter war, weil es hier im Boden eine Schräge gab und der Ball tendenziell immer zum linken Spieler rollte. Dies gesagt, entschied er sich, dass er im Finale auf der linken Seite spielte. Ich stemmte mich mit all meiner Kraft und meinen tischfußballerischen Fähigkeiten gegen die Naturgewalten und die schlechteren Rahmenbedingungen und es stand 9:9, bis dann Cyrill das alles entscheidende 10:9 erzielte. Ich bin innerlich explodiert vor Wut. Vor allem weil Cyrill auch noch psychologische Kriegsführung einbaute und beim 9:9 sagte: „Oh dieser Druck, dem hältst du eh nicht stand. Mit Druck kannst du ja nicht so gut", et voila habe ich direkt verloren. Beim Billard habe ich noch halbherzig mitgemacht, war aber von der schweizerischen psychologischen Unsportlichkeit so genervt, dass ich es einfach nur noch hinter mich bringen wollte. Bei jedem Stoß (sagt man bei Billard Stoß?) erhielt ich nicht bestellte kostenlose Tipps und Ratschläge und war kurz davor zu sagen: „Danke Herr Erklärbar für diese hilfreichen Tipps. Kann man auch ne Münze in den Schlitz werfen, damit der Erklärbar in den Winterschlaf versetzt wird?" Aber ich war einmal in meinem Leben der Größere und hab ihm am Ende sogar noch gratuliert, weil man ja auch ehrlicherweise sagen muss, dass er einfach besser gespielt hat und wohlverdient haushoch von 4 Disziplinen 3 gewonnen hat. Mittlerweile hatten wir auch unsere Flasche geleert und torkelten wieder relativ gut gelaunt runter zu unserer Hütte. Es gab die Möglichkeit, ein Abendessen zum selber in der Mikrowelle Aufwärmen zu erwerben, was auch wieder irgendwie nicht so ganz zum Öko Tranquil Rezept passte. Ich meine diese Strahlung! Okay, ich hör schon auf. Die vegetarische Lasagne war überraschend lecker und so saßen wir in unserem Baumhaus, aßen Lasagne, tranken etwas Wein und schauten in den verregneten Wald. Fairerweise ist noch anzumerken, dass, wenn wir Sonnenschein gehabt hätten, alles sicherlich auch in einem anderen Licht erschienen wäre und die Unterkunft evtl. mehr hätte überzeugen können. Bevor wir am nächsten Tag aufbrachen, bekamen wir noch Besuch von den angekündigten kleinen Affen, denen wir keine Aprikose zu essen gegeben haben, um sie aus der Nähe zu betrachten. Ich wiederhole, keine Aprikose wurde den Affen zum Fraß vorgeworfen.

Die Stimmung war an dem Morgen nicht die beste, was wie bereits angemerkt einfach auch normal ist, wenn man gefühlt 24/7 aufeinander hängt #schönredenkanner. So fuhren wir etwas grumpy von dem Baumhauserlebnis in Richtung Port Elizabeth. James von der kleinen Farm hat uns empfohlen auf dem Weg Richtung Port Elizabeth, die Attraktion „The Big Tree" anzuschauen. Kurz davor hielten wir noch, um einen kleinen Snack zu uns zunehmen. Und hier gibt es in Südafrika entlang der Hauptstraßen (z. B. N1) immer wieder kleine Orte mit superschönen und leckeren Cafés, die meistens sehr stylisch in unterschiedlichsten Richtungen daherkamen. Google hat uns zig Mal vor dem Verhungern gerettet und die Bewertungen waren auch stets akkurat. Gestärkt mit einem Karottenkuchen im Bäuchle ging es zu dem Highlight „The Big Tree". Dies ist ein Yellowwood-Riese, der auf ±800 Jahre geschätzt wird. Der Baum ist 36,6 Meter hoch und hat einen Umfang von fast 9 Metern. Wirklich ein schöner Halt. Man kann noch einen kleinen Spaziergang machen und wieder änderte sich die Fauna komplett und man erwachte gefühlt im Urwald. Stilles Wandern habe ich auf der Reise für mich entdeckt, was in dem speziellen Fall evtl. auch auf die nicht so sonnige Stimmung zurückzuführen war. Einfach der Musik des Waldes zu lauschen und die Tiere zu beobachten. Für mich ist dies Balsam für die Seele und meine Akkus werden dabei aufgeladen. So liefen wir im Mini Urwald umher, zerstörten ungewollt die Meisterwerke von 34 Spinnen und kamen deutlich besser gelaunt wieder am Auto an. Nach weiteren zwei Stunden Autofahrt kamen wir in Port Elizabeth an.

Haben die Hills Eyes?

Unsere Unterkunft genannt „The Hills" war etwas außerhalb. Auf den Fotos bei Airbnb sah die Unterkunft unfassbar gut aus. Ein alleinstehendes Haus im Loftstyle – alles in einem Raum – die offene Küche, der Arbeitsplatz und das Schlafzimmer. Es gab ein Pool für Cyrill und für mich ein Fitnessstudio und für uns beide ein Grill auf der Veranda. Wir kamen vor dem ersten Tor an und es befand sich eine riesige Schrift darüber, nämlich „The Hills", die bei der Dämmerung wie ein Schrein leuchtete. Wir fuhren die Straße entlang, die an dutzenden Pferdeweiden vorbeiführte. Gemäß der Check-in-Beschreibung liefen wir zum Office, dort war aber niemand. Es war ein wenig spooky, weil es ein riesiges Anwesen war mit super stylischen weißen kleinen Häusern darauf, alles super clean wirkte, aber keine Menschenseele auffindbar war. Da hörten wir eine weibliche Stimme und Cyrill lief ihr entgegen. Sie sagte: „Ihr habt das Airbnb gebucht oder? Ich ruf eure Gastgeberin Jeannie an, dann bringt sie euch hin", sagte die Frau. Wir bedankten uns überhöflich, sie war offensichtlich ein wenig genervt und lief wortlos weiter. Meine Einschätzung ist, dass wir nicht die ersten Airbnbler waren, die bei ihr vor der Türe standen. Dann kam auch schon die zauberhafte Jeannie in ihren super fancy Workout-Klamotten mit einem Lächeln, wie ihre *bezaubernden* Namensvetterin es nicht schöner zeigen konnte, und brachte uns zu der unfassbar tollen Unterkunft. Die Bilder haben nicht zu viel versprochen, es war alles sehr modern und stylisch mit einem Bett, das wie ein Wölkchen war, das man nicht mehr verlassen wollte und von dem aus man den perfekten Blick auf den riesigen TV mit Netflix Zugang hatte. Die Unterkunft verfügte zudem über ein großes Bad mit Badewanne und Regenwalddusche. Wir waren beide sprachlos und sagten nur die ganze Zeit „amazing", also ich. Cyrill ist da nicht so leicht begeisterungsfähig wie ich. Für diese Traumunterkunft zahlten wir pro Nacht gerade einmal 72 Euro. Wir blieben 4 Tage, damit Cyrill in Ruhe remote arbeiten konnte und ich hatte vor in den nahegelegenen Ade Elephant National Park mit einer GetYouGuide Tour zu gehen. Ich buchte meine Tour und schrieb dem Tourguide Joe, dass ich direkt zum Abholpunkt in die Stadt kommen werde, wie sehr ich mich darauf freue und für ihn zur Info outete ich mich als Pflanzenfresser und sagte, dass er aber beim Braii (südafrikanisch für BBQ) nichts Besonderes für mich machen solle und ich mit ein wenig Gemüse wunschlos glücklich sei. 24 Stunden später antwortete Joe und sagte, dass er sich auch auf die Tour mit uns freut und dies passt so für ihn. Ich klärte ihn auf, dass ich alleine kommen werde, was eigentlich klar sein müsste, da ich ja auch nur für eine Person bezahlt habe. Er fiel aus allen Wolken und sagte mir, er könne die Tour zwar machen, dann aber verkürzt. Er macht die Tour eigentlich nur ab 2 Personen. Ich fühlte mich wie seinerzeit *Hannelore* bei der Preis ist heiß. Hätte ich nur Tor 3 genommen, aber nein, ich bin auf diesen fiesen roten Umschlag reingefallen. So stornierte ich die Tour und verbrachte die kommenden Tage in „The Hill" und was soll ich sagen, es war traumhaft. Ich ging morgens früh ins Fitnessstudio, schrieb über die Kapstadtzeit, kochte und schaute Netflix. Wednesday, der Adams Familie Ableger, ist echt empfehlenswert. Für die Mimik und Gestik sollte die Hauptdarstellerin wirklich irgendeinen Preis erhalten. Die Kategorie könnte lauten: „Best resting bitch face of the decade". Vor allem schön ist, wie sie immer glaubt das Rätsel gelöst zu haben und super selbstbewusst ihre Theorie vorträgt und quasi fast jeden des Mordes beschuldigt und jedes Mal wieder danebenliegt (Popcornunterhaltungsfaktor 9/10). Während Cyrill arbeitete, gab ich mich noch der italienischen Dramakomödie „From Scratch" hin. Kurz zusammengefasst: Eine Afroamerikanerin macht Urlaub in Italien. Die Jurastudentin möchte keine Rechtsanwältin werden, sondern ihrer Liebe für Kunst nachgehen. Hierbei lernt sie den attraktiven sizilianischen Koch kennen. Sie verlieben sich und überraschenderweise werden interkulturelle Differenzen deutlich. Hierzu gesellen sich noch schwierige Familienverhältnisse in beiden Richtungen. Er zieht für sie in die USA und wird zum Kellner degradiert, erhält später aber die Chance, seine Kochkünste unter Beweis zu stellen. Natürlich wird kurz drauf aber bei ihm Krebs diagnostiziert. Drama und Vorhersehbarkeitsfaktor 10/10. Manchmal ist einfaches Berieseln einfach geil und ich genoss es in vollen Zügen.

Unsere „The Hills" Gastgeberin Jeannie war super zuvorkommend, erfüllte jeden unserer Wünsche, z.B. durfte Cyrill früher, als gemäß den Hausregeln erlaubt ist, morgens im Pool schwimmen gehen. Die Hausregeln waren an das Airbnbhaus genagelt und es stand in fetter Schrift direkt auf Augenhöhe.

„Ein Verletzen der Hausregeln führt zu einem direkten Ausschluss aus the Hills."

Und so kam in mir langsam ein creepy Feeling auf. Alles war ein wenig zu perfekt, zu sauber, zu schön und zu günstig, um wahr zu sein. Ich lehnte mich zu Cyrill, der arbeitete und gerade keine Zeit für Verschwörungstheorien hatte, und stellte ihm „The Hills" – den südafrikanischen Horrorfilm des Jahres – vor. „Ich glaube, das hier ist ein Kult und die locken Touristen in die Falle. Zunächst scheint alles traumhaft schön zu sein und dann werden Opferrituale veranstaltet und die bezaubernde Jeannie wird zur blutrünstigen Killer-Bestie, die nachts über unserm Bett mit umgedrehtem Kopf krabbelt, auf uns springt und vor den Augen der The Hills Community unsere Eingeweide rausschneidet. Als Abschluss des Rituals werden die zartesten Stücke von uns bei einem großen Braii glückselig verzerrt." Cyrill versucht sein Grinsen zu unterdrücken und lachte lauthals los, bevor er mit ernster Miene sagt: „So etwas in der Art habe ich mir auch schon ausgemalt."

Wie schon beschrieben, war alles super schön in dieser perfekten Bubble. Die Gartenanlage mit alten großen Bäumen, an denen Schaukeln befestigt waren und in perfekter Dosis am richtigen Ort platzierte Blumenarrangements. Der Pool mit stylischen Sitzkissen, die niemand nutzte außer die Putzfrau, um das Kissen täglich aufzuschlagen. Das Fitnessstudio mit übertrieben vielen Geräten, die wohl durstig vergebens auf Besucher hofften, aber ich war ja da – Sport Spice Markus. Die Geräte schauten sich verwirrt an. „Kann ihm jemand sagen, dass dies nicht für … gedacht ist", sagte die Handelsbank zur Beinpresse. Die Beinpresse sagte kochend vor Wut: „Halts Maul, wenn mal jemand da ist, behandeln wir ihn/sie/they, als seien sie YouTube Sportsensationen oder willst du wieder drei Monate vor dich hin verstauben?" Kleinlaut feuerte die Handelsbank mich an, aber ich konnte ihre Abneigung spüren. Die pedante Reinheit der Anlage störte einen schon fast, als gäbe es keinen Raum für das Leben und täglich liefen zig Angestellte über die Anlage und rückten gefühlt jedes Möbelstück in die von dem Innenarchitekten bestimmte Ausgangslage zurück. Das Verrückte an der ganzen Geschichte ist, dass wir während unseres Aufenthalts gerade mal zwei Personen gesehen haben. Ich habe aber die Creepiness einfach unter den Teppich gekehrt, da es einfach zu schön war und wir genossen die Zweisamkeit und Ruhe sehr. Nach Feierabend haben wir gegrillt oder sind nach Port Elizabeth reingefahren, um so unfassbar gute italienische Tapas zu essen, welche aber nicht besser als Cyrill Braii Künste waren. Aber nach einigen Tagen in der heilen Welt war der Besuch in Port Elizabeth eine gelungene Abwechslung und wir hatten wirklich Glück mit dem Restaurant. Ich sage nur kleine Portionen Risotto, frittierte Zucchini, Pesto Linguini, Bruschetta und Cyrill orderte noch Meeresfrüchte. Begleitet von einem leckeren Rotwein waren wir wunschlos glücklich, daher ließen mich auch die Flirtversuche des offensichtlich schwulen Kellners mit Cyrill kalt. Ich machte kurz den Faktencheck. Body 1:0 für ihn, Gesicht 1:1, gebrochenes Handgelenk und Runway Walk, mag Cyrill nicht 2:1 für mich, easy. So aß ich vollkommen zufrieden mein Pilzrisotto. Dies war auch zugleich der letzte Abend in The Hills und wir waren immer noch am Leben.[57] Meine Prognose war so akkurat wie die 20. Weltuntergangstheorie einer Freikirche. Ich glaube aber, dass Jeannie uns einfach viel zu sympathisch fand und dafür die nächsten Touristen doppelt so bestialisch abschlachten wird. Aber dies ist nur eine unbedeutende Theorie.

---

57 Song der Seite: Destiny's Child – Survivor

-CoffeeBreak-

Sie können sich gerade nicht sehen. Glauben Sie es mir , Sie brauchen und
wollen es doch auch. Ja Astrid von Walddorf. Sie können natürlich alternativ
auch eine Tasse von Ihrem selbstgetrocknetem Kräutertee trinken, den Sie
jedem aufs Auge drücken.

Obacht – Zunächst wird es so richtig wild und dann ist gutes Sitzfleisch von Vorteil

Ich knabberte am Morgen der Abreise immer noch daran, dass ich den Addo Elephant Park nicht sehen konnte und so schlug Cyrill vor: „Was wenn wir auf der Weiterfahrt den Addo mitnehmen, sind wir halt den ganzen Tag unterwegs, aber ich denke, es wäre ein Highlight für uns beide." Ich umarmte Cyrill total euphorisch und dachte mir mal wieder, was für ein Lucky Luke bin ich bitte. Wir brachen gegen 7 Uhr auf und betraten den Addo Elephant Park. Mir fällt es wirklich schwer dieses Gefühl in Worte zu fassen. Als kleiner Junge träumte ich davon das Wildleben Afrikas einmal live erleben zu dürfen. In der Realschule bei Herr sein Name reimt sich auf Pink #datenschutzstinktmanchmal (bester Erdkundelehrer ever) musste jeder ein Land vorstellen und ich hatte damals aufgrund meiner Begeisterung für die Tiere Afrikas Kenia gewählt und heute liefen Elefanten, Gnus, Zebras total unbeeindruckt von unserer Anwesenheit an meinem Fenster vorbei. Cyrill und ich entdeckten eine neue Gemeinsamkeit, die Begeisterung für Tierbeobachtungen und stundenlanges Scannen der Landschaft nach den unterschiedlichsten Gattungen. Das Highlight war definitiv eine riesige Elefanten-Herde mit einem kleinen Elefanten-baby, die an einer Wasserstelle chillte. Wir verbrachten leider nur drei Stunden im Park, da wir noch fünf Stunden nach Bloemfontein vor uns hatten. Aber diese drei Stunden kosteten wir bestmöglich aus. Ein Verbesserungsvorschlag von einem Menschen mit einem Konfirmantenbläsle, wäre es sicherlich ein wenig mehr Toiletten bereitzustellen. Da kommt einfach 2,5. Stunden keine Toilette und so startete ich meine kriminelle Lauf-bahn als Wildparkpipier. Das Adrenalin während des Pinkelns war extrem. Ich sah schon die Todesanzeige:

„Hier ruht Markus Sauter. Sein Harndrang war bärenstark. Der Löwe war jedoch stärker."

Final Destination Todesszenen liefen vor meinem geistigen Auge ab. Cyrill rief immer wieder „Beeil dich, bitte" und der naive Tourist antwortete: „Chill, was soll hier denn schon passieren?" 15 Minuten später spielten Hyänen, Löwen, Geparden und die fleischfressende Giraffe „Salami" mit meinem Schädel faules Ei.

Wir verließen voller positiver Energie und gefühlt mit einem großen Vorrat an Glückselig-keit den Nationalpark und begaben uns auf die Reise durch die gefühlte Endlosigkeit. Die Straßen auf dem Weg nach Bloemfontaine gingen bis zum Ende des Horizonts. Es fühlte sich an, als hätte man die Kulisse auf Repeat. Traditionell machten wir nach drei Stunden eine Pause, damit Cyrill seinen über alles geliebten Cappuccino genießen konnte. Ich meine, er hat viel mehr als nur einen verdient. Da ich auf meine pädagogisch fragwürdige Fahrlehrerin in meiner Jugend gehört habe, die zu meiner Mutter sagte: „Frau Sauter, nicht jeder ist für das Autofahren gemacht. Wozu gibt es sonst öffentlichen Verkehr?", war Cyrill der Lonley Driver. Ohne ihn hätten wir nie solch eine unvergessliche Reise und unfassbar tolle abgelegene Unterkünfte erleben dürfen. All Hail Cyrill Gutmensch. Leider war das Café von Load-Shredding betroffen und so gab es nur ein normales Café ohne fancy Milchschaumkunst. Nach fünf Stunden Fahrt auf diesen endlosen Straßen durch die monotone karge Landschaft, waren wir total durch und das Ärschle war vor lauter Sitzen fast wund. Gerüchtweise ließen wir den ein oder anderen Jubelschrei aus, als wir endlich an der Unterkunft ankamen und der sympathische holländische Besitzer uns das Gate öffnete. Wieder einmal war das Anwesen durch einen hohen elektrischen Zaun gesichert. Mittlerweile haben wir uns aber an diesen Anblick gewohnt und es führte zu keinem Unbehagen mehr. Wir hatten ein Studio mit Arbeitsplatz für Cyrill. Nur noch zwei Tage musste er arbeiten. Danach startete auch endlich sein Vollzeiturlaub. Wir betraten die Unterkunft und wow. Safe war hier schon wieder ein Innenarchitekt zu Gange, alles war perfekt aufeinander abgestimmt. Minimalismus war jedoch nicht das Konzept – Go Big or go home –. Und was hier wieder einmal auffällig war und dies zog sich wie ein roter Faden durch die Südafrikareise. Der größte Fetisch von Südafrikaner*innen sind Kissen. Auf dem Bett waren ungefähr zehn Kissen in Gold, grün gemustert, Schwarz, und Beige. Das Studio war eher dunkel mit schwarzen Möbeln und Walnussholz mit vielen goldenen Akzenten gehalten z. B. einem goldenen Barwagen mit Whiskey zum Verzehr. Zur Begrüßung war eine Pulle Schampus im Kühlschrank. Das Konzept war perfekt umgesetzt, für uns jedoch etwas zu doll. Ich vermute, es liegt aber wiederum am Wetter. Nach einem Frühstück auf der Terrasse mit Blick auf den wunderschön angelegten See mit frohen dicken gelben Vögelchen, die fleißig am Rumbalzen waren, Schildkröten, Enten und wunderschönen Koi (selbst die Fische waren luxuriös), schlug das Wetter um und es regnete und windete den restlichen Tag. Ich verzog mich aufs Kingsizebett und wechselte zwischen Buch schreiben und Netflix hin und her, während Cyrill das Geld nach Hause brachte. Ich hatte hier auch mein 2. Videointerview zur Bewerbung in Stuttgart als Global Process Owner Recruiting für einen Automobilzulieferer. Den Tag des Interviews läutete Cyrill mit Schampus ein und ich dachte mir schon, dieser Fuchs torpediert mein Interview, da ich ja nach Luzern zu ihm kommen soll. Ich meisterte das Interview aber ganz okay und so wurde mir das 3. Interview für Anfang Januar angekündigt. Ich hatte ein paar Bedenken bezüglich des Set-ups, aber die Interviews waren echt angenehm und ich dachte, gib dem Ganzen eine Chance. Eigentlich wollte ich mit dem Bewerben erst nach dem Urlaub oder gegen Ende der Reise Mitte Februar starten, aber Herr Schirms aktiver Ansprache auf LinkedIn konnte ich nicht widerstehen. Nach dem Interview dachte ich: „Ey Markus die Fernbeziehung funktioniert doch gut, vielleicht sollte man das Winning Team einfach nicht changen. So hast du deine Freunde und deine Wohnung, was du alle schmerzlich vermissen würdest, vor allem die Wohnung, weiterhin."

Ich überraschte Cyrill am Abend mit einem Besuch im Kino zur Premiere von Avatar 2. Wir hatten beide bereits über die Fortsetzung gesprochen und ich als guter Boyfriend dachte mir, da könntest du mal zur Abwechslung etwas glänzen und mit aktivem Zuhören punkten. Die Innenstadt von Bloemfontaine war jetzt nicht so wirklich ein Highlight. Es war extrem schmutzig. An jeder Ecke aufgeplatzte Müllbehälter und viele verlassene und beschädigte Gebäude. Dazwischen gab es aber aus der Freistaat-Zeit wunderschöne Gebäude, die mit der europäischen Bauweise fast ein wenig deplaziert wirkten. Ich hatte die Tickets online gekauft und die Anweisung besagte, dass die Tickets am Ticketterminal gedruckt werden können. Ich hatte uns auch Getränk und Popcornpakete dazu gebucht. Kino ohne Popcorn ist wie Schwimmbad ohne Pommes. Der Ticketterminal war außer Betrieb; so begrüßte uns ein super charmanter und lustiger südafrikanischer Kinomitarbeiter. Als sein Superior unsere Tickets freigegeben hat (warum auch immer), bekamen wir unsere Kinofilmabendausstattung. Es war ein Ensemble bestehend aus Popcorn, Getränken und Schokolade. Cyrill verstand kein Wort und sagte einfach immer ja. Der Mitarbeiter brach in lautes Lachen aus und sagte: „Du bist also Mr. Ja." Er wiederholte seine Frage – mit welcher Geschmacksrichtung Cyrill sein Popcorn möchte und Cyrill antworte mit Ja. Der Verkäufer schaute mich an und ich sagte zu Cyrill mit Buttergeschmack oder Essig. Cyrill entschied sich für Essig und ich wartete auf die Auswahl von süßem Popcorn, vergebens. So nahm ich Butter. Man bekam eine kleine Tüte mit der Geschmackskomponente zum Popcorn und mischte es ordentlich. Ich kann mit gutem Gewissen sagen, dass dies wohl das ekelhafteste Popcorn war, was ich meinem Körper bis dato angetan habe. Dies hielt mich natürlich davon ab es zu verzehren. Das Kino war leicht in die Jahre gekommen und die Soundanlage während der Werbung etwas schüchtern. Dies änderte sich aber, sobald Avatar startete. Ich war sehr gespannt, wie die Fortsetzung von Avatar nach der jahrelangen Produktion wohl sein würde, aber was soll ich sagen von offen stehendem Mund (was mein Standard Filmglotz Blick ist), über Lachen und Weinen bis hin zum Auslösen mehrere Denkanstöße.

– James Cameron, well done!

Ohne hinführende Einleitung wird es jetzt ziemlich tragisch. Herzlich willkommen in der Bohnenkrise!

Ich hatte in Port Elizabeth eine Dose von den Frühstücksbohnen in Tomatensoße gekauft und wir hatten diese noch nicht aufgebraucht. Cyrill schlug vor, dass wir die Dose zusammen mit Zwiebeln zu Abend essen. Ich musste laut loslachen und sagte schnippisch: „Bohnen mit Zwiebeln ist mein Traumgericht. Danach bitte kein Feuerzeug in der Wohnung anmachen. Ich esse lieber Wassermelone mit Feta." Cyrill verstand mich absolut nicht und war auch leicht von meinem Sarkasmus genervt. Ich konnte nicht nachvollziehen, dass Bohnen aus der Dose mit Zwiebeln eine Mahlzeit ergeben können. Eine ähnliche Situation hatten wir in Port Elizabeth. Ich schneide das Obst immer sehr großzügig, zum Beispiel hängt noch Fruchtfleisch am Kern einer Nektarine. Sie müssen hierfür wissen, dass Cyrill nichts mehr hasst als Verschwendung und als ich einem Nektarinenkern noch zu viel Fruchtfleisch gönnte, damit er nicht so allein im Mülleimer vor sich hinvegetiert, war es zu viel und Cyrill er explodierte. „Ist das dein Ernst, dann lass uns doch gleich alle Orangen wegschmeißen" und er warf alles in den Müll. Ich suchte danach das Weite und lag am unbeliebten Pool von „The Hills". Dies gehört aber einfach dazu, wenn man 26 Tage zusammen im Urlaub ist. Da gerät man als zwei Individuen auch mal einander. Die Frage ist, wie man damit umgeht und darin sind wir Weltklasse. Nach kurzem Grummeln und innerlichem Den-anderen-Verfluchen beginnt ein kurzes böse Blicke Austauschduell und einer von uns muss dann immer grinsen. Danach reden wir über die Situation und finden einen gemeinsamen Nenner; z. B. ist Cyrill ab jetzt der Obstkleinschneidebeauftragte der Beziehung und ich behalte jeden 2. Spruch, der mir einfällt, für mich.

The Big Hole – das Touristen Highlight im No Man's Land als Vorbote für die Pothole Plage

Cyrill hat die Highlights und Sehenswürdigkeiten von Bloemfonatine und dem Umland erkundet und schlug vor, dass wir in ein Museum und zu dem Big Hole (ich musste auch schmunzeln) gehen. Nachdem ich den Addo Park sehen durfte, stimme ich dem Vorschlag zu und sagte: „Jetzt bist du dran." Das Museum war eine interessante Erfahrung. Es deckte die gesamte Entwicklung des Planeten und seiner Bewohner ab und es war die größte Sammlung von ausgestopften Tieren, die ich je betrachten musste. Es war quasi der Friedhof der Wildtiere und nach jedem Gang hoffte ich, das war es jetzt, aber dann kamen noch die Vögel und die Affen. Richtig toll hat das Museum aber die Geschichte der Stadt umgesetzt und es wurden wichtige Persönlichkeiten vorgestellt. Danach ging es in einer 2-stündigen Fahrt zu The Big Hole. The Big Hole in Kimberley ist das Tagebaurestloch der ehemaligen Kimberley-Mine, aus der bis 1914 Diamanten gefördert wurden. Das Loch wird oft als das „größte je von Menschenhand gegrabene Loch" bezeichnet. Ich hatte mittlerweile leichte Kopfschmerzen und leider kann ich mein Wohlbefinden nicht via Gesichtsschauspielerei verbergen und hatte Angst, Cyrill könnte denken, dass ich jetzt auf seine Programmpunkte kein Bock hatte (was nicht ganz unwahr war), doch ich hatte mir geschworen, ich zeige es ihm nicht und versuche etwas Interessantes daran zu finden. Zunächst starteten wir mit einem Snack, bevor es zur alten Mine ging. Cyrill hat ein Restaurant in der Nähe rausgesucht. Die ersten Besucher, auf die wir trafen, war eine rauchende Motorradclique und als wir den Außenbereich betraten, begrüßte uns eine schwangere Kellnerin, nennen wir sie Henriette, und fragte, was wir trinken wollen, Jägermeistershots seien heute im Angebot. Es war 12 Uhr mittags. Nach kurzem Small Talk und dem Erfragen unserer Nationalitäten sagten wir, wir würden gerne auch etwas essen. Sie brachte die Speisekarte und es gab Fleisch, Geflügel und noch mehr Fleisch oder Käsenachos. Cyrill fragte, ob es noch mehr vegetarisches Essen gibt. Sie studierte die Speisekarte, die aus 10 Gerichten stand, minutenlang und sagte leicht verwirrt nein. Käsenachos mit Avocado it is. Wir nahmen zumindest zwei Bier, um ein wenig Gegenliebe von der Kellnerin zu bekommen. Die Kellnerin sagte zu ihrem Kollegen: „Der Deutsche ist Vegetarier" und beide lachten. Die liebevoll zu einem Stück geformten Käsenachos mit 3 Avocadostückchen wurden stolz von Henriette serviert. Hey, hey, nichts gegen die gute Henriette, sie bemühte sich wirklich extrem. Sie hat Cyrill bei der Auswahl seiner gegrillten Speisen bestens beraten. Gestärkt gingen wir zu The Big Hole und buchten die Tour. Es begann mit einem Film, der die Diamantensuche im wilden Westen in Afrika beschrieb, und wurde dann weiter von John, dem übermotivierten Guide geführt. John war für mich das absolute Highlight. Neben seiner Passion Kindern die Geschichte des tiefsten von Menschenhand geschaffenen Lochs, das mittlerweile mit Wasser gefüllt war, näher zu bringen, ist John ein Lady's Guy, etwa meine Körpergröße (1,75 m), wohl ernährt und Mitte 40. Er beriet die Ladys, welchen Diamanten sie von ihren Männer einfordern sollten oder er zeigte anhand der schönsten Tourteilnehmerin, die er natürlich total beliebig auswählte, wie ein Selfie beim Big Hole gemacht werden muss. Man sagte laut und deutlich Big Hole und zog bei dem Hole eine Schnute. Ich habe mir vorgestellt, wie in diesem Moment Beate die Diversity Beauftragte (all genders) aus einem Berliner Start-up bei dieser Tour wohl agiert hätte (so many red flag moments).

Nach der Tour gingen wir zurück zum Auto und hatten mal wieder eine 5-stündige Fahrt vor uns. Passend hierzu setzte der Regen ein und es schüttete wie aus Eimern. Wir verließen die Autobahn, die wirklich in einem ausgezeichneten Zustand war, was man bis dato für selbstverständlich hingenommen hatte und von nun an ging es bis Parys, unseren nächsten Halt, über eine Landstraße.[58] Hier startete die Premiere des Dramas „Parys, not Today aka. Pothole Avenue from Hell." Die Straße bestand zu 80 % aus Schlaglöchern.[59] Cyrill fuhr wie ein Rennfahrer und versuchte den Potholes so gut wie möglich auszuweichen, doch sie waren einfach zu viele und überall. Und plötzlich standen da drei Giraffen am Straßenrand. Ich schrie vor Glück. Giraffen sind schon ganz oben in der Tiere-die-ich-Südafrika-sehen-will-Liste. Ich meine so eine Giraffe, schon bei dem Gedanken an das Tier muss ich lachen. Was hat man sich dabei gedacht. So proportionstechnisch, no offence, sehr gewagt und wie es aussieht, wenn sie davonrennen. Ich hätte mich wegschmeißen können, hätte ich noch etwas Energie übriggehabt. Nach dem kurzen freudigen Moment war der Schlaglochalltag zurück und das Wetter wurde auch noch schlechter. Wir schauten uns an, dachten beide wtf, wie sollen wir jemals in Parys ankommen. Die Straße bremste natürlich unsere Geschwindigkeit immens aus und dass zwischendurch die Straße komplett geflutet war, machte das Abenteuer vollkommen. Ich textete unserer Airbnb Unterkunft, dass wir eine späten Check-in benötigen. Die Gastgeberin war nicht sonderlich begeistert, meinte aber, sie mache eine Ausnahme. Nach weiteren zwei Stunden des Schüttelns waren wir nicht mehr on the, sondern viel mehr under the rocks.[60]
Das einzige Erheiternde waren mittlerweile nur noch die afrikanischen Suizidhühner, die immer wieder lustige Tanzeinlagen aufführten. Es sind dunkele gepunktete Hühner mit einem blauen Köpfchen, die gerne spontan auf die Straße springen und dann kurz vor der Sicherheit, dem Erreichen der gegenüberliegen Seite, sich spontan umentscheiden und zurücksprinten. Ist vielleicht einfach der natürliche Ausleseprozess. Cyrill hatte hier eine Mammutaufgabe vor sich. Mietauto nicht an die Potholes verlieren, nicht das Auto von der überschwemmten Straße überfluten lassen und keines der witzigen Suizidhühner auf den Asphalt pressen. Wir mussten aber einsehen, dass wir wohl einfach drei bis vier Suizidhühnern ihren Wunsch erfüllen werden. Nein Spaß, was ich sagen wollte, ist, wir mussten aber einsehen, dass wir mit Einbruch der Dunkelheit es keinesfalls nach Parys schaffen werden, das einzige Problem war, wir hatten beide kein Netz. So hielten wir immer wieder an, sobald einer von uns auch nur einen Balken Empfang hatte, aber es war ein fieses Antäuschen ohne Chance auf Erfolg. Nach einer halben Stunde Stopp & Go hatte ich endlich Internet und so konnten wir ein Hotel in der nächsten Stadt (die immer noch 1 Stunde entfernt war) buchen und jetzt halten Sie sich fest. Wir sind nicht nach Parys gekommen, haben dafür aber im Motel Louvre übernachtet, die Ironie ... Wir kamen um 20:30 Uhr an und die Madame des Louvres – Ute – war ein Goldstück. Sie erläuterte uns übermüdeten und in dem Moment undankbaren Gästen detailliert alle Annehm-

---

58 Wenn ich die Idee Unterkapitel zu formen weiterverfolgt hätte, hätte dieses Unterkapitel den Titel getragen. Ich war noch niemals in Parys #soschlecht.

59 Song der Seite: Peter Fox – Schüttet den Speck

60 Song der Seite Ashanti – Rock with you (Aw Baby)

lichkeiten ihres Etablissements, bevor sie uns zu unserem Chambre brachte. Hier müsst ihr das Zimmer nicht abschließen. Hier ist es nicht wie im Rest von Südafrika und sie sollte recht haben. Es fiel uns bei der Fahrt zum Restaurant auf. In dem Dorf waren keine elektrischen Zäune, keine Gitter an den Fenstern angebracht. Das Louvre war schon etwas in die Jahre gekommen und sehr simple. Ein TV, ein Bett und ein Stuhl, das war's. Neben dem TV war der Friedhof der Insekten. Das war uns aber sowas von egal, alles, was wir wollten, war eine Übernachtungsmöglichkeit und für 50 Euro dürfen wir uns auch wirklich nicht beklagen. Wir gingen sofort wieder los, um noch ein Happen im Restaurant des Dörfchens abzubekommen. Cyrill ging vor und unterhielt sich mit Ute, während ich noch mein Geldbeutel wie so oft suchte und nachkam. Natürlich hörte ich nicht auf Ute und schloss unser Zimmer ab. Trotz dieser kräfteraubenden Fahrt unterschätze ich meine Muskelkraft immens und so brach der Schlüssel bei meiner kraftvollen Drehung. Ich lief zu Ute und Cyrill und informierte sie über meinen Kraftakt. Ute sagte: „Ihre Europäer, ihr hab einfach zu viel Kraft." Cyrill musste sich das Lachen arg verkneifen und ich schaute meine Ärmchen an und sagte aus voller Hühnerbrust: „Ähm ja."

Was für ein Highlight war das Aztec Spur Restaurant, bitte. Ein Burger Restaurant im südafrikanischen Niemandsland, das sich gedacht hat: „Hey, machen wir mal was Verrücktes und ziehen das klischeehafteste Native American Restaurantkonzept Südafrikas mit lebensgroßen Winnetoufiguren und Symbolen der nordamerikanischen Ureinwohner in Neonschrift, die man wohl lieber nicht auf Authentizität prüft, auf?" Dass die Bedienung, die super sympathisch und freundlich war, uns nicht mit Hau begrüßte und Federn im Haar hatte, war dann fast schon eine Enttäuschung. Es gab 6 vegetarische Gerichte und so pausierte ich meine political correctness und aß den Sioux Veggi Burger mit den halbgaren Süßkartoffelpommes.

Zurück im Louvre konnten wir gerade noch die Schuhe und Hose ausziehen, bevor wir an Ort und Stelle einschliefen. Das Frühstück war viel mehr Utes Familien Brunch. Ute begrüßte uns herzlich zum Frühstück und gab uns, ob wir wollten oder nicht, einen Kurs in südafrikanischen Breakfast-Spezialitäten. Es gab ein frittiertes Teigbrötchen. Kunstbanausen würden sagen, es sieht aus wie eine Mc'Donalds Apfel- / Kirschtasche. Diese wird wie folgt bearbeitet: Man schneidet es der Längsseite nach auf und dann gibt man nach Gusto seine Zutaten rein, z. B. Käse und Tomaten, Käse und Speck oder Marmelade für die süße Variante. Ich entschied mich für Tomate Käse und wow. Ute hatte nicht zu viel versprochen. Bei der Verabschiedung fragte sie uns noch, wo unsere Reise uns als Nächstes hinführen wird. Ihr Sohn kam auch noch mit dazu und wir erläuterten ihnen unsere Reise und das wir noch in Parys haltmachen werden, weil wir es nicht geschafft haben. Hier haben wir noch ein Café Tipp bekommen und Ute malte auf ihrem Block, den sie von ihrer Angestellten in einem nicht ganz so freundlichen Ton einforderte, unsere Wegstrecke auf. Wie soll ich dies jetzt nicht undankbar wirkend sagen. Ute ist eine wunderbare Gastgeberin, aber eine Kartografin wird sie in diesem Leben voraussichtlich nicht mehr. Wohl gestärkt fuhren wir los und die Straße war, wie von Ute beschrieben, wirklich mit deutlich weniger Schlaglöchern übersät, jedoch kamen wir nach 30 Minuten auf eine Straße, auf der uns das folgende Schild begrüßte

– Street flooded –

Man konnte unter den Wassermassen die Straße noch etwas erkennen, aber es hätte auch einfach ein Fluss sein können. Ich hatte die brillante Idee, dass ich doch neben dem Auto herlaufen könnte und wir vorher messen, ab welcher Höhe Wasser in den Mietwagen eintreten würde. Wer weiß, vielleicht ist es ja gar nicht so tief, wie es aussieht und wir können auf die andere Seite kommen, ohne einen Umweg fahren zu müssen. Es war ein super warmer Tag und mein heldenhafter Einsatz war nicht ganz uneigensinnig. Nach 10 Metern stand ich bis unter die Knie im Wasser und so mussten wir umkehren. Die Touristen, die uns gerne als Vorwassertester nahmen, folgten uns und kehrten auch um. Blöd nur, dass die ausgeschilderte Umleitungsstraße ebenfalls geflutet war, jedoch nicht ganz in dem Ausmaß. Was für eine Fahrt war dies schon wieder bitte? Das Wasser schoss links und rechts entlang der Türen und Fenster in die Höhe, aber zum Glück war unser Auto etwas höher. Abenteuermodus on. Wir waren super entspannt und genossen diese Momente zusammen.[61]

Nach der Fahrt in der kostenlosen Kirmeswasserbahn kamen wir in Parys an. Zunächst schauten wir uns die „historische Brücke" aus dem Jahr 1901 an, die Cyrill sehen wollte. Danach folgten wir der Restaurant/Café Empfehlung und gingen in das O'S Restaurant Parys. Es sah aber viel mehr nach einem superreichen Anwesen aus. Tische zwischen riesigen Bäumen und man hatte einen schönen Blick auf die Seyne (Fluss). Ernsthaft Parys und Seyne? Copycat Alert.[62] Wir genossen unsere Cappuccinos (Cyrill's Lebenselixier) in dem kleinen Urwald und plötzlich machte es zack boom bäng und ca. 1 Meter neben unseren Tischnachbarn flog ein schwerer großer Ast auf den Boden. Im Baum hing bereits ein weiterer, der sich auf den freien Fall vorbereite. Cyrill informierte pflichtbewusst die Kellnerin darüber. Diese sagte einfach nur nüchtern: „Beim Betreten haben wir ein Schild

---

61 Musiktipp: Bobby Darin – Splish Splash

62 Der Fluss heißt natürlich nicht Seyne, aber wie lustig wäre es, bitte?

angebracht, das besagt: ‚Betreten auf eigene Gefahr'." Unsere Tischnachbarn, die den Platz direkt am Fluss hatten, verließen das Restaurant vor uns und baten uns mit einem Schmunzeln im Gesicht den Tisch an. Das ist das Tolle an Südafrika, die Leute sind locker und nehmen alles mit Humor. Nachteil – Man kann leicht von herunterfallenden Ästen erschlagen werden.

Am Ende der Straße steht eine Baumhütte

Der nächste Stopp führte uns an Johannesburg vorbei in die Nähe des Kruger National Parks. Die Vorfreude auf den Kruger war ne glatte 20/10. Besonders in Kapstadt, aber auch auf unserem Weg bis dato haben wir immer wieder die ungleichen Verhältnisse und die Ausmaße der Armut gesehen. Plastikhütten an der Straße und natürlich die Townships, aber was wir bei Johannesburg sahen, war ein anderes Kaliber. Kilometerlang fuhren wir an Township vorbei mit Blechhütten, Plastikzelten oder Häusern ohne Dächer. Es gab immer wieder riesige Müllberge und erinnerte an ein Walking Dead Inferno, aber dies ist die ungeschönte Realität für so viele Menschen in Südafrika und trotzdem sieht man, wie Kinder voller Freude nach dem langersehnten Regen in den Wasserpfützen Fußball spielen, wie die Musik läuft und Leute sich zusammenfinden, tanzen und aus tiefstem Herzen mitsingen.[63]

Die Bilder, die wir während unserer Fahrt auf Höhe von Johannesburg sahen, beschäftigten uns noch eine ganze Weile, bis die Landschaft sich mal wieder drastisch veränderte und es uns so vorkam, als wären wir in einem tropischen Regenwald mit riesigen Palmen und buschartigen Wäldern gestrandet. Am Straßenrand wurde yammi aussehendes Obst verkauft. Die Fahrt war dank der Überflutungen erneut deutlich länger, als wir angeschlagen hatten. Aus diesem Grund gingen wir direkt in den Supermarkt und kauften unser Abendessen ein. Unsere heutige Unterkunft war Baumhaus No. 2, es lag etwas außerhalb des Ortes und sah auf den Bildern vielversprechender als Camp Tranquility aus. Lori, unsere Gastgeberin für eine Nacht, schickte uns eine detaillierte Wegbeschreibung und ich sah uns schon im Regenwald rumirren, dabei war es einfach nur eine lange gerade Straße, dann mussten wir links abbiegen und schon waren wir da. Lori war eben eine Care Takerin, die wollte, dass jeder ihr Paradies zielsicher erreicht. Sie wartete mit ihrer riesigen Doge auf uns und sagte, ohne zu übertreiben, willkommen im Paradies. Sie zeigte uns stolz ihr Baumhaus. Während sie uns ausschweifend mit einem Schwall an Informationen, in ihr Paradies einführte, sagte sie auffallend oft, dass wir zwei als gute Freunde unterwegs waren und wie schön es ist, wenn zwei Freunde solch eine Reise zusammmen unternehmen. Ich glaube, Lori sah die Regenbogenleuchtreklame, konnte damit aber einfach nicht so richtig umgehen. Als wir im Baumhaus die Bibel und ein Tagebuch über den Bau des Baumhauses fanden, in welchem sie Gott für die Kraft für den Aufbau ihres Paradieses dankte, schloss

---

63   Und ich verwöhnte Göre sitze, während ich diese Seiten schreibe, in Neuseeland in einem kleinen Dörfchen namens Kaikoura, wofür ich viel zu viele Tage eingeplant habe und es fällt mir schwer etwas Gutes in diesen Momenten zu finden.

sich der Bibelkreis. Es tangierte uns aber nicht, da Lori keinesfalls distanziert auftrat, sondern sehr herzlich.

Ich dachte mir, heute schreibt Lori sicher in ihr Tagebuch:

„Heute übernachten Cyrill und Markus in meinem wunderbaren Baumhaus, das ich dank dir, mein barmherziger Gott, erbauen konnte. Zwei Männer, die eine heterosexuelle sündenfreie Männerfreundschaft pflegen."

Neben der Einführung in ihr selbstgeschaffenes (durch günstige Arbeitskräfte aus der Region) Paradies ließ sie hier und da noch ganz unaufgeregt ein paar Verschwörungs-

theorien zu Corona und den sogenannten Globalizern[64] fallen. Ich dachte mir, wer ist diese Person? Auf dem Airbnb Foto sah sie wie eine liebe leicht schrullige Hippie Tante aus.

Die Zeit in der Baumhütte, die ganzen 15 Stunden, waren eine Fortsetzung des Bauernhofes ohne Farmtiere, dafür mit drei Hunden und einem Baumhaus, das dir den Atem raubte. Man betritt ein Baumhaus mit Panoramafenstern, die einem den Eindruck vermitteln, als lebte man im Herzen des Baumes. Man blickt durch seine Äste hinaus in dieses fabelhafte Anwesen, das mit großen alten Bäumen übersät ist, und hat einen wunderbaren Blick auf das Tal mit der kleinen Stadt. Es wartet ein riesiges Bett auf einen, eine kleine Küche, die mit zwei Herdplatten und einem kleinen Kühlschrank vollkommen ausreichend ausgestattet ist. Eine Veranda, die mit einer Lichterkette das Baumhaus zu einer Casa Romantica werden lässt und einem kleinen Bad. Lori hat alles liebevoll eingerichtet sehr bohemian chique. Man spürt, dass sie sich auf ihrem Anwesen verwirklicht hat. Überall hat sie in ihrem Natur Paradies kleine Dekorationselemente platziert, die zur Einrichtung des Baumhauses perfekt passten.

Lori brachte uns noch Taschenlampen, da 30 Minuten nach unserer Ankunft dank des geliebten Load Shredding für drei Stunden wieder der Strom ausfallen würde. In einer der effizientesten Dusch- und Kochaktionen der Geschichte der Menschheit haben wir es geschafft, sowohl eine leckere Gemüsebowl zuzubereiten als auch uns von dem Geruch der 5-stündigen Autofahrt zu befreien. Wir versuchten mit den superhellen Taschenlampen uns genügend Licht zum Essen zu verschaffen, ohne dass wir dabei erblinden. Cyrill, der Energie-Ingenieur, fand natürlich die perfekte Lösung und brachte die Lampe gezielt an. So genossen wir die Gemüsebowl und den leckeren Wein, den wir nicht nach dem Etikett

---

64   Kannte ich auch nicht. Ich besitze zum Glück aber auch ein gesundes Desinteresse.

ausgesucht hatten. Zum Ende des Abendessens kam der Strom zurück und unter dem Geräusch des Regens, der auf die Blätter unseres Baumes prasselte, ging die Lichterkette an. Ein perfekter Moment, der nicht besser für eine Jennifer Aniston Liebeskomödie hätte geschrieben werden können.

Wir spielten Karten und genossen die Zweisamkeit in der unwirklich schönen Kulisse.

Am Tag unserer Abreise ging ich zum Haus von Lori, da sie nicht auf meine Nachricht antwortete, um ihr mitzuteilen, dass wir aufbrachen und dann begann die Lovestory zwischen Doris und mir. Doris kam aus dem Haus gesprungen und was soll ich sagen. Meine Dackelliebe ist real. Doris ist eine kleine schwarze Dackeldame, die nichts mehr liebt als den Tag mit ihrem pinken Ball zu verbringen. Nach kurzem Beschnuppern hatte ich die Ehre ihr natürlich eine halbe Stunde lang den Ball zuzuwerfen; da Lori hysterisch am Telefon die andere Seite anschrie, hatte ich ja genügend Zeit. Cyrill hingegen wartet im Auto und dachte sich bestimmt wieder „Was macht der Trödler denn jetzt schon wieder? Ich will verdammt nochmal in den Kruger Nationalpark." Als dann aber noch ein Welpe aus dem Haus gerannt kam und auf den leicht genervten Cyrill zusprang, war alles wieder gut. Lori hatte dann auch für heute genug geschrien und gab eine ihrer Lebensweisheiten zum Besten: „Verkaufe kein Grundstück an deine Nachbarn." Wir beide antworteten brav wie zwei Ministranten im Chor: „Ist abgespeichert." Wir waren uns dabei zu verabschieden, aber Lori hatte andere Pläne. Sie sagte: „Ihr müsst doch noch DAS Foto machen." Lori bestand darauf und so absolvierten wie wohl bereits viele andere Gäste vor uns Loris Fotoshooting. Sie gab uns exakte Anweisungen, wer muss wo und wie stehen, um das perfekte Bild, wie eine übermotivierte Bildhauerin, zu schaffen. Danach ließ sie uns aber tatsächlich gehen und Cyrill gab Gas.

KRUGER MEHR HYPE als NICE?

Wir legten die Platte des südafrikanischen Jazz Singers auf, den wir per Zufall in Kapstadt entdeckt hatten, und freuten uns auf den Kruger Nationalpark. Wir hatten das Glück, dass wir zur Hauptsaison noch in drei staatlichen Camps ein Hütchen ergatterten. Wir erreichten bereits nach einer Stunde das Südtor des Krüger Nationalparks und dann folgte der Bürokratiespießroutenlauf. Man muss zunächst ein mehrseitiges Formular ausfüllen mit Angaben zur Person, zur Dauer des Aufenthalts im Kruger uvm. Dann wurde dies zusammen mit dem Rechnungsbeleg an eine Karte des Kruger-Parks getackert für jeden weiteren Tag und bei jedem Camp wurde ein neuer Beleg an den Flyer getackert. Dieses innovative Ordnungssystem sorgte dafür, dass die Mitarbeiter beim Ausgangsgate leicht prüfen konnten, ob auch alles regelkonform abgelaufen ist und man für die verbrachte Zeit im Kruger gebleht hat. Die Mitarbeiterin an der Kasse lachte, als sie mich anschaute. Ich hatte mein, wie ich finde, sehr lustiges „Out of Office" Shirt an, weil ich ja gekündigt hatte und im Dezember durch Urlaub- und Überstundenabbau bereits frei hatte und kein Office von innen sehen würde. Sie sagte zu ihrer Kollegin: „Out of Office, out of Office wäre ich auch gerne." Die Kollegin sagte: „Sei froh, dass du ein Job hast"[65] und lachte leicht dreckig.

Ich werde ab März arbeitslos sein, 20 kg zunehmen und am Ende bei einem Personaldienstleister landen. Dies ist meine größte Angst, nichts gegen diese Branche, aber für mich wäre das Klinkenputzen der absolute Horror. Nachdem der Torwächter, der aussah wie Shaquel O'Neal, unser Auto scannte und keine Gefahr für die Bewohner des Krugers sah, durften wir den Kruger betreten. Innovativ wie wir sind, lauschten wir beim Betreten des Krugers dem mächtigsten Song zu – Circle of Life. Als Erstes erblickten wir kleine Antilopen – Impalas genannt. Es sind quasi die afrikanischen Bambis. Es waren nicht nur 2–3, sondern eine ganze Herde, die dann direkt entschied vor unserem Mietwagen über die Straße zu laufen. Wir waren total geflashed, machten die Musik aus und lauschten der Impala Disney Parade zu.

Wir wechselten in den Inspektor Gadget Modus und scannten jeden Busch nach auffälligen Bewegungen. Wir sahen Elefanten, Gnus, allerlei Vögel, Büffel und Zebras.

Die Zebras liefen direkt vor unseren Mietwagen, also nein, natürlich haben wir sie nicht überfahren, sondern sind langsam an ihnen vorbeigefahren und sie tangierte unsere Anwesenheit so gar nicht. Hierbei entstand eines meiner Lieblingsfotos der Weltreise.

So toll diese ganze Safari-Erfahrung auch war, gab es ein mittelschweres Problem. Eine Naturkatastrophe in the making. Ich pisste mir bei jeder Safari-Tour regelmäßig fast in die Hose, weil es einfach stundenlang keine Toiletten gab. Wenn ich dringend pinkeln musste, konnte ich mich nicht mehr auf Tierbeobachtungen konzentrieren, sondern versuchte mir erfolglos einzureden, dass ich gar nicht aufs Klo muss, sondern mein Hirn mir einen Streich spielt. Ich war hier auch schon beim Doc, weil mein Pinkelbedürfnis einfach überdurchschnittlich ausgeprägt ist (nicht in einem Fetischsinn). Ich feierte es immer, wie Urlaub Anna (eine ganz tolle Arbeitskollegin) grinste, wenn ich von einem Vor-Ort-Vorstellungsgespräch total gestresst ins Büro zurückkam und meine Unterlagen mit den personenbezogenen Unterlagen nicht ganz so dsgvo-konform auf den Tisch knallte, um pinkeln zu gehen. Liebes Datenschutzteam, dies ist maximal zweimal passiert, sonst habe ich die Unterlagen immer korrekt in den Schrank eingeschlossen und nach 6 Monaten natürlich vernichtet.

65 Da hat ihre Arbeitskollegin absolut recht. Die Arbeitslosenquote in Südafrika liegt bei ca. 34,6 %. Da ist Touristen am Krugergate abzufertigen doch gar nicht so übel?

Zurück im Kruger gab es aber weder Datenschutzthemen, die nehmen ein Meer an Daten von einem auf, ohne eine Datenschutzerklärung auszuhändigen, excuse-moi?

Was blieb mir also anderes übrig. Furchtlos verließ ich das Auto, lief zu einem Busch meines Vertrauens, öffnete wagemutig meinen Reißverschluss und das Motto war: Let it rainnnnnn, let it raiinnnnn let it raiiiinn. Wie soll man das Gefühl anders beschreiben? Happy wie ein Kind an Weihnachten und erleichtert wie Jogi Löw, nachdem sein Nachfolger genauso Klatschen kassiert wie er zuletzt, kehrte ich in den Mietwagen zurück.

Nach mehreren Stunden auf der staubigen Piste und wunderbaren Tierbegegnungen waren wir froh am ersten Camp „Skukuza" angekommen zu sein. Bei der Anmeldung gab es Informationstafeln zu dem Wildlife im Kruger und eine Karte, auf der die Besucher die täglichen Sichtungen der beliebtesten Tiere u. a. auch die BIG Five markieren konnten (Büffel, Gepard, Leopard, Hyäne, Löwe und Elefanten). So stand ich an und gönnte Cyrill seiner Leidenschaft nachzugehen. Ihn dabei zu beachten, wie begeistert er Informationstafeln studiert, ist super goldig. Nach nur einer Stunde anstehen und dem Liveerleben einer Bilderbuch-Karen hatte ich dann auch den Schlüssel zu unserer Hütte in der Hand. Es sind hundert Hütten in dem Camp, die es in wenigen Varianten gibt, aber optisch alle identisch sind. Es ist alles da, was man braucht. Ein Bad, Handtücher, eine Küche mit Kühlschrank und sogar ein privater Grill. Man ist ja nicht im Kruger, um am Pool zu liegen. Den gab es aber tatsächlich auch.

Leicht schmunzelnd fuhren wir zu unserem Hütchen, legten unsere Sachen ab und fuhren nochmal raus in den Park, um eine Nachmittagstour zu machen. Man musste aber Punkt 18:30 Uhr zurück im Camp sein. So checkten wir die Gegend aus und die treusten Wildtiere des Planeten, die Impalas, zeigten sich in all ihrer Schönheit. Regeln nicht einzuhalten fällt mir super schwer. Da wurde ich etwas unruhig, als wir um 18:10 Uhr immer noch nicht in Camp Nähe waren. Ich wollte cool spielen, aber als wir 18:20 Uhr immer noch kein Camp sahen, wurde ich richtig unruhig. Und sagte wie aus dem Nichts in einer etwas schrägen Tonlage: „Ich fände es wirklich schön, wenn wir nicht am ersten Tag eine Strafe für zu spätes Eintrudeln im Camp zahlen." Der Unterton war on point. Cyrill konnte nichts dafür. Wir beide wollten unbedingt an den Ort, an dem heute Löwen gesehen wurden, wir hatten jedoch kein Glück und so kamen wir löwenlos just on time um 18:29 Uhr im Camp wieder an und gingen direkt ins Camp Restaurant zum Abendessen. Wie fast überall gab es als einzige vegetarische Speisen einen Veggi Burger oder einen griechischen Salat. An diesem Abend entschied ich mich für den Veggi Burger und freute mich insgeheim schon wieder auf den griechischen Salat, den es morgen geben wird. Das Restaurant im Camp hatte eine schöne Lage. Die Terrasse war auf einem Steg mit Blick zum Fluss, der sich am Camp entlangschlängelte. Vor dem Essen schauten wir noch im Camp Shopping Paradise vorbei, holten uns Wasser und Cyrill kaufte das langersehnte Fernglas bzw. den Feldstecher, wie man in der Schweiz so schön sagt. Er erblickte zudem das Krugertiebeobachtungsheft Limited Edition 2022, das hunderte von Tieren abbildet, die man bei Sichtung abhaken kann. Vor allem bei den Vögeln stellte sich dies später oft eher als vage Vermutung heraus. Ich dachte unqualifizierter Weise, wozu braucht man ein Fernglas. Ich will die Tiere ja direkt vor Augen sehen und nicht durch ein Vergrößerungsglas betrachten. Was waren wir noch froh an diesem wertvollen Feldstecher, sage ich Ihnen.[66]

* * *

Am nächsten Tag machten wir uns auf den Weg in das nächste Camp, das Olifant Camp. Wir studierten die Parkkarte und legten unsere Route fest. Es gibt im Kruger Hauptrouten, die aus „richtigen Straßen bestehen", und Nebenrouten, bei denen das Safari Feeling ein wenig mehr aufkommt. Wir entschieden uns möglichst wenig Hauptrouten zu nehmen, da wir annahmen, dass durch den Lärm keine Tiere zu sehen sind und sich Auto an Auto reihen wird. Unser nächstes Camp wurde von Kollegen von Cyrill angepriesen, da es in dem Gebiet liegt, in dem es die meisten Wildkatzen-Sichtungen gibt.

Wir starteten den Tag selbst aus Early Bird Perspektive früh um 5:30 Uhr, um in der Morgendämmerung Tiere erleben zu dürfen, und entschieden und zunächst nochmals dieselbe Strecke wie gestern Nachmittag abzufahren, damit wir endlich eine Wildkatze zu sehen bekommen. Zeitgleich fragte ich mich, warum man solch ein großes Bedürfnis hat, Wildkatzen zu sehen und man sich nicht mit den zauberhaften Impalas zufriedengeben kann. Verrückte These. Vielleich, weil einfach jede*r Besucher*in des Kruger National Parks Impalas sieht, da über 120.000 von ihnen grazil durch den Kruger galoppieren?

Nach einer Stunde machte es den Anschein, als hätten wir lieber ausschlafen sollen, den außer ein paar Impalas bekamen wir kein einziges Tier zu Gesicht, also wirklich nada. Leicht gefrustet schauten wir in die dichte Buschlandschaft, bis wie aus dem Nichts zwei Hyänen aus dem Busch kamen und direkt neben uns herliefen. Der schräge Gang, der grumpy Blick und das zerzauste Fell hinterließen ein mulmiges Gefühl bei einem. Ich bin hier stets naiv optimistisch und denke, wenn es gefährlich wäre das Fenster offen zu lassen, wenn Wildkatzen an einem vorbeilaufen, wäre das in den Anweisungen für Besucher des Kruger National Parks aufgeführt worden. Cyrill sagte danach, dass er sich fast ins Hösle gemacht hat. Ich hatte nicht wirklich Angst, da man den Tieren anmerkt, dass wir absolut uninteressant für sie sind. Kommst du ihnen zu nahe, verlassen sie den Weg und verschwinden im Busch. Kann ich vollkommen nachvollziehen. Meine Komfizone ist auch heilig. Nichts mag ich weniger, als wenn Fremde mich un- oder angekündigt umarmen oder einem unangenehm auf die Pelle rücken.

Von Endorphinen überschüttet kehrten wir zurück ins Camp, aßen noch ein Frühstück und machten uns mal wieder auf den Weg in das nächste Camp. Nach der Flaute in den Morgenstunden erwartete uns quasi das Tierbingo unseres Lebens. Es machte im Minutentakt Bingo. Wir haben so unfassbar viele Tiere an diesem Tag gesehen. Von den unterschiedlichsten Vogelarten in allen Farben und Größen, die wir akkurat im Kruger Tierheftle abhakten, über Leoparden, Geparden, Elefanten, Büffel, Zebras, Gnus und Löwen. Die Löwen waren leider nicht ganz so nah. Ein Hoch auf unseren Feldstecher. Wir hatten die clevere Idee, mit dem Handy durch das Fernglas Fotos zu machen und was soll ich sagen #technischesWunderkind. Es war ein Löwenpaar, das mitten in der Familienplanung war.

---

66 Würde ich aber natürlich nie vor Cyrill zugeben. Er bekommt eine spezial Edition des Buches mit weniger Cyrill Lobgesang.

Eine Löwensichtung im Kruger bleibt nicht lange ein Geheimnis. Innerhalb von wenigen Minuten waren über 10 Autos da und jeder wollte natürlich den besten Blick auf die Tiere ergattern. Ich muss aber sagen, dass hier alle miteinander respektvoll umgegangen sind. Wir hatten das Pech, dass die Löwen zum Liebemachen genau hinter den Busch gegangen sind, der sich vor uns befand. Das Gute daran war, dass der Löwe ein One Minute Man war und so sahen wir die beiden erschöpft nach dem Akt im hohen Gras liegen und schmusen.[67] Da geht einem das Herz auf, sag ich Ihnen. Ich glaube für die Generation König der Löwen, und ich rede hier nicht von der vielleicht hätte man nie eine Neuauflage machen sollen Version, sorry Bey, gibt es nichts Majestätischeres. In meinem Kopf liefen König-der-Löwen-Songs rauf und runter. Wir blieben für 30 Minuten stehen, um die Lovebirds zu beobachten. Danach wartete wieder eine Durststrecke auf uns. Innerhalb der nächsten 1,5 Stunden sahen wir nicht einmal einen Vogel. Als uns dann eine Herde Impalas beobachtete, wussten wir, dass wir ihnen deutlich zu wenig Wertschätzung entgegengebracht hatten, diesen „zart wirkenden" wunderschönen schüchternen Tieren. Von dem Zeitpunkt an haben wir jedes Mal freudig IMPALA gerufen, wenn wir wieder welche gesehen haben. Als hätten wir damit die Götter des Kruger Nationalparks gnädig gestimmt, sahen wir danach wieder zig Elefanten, Zebras, Büffel uvm. Bis ich kurz vor dem Ende der Safari so richtig typisch deutsch[68] zu Cyrill sagte „Jetzt reicht es aber echt langsam. Ich will keine Tiere mehr sehen." Gesagt, getan, trafen wir auf eine riesige Büffelherde, die beschlossen hatte die Straße zu überqueren. Diese massiven Tiere dabei zu beobachten war einer der vielen unvergesslichen Momente, die wir im Kruger erleben durften. Leicht hektisch, aber nicht panisch schoben sie sich gegenseitig über die Straße und es gab immer wieder Wächterbüffel, die unser Auto und das Auto vor uns kritisch betrachteten.

Zum krönenden Abschluss des Tages, nachdem ich den ganzen Tag Ausschau nach ihnen hielt, grazierten die gelbbraun gemusterten Giganten die Landschaft links und rechts von uns. So schnell wird aus dem ich willl keine Tiere mehr sehen Modus ein super begeisterter Tierbeobachtungsmodus und mit Freude gehen die letzten 20 % Batterie für unzählige Videos und Fotos drauf, von denen man natürlich am Ende 90 % löscht.

   Fazit: Genieße die Wildtiere auch mal, ohne dass dein Handy dazwischengeschaltet ist.

Mit dem iPhone kann man echt gut Fotos von Tieren in der Nähe schießen. Wenn man aber zu sehr zoomen muss, wird es einfach unscharf und man verpasst den eigentlichen Moment.

Wir kamen im zweiten Camp an und dieses war deutlich kleiner als das erste und wir hatten dieses Mal eine Hütte, die deutlich näher am Fluss war. Das Restaurant war wiederum direkt am Fluss gelegen, jedoch war es extrem windig und kalt, daher haben wir drinnen Platz genommen. Bis dato haben wir stets guten bis sehr guten Service erfahren. Jedoch stand dieser Abend auf einem anderen Papier. Mitten ins Cyrills Bestellung lief die Kellnerin einfach weg und ihr fiel nicht auf, dass Cyrill nichts zu trinken bestellt hatte. Die Wasserflasche, die wir bestellt haben, kam zusammen mit dem Nachtisch und

---

67   Musiktipp: Marvin Gaye – Sexual Healing

68   Lang lebe die Motzkultur. Wenn man nur lange genug sucht, findet man an allem etwas auszusetzen.

um das mittelmäßige Essen zu bezahlen, warteten wir vergebens 45 Minuten und dann war die Kellnerin plötzlich wie vom Erdboden verschluckt. Cyrill wurde dies zu bunt. Er ging an die Bar, bezahlte und gab kein Trinkgeld. Ich bin für solche Moves zu „nett", obwohl ich absolut d'accord war. Für Attitude und Ignorieren gibt es wirklich kein Trinkgeld. Ich hätte es aber nicht ausgehalten, ihr dies auch so zu servieren. Cyrill spürte dies und sagte: „Wenn du willst, kannst du ja nochmal an den Fluss gehen und ich bezahle." Mir fiel ein Stein vom Herzen.

Die Zeit verflog nur so und schon brach der letzte Tag im Kruger Nationalpark an. Heute führte unser Weg uns in ein Camp im Norden des Parks. Gefühlt waren wir beide aber langsam etwas safarimüde. Dazu gab es im afrikanischen Busch deutlich weniger zu sehen als an den Tagen zuvor. Immer wieder retteten uns Impalas aus der Tierebbe, aber ehrlich gesagt war es zu dem Zeitpunkt mehr ein sich durch den Kruger kämpfen, als den Park zu genießen. Man schaut stundenlang in Büsche, Sträucher und Bäume und scannt diese immer weniger akkurat nach Tieren ab. Wenn man dies stundenlang ohne Erfolg macht, hat dies ein enormes Frustrationspotenzial und wie der Mensch so ist, gewöhnt man sich zu schnell an Besonderes. So wurden Elefanten, Zebras und Gnus im Nu zu Standardtieren, die man zig Mal gesehen hatte und man sich selber dabei ertappte, wie man sich wünschte, dass der Basic Elefant ein Nashorn wäre. Wie cool wäre es, wenn wir ein Nashorn sehen würden. Nashorn Sichtungen gibt es extrem selten. Sie werden besonders geschützt und die Sichtungen werden auch nicht auf den Tiersichtungstageskarten aufgeführt, da im Kruger wieder und wieder Nashörner von Tierwilderern getötet werden.

Als wir junge Impalas erblickten, rief ich ihnen zu: „Rennt um euer Leben, der herzlose Impalaburgerliebhaber Cyrill ist gekommen, um euch zu grillen besonders euch kleinen zarten Impalakids." Ich konnte es mir einfach nicht verkneifen, nachdem Cyrill am ersten Abend im Kruger genussvoll einen Impalaburger verzehrt hatte.

Wenn man auf Safari ist, hält man oft an, wenn ein anders Auto vorbeifährt, und tauscht sich zu den Tiersichtungen auf der Strecke aus oder wenn man ein Auto an der Straßenseite erblickt, fährt man ganz langsam vorbei, um zu schauen, was es zu sehen gibt und ob es sich lohnt auch stehen zu bleiben und einen guten Platz zu ergattern.

Nach drei Tagen im National Park erkennt man mittlerweile die verschiedenen Besuchertypen. Es gibt die Big-5 Wildkatzen Fraktion. Eine effiziente Gattung, die direkt auf den Punkt kommt. Der Austausch sieht ungefähr so aus. „Did you see a cat? No?" Das Fenster wird hochgefahren und eine Staubwolke bleibt zurück. Dann gibt es die Birdlover. Eine sympathische ruhige Spezies, die meistens Kameras mit superlangen Objektiven besitzen, die quasi bis zum Schnabel des Vogels reichen. Verstehen Sie mich nicht falsch, Vögel sind wunderschöne Tiere, ihre Vielfalt ist spektakulär und die Zeit im Kruger hat mich dafür deutlich sensibilisiert. Aber andere Tiere lösen einfach ein anderes Begeisterungslevel in mir aus. Eine weiter Besuchergruppe bilden die Safari Amateure, die viel zu schnell fahren, um Tiere entdecken zu können und die selbst, wenn sechs Autos am Rand stehen, weil Löwen zu sehen sind, erstmal vorbeifahren, um dann zurückzurudern und zu versuchen, einen Front-Row Platz zu ergattern.

Uns würde ich zu den Semi-Amateuren zählen. Man hat schon ein wenig Erfahrung gesammelt, ist ganz gut unterwegs, was die Tierbeobachtungen angeht, tauscht sich gerne mit anderen aus, aber mit 100%iger Sicherheit sind unzählig viele Tiere in unserer direkten Nähe an uns vorbeigeschlichen, während wir den tierlosen Nachbarbusch fokussiert haben.

Nach dem langen heißen Tag im Mietwagen kamen wir am letzten Camp ohne große weitere Safari Highlights an und es sah alles wieder stark nach Load Shredding aus. Die Rezeption war nicht besetzt und zwei Mitarbeitende versuchten im Wartebereich vergeblich einen PC wiederzubeleben. Wir saßen 20 Minuten wie bestellt und nicht abgeholt da und dachten, bald kommt bestimmt ein*e Mitarbeiter*in. Ich ging noch mal an die Rezeption, um eine Broschüre zu holen, um die Wartezeit etwas erträglicher zu gestalten, da erblickte ich eine Mitarbeiterin, die aufgrund des Stromausfalls im Dunkeln saß. Sie muss uns definitiv an der Rezeption gesehen haben, aber dachte sich wohl. „Wenn die nicht sagen. Gurl, also ich habe heute genug getan." Perplex sagte ich zu ihr: „Ich habe Sie gar nicht gesehen, wir dachten, die Rezeption ist gar nicht besetzt" Sie lachte künstlich und antwortete: „Doch, doch ich bin da. Es tut ihr leid, aber die Systeme funktionieren nicht, Sie können erst morgen früh bezahlen" und gab uns den Schlüssel. Nach einer freundlichen Aufforderung war sie sogar bereit uns die Campkarte auszuhändigen, sodass wir auch wussten, wo wir hinfahren mussten. Wir erreichten unsere Hütte und waren etwas überrascht, weil die Terrasse voller Habseligkeiten von anderen Gästen war. Cyrill rief „Hallo" und wir schauten uns mit Fragezeichen in den Augen an. Vielleicht hat jemand all seine Sachen vergessen, soll vorkommen. Cyrill öffnete die Türe, drehte sich blitzschnell um und sagte: „Nope, hier wohnt definitiv noch jemand." Wir gingen zurück zu der Mitarbeiterin des Jahres des Kruger Nationalparks und sie sagte nüchtern „Ah okay, hier ist ein neuer Schlüssel." Ganz nach dem Motto neue Runde, neues Glück führen wir auf die andere Seite des Camps. Es war kein großer Aufwand, da dieses Camp das kleinste war und wir wurden belohnt. Die Hütte war tatsächlich menschenleer. Wir waren impalamüde vom relativ erfolglosen Safaritag und gönnten uns ein wenig me time, was bei solch einer langen Reise extrem wichtig ist. Ich finde, wir haben es ziemlich gut geschafft uns immer wieder Spielräume zu geben, damit jeder Zeit für sich hat und man sich minimal auf den Geist geht. Cyrill ging, wie es sich für ein Schwimmass gehört, in Richtung des Camp Pools und ich ging joggen. Hierbei traf ich auf einen super durchtrainierten Mitläufer, der die Runde mir entgegengesetzt lief, so gaben wir uns ein thumbs up für jede Runde. Er ist offensichtlich ein konstanter Läufer und sah in jeder Runde total unbeeindruckt vom Cardio Workout wie frisch vom Cover des „Men's Health" Magazins aus, während ich von Runde zu Runde immer mehr an einen Teilnehmer von The Biggest Loser erinnerte. Ich schwor so lange im Kreis zu rennen, bis er sein Training beendet hat. Die Blöße gab ich mir nicht. Meine Beine schauten mich schlotternd nach dem Motto an: „Wirklich, Junge? Morgen ist das Geheule wieder groß." Gesagt, getan. Ich schleppte meine Betonbeine Meter um Meter ohne Erbarmen weiter[69] und als ob mein Gegenüber gespürt hatte, dass ich mit einem Bein schon in den ewigen Jagdgründen stand, beendet er sein Training. Super verschwitzt, aber zugleich mega happy kam ich an unserer Hütte an. Cyrill war noch nicht vom Schwimmen zurück und so feierte ich mich halt ein wenig selbst. Diese wunderbaren Endorphine, die einen heimsuchen, nachdem man sich sportlich betätigt hat, sind ein-

---

69 Musiktipp: Woodkid – Run Boy Run

fach die besten. Und trotz dieser Kenntnis schaffe ich es immer nur für eine gewisse Zeit Sport zu machen und sobald es einmal einschläft, ist es ein Höllenakt wieder anzufangen. Wirklich ein Höllenakt, mein Körper leidet an einer Art Fitness-Demenz und jegliche bis dato erzielten Fortschritte hält er für Fake News. Ich erzählte Cyrill von dem attraktiven Läufer und er sagte: „Ja, stimm' ich dir zu. Der war echt attraktiv. Er kam danach zu mir in den Pool, wir haben uns nett unterhalten und sind ein paar Runden geschwommen."

Ich hatte einen vollständigen Gesichtskontrollverlust und musste selber darüber lachen. Es war ungefähr so wie damals, als Karo, nachdem Silvi in Mutterschutz gegangen ist, im Teammeeting verkündete, dass ich das Recruiting für die Bereiche Controlling und Finanzen übernehmen muss, obwohl ich ihr gesagt hatte, dass ich alle Bereiche nehmen würde, aber bitte nicht diese. Karo so: „Die Bereiche Controlling und Finanzen wirst du von Silvi übernehmen, Markus." Ich so – Visage klatscht auf die Tastatur –: „Ah okay." Zita schrieb mir im Chat: „Markus – Kontenance" und ich sah selber kurz im Video, wie mir mein Gesicht total entglitten ist.

Da Cyrill nachts gerne mal südafrikanische Big Yellow Trees fällt, schlief ich heute in dem anderen Zimmer, um mal wieder durchschlafen zu können. Kurz vor dem Abendessen kam Cyrill aufgeregt zu mir: „Ich habe irgendwas unter meinem Bett gesehen. Komm schnell Koe (mein Spitzname)." Ich sagte: „Ich glaube, ich möchte nicht kommen, da ich damit rechnete, dass eine riesige Spinne auf mich wartete". Er so „Nein Koe, komm schnell." Er schob sein Bett beiseite und voila ein kleiner schwarzer Skorpion schaute uns etwas verdutzt an. Cyrill fing ihn mit dem Glas ein und entließ ihn in die Freiheit. Ich rief ihm hinterher: „Lauf Cyrill lauf. Lauf ruhig noch etwas weiter weg."

Nach dem langen Tag auf Safari und dem Skorpion-Abenteuer hatten wir beide mega Hunger und gingen in das Camp Restaurant. Schlimmer als beim letzten kann es ja nicht werden. Um 20 Uhr schlugen wir auf und keine Menschenseele war da. Die Bedienung schaute uns überrascht an und ich fragte: „Habt ihr noch geöffnet" Sie meinte: „Nein, leider nicht. Wir haben bereits geschlossen." Ich schaute etwas verwirrt Cyrill an, da alle Camp Restaurants bis 21 Uhr geöffnet hatten. Gerade als wir umdrehen wollten und uns schon auf ein Kräcker & Nüsse Dinner eingestellt hatten, rief die Chefkellnerin uns nach: „Kommt zurück, wir haben noch geöffnet. Kommt gerne rein." Die drei Angestellten unterhielten sich ausschweifend auf Afrikaans und wir dachten uns, falls wir das Thema sind, dann sicherlich nicht im positiven Sinne, aber selbst wenn es so gewesen sein sollte, war die Kellnerin einfach superfreundlich und bereitete uns an unserem privaten Couple Restaurant Besuch einen schönen Abschluss für unseren Aufenthalt im Kruger.

* * *

Am nächsten Morgen gingen wir früh los, um noch ein wenig Kruger-Luft zu schnuppern, bevor wir bereits unseren letzten Stopp in Südafrika im Greater Kruger, ein privater Park, der irgendwie zum Kruger National Park gehört, anpeilten. Unfassbar wie die Zeit verflog.[70]
Zurück an der Rezeption des Camps teilte uns der Mitarbeiter mit, dass die Systeme immer noch nicht funktionieren und wir doch bitte beim Verlassen des Camps die offene Rechnung begleichen sollen. Gesagt, getan verließen wir das Camp und entdeckten auf

---

70   Ganz im Gegenteil zu Ihrer Leseerfahrung. Thank me later.

unserer letzten Tour neue wie auch alte bekannte Tiere. Es waren sicherlich die gleichen Impalas, Gnus, Giraffen und Zebras, die wir an den Tagen zuvor gesehen haben. Aber wer kann das schon sagen, sie sehen ja alle gleich aus #haternichtgesagt. Wir machten noch einen Stopp an einer Vogelbeobachtungshütte direkt an einem schönen kleinen See. Dies war nochmal eine neue Erfahrung. Man kann sich hier auch ein ausklappbares Bett buchen, das an der Wand befestigt war, um das bunte Treiben der Tiere bei Sonnenaufgang und -untergang am See live erleben zu können. Hierbei hatten wir noch die Gelegenheit, Krokodile und Nilpferde zu sichten. Was will man an seinem letzten Tag mehr?

Ich sage Ihnen, was man am letzten Tag noch mehr sehen will. Wir durften den Suizidvogel mit dem Namen Rotschopftrappen bei seinem einmaligen Balzverhalten beobachten. Er fliegt senkrecht in Richtung Himmel und fällt dann wie ein Stein zu Boden. Wenige Zentimeter vor dem Asphalt breitet er seine Flügel aus und fliegt dem Weibchen entgegen, um seinen Wiggle Wiggle Jump Dance aufzuführen, den er mit betörenden Klicklauten kunstvoll untermalt. Wir konnten unseren Augen kaum glauben.

Ebenfalls konnten wir unseren Augen nicht ganz trauen, als wir danach einen Schlenker auf die andere Seeseite machten und dort auf eine riesige Elefantenherde trafen, die sich bei den heißen Temperaturen nachvollziehbarerweise abkühlte. Eine Elefantenkuh hingegen erfrischte sich nicht nur, nein sie planschte im See, warf sich freudig von links nach rechts, tauchte ab und spielte U-Boot. Zwei kleine Elefanten folgten ihr und was dann passierte, werde ich niemals in meinem Leben vergessen. Die ältere Elefantenkuh zeigte den Jüngeren, wie sie sich im Wasser drehen können. Die zwei Seepferdleanwärter*innen waren zunächst etwas ängstlich, aber mit einem gekonnten Schubser der Freischwimmerabzeichenträgerin des Kruger SV 1732 lenkte sie alles in die richtigen Bahnen. Cyrill und ich schauten uns an und strahlten vor Glück. Wir blieben noch 30 Minuten am See stehen und schauten den planschenden Elefanten total fasziniert zu. Ein besserer Abschluss für unsere Zeit im Kruger Nationalpark hätte man sich wirklich nicht wünschen können.

Kurz nach dem Halt am See erreichten wir auch schon den Ausgang. Ich ging ins Büro, um unsere offenen Rechnungen der letzten beiden Tage zu begleichen und erläuterte der Mitarbeiterin, dass die Systeme im Mopani Camp nicht funktioniert haben und wir für 2 Tage bezahlen müssen. Sie prüfte unsere (vielleicht erinnern Sie sich noch an das wichtigste Dokument) mit Belegen und Tackernadeln übersäte Karte des Krugers und verlangte nur das Geld für einen Tag. Ich wiederholte, dass wir noch für zwei Tage bezahlen müssen. Sie schaute mich schwer genervt an und gab den Betrag für einen Tag in das System ein. Ich schaute Cyrill an und wir beide gingen zum Auto zurück, um den Kruger zu verlassen. Die Gate Wärterin prüfte auch noch mal alle Belege und ich sagte zu Cyrill: „Wir müssen gleich zurück und blechen. Ich meine, der eine Beleg sagt 20.12 und der nächste 22.12. offensichtlicher geht es nicht."

Die übermotivierte Gate Keeperin blätterte Beleg um Beleg um, studierte diese intensiv und sagte: „Danke für euren Besuch und einen schönen Tag noch."

Die authentische niederländische Südafrika Experience

Die Vorfreude auf die Lengau Lodge, unseren letzten Stopp in Südafrika, war riesig. Zugleich wurde mir bei der Fahrt unwohl. Dies heißt nämlich zugleich, dass ich in fünf Tagen diesen tollen Partner nicht mehr an meiner Seite haben werde, bei dem ich mich geborgen fühle und mit dem ich eine unbeschreiblich tolle Zeit erleben durfte. Das Solo-Reisen ist die große Unbekannte. Wie werde ich wohl alleine am anderen Ende der Welt in einem fremden Land/einer fremden Kultur klarkommen? Was mach ich, wenn es absolut den neuseeländischen Bach runtergeht? Große Töne spucken und dann kleinlaut als the Biggest Loser nach wenigen Tagen zurück nach Deutschland fliegen? Ne, in diesem Fall würde ich zwar zurückfliegen, dann aber Nathan bestechen und eine Verschwiegenheitserklärung unterschreiben lassen und zu guter Letzt mich in die schönsten Orte in Neuseeland photoshopen und mir Indiana Jones verdächtige Geschichten ausdenken.[71]

---

71 Vielleicht ist es ja genauso abgelaufen und Nathan ist jetzt im Besitz einer diamantenbesetzten Grill in seinem Nachtkästchen?

Mit der Lengau Lodge haben wir uns zum großen Finale wirklich etwas rausgelassen. Unsere superstylische Lodge mit Außendusche, großer Terrasse mit Blick auf das Wasserloch des Anwesens, ein Infinity Pool in Richtung Wildnis und Vollpension. Wir vermuteten aufgrund der Satellitenbilder von Google Maps, dass man von der Lodge aus evtl. noch 1–2 geführte Touren in dem Greater Kruger Park machen könnte. Die Unterkunft Ansicht ist aber in der Nähe eines kleinen Städtchens und wohl nicht so idyllisch, wie wir es erwartet haben. Weit gefehlt, ich sag nur weit gefühlt.

Nur 45 Minuten nach dem Verlassen des Kruger Gates standen wir vor dem nächsten Gate. Wir mussten uns am Gate ausweisen und ein paar Daten hinterlassen, mal wieder, ohne eine Datenschutzerklärung für die Weiterverarbeitung unserer Daten zu erhalten. Ganz nach dem Motto, wenn ein Gate sich schließt, öffnet sich ein neues, betraten wir den Greater Kruger Nationalpark und schauten uns beide ungläubig an. Impalas begrüßten uns:

„Hey Dudes, welcome back"[72]

und die geteerte Straße wurde wieder zu einer Safari Road.

Nach etwa 15 Minuten Fahrtzeit erreichten wir die Lengau Lodge und Ilse, die Eigentümerin und Köchin #multitasking, begrüßte uns etwas nervös, aber sehr herzlich. Man merkte, dass normalerweise ihr Mann das Welcome Programm übernimmt. Wir waren aber super happy mit Ilse, die uns alles detailliert erklärte, uns feuchte Handtücher zum Auffrischen gab und direkt ein Fruchtcocktail servierte. Aufgrund ihres Vornamens vermutete ich, dass Ilse Deutsche sein könnte, sie und ihr Mann Loek kommen jedoch aus den Niederlanden. Sie führte uns zu unserer Lodge. Jedes Chalet trägt einen Tiernamen und wir hatten natürlich die Ehre im IMPALA CHALET zu nächtigen.

Diese Impalas sind aber auch penetrant. Als Ilse die Türe zu der Terrasse aufmachte und wir einen Blick ins Chalet und auf unsere sehr große Terrasse mit direktem Blick auf das Wasserloch erhaschen konnten, leuchteten unsere Augen. Selbstgemachte wunderschöne Aufnahmen der afrikanischen Bambis verzierten die Wände des Chalets. Ich überschüttete Ilse mit Lob und Begeisterung, während Cyrill total euphorisch ein „It's okay" nachlegte. Es wartete ein offenes Raumkonzept auf uns. Ja offen in allen Räumen, d. h. auch das WC. Das fand ich, sagen wir es mal so, eine interessante Wahl. Aber dies stellt für uns Reise Pros natürlich keine Herausforderung dar. Wir kannten dies schon von der tollen Baumhütte. Nächstes Level an Intimität in der Beziehung check. Frage ist nur, will man dieses Level erreichen? Wir hatten quasi keine Wahl. Cyrill hatte hier deutlich weniger Hemmungen als ich. Wenn ich jedoch Musik höre (umgangssprachlich für kacken), musste Cyrill das Chalet verlassen.[73] Egal wie dringend ich aufs Klo müsste, da würde nichts passieren. Ist er etwas verklemmt? Die einen sagen so … die anderen …
Genug Fekaliendiskurs für heute. Kommen wir lieber zurück zu der wunderschönen Unterkunft. Wir hatten ein großes superbequemes Bett und ein Badezimmer … so schön, ich hätte schreien können. Ein massiver endlos langer Waschtisch aus Holz quasi ein ganzer Baumstamm, in den die Waschbecken eingeschnitzt waren, grenzt an eine offene Regenwalddusche an.

---

72 Song der Seite: Blümchen – Bommerang
73 I am a lady and I only do lady stuff

Ilse sagte, diese Dusche benutzen unsere Gäste aber fast nie.[74] Und ich dachte so *eawwww*. Ich geh doch nicht in den Pool.

Der Grund ist jedoch nicht die mangelnde Hygiene der Gäste (hätte ja sein können), sondern die Außendusche, die in Richtung Wildlife zeigt. Es gäbe nichts Schöneres, als im Freien zu duschen, meinte Ilse überzeugend. Warmes Wasser bräuchte man nicht, da der Wasserbehälter von der Sonne bereits so aufgeheizt wird, dass das kalte Wasser lauwarm ist. Ich alte Frostbeule traute dem Braten zunächst nicht und Cyrill schmunzelte auch, weil er dasselbe dachte. Ich bin ein stolzer Warmduscher. In Richtung Busch gab es im Camp nur 2 Stromdrähte, die auf Elefantenkopfhöhe das Camp umkreisten, d. h., alle anderen Tiere können ein und aus gehen, wie es ihnen gefällt.

„Ja genau Ilse, ich dusche gerne NACKT auf dem Präsentierteller. Während des gemütlichen Einshamponierens kommen zwei Löwen vorbei und denken sich so – perfekt s Mauldäschle reinigt sich vor der Mahlzeit, auf die Schwaben isch selbst als Beute Verlass."

Die Einführungstour war vorbei und so überließ Ilse uns unserem Glück mit den Worten: „Wir sehen uns spätestens beim Abendessen, sobald Loek (ihr Mann) mit den anderen Gästen von der Safari zurück ist." Wir schlossen die Türe und umarmten uns für einige Momente innig. Für uns war dies einfach die perfekte Unterkunft. Es gibt nur 4 Chalets. Ergo ist alles sehr familiär. Neben den Eigentümern Loek und Ilse unterstützte noch eine Südafrikanerin Ilse ein wenig in der Küche und im Service and that's it. Wir waren schon gespannt, wie die andern drei Gäste so drauf sind, und dachten, vielleicht sind sie ja in unserem Alter, wie cool wäre das bitte. Könnte man vielleicht zusammen eine Safaritour mit Loek machen, abends etwas Karten zocken und am Pool zusammen Cocktail schlürfen. Die russische Oligarchen-Familie (sehr überspitzt dargestellt) hatten wir nicht auf dem Schirm. Die Familie lebt schon seit 15 Jahren nicht mehr in Russland, sondern in Marbella und der Sohn im besten Teenageralter wohnt im internationalen Internat. Irina erzählte uns beim Abendessen, dass dies auch besser so sei. Wenn man sich nicht die ganze Zeit als Familie sieht, freut man sich mehr aufeinander. Ein typischer Fall von: Die Einen sagen so … die Anderen …

Das Abendessen, das uns Ilse servierte, war unfassbar lecker. Ich habe Ilse ja eh direkt ins Herz geschlossen. Erstens wäre ich genauso nervös gewesen, wenn ich Gäste begrüßt hätte, und zweitens schmeckt man ihre Leidenschaft für die Cuisine aus jedem einzelnen Gericht heraus. Wir gönnten uns einen exzellenten Wein und genossen das beste Essen, das wir bis dato in Südafrika verzehren durften.

Cyrill schaute mich an und sagte: „Life ist good."

Ich nickte zufrieden und bestätigte; „Yes it is."

Wir unterhielten uns mit den marbellanischen Russen und es war wirklich ganz nett. Keine große Liebe, aber für die begrenzte Zeit total in Ordnung. Irina berichtete stolz von den Tiersichtungen auf ihrer Safari mit Loek. Sie sahen Elefanten, Giraffen und Zebras, aber keine Wildkatzen. Irina war definitiv der BIG-5 Safari Typ. Sie zeigte alle Fotos, die sie

---

74   Musiktipp: Die Doofen – Mief (nimm mich jetzt, auch wenn ich stinke)

gemacht hatte, und kündigte stolz an, dass sie diese tollen Momentaufnahmen mit ihren Followern teilen wird. Irina, die Influencerin? Da Loek den Post von ihr auf der Lengau Lodge[75] Seite regepostet hatte, konnte ich ihr Instaprofil sehen. Irina die Yogainfluencerin. Yasssss. Zeig der Welt, dass man mit Anfang 50 gelenkiger, als ich mit Mitte 30 sein kann #yougogirl. Natürlich habe ich abends noch ein wenig Irinas Profil gestalkt. Wer hätte das gedacht. Da gehst du auf Safari und plötzlich sitzt eine Ü50 Yogainfluencerin mit über 10.000 Follower (was in meiner Followerrechnung mega viel ist) am Tisch neben dir. Hör uff.

Ich berichtete stolz von unserem Tier Bingo Tag im Kruger. Wie wir fast alles gesehen hatten (was bei der Artenvielfalt im Kruger natürlich total übertrieben war): Hyänen, Geparden. Leoparden, Wildhunde und Löwen und zeigte ein paar Fotos. Gleichzeitig bemerkte ich, dass dies vielleicht etwas unbedacht und unangebracht gegenüber Loek war, da sie weniger Glück bei der heutigen Safari hatten und ich ihn dadurch vielleicht etwas blöd dastehen ließ. Sorry Loek, war keinesfalls so gedacht.

Er reagierte direkt und ergänzte Irinas Aufzählung um Gnus, Kudus und Impalas. Wirklich Loek? Impalas aufzuführen, ist wie wenn ein Schweizer sagen würde, ich habe heute ein Dorf gesehen, das an einem perfekt daherkommenden See liegt und umgeben von, Walt Disney hätte sie sich nicht besser ausdenken können, Bergen.

Wir entschieden uns, obwohl Loek es nicht geschafft hat, Wildkatzen für die Safari von Irina zu bestellen und perfekt in der Naturkulisse zu platzieren, die Early Morning Safari Tour bei ihm zu buchen.

Endlich konnte sich Cyrill voll und ganz auf das stundenlange Tiereerspähen konzentrieren, ohne parallel darauf achten zu müssen, Suizidhühner nicht zu überfahren. Da die Early Safari Tour um eine unchristliche Uhrzeit namens 5:30 Uhr startete, ging es für uns um 21 Uhr ins super bequeme Bett. Aus dem Schönheitsschlaf entrissen, taumelten wir am nächsten Morgen in Richtung Safarimobil und Loek begrüßte uns super fit und freudestrahlend. Wir fuhren durch das private Game Drive und wer begrüßte uns natürlich als Erstes an diesem frühen Morgen. Na zehn von den 130.000 Impalas, die den National Park unsicher machen. Mittlerweile wussten wir sie ja sehr zu schätzen und riefen fröhlich IMPALAS. Dazu gesellten sich, während die Sonne langsam ihren Weg in Richtung des Horizonts suchte, noch Zebras, Kudus und Elefanten.

Loeks Safariautomobil war ein wenig gewöhnungsbedürftig. Sagen wir es mal so, es war eine holprige Angelegenheit und neben dem am frühen Morgen ordentlich Durchgeschütteltwerden flog man auch gerne mal gegen das Eisengeländer des Safari Jeeps. Bei unserem ersten Halt am Olifant Fluss[76] zauberte Loek zwei Kaffees in Begleitung eines typischen südafrikanischen Gebäckes, dessen Namen ich vergessen habe, zum Frühstück hervor. Wir genossen zu dritt die Ruhe und den Ausblick auf den treibenden Fluss. Vielleicht lag es an der Uhrzeit, aber dies war einer der besten Kaffees ever. Ich fragte, ob wir runter an den Fluss laufen durften, und er meinte mit seinem typischen verschmitzten

---

75 Ja, ich lasse den Namen der Unterkunft zu oft fallen, aber falls Sie nach Südafrika reisen, müssen Sie sich das gönnen und den beiden wunderbaren Menschen liebe Grüße von Cyrill und Markus ausrichten.

76 Der Fluss bahnt seinen Weg bis in das weit entfernte Olifant Camp im Kruger, wo wir vor zwei Tagen noch nächtigten,

Lächeln: „Klaro. Wir sollten nur zusammenbleiben, falls Raubkatzen kommen. Ist es wichtig, dass wir als Rudel auftreten."

Ich so: „Ahja, wie beruhigend. Was für ein wagemutiger Tod wäre dies bitte. Auf meinem Grabstein würde so etwas stehen wie:

Hier ruht Markus Sauter.
Seine Abenteuerlust führte ihn direkt in eine Hyänenbrust."[77]

Loek ist wirklich ein charmanter smarter Typ, der die Safaris toll aufzieht und mit vollem Herzblut bei der Sache ist. Selbst wenn wir heute nicht viele unterschiedliche Tiere sehen konnten, erzählte er uns viel zu dem Nationalpark. Erläuterte uns das Leben der Termiten mit ihren Wolkenkratzern[78] und das hyper traurige Leben einer Termitenkönigin, die bis zu 50 Jahre alt wird und ihr Zimmer nie verlässt, sondern nur tausende von kleinen Termitos das Wunder namens Leben schenkt. Die smarte Queen reguliert zuverlässig die Termitengattungen in ihrem Stamm, wenn z. B. nach einem brutalen Krieg ihres Stammes die Krieger zu Neige gehen, werden nur noch Krieger produziert. Sagt man nicht auch, dass es bei den Menschen ähnlich ist, dass nach Kriegen, in denen mehr Männer fallen, auch mehr Jungen geboren werden?

Wir halten uns immer für so überlegen, dabei macht die Queen der Termiten dies per Knopfdruck. Wären wir davor nicht im Kruger gewesen, wären wir sicherlich ein wenig enttäuscht zurück zur Lodge gekehrt, da die Tiere heute auf hyperschüchtern machten.

---

77 Machen Sie dies auch? Sich in solchen Situationen mögliche Todesszenarien auszumalen? Vielleicht sollte ich mal mit einem Psychologen über meine unterschiedlichen Todesszenarien sprechen? Was soll ich sagen, ich akzeptiere halt den Tod als Teil des Lebens – its's the Circle of Life und zugleich auch der Musiktipp: Lion King Soundtrack – Circle of Life

78 Unnützes Wissen: Termiten machen den Schornstein des Termitenhügels zu, wenn es bald regen wird und sie liegen nie falsch.

So waren wir einfach nur zufrieden und ich dachte mir: „Wow was sind wir bitte für überdurchschnittlich talentierte Tierbeobachter, wir haben Loek sowas von nass gemacht." Aber so einfach ist es nicht. Man hat Tage, da spielt man Tierbingo, bis man kein Tier mehr sehen will und an anderen ist eben Ebbe. Das Fiese an dieser Flora und Fauna ist, wenn die Elefanten hinter dem ersten Busch direkt neben der Straße verschwinden, sieht man sie bereits kaum noch. Vermutlich haben wir ein Dutzend Nashörner einfach nicht orten können, weil so ein Attention Whore Busch dachte: „Ey dies ist genau der Ort, an dem ich für den Rest meines Lebens bzw. bis ein Elefant mich zu pflanzlichem Hackfleisch verarbeiten wird, stehen werde."

∗ ∗ ∗

Zurück an der Lodge angekommen, freute ich mich auf das Frühstück, wer solch ein Abendessen zaubert, macht beim Frühstück sicherlich nicht halblang[79] Natürlich ließ Ilse sich nicht lumpen. Es gab frisches Obst mit Joghurt und Minze jeden Tag ein wechselndes Eigericht, Croissants und Kuchen. Ein No Brainer also eine glatte 10/10.

Wir hatten dieses kleine Paradies bis zum 25. Dezember gebucht, da mein Flug Richtung Sydney ab Johannesburg am 26. geht und wir uns vorgenommen hatten, direkt am Flughafen ein Hotel zu nehmen. Bei allen Unterkünften hat man uns von einem längeren Aufenthalt in Johannesburg abgeraten und da wir bis dato Südafrika ohne auch nur einmal in eine kritische Situation zu kommen, erlebt haben, wollten wir zum Grande Finale nichts riskieren. Wir waren aber auch Vorzeigetouris. Haben weder alleine abends in Kapstadt betrunken auf abgelegenen Straßen getanzt, noch unsere Wertsachen sichtbar getragen oder im Auto eine Vernissage unter dem Motto „10 Gründe warum du unser Auto aufbrechen sollst" veranstaltet. Dank der Tage in Ilse und Loek's Paradies hatten wir natürlich wenig Motivation den Reiseabschluss im Flughafenhotel zu verbringen. Wir recherchierten, ob etwas Schönes auf dem Weg liegt, dass ein Abstecher wert wäre, so dass wir am 26.12 direkt an den Flughafen fahren könnten.

Cyril meinte: „Was wenn wir Ilse und Loek fragen, ob wir noch eine Nacht dranhängen könnten? Wir müssten dann halt am 26.12 echt früh aufstehen, da wir eine 6-stündige Fahrt vor uns haben." Ich überlegte wirklich nur kurz, da ich Panikelse (haha Else / Ilse) nichts stressiger finde, wie (oder als?) wenn ich aufgrund eines unvorhergesehenen Ereignisses den Zeitplan nicht einhalten kann. In unserem Fall könnte zum Beispiel der größte Stau in der Verkehrsaufzeichnungsgeschichte von Südafrika entstehen? Impalas nehmen die Autobahn ein und demonstrieren gegen die Ungleichbehandlung der Wildtiere. Da stünden wir und mein Flugzeug hebt ohne mich Richtung Sydney ab. Aber noch ein Tag in der Lengau Lodge ist einfach zu verlocken. „Markus, du tollkühner Abenteuer im Stil von Captain Cook[80], tu es!", sagte ich zu mir.

Ilse und Loek sagten uns, dass sie für den 25 keine Reservierung haben und ich ruderte sofort zurück. Was für Egoisten sind wir bitte? Vielleicht wollen die beiden ja auch mal

---

79 Sind Sie Team Frühstück? Ich definitiv. Ich kann easy auf das Mittagessen verzichten. Aber so ein richtig gutes Frühstück. Müsli mit Blaubeeren, Avocado Brot mit Ei und Tomaten und zum krönenden Abschluss Pancakes (Betonung liegt auf Mehrzahl). #iwantallthatyummyinmytummy

80 Natürlich habe ich hier bewusste Captain Cook aufgeführt, da er als Entdecker von dem heutigen Neuseeland bezeichnet wird, obwohl ein Landsmann von Ilse und Loek bereits zuvor dort war. #IbeaKäpsele

etwas touristenfreie Zeit haben. Gastgebermodus off und Paradies genießen. Sie bestanden vehement darauf, dass wir bleiben, und sagten, es würde sie freuen. Die Holzschuhlederhosen-Chemie passte halt einfach. Wir schätzen die beiden sehr als liebevolle Gastgeber*in und ich glaube, sie schätzen uns auch als respektvolle Gäste.

Am 24.12 entschieden wir uns nochmals eine Tour mit Loek zu machen. Wir haben am Tag zuvor auch bereits die Late Night Tour unternommen, was auch ein Highlight war. Im Kruger muss man vor Sonnenuntergang im Camp sein. Nicht aber bei dieser Tour. Wir bekamen große Taschenlampen und auf der Heimfahrt durchleuchteten wir im wahrsten Sinne des Wortes den Busch. Ein Erlebnis unter anderem auch weil man alle Insekten anlockt und am Ende von Insekten in aller Größe und Gattung mit Zuneigung überschüttet wird, auf die man ohne Weiteres auch hätte verzichten können. Wir sagten uns, eine letzte Tour geht noch, wenn wir schon hier sind. Außerdem ist die marabellianische russische Oligarchen-Familie auch mit am Start, das können wir uns fast nicht entgehen lassen. Es war eine Mid Day Safari Tour und es war auch mal wirklich lustig in der größeren Gruppe unterwegs zu sein. 12 Augen sehen einfach mehr als 6, wobei der Teenage Sohn nur halbherzig dabei war.[81]

Wir hielten wieder an dem schönen Aussichtspunkt am Olifant Fluss und genossen den Ausblick auf diese wunderschöne Natur als eine Herde Nilpferde gemütlich an uns vorbeischwamm. Neben der südafrikanischen Pflanzenvielfalt und natürlich immer wieder Herden von Impalas feierten die meisten Tiere wohl im engsten Familienkreis Weihnachten.

Irina sagte zu Loek. „Ich dachte, dass es einfacher ist Tiere zu sichten. Du bist doch ein erfahrener Safariguide und müsstest wissen, welches Tier sich wann wo befindet." Dass es so schwierig ist, hätte ich nicht erwartet. Cyrill und ich schauten uns verwirrt an und mussten ein wenig schmunzeln. Ich war kurz davor vorzuschlagen, alle Tiere zu chippen, sodass man sie mit der App orten kann. Vor allem bei Nashörnern wäre dies ziemlich smart. Man könnte vielleicht auch noch live Jagd Shows anbieten. Hierfür sammelt man einfach ein paar Impalas ein und wirft sie den gechippten Löwen zum Fraß vor. Loek musste auch schmunzeln und fühlte sich natürlich auch ein wenig vor den Kopf gestoßen, von dieser indirekten direkt servierten Kritik. Als hätten die Tiere Mitleid mit Loek gehabt, macht es Chr…Chr und Loeks erfuhr über sein Funktelefon, dass es eine Löwensichtung am Fluss gab. Wir brachen sofort auf und Loek trat volle Pulle aufs Gas und bekam den Fuß nicht mehr los. 15 Minuten dauerte es, bis wir an der Sichtungsstelle angekommen waren, die Löwen hatten aber leider nicht ganz so viel Geduld. Mittlerweile wurde es dunkel und so fuhren wir langsam zurück in Richtung Dinner Opullance by Ilse. Wir machten uns kurz frisch und ich zog ein Hemdle an weil, Heilig Abend #Jesuswasborn. Schon an den Abenden zuvor versuchte Cyrill ein wenig mehr in den Austausch mit unseren Miturlaubern zu gehen, aber so wirklich matchte es einfach nicht. Er hatte die gar nicht so verkehrte Idee, ein Spiel einzubauen, um das Eis zu brechen. Und fragte jeden, welche drei Länder auf unserer Reisebucketliste ganz oben stehen. Zuerst fragte er mich.

---

81 Was irgendwie aber auch verständlich ist, wenn man sich an die eigene Jugend erinnert #longtimepassing. Als Teenager mit seinen Eltern und dem Gay Couple gefühlt am Arsch der Welt Zeit zu verbringen, stand damals auch nicht auf meiner Bucketlist. Ich erinnere mich da auch an zwei Urlaube, an denen meine Eltern unter meiner Teenage Depri Laune ordentlich gelitten haben.

Pädagogisch clever gelöst, um den Anderen ein Beispiel vorzugeben, dann fällt es einem leichter. Zudem weiß er das ich für ziemlich alles imaginäre Bucketlisten führe. Ohne nachdenken zu müssen:

Nummer 1 Neuseeland,
Nummer 2 Island,
Nummer 3 Kanada.

Genau in diesem Moment wurde mir bewusst. WTF. Mit dieser Reise erfüllte ich mir meine Reisebucketlist Top 3 , dann kann ich eigentlich ins Gras beißen oder?[82] Gut Kanada teste ich ja nur kurz an und dann rücken eben Japan und Südkorea nach.

Als Nächstes fragte Cyrill den Teenage Boy und er sagte: „Ich war doch schon fast überall und Natur ist nicht so meins (enjoy Südafrika)." Nach mehrmaligem Nachhaken durch Cyrill kam als Nummer 1 Traumdestination von allen Ländern dieser Erde – die Vereinigten Emirate. Von allen Ländern dieser Welt, wirklich? Jedem das seine, aber wirklich???? Sein Vater und seine Mutter waren auch überfragt und meinten irgendetwas in Südamerika. Der Vater versetzte mir noch netterweise einen Seitenhieb zu und meinte: „Was willst du den in Kanada? Da gibt es doch nichts?" Ich war kurz davor zu sagen mir reichen doch schon die heißen kanadischen Ranger, aber ich hielt mich zurück. Cyrill konnte gekonnt seine Weltreise mit einbringen. Das ist, würde ich sagen, neben Cyrills Begeisterung für Informationstafeln und alte Steine seine Lieblingsbeschäftigung.[83] Cyrill hat unfassbar viele Abenteuer in seinen jungen 34 Jahren erlebt. Davon können die meisten Menschen nur träumen. Und das schätze ich auch an diesem Typ. Er macht einfach Dinge, auf die er Bock hat und er ist passioniert für seine Themen, auch wenn er für die Anekdoten Häme und Spott von mir erntet, aber nur, weil ich die Geschichten fast schon mitsprechen kann und er es liebt dramatisch auszuholen. „Also ich Cyrill Bruch, war ja auf einer Weltreise und haste nicht gesehen, was ich da für ein Abenteuer erlebt habe als …"
     Ilse unterbrach unsere holprige Konversation super höflich und servierte uns Gang um Gang. Ein Highlight jagte das nächste. Ich habe wirklich noch nirgends so gut abwechslungsreich vegetarisch gegessen. Es gab südafrikanische, indische, italienische Speisen und nie fühlte es sich wie eine vegetarische Alternative an. Stets bot sie uns vollwertige und wohl durchdachte Gerichte. Das absolute Highlight war überraschenderweise für mich Sweetooth der Caramel Cheesecake.[84] Das erste Stück, das ich meinem Gaumen zuführte, ließ einen Chor an Engeln erscheinen, die einen wunderschönen Canon anstimmten. Der ging ungefähr so

„Viel Spaß mit Diabetes und noch mehr Hüftgold.
Wir sehen uns im Kuchenhimmel, du Junkie."

---

82   Ich sollte wirklich mit einem Therapeuten über das Thema Tod sprechen. Es scheint ein wenig zu prominent platziert zu sein.

83   Nach diesem Satz bin ich wahrscheinlich wieder Single.

84   Anmerkung an mich. „Hol dir das Rezept von Ilse." Ich bin auch kurz davor eine Petition im Internet zu erstellen „Ilse, schreib bitte endlich ein Kochbuch."

Ilse und Loek gesellten sich auch noch mit einem Glas Rotwein zu der illustren Runde. So verbrachten wir ein Weihnachten unter Fremden, das sich dank der Gastgeberqualitäten unser leider nicht Holzschuh tragenden Lieblingsniederländern[85] gar nicht so anfühlte. Der Rotwein, den uns Loek empfohlen hatte, schmeckte am Heiligabend noch besser.

Ob wir es wollten oder nicht. Mit dem Sonnenaufgang war nun der letzte gemeinsame Ferientag angebrochen. Bis dato konnte man es ganz gut verdrängen, doch jetzt standen der Abschied und die Trennung für 2 Monate kurz bevor. Wir haben uns aber den letzten Tag (ohne andere Gäste) nicht vermiesen lassen. Im Gegenteil, wir genossen jeden Augenblick von den Gin Tonics am Pool, über das komm wir liegen nebeneinander und jeder macht sein Ding bis hin zum gemeinsamen Planschen im Pool. Ich war für einen kurzen Moment in unsere Hütte gegangen, da es 41 Grad hatte und man wirklich jede Bewegung mit einem Schweißausbruch bezahlen musste. Meine Lockenpracht trocknete innerhalb von einer Minute nach dem Verlassen des Pools und eine Rudi Völler Blutsverwandtschaft war augenscheinlich nicht unwahrscheinlich.

Cyrill kam in die Hütte und sagte: „Na hören Sie mal. Loek hat gerade durch den Buschfunk den Hinweis bekommen, dass zwei Löwinnen in der Nähe unterwegs sind." Er würde mit uns gerne dort hinfahren. Löwinnen, in der Nähe und Mini Safari umsonst, mein Löwenfangirl- und Schwabeherz pochte vor Aufregung. Wir fuhren etwa zehn Minuten von der Lodge aus in den Nationalpark raus und Loek meinte, hier in der Nähe sind sie gesichtet worden. Cyrill und Loek diskutierten noch ein wenig über irgendwas, als ob ich zugehört hätte, und ich sagte „STOP" so bestimmt, dass es Loek hörte, es aber nicht die Löwinnen vertreiben sollte. Sie lagen unter einem Baum direkt neben der Straße. Diesen Moment werde ich bis zum Eintritt meiner Demenz nicht vergessen und ich hoffe, dass, wenn es der einzige Moment ist, der mir bleibt, es dieser sein würde. Diese majestätischen Tiere sind so beeindruckend. Deutlich größer, als ich es mir ausmalte. Allein diese Tatzen. Sie chillten im Gegensatz zu uns total unbeeindruckt von unserer Anwesenheit im Schatten. Bis die Suche nach Beute begann. Die erste Löwin schlich an unserem Wagen vorbei. Die andere folgte kurz darauf und lief direkt an mir

vorbei. Hier saß ich im offenen Jeep und bekam meinen Mund nicht mehr geschlossen, egal wie ich es auch versuchte. Die Löwin schlich gediegen vorbei und schaute mir direkt in die Augen. Was für ein Glück es auch war, dass wir die Löwinnen als Erstes entdeckt hatten. Im Kruger waren wir immer Wagen Nummer 6 oder so und konnten nur einen

85 Wie lustig wäre es gewesen, wenn Sie in der südafrikanischen Wildnis mit Holzschuhen gestanden wären und auf einem mit Weihnachtsdekoration verzierten Gauda aus der Küche gerollt gekommen wären?

Blick von der Weite aus erhaschen. Und jetzt, läuft eine Löwin einfach neben uns her. Die beiden blieben immer wieder auf dem Weg stehen und hielten Aussicht nach Beute. Bestimmt an die zwanzig Minuten konnten wir dieses Naturschauspiel alleine beobachten, bevor weitere Guides mit Touristen im Schlepptau eintrafen. Den Löwinnen wurde der Gafferevent ein wenig zu bunt und so bogen sie einfach links ab und verschwanden im Busch. „Moni und Peter es tut mir aufrichtig leid, aber: Des isch des beschied Weihnachtsgeschenk ever." Dies sagte ich Cyrill und dies sagte ich auch Loek. Was für ein toller Typ, dass er am 1. Weihnachtsfeiertag mit uns rausfährt, um uns dieses unvergessliche Erlebnis zu ermöglich. Und dann kassiert er nicht mal dafür ab. Guter Mann.

Wir genossen die letzten Stunden in der Lodge und nach dem letzten 3-Gänge Menü von Ilse saßen die beiden noch sich noch zu uns mit dazu und wir tranken noch zwei bis zu viele Gläser Wein.

Sie gaben uns Einblicke in ihr spannendes Leben, wie sie ihre Karrieren als Projekleiter*innen in den Niederlanden aufgaben, um Lodge Eigentümer in Südafrika zu werden, was für ein schöner, aber auch holpriger Weg es war. Wie ein nicht funktionierendes System das Leben erschwert und wie und wo die europäische und afrikanische Mentalität clashen. Es war ein super interessanter Austausch und ein perfekter Abschluss für unsere Zeit in Südafrika.

Kurz vor dem Einschlafen lag ich in Cyrills Armen und wir waren dankbar für die schönen Momente der letzten Wochen, die wunderbaren Menschen, die wir kennenlernen durften, und vor allem, dass wir auch uns besser kennenlernen durften und größtenteils so harmonisch diese 26 Tage zusammen verbracht und in vollen Zügen genossen haben.

Südafrika, s war uns a Feschd.

Sydney –
All by myself

Der Abschied von Cyrill war unsäglich schwer. Vor allem auch, da wir beide ja nicht so die In-der-Öffentlichkeit-Zärtlichkeiten-Austauscher (ÖZA) sind. Wir standen vor dem Security Check am internationalen Flughafen von Johannesburg und nach einer kurzen Umarmung hieß es Au Revoir.[86] Es fühlte sich nicht richtig an. Die 26 Tage in Südafrika waren wunderschön, wie im vorhergehenden Kapitel Pulitzer-Preis verdächtig vom Autor beschrieben, aber dies hier bezieht sich mehr auf die Cyrill-Markus Gefühlsebene, wie wir zusammen agiert haben, wie man sich an der Mimik und Gestik des anderen erfreut, den Alltag zusammen meistert, mal aneinandergerät, aber man am Ende nicht mehr wütend sein kann, weil das Grinsen des Anderen einen schmunzeln lässt, das Gefühl nebeneinander aufzuwachen und als Erstes sich anzukuscheln, um die Morgenwärme zu klauen.

Schweren Herzens ließ ich Cyrill los und begab mich in Richtung Security Check, der genauso wie das Boarding überraschenderweise reibungslos ablief. Ein dickes Lob an die australische Fluggesellschaft Qantas. Auch wenn ich nicht ganz nachvollziehen konnte, warum man das Handgepäck nach dem Security Check nochmals am Gate kontrollieren musste (4-Augenprinzip?). Man konnte direkt vom Flughafen aus das Flugzeug betreten und musste keine Busfahrt mit Sightseeing der Landebahn über sich ergehen lassen. Als Economy Gast der untersten Kaste lief man zunächst durch die First und Business Class, in der die Crème de la Crème bereits mit Schampus ausgestattet Platz genommen hatte und zuschaute, wie der Pöbel seinen Weg in den Fachtraum antrat. Et voilà, da war auch schon mein Sitzplatz. Ich verstaute meinen Rucksack im Handgepäckfach und nahm neben einem älteren Ehepaar Platz. Als ich die ganzen Utensilien betrachtete, die Qantas seinen Fluggästen bereitstellt (Kopfhörer für das Entertainment Programm (dazu später mehr), Schlafmaske, Ohrenstöpsel, ein Getränk und eine Decke), trat ein etwas genervter Fluggast, nennen wir ihn Larry, in mein Sichtfeld und sagte lautstark „Bordkartenkontrolle" und streckte mir seine Bordkarte direkt vor die Visage – 48h. Ich sagte etwas irritiert: „Hi, dann sind wir ja Nachbarn, ich bin 49h." Larry sagte nicht mehr ganz so genervt mit einem Schmunzeln: „Freut mich sehr, aber dann müsstest du eine Reihe nach hinten rutschen, du sitzt auf meinem Platz." Ich lief knallrot an, wurde nervös, packte übereilt meine Sachen und entschuldigte mich vielmals. Das Ehepaar neben mir schmunzelte vor sich hin. Larry sagte: „Kein Problem, Junge."

Leicht beschämt nahm ich eine Sitzreihe weiter hinten platz. Ich hatte aber in der übereifrigen Aufbruchsaktion die Decke mitgenommen. Ein weiteres Mal leicht peinlich berührt gab ich Larry die Decke und hoffte, dass ich nicht noch mehr Utensilien eingesteckt habe.

Meine Sitznachbarn in Reihe 49 waren Mr. & Mrs. Forever in Love. Die beiden erinnerten mich sehr an meine Eltern. Ein Herz und eine Seele, die sich immer mal wieder kleine Zuneigungen zeigten. Mit einem kurzen Streicheln des Armes oder ein Ankuscheln beim Versuch einzuschlafen. Rechts von mir saß eine Familie mit zwei Kindern, die schon vor Beginn des Abfluges anfingen zu quengeln. #Jackpot

Der Captain begrüßte standesgemäß die ganze Mannschaft und stellte uns die Bordmanagerin vor. Nun startete auf dem Bildschirm der Film zu den Sicherheitsvorkehrungen. Junger Zitronenfalter, Qantas hat dies sensationell gemacht. Cora (meine ehemalige

---

86   Die fünfstündige Fahrt nach Johannesburg verlief ereignislos. Alle pessimistischen ich verpasse safe meinen Flug Szenarien malte ich umsonst (mal wieder).

Kollegin) hat hier wirklich nicht zu viel versprochen. Es war ein Kurzfilm, bei dem Flug-begleiter*innen (m/w/d) in diversen Jahrzehnten uns stilecht die Sicherheitsanweisung vorstellen. Das Highlight für mich war das Rauchverbot. Eine Stewardess im kurzen Mini-kleid und mit einer Föhnwelle, die vstl. von zwei 3-Wettertaft Dosen getragen wurden, wies darauf hin, dass auf allen Qantas Flügen mittlerweile Rauchverbot herrscht und dies auch für E-Zigaretten gilt, was auch immer eine E-Zigarette sein soll? Brüller. Verstehen Sie? In den 70er Jahren gab es ja noch gar keine E-Zigaretten! Ich weiß … mein Schenkel ist richtig rot, also ernsthaft, mit der Attitude wie die Schauspielerin es trocken erwähnte, ich habe innerlich geschrieen vor Lachen.

Der Vogel war dann auch pünktlich um 16:45 Uhr in der Luft und so studierte ich das Entertainment Programm und was soll ich sagen: Jurassic Park als Filmangebot und als Serie House of the Dragon. Die 11 Stunden Flug, vor denen ich die ganze Zeit schon Angst und Bammel hatte, nicht wegen des Fliegens an sich, sondern viel mehr wegen des Boreout, vergehen wie im „Flug". Nachdem ich 2 Coke Zeros, 1 Orangensaft und die Gemüselasagne sowie 5 Folgen House of the Dragon intus hatte, wurde ich gegen 22 Uhr echt müde und unterstützt von dem Halskrausenflugzeugkissen schlief ich ein. Leider sollte es aber nur als kurzer Nap enden, da eines der beiden quengelnden Kinder aus der Nachbarreihe mit der Gesamtsituation einfach unzufrieden war. Bis dato ist es bereits im Minutentakt von der Mutter zum Vater gesprungen. Da es nur Dreier-Sitzreihen gab, saß die vierköpfige Familie hintereinander. Zwischen dem Wechseln der Reihen sprang der kleine Junge, ich schätze ihn mal so auf vier Jahre, im Gang rum und schrie vor Lachen oder vor Weinen in regelmäßigen Abständen. Wenn er bei Mama war, rief er nach Papa und umgekehrt. Wenn er von seinen Eltern keine Aufmerksamkeit erhielt, warf er sein Auto auf seinen großen Bruder. Dem Vater ist immer wieder der Geduldsfaden geplatzt und so klatschte er im gerne mal auf die Hand. Zur Überraschung aller maximal genervten Sitznachbarn ging dann die Sirene erst so richtig los.

Alle machten 3 Kreuze auf ihrer imaginären Erleichterungscheckliste, als der Junge einschlief. Ganz nach dem Motto – wer zuletzt schreit, schreit am besten – begann um 0:30 Uhr die komplette Eskalation. 30 Minuten lang schrie der kleine Junge, ohne Luft zu holen, so dass ihm am Ende die Stimme versagte. Seine Mutter strich ihm leicht über den Rücken und erhöhte die Lautstärke ihrer Kopfhörer, während der Vater seelenruhig schlief. Nach den 30 Minuten des Ignorierens nahm die Mutter den Sohn an die Hand und lief mit ihm durch die Flugzeitgänge, was ihn nicht beruhigte, sondern einfach nur das ganze Flugzeug aufweckte. Sosehr ich auch übermüdet und genervt war, am Ende tat mir der kleine Junge leid. Die Eltern ließen ihn zunächst schalten und walten. Er durfte 20 Minuten auf dem Sitz herumhüpfen, den Sitznachbar den Ellbogen ins Gesicht hauen und seine Eltern lachten, streichelten ihm über das Köpfchen, doch dann eine Minute später sollte er ruhig sein sonst gibt es Stress von allen Seiten? Aber was weiß der schwule kinder-lose Typ schon, es ist leicht große Töne spucken, wenn man so absolut keine Ahnung hat.

Nach dem Schreialert herrschte eine für alle wohltuende Stille, ich wachte erst zwei Stunden später auf, als das Frühstück serviert wurde. Zu einem Muffin und Obstsalat kann man halt auch schwer nein sagen. Meine Sitznachbarin bat mir auch noch ihren Muffin an und und ich schaute auf mein Bäuchle und sagte: „Das ist sehr lieb, aber danke, ich habe keinen Hunger mehr." Ich dachte daran am neuseeländischen Strand oberkörperfrei zu liegen und noch nie wurde ein Muffin so schnell so unattraktiv.

Auf meine nicht ganz so gesunde Beziehung zu meinem Körper gehe ich mal nicht weiter ein, dies würde zu viele Seiten kosten. In einer Nussschale kann man sagen, ich fühle mich nicht sehr wohl in meiner Haut. Tätowiere daher wohl auch die Flächen zu und egal wie viel Sport ich mache oder gesund ich mich ernähre, habe ich immer etwas an mir auszusetzen. Wenn man die Schulzeit hindurch täglich von feinfühligen Artgenossen serviert bekam, fett und hässlich zu sein, bleibt das einfach hängen. Obwohl man mittlerweile erwachsen ist und seinen Mann/seine Frau/sich/das They steht, sind da einfach Wunden, die nie so richtig verheilen werden und die einem beim Blick in den Spiegel gekonnt aufzeigen, wie imperfekt und unattraktiv man ist. Eine Runde Mitleid für den armen um die Welt reisenden und nicht arbeiten müssenden Markus. Schwer hatte ich es wirklich, als ich 80 kg wog. Thorsten, weißte noch? Thorsten ist mein Exfreund und sagen wir es mal in einer weiteren Nussschale.[87] Wir hatten eine tolle harmonische Beziehung, aber waren wohl nicht die richtigen Puzzlestücke für einander. Essen konnten wir aber überdurchschnittlich gut.

Dank des abgelehnten Muffins kam ich mit Gil ins Gespräch. Ich sah viele Parallelen zu meiner Mutter. Sie ist die Geburtstagskuchenbeauftragte der Familie. Ihr Mann ist eher ruhiger (wie Peter). Sie ist superstolz auf all ihre Kinder und erzählte mir die Vita des Trios, betonte dabei aber auch, wie lange ihr ältester Sohn brauchte, um sein Studium abzuschließen. Sie kommt aus Südafrika, doch ihre Kinder sind nach Australien ausgewandert, da die beruflichen Perspektiven für Weiße in Südafrika schlecht seien und das Sicherheitsthema dem Leben die Leichtigkeit nehme. Daher freute sich Gil auf die Zeit bei ihren Kindern in Australien. Ich erzählte ihr von meinem großen Abenteuer und erwähnte auch, wie viel Respekt ich vor dem Allein-Reisen habe. Ich weiß nicht wie, aber irgendwie schaffte es Gil mir ein wenig die Angst zu nehmen. Wie Inspektor Gadget detektierte sie mein Muffensausen und schwärmte von Neuseeland. Was ich dort alles sehen werde und Kanada erst. Ihr Besänftigen und Hypen zeigten Wirkung und es fühlte sich so an, als hätte mir meine Mutter mein Bäuchle gestreichelt.

✷ ✷ ✷

Als wir in Sydney landeten, stieg die Nervosität, als ich mich bei der Ausweiskontrolle anstellte. Natürlich hatte ich alles vorbereitet. Das Online-Visum beantragt, meinen Reisepass und den Nachweis für den Weiterflug nach Neuseeland, doch Tom, der semi-motivierte Flughafenmitarbeiter, überflog nur meinen Ausweis und sagte all fine. Leicht enttäuscht, sagte ich: „Hey Tom hier ist mein Nachweis für die Einreiseerlaubnis." Tom entgegnete mir trocken: „Alles gut. Brauche ich nicht zu sehen."

---

87 Meine Mutter sagt immer, Nüsse sind gesund.

Mit dem Flughafenshuttle ging es ohne große Schwierigkeiten in die Stadt in das extrem teure Ibis Hotel (130 Euro pro Nacht). Auf dem Weg zum Hotel lief ich bereits durch einen kleinen Park mit lustigen Vögeln und die Sonne strahlte unermüdlich. Sydney zeigte sich von seiner besten Seite und ich muss es einfach mal ganz plakativ zum Ausdruck bringen – krasse Scheiße – ich bin am anderen Ende der Welt. Überraschenderweise war ich nicht wirklich müde, trotz der 6-stündigen Autofahrt nach Johannesburg und des 11-stündigen Flugs ohne viel Schlaf. Es war 14 Uhr und ich sagte mir, bis 21 Uhr musst du irgendwie durchhalten, dann kannst du schlafen, solange du willst. Das Zimmer war nach den wunderbaren Unterkünften in Südafrika wirklich ein harter Downgrade. Man konnte nicht mal das Fenster öffnen. Das Bad war weiß gefliest von oben bis unten und müffelte leicht marod. Daher legte ich einfach nur meinen Rucksack ab und zog mir direkt eine Brise Sydney rein. Ich lief durch den Botanischen Garten (quel suprise) zur Oper und be-staunte dieses architektonische Kunstwerk, das sowohl von der Ferne als auch im Close-up ein Glanzstück ist. Was mir auf den ersten Blick an Sydney gefiel, war der Blick aus dem Botanischen Garten heraus auf die beeindruckende Skyline von Sydney. Ich gönnte mir ein Stück Pizza und aß dies gemütlich, während ich durch den Park schlenderte. Danach wanderte noch ein wenig planlos durch die Stadt und erkannte auf dem Rückweg, dass ich in China Town gelandet war. Da war es quasi kulturell angebracht sich ein paar Mochis und ein Bubbletee zu gönnen. Gut gelaunt kam ich im tristen Hotelzimmer an und sagte zu mir: „Ey Junge. Du hattest so Angst vor dem Alleine-Fliegen, Alleine-in-der-Stadt-unterwegs-Sein, dem eigenverantwortlichen Planen, dem Nicht-Cyrill-zum-Fragen-vorschicken-Können, dem Die-andere-Person-nicht-verstehen-Können, dem Nach-dem-Weg-Fragen und Auf-fremde-Personen-Zugehen. Du hast mit Gil gesprochen, alles perfekt organisiert und den ersten Tag in Sydney gut überstanden. Läuft bei Ihnen Herr Sauter, würde ich mal sagen."

Die Haltbarkeit der Euphorie war aber nur von kurzer Dauer und so betrat Frida Wankel-mut das Zimmer. Perfekt inszeniert in ihrem Pelzmantel in Cruella De Vil Manier stand sie vor mir und applaudierte hämmernd laut: „So wie du dir den Honig um den Mund schmierst, könnte man meinen, du wärst Winnie Pooh. Kerle, das ist der erste halbe Tag. Du bis jetzt über zwei Monate auf dich allein gestellt ohne Cyrill, Sindy oder Vanessa an deiner Seite. Mach dir doch nichts vor. Du hast dir einfach zu viel zugemutet. Du bist nicht der lockere easy going Typ, der leicht Anschluss findet. Du wirst 60 Tage alleine ver-bringen in Städten und Orten, in denen du dich nicht auskennst. Das Aussi Kiwi Englisch zu verstehen, wird auch dauern und du wirst da stehen wie der dumme deutsche Tourist, der nada comprendet. Im Restaurant sitzt du trübsalblasend am Handy vor dem Essen, damit du beschäftigt wirkst. Bei den Busfahrten, wo Backpacker ins Gespräch kommen, setzt sich nur jemand zu dir, wenn alle anderen Plätze belegt sind, weil deine Unschein-barkeit und Unsicherheit von charismatischen Weltenbummlern nicht geschätzt werden. Ohne Auto in Neuseeland wirst du an Städte gebunden sein und die tollsten Orte gar nicht sehen können und auf den geführten Touren, die du als Grashalm siehst, um unter Leute

---

[88] Wo wie bei der besten Lehrfernsehsendung Simpsons uns beigebracht wurde, die Klospülung andersherum fließt. Crazyness

zu kommen, werden neben dir nur Paare und Freunde sein, die bei der Tour Besseres zu tun haben, als den alleinreisenden Weirdo zu bespaßen. Zu alldem gesellen sich das Heimweh und das Vermissen von Cyrill, deiner Freunde und Familie noch hinzu." Dramatisch öffnet Wilma den Mantel und verabschiedet sich mit den Worten „Bonne Chance, Mabes".
Die Facette bröckelte mit einem Beben der Stärke 9,05 auf der Richterskala.[89]

Ich hatte eine Panikattacke und ich flutete mein Zimmer mit selbstproduziertem salzigen Wasser. Ich konnte keinen klaren Gedanken mehr fassen und hatte Probleme zu atmen. Was habe ich mir nur dabei gedacht? Ich bin für so etwas nicht gemacht. Ich will auf dem schnellsten Weg zurück nach Deutschland. Ich öffnete meinen Laptop und suchte nach Flügen nach Stuttgart und war fest entschlossen sofort abzubrechen. Doch dann klopfte es an der Türe und Ludwig Stolz betrat mein schäbiges Hotelzimmer. Er setzte sich neben mich und sagte: „Mach bitte den Laptop zu. Ich will nicht schreien müssen. Nach dem Debakel von München[90] erwarte ich einfach mehr von dir. Du bist keine Anfang 20 mehr. Du hast dir den Abschied von den amazing Kollegen:innen und die Reise wirklich gut überlegt. Ich bin mir absolut sicher, du wirst es gut meistern. Zudem, sind wir mal ehrlich, willst du ja nicht vor allen dein Gesicht verlieren. Erst überall rumgrölen, wie man die Welt erobern wird und sich freut alleine Neuseeland unsicher zu machen, und dann sitzt klein Mabes heulend im Hotelzimmer und bevor das Abenteuer so richtig beginnt, flieht er wieder vor einer Herausforderung. Not under my watch, Freundchen." Ich antworte „Aber" in meinem typischen undeutlichen Nuscheln, das von Schluchzanfällen unterbrochen wurde. „Ich bin überfordert, schnief, und hab mir einfach zu viel zu..., schnief, zu..., schnief, zugemutet. Ich kann das nicht." Es folgt ein herzzerreißendes Schluchzen. „Ja, es ist nicht leicht und du wirst Zeit brauchen, um deinen Rhythmus zu finden, aber willst du es wirklich nicht mal versuchen. Lass uns ein Deal machen. Wenn du nach drei Wochen in Neuseeland immer noch so attraktiv Rotze aus der Nase laufen lässt, während du rumheulst, brechen wir die Zelte ab und du kannst hohen Hauptes heimkehren." Ich so: „3 Wochen, wie wäre es mit 5 Tagen?" Ludwig Stolz schmunzelt und sagt: „3 Wochen und heute musst du mal nicht das letzte Wort haben."

Ich hatte mich etwas gefangen und machte die 3 Wochen mit einem imaginären Handschlag mit dem imaginären Ludwig Stolz amtlich. Ludwig war gerade im Begriff zu gehen, als mein Handy leuchte, da meine Eltern anriefen. Ludwig sagte: „Ich würde nicht ran..."

Zu spät, ich hatte bereits abgenommen. Ich wollte eine Meryl Streep in den Schatten stellende Performance darbieten, doch an meinem Hallo erkannten die beiden bereits die Lage und so brach

---

89 FYI: Das schwerste Erdbeben in der Menschheitsgeschichte fand laut Google in Japan mit einer Stärke von 9,1 statt.

90 Ich habe eine Ausbildung in München mit Anfang 20 angefangen. Meine Eltern haben hierfür eine Wohnung in München gekauft und nach 6 Wochen hab ich alles abgebrochen, da ich mich super unwohl fühlte, einfach nicht ankam (nach 6 Wochen …) und extremes Heimweh hatte. Gekrönt habe ich die Glanzleistung mit einer anschließenden Alkoholvergiftung, als ich als arbeitsloses schwarzes Schaf der Familie wieder in Bisingen lebte. #prayformoniundpeter

die Welt schon wieder zusammen. Ludwig murmelte beim Herausgehen vor sich hin: „Was habe ich gesagt … aber hört er auf mich nein, natürlich nicht."

Ich ließ das identische Band für Moni und Peter ablaufen. Ich schaff dies nicht mimimi, was habe ich mir gedacht mimimi, ich vermisse Cyril mimimi das Hotelzimmer ist mies, mimimi. Moni und Peter versuchten mich zu beruhigen und sagten, ich solle versuchen zu schlafen. Es kommt jetzt ja auch viel zusammen. „Markus, du bist allein am anderen Ende der Welt, hast eine 20h Reise hinter dir und bis total übermüdet. Morgen sieht die Welt ganz anders aus", sagte Moni liebevoll und Peter stimmte überzeugend zu. Wenn auch nur leicht beruhigt von diesen Worten, sollten sie ihre Wirkung nicht verfehlen und so schlief ich bald darauf ein.

Bekanntermaßen bin ich ein Early Bird und nach 9 Uhr aufzustehen grenzt an ein Wunder. Daher ist ab sofort der 28.12.2022 besser bekannt als „Das Wunder von Sydney". Um 13 Uhr wachte ich auf und was soll ich sagen, die Welt sah tatsächlich anders aus, die Toilettenspülung sprudelte z. B. in die andere Richtung.

Aber jetzt mal australische gesalzene Butter bei den Fischen. Es ging mir wirklich deutlich besser an diesem sonnigen wolkenfreien Tag und ich nahm mir vor, dass es heute kein Raum für Bad Vibes geben wird. Ich buchte über die App Get Your Guide eine Hafenrundfahrt auf einem Katamaran und gönnte mir in einem Hipster Café ein total gesundes Frühstück mit Gojabeeren und anderen woke gesunden Zutaten. Meine Lockenpracht nervte mich schon seit der Halbzeitpause der Südafrikareise und so dachte ich, ey wag etwas und gehe zu einem koreanischen Hipster Friseur. Gesagt, getan, war ich nach kurzer Wartezeit an der Reihe. Die einzige nicht asiatische Hairstylistin sollte die meine werden und zunächst war ich ein wenig enttäuscht, weil die anderen alle super freundlich und gesprächig waren, während „meine" hauptsächlich damit beschäftig war ihren Duckfaceausdruck im Spiegel zu optimieren. Susan war aber auch ein Hingucker. Etwas plastische Chirurgie war erkennbar (aber nicht gravierend) und die Hände verrieten, dass sie wohl nicht zum Team 30 gehört. Die ganze Zeit fragte ich mich, an wen sie mich erinnert und dann kam es mir wie ein Blitz – Sie ist die skinny Version von Stiflers Mom mit einer etwas charakterschwächeren Stimme. Ihr nicht natürlich blondes Haar brachte sie genauso wie ihre Brille, welche sie stilsicher auf halbmast trug, immer wieder in Position.

„Hey Buddy, was kann ich für dich tun?"

Ich sagte: „Hey hey die Locken nerven mich etwas; ich bin mir nicht sicher, ob die Haare ganz kurz haben will oder einfach."

Hier setzte sie schon mit dem Rasierer an und sagte:

„Wir können uns nachher noch überlegen, ob wir die Haare oben auch ganz kurz machen oder länger lassen."

Der Rasierer hatte keinen Aufsatz und so waren meine Seiten quasi enthaart und ich dachte mir: „Kurz und nicht vorhanden sind jetzt in meiner Wahrnehmung zwei paar Schuh, aber gut, what's done is done." Sie werkelte mit unterschiedlichen Rasierern und Aufsätzen bestimmt eine halbe Stunde lang herum und ich dachte langsam: „Sieht ja irgendwie doch ganz fancy aus. Undercut ist zwar leicht out und ich bin vielleicht 10 Jahre zu alt für diese Frisur. Aber hey: Age is nothing but a number."[91]

Ich versuchte etwas Small Talk mit Stifters Mom Jr. zu führen und erzählte ihr, ob sie es hören wollte oder nicht, dass ich bis zum 30.12 in Sydney bin, und fragte sie, welche drei Dinge ich unbedingt in Sydney unternehmen sollte. Sie überlegte kurz und sagte: „Yeah. Also du musst unbedingt das Feuerwerk zu Silvester anschauen und da gibts coole Partys. Ja coole Partys gibt's fast überall. Also auf eine coole Party solltest du gehen, Dude." Ich so: „Wow, vielen Dank, das werde ich definitiv machen." Dabei dachte ich mir eigentlich: „Tausend Dank für diese bahnbrechenden Tipps. Ich schau mir dann von Wellington aus fernmündlich das Feuerwerk von Sydney an und feiere auf den Partys von Neuseeland mit. Danke vielmals fürs Zuhören, nicht." Nach weiteren 20 Minuten war sie fertig. Genauso wie sie gekonnt ignorierte, dass ich nur bis zum 30.12 in Australien war, überhörte sie mein Memo: „Ich mag meine Locken nicht sonderlich" und setzte den Defuser auf den Föhn und verpasste mir eine Miami Vice Lockenpracht. Ich bezahlte und bedankte mich unter vorgetäuschter Begeisterung wie Amazing der Hair Cut ist und setzte, nachdem ich außer Sichtweite war, direkt meine Mütze auf. Choices, Junge, Choices.

Ich ließ mir den Tag aber nicht vermiesen und verbrachte zwei Stunden in der schönen, aber im Vergleich zum Botanischen Garten von Südafrika eher etwas künstlich daherkommenden Pflanzenwelt, bevor ich zusammen mit 30 weiteren Touristen zur Hafenrundfahrt in See stach. Der Captain war ein alter Aussi, der eine Mischung aus Crocodile Dundee und Terence Hill darstellte. Er erzählte immer wieder historische Anekdoten, die aber kaum Gehör bei den Besuchern fanden. Abgesehen davon, dass ich der einzige Solobesucher auf der Schifffahrt war, war es ein tolles Erlebnis, auch wenn es nur 20 Sitzplätze für die 30 Gäste gab. Ich schaffte es immer gekonnt im Weg zu stehen und so fühlte ich mich etwas wie eine Billardkugel, die einmal übers Boot geschossen wurde. Natürlich vervollständigte dies auch das Bild vom Alleinreisenden, der sozial etwas komisch ist und gekonnt jedem im Weg steht. Die Blicke der anderen Teilnehmer spürte ich immer wieder. Vielleicht bildete ich es mir aber auch nur ein.

Der Ausblick auf die Skyline von Sidney vom Schiff aus war aber so atemberaubend, dass ich das Unwohlsein zumindest in manchen Momenten ignorieren konnte. Ich war noch nie in New York, aber ich lege jetzt einfach mal meine Hand ins Fegefeuer (ist ja eh für uns Rainbowkids reserviert) und posaune heraus, dass Sydney sich hier nicht verstecken muss. Der Blick auf die Oper und die riesigen Skyscraper in fast zu perfekter Harmonie mit den riesigen Bäumen des Botanischen Gartens waren einfach fotogen as fuck.

Eine Tour von fünf Mitte 50-jährigen Ladys aus dem asiatischen Raum nahmen mir netterweise ein wenig die Weirdoness auf dem Boot und führten ein wenig Small Talk mit mir

---

91 Song der Seite: Aaliyah – Age aint nothing but a number (wow, der war plakativ) Es ist aber bullshit meiner Meinung, klar, gibt es 38-Jährige, die reifer oder unreifer sind, aber man ist keine Mitte 20 mehr. Alles hat seine Zeit und ich bin ich glücklicherweise voll im Reinen mit mir. Natürlich wäre es schön noch mehr Haare und weniger graue zu haben. Aber so isch s Leba. Man wird zum Glück auch entspannter und ausgeglichener – bis auf diese wenigen Wankelmut Momente vielleicht. Ich würde sagen Anfang bis Mitte 30 war schon echt die Primetime. Was hatten wir für ne gute Zeit. Partys im Keller in Berlin. Stuggis Gay Partys gerockt (denken wir zumindest). Aber jede Phase hat seine Vorzüge. Ich erfülle mir meine Bucketlist und wandere danach (vielleicht) in die Schweiz aus. Das Leben ist schön.

bzw. lachten mich auch einfach mal nett an. Ich dachte zuerst, sie lachen mich aus, weil ich vermutlich nicht bemerkte habe, dass meine Nase läuft oder ich noch Essenproviant vom Frühstück zwischen den Zähnen gekonnt präsentierte. Nach einem kurzen Selfie Kamera Gesichtscheck konnte ich diese These aber ausschließen. Etwas stolz darauf, die Tour alleine gemacht und ohne größere seelischen Schmerzen überstanden zu haben, nahm ich all meinen Mut zusammen und ging in ein italienisches Restaurant, um alleine Abend zu essen. Was soll ich sagen – ich habe es versucht. Da saß ich allein am Zweier-Tisch, während um mich herum Paare und Freundeskreise lachten, sich Geschichten erzählten und den Abend zusammen genossen. Alleine vor seiner Pizza zu sitzen und von Tischnachbarn gefühlt gemustert und verurteilt zu werden, obwohl sie höchstwahrscheinlich einen gar nicht wahrnehmen, sondern der Blick einfach durch den Raum wandert, während man über den lustigen Anekdoten von Freunden lacht, war eine Erfahrung, die ich kein zweites Mal mitnehmen muss. Ich aß meine Pizza und meinen Salat in Windeseile auf. Mit einer Runde Netflix ließ ich meinen vorletzten Tag in Sydney zufrieden ausklingen. Ich hätte nicht gedacht, dass ich nach der dramatischen Darbietung vom Vortag die Stadt noch genießen würde. Mein Handy leuchtet auf und ich erhalte eine WhatsApp von Ludwig Stolz.

„Siehst du, trau dir mehr zu. Du wirst schon noch deinen Alleinreisegroove finden. Obwohl du dich nicht wohl gefühlt hast, hast du es durchgezogen und als Belohnung eine sehr gute Pizza im Magen" #kerlewienboam #yourock

Am letzten Tag stellte ich mir einen Wecker, da ich das Frühstück zumindest einmal mitnehmen wollte. Wenn der Schwabe etwas bezahlt hat, will er des au ida sausa lassa, gäh. Alleine beim Frühstück zu sitzen machte mir komischerweise nichts aus und so plante ich am Smartphone den letzten Tag in Sydney und genoss das Rührei mit Bohnen und Toast. Es war ein bewölkter Tag in Sydney und daher entschied ich nochmal ein wenig Schlaf zu bekommen, bevor ich durch die Stadt bummelte und noch 2 T-Shirts kaufte, da ich zwei bereits auf dem Weg bis dato verloren hatte und mein neues Lieblingsshirt, das etwas höherpreisig war und ich mir extra für die Reise gegönnt hatte, meinte, es müsse sich mit der Pizza anlegen und ich sage es mal so. Das Match ging eindeutig an die Pizza #tomatenundfettfleckenalarm.

* * *

Vorbildlich und erwähnenswert sind die kostenlosen Museen in Sydney. Ich besuchte das Kunstmuseum, schlenderte fröhlich durch die Gänge und tauchte in unterschiedlichste Stilrichtungen ein. Ich hatte meine Badesachen eingepackt und dachte, wenn du schon mal in Australien bist, solltest du auch baden, natürlich nicht im Meer. I don't want to shark it off. Ich hatte in einem Reiseblog gelesen, dass der Andrew (Boy) Charlton Pool eines der schönsten Schwimmbäder von Sydney sein soll und einem einen tollen Blick auf die Stadt gewährt. Vergessen zu erwähnen hat die hippe Reisebloggerin, dass im Hafen ringsum riesige Kriegsflotten stehen und dem Ausblick ein wenig Charme nehmen. Irgendwie war dies ein wenig ein Stimmungskiller und das Knurren meines Magens lockte mich Weg vom Schwimmbad und hin zum Veggi-Ramen. Ich hatte einfach wieder nur ein kleines Frühstück gehabt und vergessen Mittag zu essen, was mir auf der Reise fast täglich passierte.

Gegen 16 Uhr schlossen sich meist mein Magen und Kreislauf zusammen und machten ein wenig Terz. Der Ramen war ein riesiger Bottich mit gefühlt 5 Litern Brühe. Im tristen Hotelzimmer angekommen, an das ich mich zum Glück schnell gewöhnt hatte, genoss ich den Ramen und schaute ein wenig australisches Fernsehen. Dieses der Mensch ist ein Gewohnheitstier Ding ist wirklich ein Geschenk. Nach nur 3 Tagen bedrückte es mich nicht mehr, dass ich das Fenster nicht öffnen konnte und alles ein wenig vor sich hin muffelte. Dies wurde aber auch ein wenig das Motto der Reise – mach das Beste daraus, weil ändern kannste es eh nicht und man findet überall etwas Positives, wenn man nur lange genug sucht.

Ich packte akribisch meine zwei Rucksäcke und ließ nur noch den Kulturbeutel und die Klamotten für den Flug nach Wellington draußen. Morgen ist es endlich so weit Vulkane, Strände, Herr der Ringe, Kiwis, Gletscher, Maori Kultur, Urwälder und so vieles mehr. Es lief alle bestens nach Plan, was als Resultat einem zufriedenen kleinen Schwaben ein Lächeln ins Gesicht zauberte. Ich checkte nochmal, ob ich auch die Einreiseerlaubnis nach Neuseeland auf dem Handy als PDF gespeichert hatte und checkte online bei Qantas ein. Hier kam dann die Meldung:

Die Bordkarte kann nicht generiert werden, da noch weitere Informationen benötigt werden. Bitte wenden Sie sich an das Bodenpersonal am Flughafen.

So viel zum Thema, alles läuft nach Plan. Ich versuchte drei weitere Male eine Bordkarte zu kreieren, um nicht unwissend der fehlenden Infos am Flughafen stehen zu müssen, ohne Erfolg. Etwas verunsichert ging ich schlafen.

Plötzlich bekam ich heftige Bauchkrämpfe und die Klo-Bett-Klo-Bett-Klo-Party begann. Was war ich in dem Moment froh, dass ich, obwohl ich kein Hunger mehr hatte, trotzdem die vollen 5 Liter Ramen inhaliert hatte. Scheiß die Wand an (was gar kein so unwahrscheinliches Szenario war #druckaufmkessel),[92] so kann ich nicht fliegen und in Sydney ist über Silvester alles doppelt und dreifach ausgebucht. Ich sah mich schon am Silvesterabend in der Gosse liegen. Mit der seit 38 Jahren perfekt einstudierten Mimimi-Stimme rief ich Cyrill an und erzählte von meinem Dilemma. Der talentierte Mr. Ripley beruhigte mich und sagte: „Wenn du nicht fliegen kannst, finden wir ein Hotel und eine andere Lösung. Mach dir keinen Kopf" und er hatte natürlich recht. Es gibt immer eine Lösung.

Wäre es super nervig und stressig den Flug zu verpassen, die Reise umplanen zu müssen und das alles, während man die Schüssel missbraucht? Man munkelt ja, aber es ist kein Ding der Unmöglichkeit.

Das Noro-Virus-Theaterstück von Sydney ging noch zwei Stunden weiter und dann kam der alles erlösende trockene Pups, der meine verwaschenes Unterhösle großzügigerweise verschonte. Erleichtert und erschöpft bildete ich mir ein, einen Gospelchor Halleluja singen zu hören. Ich schaffte es noch vier Stunden zu schlafen, bevor ich mich Richtung Flughafen schleppte. Natürlich regnete es an diesem Morgen. Glücklicherweise war die Metro Station aber nur fünf Gehminuten entfernt. Ich kam gut angefeuchtet an der Station an und wollte mein Ticket lösen, das man nicht online lösen kann, wtf?!!?? Und in Zeiten

---

92 Musiktipp: Queen – Under pressure

der Digitalisierung möchte ich hier noch ein paar weitere ?!!??? anbringen. Jedoch hat die IT der Sydney Metro Verkehrsbetriebe ein Update über den EINZIGEN Ticketautomat laufen lassen und wie es bei Updates so oft ist, funktionierte einfach gar nichts mehr. Im zunehmenden Regen mit meinen beiden der Schwergewichtsklasse zugehörigen Rucksäcken zur nächsten Metro Station zu rennen ohne Frühstück im Magen und vom Durchfall ordentlich geschwächt, ist ein Traum Szenario. Was soll ich sagen:

M-A-S-C-H-I-N-E.

Da ich mit meiner vorausschauenden, manche würden es schießerigen[93] Art nennen, zwei Bahnen zu früh genommen habe, kam ich trotzdem super pünktlich am Flughafen an und dann begann die *Future Flughafen Experience*. Menschen, wer braucht schon Menschen, wenn wir Maschinen haben, dachte sich Qantas. Man scannt seinen Ausweis selber. Erhält die Bordkarte, scannt diese an der Gepäckaufgabe ein und legt sein Gepäck auf das Gepäckband. Welches direkt gewogen wird und geprüft wird, ob man die Gepäcksgewichtsvorgaben eingehalten hat. Bei mir poppte nach dem Einscannen eine Message auf, bitte wenden Sie sich an einen Service Mitarbeiter. Ha ihr Maschinen, es geht halt doch nicht ohne MEN/WOMAN/THEY Power. Wir Menschen sind einfach zu einfach gestrickt, um die simpelsten Anweisungen zu befolgen.

Es war aber einfach der Full Circle Moment – welche lebenswichtige Information fehlte der Fluggesellschaft, dass ich online nicht einchecken konnte? Spüren Sie es? Der Spannungsbogen ist kurz vor dem Kollabieren.

Ein Servicemitarbeiter musste mein Flugticket für die Weiterreise bzw. Ausreise aus Neuseeland sehen. Gesagt, getan, hielt ich auch schon mein Ticket in der Hand. All die imaginären Horrorszenarien die ich mir in der Influenza-Nacht mühsam erarbeitete, waren umsonst. Ein Beispiel gefällig?

„Sorry Herr Sauter, Sie stehen auf der roten Liste Neuseelands, da Sie illegal bei Project TV RuPauls Drage Race geschaut haben. Dies können wir als Gutmenschen von Mittelerde einfach nicht tolerieren."

Die drei Stunden bis zum Abflug vergingen wie im Nu (nicht) und mein Magen knurrte. „Nicht mit mir Freundchen", dachte ich. Bis wir in Neuseeland mit trockenem Hösle angekommen sind, gibts absolut nichts, außer Wasser. Er war nicht amused, aber was soll er auch tun.

Der Flug von Sydney nach Wellington betrug fast vier Stunden und 30 Minuten, was mich Europäer einmal mehr überraschte. Wie glücklich können wir uns bitte schätzen, dass wir in unter drei Stunden einfach Mal in der Schweiz, Italien, Spanien, Dänemark, Frankreich,

---

93   (c) Markus Sauter @ Duden bitte ergänzen, Merci.

England und in so vielen Ländern Europas sein können.[94] Nach dem 10 Stunden 30 Flug von Johannesburg nach Sydney kamen mir die fast vier Stunden wie Peanuts vor.

Jeder Passagier muss beim Betreten des neuseeländischen heiligen Bodens ein Einreiseformular ausfüllen, ähnlich wie auch schon in Australien nur mit noch mehr Informationen, die man ohne einen Hinweis auf deren Verarbeitung preisgeben muss. Eine Liste von Gegenständen und Dingen, die man (nicht) mitführt, muss man erklären und selbst ich nicht ganz helle Frucht habe realisiert, ein Anzukreuzen führt nicht zu Freudensprüngen bei Grenzkontrollmitarbeitenden. Eine Kollegin, die bereits in Neuseeland war, hat mich vor diesem Prozess gewarnt.

„Du darfst absolut nichts zum Essen mitbringen nicht mal Gummibärchen, deine Schuhe müssen blitzeblank sein und kein einziges Medikament darfst du mit dir führen, nicht mal Aspirin", sagte sie mit einem nur leicht beunruhigenden panischen Blick in den Augen #canigetanichtverarbeitestestrauma.

Ich hatte meine Schuhe bestmöglich geputzt, aber Gebrauchspuren waren deutlich sichtbar, die Kaugummis hatte ich vergessen rauszunehmen und neben den Malariaprophylaxeetabletten führte ich zielsicher noch Aspirin mit ein. Ich kreuzte auf dem Einreiseformular an, dass ich in einem Wildlife Nationalpark war und dort mit Wanderschuhen unterwegs war und dass ich Medikamente mitführte.

Gerade als ich das Formular vollends ausfüllen wollte, begann der Wind und Wolkendance Wettbewerb[95] und so wurden wir 20 Minuten so richtig heftig durchgeschüttelt. Kinder fingen an zu schreien. Ich schaute etwas verängstigt meine neuseeländische Sitznachbarin, die mir freundlicherweise einen Kuli zum Ausfüllen des Formulars gab, an und sie sagte „Das ist normal, keine Angst." Und sie sollte recht behalten den so gleich ertönte aus den Lautsprechern die Durchsage

„Leute wir haben es geschafft, willkommen in Neuseeland!"

---

94 Wie ich einfach so Länder aus Europa aus dem Ärmel schüttele …
95 Musiktipp: Destiny's Child – Jumpin' Jumpin'

Hobb it like a Kiwi

Heiligs Blechle, ich hab es nach Neuseeland geschafft und auf dem Weg dahin weder mein Handy, meine Kreditkarte noch mein Ausweis verloren und zu meiner Erleichterung auch keine Durchfallbombe im Flugzeug gezündet. Das wird gut, Junge!

Nachdem mein Rucksack als einer der letzten Gepäckstücke des Fluges die Ehre hatte ein wenig auf dem Gepäckband zu flanieren, ging ich etwas nervös zum Filztreffpunkt des neuseeländischen Tourifilz e. V. Eine nicht ganz freundlich darein blickende Mitarbeiterin nahm meinen Ausweis sowie das Einreiseformular entgegen und fragte mich: „Haben Sie etwas anzumelden oder zu verzollen?"

Vollends überzeugt antwortete ich: „Nein, absolut nichts."

Sie erwiderte überrascht: „Aber Sie haben auf dem Einreiseformular etwas angegeben."

Ich so: „Nein, ich bringe keine Lebensmittel mit."

Sie musste grinsen und meinte: „Aber Sie haben doch angegeben, dass Sie in den letzten 3 Wochen in einem Nationalpark waren."

Ich antwortete überrascht: „Ja, muss ich den jetzt verzollen?" Sie lachte sehr amüsiert: „Nein, aber wo waren Sie und haben Sie die Wanderschuhe von dort mitgebracht."

Ich kam mir vor wie der größte Denglisch Idiot und sagte nervös: „Ach so, dass meinen Sie. Hören Sie mal, ich habe diese Schuhe so krass geputzt, das geht in die Geschichtsbücher der geputzten Schuhe ein. Da findet man keine Partikel mit afrikanischer Herkunft mehr." Während sie mir meinen Ausweis zurückgab, las ich das Schild neben ihr, das besagte:

– *Bitte geben Sie uns nicht Ihren Ausweis, wir brauchen nur das Einreiseformular* –

Sie sagte grinsend: „Herzlich willkommen in Neuseeland. Du hast es geschafft."

Völlig erschöpft von der schlaflosen Nacht, dem leeren Magen und dem Adrenalin des Alleinreisens nahm ich ein Uber (als ob ich sonst keins genommen hätte), um zum Airbnb Appartement zu kommen. Ich wollte einfach nur noch meine Rucksäcke in die Ecke schmeißen und schlafen. Lucky me hatte ich Bodhi als Uberfahrer, der in seinem nächsten Leben unbedingt ein Touristen Guide werden sollte. Ich stellte ihm stolz meinen Neuseelandreiseplan vor und er sagte: „Good Job, aber es tut mir leid für Kaikoura, hast du dir zu viel Zeit vorgenommen." Er sagte, ich sollte unbedingt eine Tour in den National Park Arthur Pass machen und mir auf der Nordinsel für die Bay of Islands Zeit nehmen, falls ich ein wenig Abgeschiedenheit mag. „Bodhi", dachte ich, „du und deine krasse Menschenkenntnis, vielleicht wäre Human Resources auch was für dich?" Bezüglich Kaikoura hat er vermutlich an sich recht, aber ich habe mir eine tolle Unterkunft rausgelassen. Einen kleinen Bungalow, in dem ich in Ruhe Musik machen kann, das wird gut. Dass ich mich auf das Wale Watching, wofür Kaikoura bekannt ist, viel zu arg freue, muss ich zu diesem Zeitpunkt wohl nicht mehr erwähnen.

Cyrill ist der Meister des Erwartungsmanagements und riet mir nicht so viel Pressure auf Neuseeland auszüüben. Ich so: „Ne ist klar, Hallo? Bucketlist No. 1 – the pressure ist natürlich on."

Nach fünfzehn Minuten erreichten wir dank Bodhis Navigationskünsten die Unterkunft. Erster leichter Dämpfer, es war ein Hochhaus, welches im Geschäftsviertel angesiedelt ist. Ausblick suchte man vergebens, aber ich habe hier tatsächlich (Vader jetzt kansch stolz auf mi sei) auf den Preis geschaut und wollte nicht gleich am Anfang alles verprassen. Ich sagte zu mir, schlimmer als das Hotel in Sydney ist es 100%-ig nicht. Die Eincheck-Anleitung zum Betreten des Appartements war eine Bibel:

„2138 is the code for the intercom keypad on the right side of the main entrance door. Your apartment number is 1007. Your access card(s) will be in a pouch in the letterbox with your apartment number on the left sidewall of the lobby entrance. Enter code 2022040E on the small safe to the left of the letterboxes and retrieve letterbox key. Use the letterbox key to retrieve your access card(s) and return the letterbox key to the small safe. First 1 or 2 numbers of your apartment number is the level you are on for elevator access."

Nur um es nochmal prominent zu platzierten, ich war nicht ganz auf der Höhe aufgrund der Netflix Mini Drama-Serie „Influenza in Sydney". Im Walking Dead Modus schaffte ich es den PIN einzugeben und die Eingangstüre ins Gebäude zu öffnen. Den Schlüsselkasten überwältigte ich charmant und nach einer kurzen Suchaktion nach dem Briefkasten (es gab über 100 davon) hielt ich die Aufzugs- und Wohnungskarte in der Hand. Wohnung 1007, easy. Echt schade, dass ich im Hochhaus ganz unten wohne. Aber Beton ist der neue Meerblick, habe ich gehört. Ich ging in den Aufzug, hielt meine Aufzugskarte an den Scanner und drückte Etage 1 und es passierte nichts. Ich wiederholte dies gekonnt drei weitere Male und dann endlich erbarmte sich der Aufzug. Er ignorierte meine Versuche jedoch gekonnt und fuhr in die 7. Etage. Ein Paar trat in den Aufzug ein und ich erklärte ihm mein Dilemma und die beiden versuchten mit ihrer Karte vergebens mir den Weg in die 1. Etage zu ermöglichen. Der Mann meinte: „Lauf doch einfach eine Etage hoch." Was ein Smartie. Gesagt, getan, fiel die Türe hinter mir zu und das Treppenhaus sah etwas nach falsch abgebogen und dem Horrorfilm Hostel aus. Locken wir den deutschen Touri ins blutrünstige Treppenhaus und ein Millionär darf Markus ganz nach Belieben abmetzeln. Sie halten das Buch in der Hand[96] und es war keine Widmung an den verstorbenen Autor aufgeführt. Spoiler Alert – es war einfach ein creepy Treppenhaus.

Ich lief die Treppen hoch und noch mehr Treppen hoch. Ich hielt meine Karte an jeden auffindbaren Türscanner und jeder von diesen kleinen ******* leuchtete mich schadenfroh rötlich an. Rot muss nicht immer schlecht sein, redete ich mir ein. Mir fallen spontan mehr als 3 rote Dinge ein, die gut sind z. B. 3 Gläser Rotwein. Leicht panisch ruckelte ich an der Türe, die sich überraschenderweise nicht öffnete. So lief ich noch eine Etage höher und täglich grüßt das Murmeltier, keine Tür erbarmte sich meiner Schlüsselkarte. Ich sah ein, dass dies wohl in jeder weiteren Etage identisch ablaufen würde und machte retour in Richtung Ausgangspunkt, um festzustellen, dass die Türe die Notausgangstüre war. Jetzt ersetzte die Panik den letzten Funken Logik und total verschwitzt vom Schleppen der Rucksäcke entschied ich doch noch mal drei Etagen weiter hochzugehen. Irgendwie muss ich hier ja rauskommen. Fehlanzeige. Ich holte mein Handy raus und wollte der

---

96 Sie halten das Buch immer noch in den Händen und lesen es auch? Wirklich? Haben Sie sich schon mal überlegt, Beleidigungen in Naturbilder zu sticken und bei etsy an Konsumkinder, wie mich, teuer zu verkaufen? Oder Sie kaufen halt ganz klassisch 2–8 Katzen. Das geht immer.

Airbnb Vermieterin anrufen und von meinem Dilemma erzählen. Es war aber lediglich eine E-Mailadresse als Kontaktmöglichkeit aufgeführt. So rannte ich los und öffnete diese elendige Notausgangstüre. Sollte der Alarm losgehen, renne ich einfach aus dem Gebäude und buche mir eine andere Unterkunft. Ich kniff die Augen zusammen und erwartete den Klang der Sirene, es passierte aber einfach nichts. Nach 1,5 Stunden stand ich somit wieder am Anfang. Ohne einen Plan zu haben, stieg ich erneut in den Aufzug.

Ja Kruzifix no mal. I will doch oifach nur in sell beschissenes Apartment noi komma. Isch sell wirklich z viel verlanged?[97]

#panicatthestairways

Und dann hat es endlich Klick gemacht. In der Anweisung stand doch die erste oder ersten beiden Ziffer/n der Appartementnummern bilden die Etage ab – 1007. Ich hielt die Ausweiskarte hin. Drückte auf Etage 10 und der Aufzug brach nieder vor Lachen. „Also ich habe ja schon viele dummen Touristen erleben dürfen, aber das ist die Krönung. Wer es nicht im Hirn hat, hat jetzt halt Rückenschmerzen."

Ernsthaft, wie konnte ich diesen Rucksack so vollpacken und nicht zuhause testen, wie schwer er ist. Die neuseeländische Mafia bräuchte nicht mal Betonklötze. Die könnten mich einfach über den Steg stoßen und das war's. All dies war jetzt aber irrelevant. Ich habe es in das Appartement geschafft, das ein öffenbares Fenster, eine kleine Küchenzeile und ein super bequemes Bett hat und jetzt liegen diese Kreuzfolterrucksäcke erstmal für die nächsten vier Tage in diesem Zimmer. Ich suchte via Google Maps nach dem naheliegenden Supermarkt und startete meine Lieblingsbeschäftigung: Supermarkt in einem

---

97 Es gibt nichts Schöneres, als auf Schwäbisch zu fluchen. Und manche Mundart darf man auch einfach nicht übersetzen. Nimmt dem Ganzen den Charakter raus.

fremden Land auschecken gehen. Nachdem ich das Frühstück und die ersten beiden Abendessen in den Kühlschrank verfrachtet hatte, schlenderte ich noch ein wenig durch Wellington und zwei Straßen weiter, und so sah die Stadt schon ganz anders aus. Eine schöne Promenade, die in den Hafen übergeht. Keine 10/10 auf den ersten Blick, aber so eine 8/10 mindestens. Um 21 Uhr am 30.12.22 hieß es over und out. Völlig erschöpft schlief ich ein und wachte am nächsten Tag um 12 Uhr wieder auf. Unglücklich über den späten Start in den letzten Tag des Jahres, vor dem ich ein wenig Bammel hatte, weil Silvester allbymself #bridgetjonesfeeling.

Silvester, dieser Tag, der mit vielen Erwartungen überschüttet wird und selten so richtig cool wird. Vor allem mit zunehmendem Alter. Wer will freiwillig bis 4 Uhr wach bleiben? Wobei ich muss ein wenig revidieren, die letzten beiden Silvester mit Heiko, Uschi und Margret waren absolut fantastisch. Die beiden nordischen Golden Girls in ihren besten Jahren und wir zwei Jungbrunnen (almost) sind ein lustiges Gespann. German as it can be gab es natürlich Raclette, viel zu trinken und Margret packte gerne Anekdoten aus ihrer Jugend aus. Herrlich. Dieses Jahr hieß es aber – Markus allein in Wellington.[98]

An der Promenade war angeschrieben, dass es ein Feuerwerk gibt und ein Orchester spielen wird. Auf den ersten Blick klang dies sehr verlockend, bis ich mir ausmalte, wie die Paare und Familien sich umarmen werden und ich alleine dastehen werde. Anderer Plan? Ich melde mich bei Grind (schwule Version von Tinder) an und erstellte ein Profil, in dem ich klarstelle, dass ich kein Interesse an Dates oder Untenohneaktivitäten hatte und hoffte, das ich vielleicht einen netten Kiwi treffe, der mir ohne Hinter(n)gedanken die Stadt zeigt. Die Wahrscheinlichkeit, dass dieses Szenario eintritt, liegt erfahrungsgemäß so irgendwo zwischen 0 und 5 %. Nachdem ich einigen verdeutlicht hatte, dass ich wirklich kein Penisfechten anstrebe, schrieb mich ein etwas älterer Herr an. Er war mega freundlich, gab mir ein paar Tipps für Sightseeing in Wellington und meinte: „Hey wenn du nichts vorhast … ich geh mit ner Freundin in eine Gaybar, um Silvester reinzufeiern. Du kannst uns gerne joinen." Er ergänzte, dass er es aber verstehen könnte, wenn ich die Einladung ausschlagen würde, er könnte ja auch der super creepy Typ sein.

Nach einer längeren Diskussion mit Wilma Wankelmut und einem Motivations Elevator Pitch von Ludwig Stolz entschloss ich mich, einfach mal in der Bar vorbeizuschauen. Wilma Wankelmut stand mit offenem Mund vor der Bar und konnte nicht glauben, dass ich tatsächlich alleine in eine Gaybar ging, während Ludwig Stolz vor Stolz fast platze bzw. weil er mal wieder mehr Schwarzwälderkirschtorte aß, als die Knöpfe seiner ausgewaschenen Lieblingsjeanshose empfohlen hatten. Die Gay World ist ein ganz besonderer Ort, in die ich zur Melancholie neigender Weirdo mich nie wirklich zugehörig gefühlt habe. Ich bin weder der super happy Gay Guy, der den Club betritt und von Eintritt bis Abgang lächelt und scherzt, noch der Muskeltyp, der im ärmellosen Shirt seinen frisch gepumpten Körper ausstellt, noch der maskuline Daddy oder in die Jahre gekommener Twink. Ich verstehe

---

98 Von sich selber in der dritten Person zu sprechen, ist irgendwie creepy und hat so einen leichten Derhateinenanderklatsche Touch oder?

weder die Tribe- noch Fetischkultur. Ich bin eher der Unscheinbare in der Ecke stehende Typ, der sich sichtlich nicht sehr wohl fühlt.[99]

Nevada, so hieß der Herr, Winnetou Ehrenwort (darf man Winnetou noch sagen?) Er grinste, da ich im Schneckentempo auf die Bar zulief. Wilma Wankelmut stand vor der Bar und hatte immer noch Hoffnung, dass ihr Wetteinsatz nicht flöten geht, und ich umkehrte, aber ich ging, so locker ich in dem Moment auch nur sein konnte, also steif wie der Durchschnittsschwabe, auf den vor der Bar stehenden Nevada zu, sagte hi und wir gingen in die Bar. Seine ältere verheiratet lesbische Freundin (so ca. 50) war mit einer maximal 20-Jährigen am Flirten (no judgement) und ich gönnte mir direkt ein Caipi. Nach ein wenig Small Talk stellten wir fest, dass wir beide nicht so richtig reinpassten und irgendwie war direkt eine Verbindung da. Etwas unangenehm wurde es, als ein etwas betrunkener junger Homo Mann, nennen wir ihn Florida (ja ich habe homo gesagt, darf ich, weil ja selber dieser bunten Gruppe angehöre), sich zu uns gesellte. Florida war der happy Szene Typ, der keine Grenzen kennt, sich Leuten gerne mal aufdrängt und für meine Verhältnisse viel zu touchy ist.[100] Florida forderte uns mehrfach auf uns zu küssen oder dass wir doch gleich in den Darkroom ähm die Toilette (wo ist der Unterschied noch gleich?) zusammen gehen sollen. Wir schmunzelten beide und sein Wunsch blieb natürlich unerfüllt. Er erzählte uns dann (unaufgefordert), dass sein Freund ihn nach 7 Jahren hat sitzen lassen (woran mag das nur liegen?), aber es ihm gut geht. Ihm geht es richtig gut. Ihm könnte es nicht bessergehen. Ich meinte zu ihm: „Gut für dich, dass es dir gut geht, nicht bessergehen könnte. Voll gut." Ich stellte mich dann extra mit dem Rücken zu ihm, damit er vielleicht versteht, dass es dann auch gut war. Verstand er natürlich nicht und so wollte er mich um 12 Uhr auf Nevada schubsen, aber sagen wir es mal so, die 50 kg auf 1,55 m von Florida bringen natürlich so eine krasse Maschine wie mich nicht einmal in Bewegung. Die ganze Bar wünschte sich untermalt von der Old School Transenshow ein gutes neues Jahr. Nevada sagte gelangweilt: „Diese Show spielen sie seit 5 Jahren ab." Es war also das Transen Dinner 4 One von Wellington.

Die Bargänger feierten den Künstler auf der Bühne, aber als sei er der uneheliche Sohn von Madonna, Cher und Lady Gaga. Von dem her, gut für ihn. Es war ein lockerer Abend; Nevada, ich und seine Freundin samt Teenager-Anhang verstanden uns blendend und so tanzten wir bis 3 Uhr morgens zu der schlechtesten Musik, die ich bisher konsumieren musste. Ich flirtete mit dem DJ aka Barkeeper und sagte, ob er nicht etwas anders spielen konnte und nach 3 Anläufen konnte ich ihn überreden später Beyoncé und die Spice Girls zu spielen. Es waren nicht viele Leute da, aber alle hatten Spaß, unterhielten sich und

---

99 Yes you lovely woke people out there. Dies ist eine oberflächlich ignorante Darstellung der shiney Gaytown, aber irgendwie auch nicht? Wenn man es sich richtig überlegt. Schauen Sie sich mal im Schwulen Club um, ohne sich von den Discobeats anstecken zu lassen und die Sixpack Boys ächzend anzuhimmeln? Die schwule Welt besteht natürlich nicht nur aus Clubs und ist ein vielschichtiges Universum mit genug Pulver für mehr als ein Buch. Aber wie oft mir ein strahlender oberkörperfreier Ken sagte: „Hey Süßer, lach doch mal ein wenig mehr." Natürlich habe ich mich nie getraut etwas zu sagen und nur super weird gelächelt. Deswegen hole ich es jetzt nach. This is the Whitney Houston One Moment in Time. Tief durchatmen and go.
„Hey Ken sei doch einfach mal ein wenig natürlicher. Niemand kauft dir die Show ab bzw. es interessiert sich auch niemand wirklich dafür, ob du echt bist oder nicht. Du machst Fotos, wie du Pizza und Cake ist und illustrierst dein perfektes Bilderbuchleben auf den sozialen Medien. Wenn ich dir eine Schwachstelle an deinem 8-Pack bestückten perfekten Körper oder deinem Leben aufzeige, zerbricht dein Kartenhaus innerhalb von Sekunden. Warum definierst du dich rein über deine sexuelle Orientierung? Ich wette, du hast so viel mehr zu bieten, was dir einfach nicht bewusst ist bzw. du nie darüber nachdenken musstest, weil dein gutes Aussehen dir nie Grund gab darüber zu reflektieren."
100 Ich bin eher so der bei engen Freunden auf die Schulterklopfer.

witzelten ein wenig rum. Eine etwas größere Gruppe kam und ein blonder Herr sagte mir, wenn das nächste gute Lied kommt, machen wir einen Dance Battle, der Sieger bekommt einen Drink. Der Barkeeper erfüllte mir meinen Wunsch und was soll ich sagen. Ich breakte dem jungen Herrn seine Seele, aber so richtig. Leider war es der zweitletzte Song des Abends, deswegen gab es keine Drinks mehr. Aber der Sieg auf der Tanzfläche war genug Genugtuung. Außerdem hatte ich auch bereits genug Wodka Bull intus #forever21. Ich verabschiedete mich von Nevada und bedankte mich für den wirklich lustigen Abend und torkelte in meine Unterkunft, was ich nicht oft genug erwähnen kann. Die Unterkunft hatte ein Fenster, das man öffnen kann!

* * *

Am nächsten Tag startete ich um zwölf Uhr in den Tag #earlybirddaysareover. Heute steht eine „Wanderung" auf den Victoria Mountain und ein Besuch des Botanischen Gartens auf der Agenda. Die „Spitze" des „Berges" erreicht man nach 45 Minuten vom Zentrum der Stadt aus. Es ist ein schöner Weg, der einem die schöne Seite von Wellington zeigt. Die Stadt ist mit viel Grünfläche gesegnet und so kam es einem vor, als tauchte man in eine andere Welt ein. In die Welt von Frodo und Gandalf. Auf der Strecke findet man nämlich zwei Drehorte von „Herr Der Ringe", die ich natürlich direkt auschecken musste. Einmal wurde hier die Szene gedreht, wo Frodo und seine Hobbitfreunde sich unter einer Baumwurzel vor den Todesreitern versteckten und dann noch eine idyllische Szene, in der Frodo auf dem Baum liegt und liest, die ich nicht in zahllosen Versuchen 1:1 mit Hilfe der 10 Sekunden Funktion des iPhones nachstellte. By the way, diese Funktion ist für das Alleinreisen unentbehrlich. Die wissenschaftlich fundierte Umfrage des deutschen Instituts für alleinreisenden Menschen ohne Freunde aus dem Jahr 1985 ergab, dass Wasser, Essen, ein Ort zum Schlafen und Mobiltelefone mit 10 Sekunden Fotoknipsfunktion die 4 essentiellen Must-Haves einer alleinreisenden Person sind. Windy Wellington machte dann beim Erreichen der „Bergspitze" seinem Namen auch alle Ehre.[101]

Es war ein richtig warmer Tag und der, wenn auch kurze Anstieg kostete eine nicht geringfügige Menge an Körperflüssigkeit. Oben angekommen schlug einem der Wind aber sowas von ungefiltert in die Visage, dass die Touristengemeinde maximal schnell ein Selfie und Foto vom Ausblick machte und dann schnell wieder den Abstieg forcierte. Mit einem neuseeländischen Bubbletee in der einen Hand und meiner Favorit Sünde des Europa Parks Churros in der anderen lief ich über beide Backen grinsend und mit Zucker und Fettspuren im Gesicht in den Botanischen Garten der Stadt. Ganz ehrlich gibt es etwas Besseres als Fett in Fett frittiert mit Zimt+Zucker verziert?

Das Gute an Wellington ist, dass alles leicht per Fuß erreichbar und in unmittelbarer Nähe ist. Ich begann im Rosengarten, hierzu muss ich erwähnen, dass Rosen jetzt nicht wirklich zu meinen Lieblingsblumen zählen. So verweilte ich hier nur kurz und lief dann den Rundweg durch den Botanischen Garten.

---

101 Ich sehe Cyrill vor meinem geistigen Auge seine Augen verdrehen. Ein Berg, der 196 m hoch ist. Das ist ja Rufmord für jeden auch nur halbwegs anständigen Schweizer Berg #protectRigi.

Leck o Mio![102] Die Wellingtorianer haben so vieles richtig gemacht! Der Garten ist sehr natürlich angelegt und man fühlt sich teilweise, als wäre man im neuseeländischen Busch unterwegs. Gezielt nicht zu penetrant wurden Blumen gepflanzt, die aber nicht wie z. B. in Sydney in abgezäunten Beeten vor sich hin blühen, sondern viel mehr fließend in die restliche Kulisse übergehen. Immer mal wieder erblickt man Statuen mit Erläuterungen zu den Werken und Informationen zur Geschichte Wellingtons. Man gelangt auf dem Weg auch zu einer weiteren Attraktion, dem „Cable Car". Eine Art Trambahn, die von der Spitze des Botanischen Gartens ins Zentrum fährt.

Die Neuseeländer lassen sich auch da nicht lumpen. In den Tunneln ist Discotime. Die tanzenden Led-Lichter, die in allen Farben des Regenbogens strahlen, haben mich eiskalt erwischt. Damit rechnet man aber auch nicht oder? Spontan, wie ich nun mal bin, ging ich mit dem Flow und groovte ein wenig mit. Beim Cable Car bezahlt man erst beim Aussteigen. So ging ich nach der Fahrt zur Kasse, streckte selbstbewusst 10 Dollar hin. Die freundliche, aber sehr schnell sprechende Cable Car Fachkraft teilte mir etwas mit, von dem ich aber nur die Hälfte verstand. „We don't .... money" und ich so hmm in Wellington akzeptiert man kein Bargeld interessant. „Oh sorry", sagte ich und fragte mich im selben Moment, wofür habe ich mich gerade bitte entschuldigt? „Dann zahle ich mit Karte, bitte." Ich warf noch mal einen Blick in meinen Geldbeutel und was soll ich sagen. In Neuseeland einer Kassiererin 50 Südafrikanische Rand hinzuhalten und fest überzeugt zu sein, die sind halt in der falschen Währung geboren #cancletime, ist schon großes Kino. Ich lief knallrot an und lernte meine Lektion daraus, indem ich nicht nur die Südafrikanischen Rand, sondern auch die Australischen Dollar aus dem Geldbeutel nahm. Langsam könnte ich dann auch ein Wechsel-Büro aufmachen. Mein Bargeld-Bedarfsplan war Lichtjahre vom tatsächlichen Bargeld-Bedarf entfernt. Vielleicht hätte ich Corporate Controller werden sollen? Deren Planwerte haben auch nichts mit den Istwerten gemeinsam.

Zu meiner Verteidigung muss an der Stelle betont werden, dass dieser Mastercard Life Style neu für mich war und so meine Bargeldplanung einfach nicht up-to-date war. Nevada, der nette Herr aus der Gaybar, fragte mich noch, was ich in Wellington für den letzten Tag geplant hatte, und bot mir an, dass wir auch gerne zusammen ein Ausflug machen könnten. Er könnte aber verstehen, wenn ich als wohlerzogener Sohn von Moni geb. Leitermann und Peter Sauter nicht in das Auto eines Fremden einsteigen würde. Vergangenheit-Markus hätte dies auch vermutlich nicht getan. Gegenwart-Markus dachte sich aber: „An die Drehorte von Herr der Ringe komme ich ohne Auto nicht ran und er war ja nett und hat keine Anstalten gemacht." So buchte ich Nevadas kostenlose Lord of The Rings Tour.

Der Garten Isildur entpuppte sich einfach als eine grüne Wiese, die es vermutlich in einer ähnlichen Aufmachung noch 2–3 Mal in Neuseeland gibt, munkelt man zumindest. Der 2. Stopp, das Reich der Elben, im Kaitoke Regional Park gelegen, war hingegen bombastisch. Es waren Infotafeln angebracht, die zeigten wo sich die Elbenhäuser befanden. Highlight war definitive der originale Torbogen. Aber nicht nur deswegen war dieser Stopp toll. Man lief durch eine Art Zauberwald mit einer Artenvielfalt an Vögeln und mysteriös anmutenden vermutlich Jahrhunderte alten Bäumen. Der kristallklare Fluss war auf dem Filmkulisseneisbecher die Cherry on se

---

102 Schwäbisch für Anfänger – Leck o Mio = Leck mich fett

top.[103] Ich erzählte Nevada, über den Namen kommt man einfach nicht hinweg oder? „Ich freue mich sehr darauf, mehr über die Moaori Kultur zu erfahren." Und früher als geplant fing die erste Maori Lehrstunde an. Nevada antwortete „Du Glückspilz, ich bin Maori. Wie überall, wo ihr Europäer euren Fuß an Land gesetzt habt, wurden auch in Neuseeland die Ureinwohner benachteiligt, enteignet und in der Anzahl deutlich reduziert. Es finden bis heute noch lange in die Zukunft andauernde Prozesse statt, um ein wenig Gerechtigkeit zu schaffen. Die Erstattungen, welche die Stämme für die Wegnahme ihres Grund und Bodens erhalten, steht aber nicht im Verhältnis zum tatsächlichen Wert" #samescriptdifferentcast. Die geschichtlichen und politischen Insights bildeten einen perfekten Abschluss meiner Zeit in Wellington und als ob Nevada nicht eh schon Gutmensch des Jahres war, fuhr er mich auch noch am nächsten Morgen um 7 Uhr zur Fähre, da ich sonst eine Stunde zu Fuß hätte laufen müssen. Nevada Beschder KIWI so far.

Ist aber auch von dem Verkehrsinfrastrukturverantwortlichen der Stadt Wellington super geplant. Fünf Minuten Autofahrt vs. 60 Minuten Fußweg. Ich kann Ihnen sagen, ich war echt kurz davor mich an ein historisches Gemälde zu kleben.

Natürlich ließ ich mich von Nevada viel zu früh am Hafen absetzen. Ich könnte nie eine Punktladung wagen. Das Risiko, dass ich durch unvorhergesehene Einflussfaktoren die Fähre, den Bus oder das Flugzeug verpassen könnte, wäre so ein hoher negativer Stress für mich, dass ich, wie das Stinktier bei Bugs Bunny, ungewollt meine Umwelt in ein nicht ganz wohltuendes Stressschweißsekret eindecken würde.

Auf der Fähre traf mich der Alleinreisendenblues so richtig. Es waren gefühlt nur Gruppen, Familien und Paare auf dem Sonnendeck. Ich ergatterte mir einen Sitzplatz und lenkte mich mit der beeindruckenden Kulisse ein wenig ab. Wellington vom Schiff aus macht schon einiges her. Allgemein, muss man sagen, ist Wellington eine schöne Stadt, auch wenn sie mich nicht so richtig geflashed hat. Fragen Sie mich nicht, warum.[104] Vielleicht war es einfach kein dankbarer Platz nach Südafrika und Sydney dran zu kommen. Ich gönnte mir den ersten Cronut meines Lebens.[105] Ein wenig schade war, dass der Cronut warm gemacht wurde und dadurch richtig lecker war, der Kaffee aber erst 40 Minuten später serviert wurde. Bis dahin konnte die Existenz des Cronuts nicht mehr nachgewiesen werden. Am beeindruckendsten war für mich die Einfahrt in die Südinsel und in den schönen Hafenort Picton, wow hoch 3, vielleicht sogar hoch 4.

Man erblickte unterschiedlichste Wälder, saftige Wiesen, das kräftige Grün wirkte, als hätte Mandy es mal wieder mit den Filtern übertrieben, Segelboote, Ferienhäuser mit privatem Strand, türkisblaues Wasser und Schafe, Schafe und noch mehr Schafe. Vollkommen in der Landschaft versunken gehörte ich mit zu den letzten Passagieren, die von Board gingen. Ich hatte auch keinen Zeitdruck. Der Bus fuhr erst in einer Stunde weiter zu einem der Highlight Orte der Südinsel „Kaikoura". Ich setzte mich mit meinem Gepäck zu einer jungen Frau auf eine Bank und wir kamen ein wenig ins Gespräch (nennen Sie mich

---

103 Wie sagt man Cherry on top auf Deutsch? Oh mein Gott schaut mich an. Ich kann kaum nok deutsch spreken, weil ik solange im English speaking Raum underway bin. Ich dreame schon in Englisch.

104 Flash ahhhhhhh aaaaa hören Sie mal bitte mehr Queen Musik, danke.

105 Moni ein Cronut ist eine Mischung aus einem Croissant und einem Donut.

Networking Mastermind). Sie war eine Erscheinung, möchte man sagen oder viel mehr ihr Reisegepäck. Es hingen mindestens sechs Stofftiere an ihrem Rucksack, zig Buttons zeigten ihre Reiseroute von Australien nach Neuseeland auf und so verwunderte es mich nicht, als sie sagte, dass sie Erzieherin sei (hat er nicht gesagt). Nach 15 Minuten hatte ich aber kaum noch Lust mich großartig auszutauschen, da es eher ein Monolog war. Darum setzte ich mich im Bus auch zwei Reihen hinter sie. Meine Urlaubsplaylist war deutlich attraktiver als die Intercity Bus Podcastfolge. „Ich bin die Soloqueen meines Freundeskreises, da alle Männer scheiße sind. Und überhaupt und außerdem ist Neuseeland die größte Enttäuschung, da #aussi4ever."

Wie man dank zu hoher Erwartungen eine Enttäuschung heraufbeschwört für Anfänger

Ich erwartete die super krassen Naturlandschaften auf der Busfahrt nach Kaikoura, dem war jetzt aber nicht ganz so. Es gab vor allem viele Wiesen und Schafe. Was noch nicht ist, kann ja noch werden, dachte ich. Angekommen in Kaikoura gab ich in Google Maps die Adresse meiner Unterkunft ein, auf die ich mich schon sehr freute. Ein alleinstehender Bungalow, nur wenige Gehminuten zum Meer. Musik machen, beachen, Buch schreiben und die Walbeobachtungstour standen u. a. auf meinem Kaikoura Plan. Gut geplant, Markus. Die Unterkunft ist jetzt nicht ganz so zentrumsnah. Man munkelt, sie ist nicht mal in Kaikoura selbst, sondern in Southern Bay und es gibt keinen ÖV dahin.

Also schleppte ich mich samt den Rucksäcken 45 Minuten zur Unterkunft. Am Strand vor der Unterkunft angekommen flashte mich der Ausblick derbe, möchte ich sagen. Man sah Berge mit Schnee auf der einen Seite und auf der anderen Seite schlugen die Wellen mit beeindruckendem Tempo meterhoch auf den Klippen auf. Schweißgebadet, was irgendwie langsam am Anreisetag Tradition wurde, kam ich an der Unterkunft an. Der angekündigte Strandblick war nicht wirklich gegeben, da die Bungalows in der zweiten Reihe standen, aber es waren wirklich nur 5 Gehminuten zum Meer. Da will ich mich nicht beklagen. Ich ging zur Rezeption und landete in einem Messitum. Überall waren Wäscheberge gepaart mit Papierunterlagen, Müll und Kartons adrett in Szene gesetzt. Ich rief „Hello" und da kam Ivanka aus dem Nebenraum. Eine zierliche Russin, die von ihrem Äußeren und ihrer Mimik und Gestik mich extrem an den besten Saturday Night Life Charakter ever Ms. Swan „Look like a man / jaaaa ok" erinnerte. Sie war sehr freundlich, gab mir eine frische Milch mit, was ein Ding in Neuseeland ist. Also Milch an sich ist ein großes Ding und Gästen eine kleine Flasche frische Milch geben passenderweise auch. Sie zeigte mir, wo ich mein Auto parken könnte.[106] Ich erwiderte: „Ich bin zu Fuß unterwegs." Ihr entgleiste das Gesicht kurz. Sie blickte auf meine Rucksäcke, dann auf mich und wiederholte dies ein paarmal. „Ja, okay und hier ist der Grill. Bitte Fleisch und Curry nicht in dem Bungalow, sondern am Grillplatz kochen." Ich erwiderte erneut: „Ich bin Vegetarier und werde dies nicht benötigen. Aber vielen Dank!"

Sie sagte noch ein wenig mehr verwundert: „Du bist Vegetarier und den ganzen Weg von der Bushaltestelle bis hierher mit dem Gepäck gelaufen? Wie hast du das gemacht? (#Maschine) Ich war 7 Jahre lang Vegetarierin, aber mich hat meine Kraft verlassen und so esse ich jetzt wieder Hühnchen und Wild. Du solltest auch Hühnchen essen. Die werden total schmerzlos getötet und artgerecht gehalten."

PETA so WHAT THE F*** Eyeroll des Jahres

Ich ließ es einfach so stehen und musste das Lachen sehr stark unterdrücken. Sie brachte mich zu DER Traumunterkunft und zum ersten Mal auf der Reise wollte ich einfach auf den Boden liegen mit dem Rucksack auf dem Rücken und ein wenig schreien oder weinen (ich konnte mich nicht entscheiden). Die schönen Holzmöbel auf den Fotos wurden durch Plastikmöbel ersetzt. Der Geruch in der Hütte war eine Mischung aus erhitztem Linoleum Boden trifft auf 80er Jahre siffy Möbel, die den Geruch aller bisheriger Gäste gekonnt konserviert haben, mit
einem Eau de Nichtgelüftet seit Jahren. Gut, dass ich hier die nächsten 5 Tage und 4 Nächte verbringen werde.

Ivankas Begeisterung für ihre Hütte wollte und konnte ich nicht nehmen und so sagte ich: „Wow.! Amazing!"

Wilma Wankelmut betrat die Bühne und flüsterte mir ins Ohr: „Die Eier haben wir in Stuttgart gelassen, wa? Freundchen, was werden wir zwei eine schöne Zeit hier haben."

---

106 hahahaha mein Auto … as if … nicht in diesem Leben

Das Sofa und die Plastikrosenmotivuntersetzer erwähne ich mal lieber nicht. Die Tatsache, dass der einzige Supermarkt des Fischerdörfchens am anderen Ende liegt und der Fußweg 50 Minuten One Way beträgt, machte die Misere komplett. Leider muss man einfach nur sagen, selber schuld, du Käpsele. Entfernung hätte man vor der Buchung checken können. Kaikoura war aber so krass ausgebucht, dass diese Unterkunft vortäuschte die beste Wahl zu sein. Ich packte meinen Rucksack und marschierte los, um mich vor dem Verhungern zu retten. Ich googelte nach einem Restaurant auf dem Weg zur Stärkung meiner zitternden Knochen. Dieses hatte natürlich geschlossen, wie so einige Läden. Wie ich später erfuhr, hat das Wegbleiben der Touristen aufgrund von Covid so einige Träume gekillt.

Läuft bei mir und den ehemaligen Ladenbesitzern, dachte ich. Ich war aber auch wieder super unflexibel unterwegs. Ich hätte einfach zu einem anderen Restaurant gehen können, aber des will der Kerle ja au ida.[107] Trotzig wie ein Kind, dass nicht den Veggi Burger bekommt, den es haben wollte, bin ich weiter zum New World Supermarkt marschiert und habe den Rucksack und eine Tasche bis zum Anschlag vollgepackt.

Eins war sicher. Ich schleppe mich nicht nochmal über 1,5 h Stunden zum Einkaufen. Ich schrieb eine Einkaufliste, damit ich nichts vergesse, die ich natürlich zu Hause vergaß. Was nicht im Rucksack war, gab es dann halt nicht. Der Rückweg führte mich über einen schönen Feldweg und einen kleinen Wald zu meiner super zentralen Unterkunft. An einem Aussichtspunkt machte ich halt. Wie schön ist dieses Panorama mit dem wilden Meer und den malerischen Bergen, bitte? Zudem schrieb ich einen Metallsong auf dem Rückweg, dessen lebensbejahende Lyrics wie folgt lauten:

I wanna (Sanft gesungen)
fucking die (Deathmetallgröllend)
I just lay down on this field
(Sanft gesungen)
and dieeeeee
(Deathmetallgrölend)

Nach dem gefühlten Militärmarsch mit Gepäck war ich fast froh wieder in der Müffelhütte angekommen zu sein und legte mein Deathmetallprojekt erst mal auf Eis. Ich machte mir einen Salat mit Avocado und Haloumi, was zu meinem Standard Neuseeland Menü wurde und da sah die ganze Situation gar nicht mehr so schlimm aus #hangryrealness. Ich hatte auf dem Heimweg kurz gegoogelt, ob eine andere Unterkunft frei ist, aber die hätte mich 1200 Euro gekostet. Da war ein Mittel gegen Fußpilz deutlich erschwinglicher plus es gab ein Smart TV mit Netflix. Man muss auch die positiven Attribute der Hütte hervorheben. Ich arrangierte mich mit der Unterkunft, aß den Salat und schaute Harry und Megan zu, obwohl ich es nicht wollte, konnte ich nicht wegschalten. Für mich war das viel mehr eine Profilierung von Megan als eine „wahre" Geschichte. Kann sein, ich lehne mich hier weit aus dem Fenster, aber als Stan von Queen Lisbeth möchte man auch manches nicht glauben.

Am nächsten Tag war der Plan, so wenig Zeit wie möglich in der Unterkunft zu verbringen. You know what time it is. Des Küstenwandern ist des Germans Luschd. Das Thema „Blowing in the Wind" ist leider so durchgängig ein Neuseelandthema. Ich redete

---

107 Schwäbisch für Anfänger = Das möchte der Kerl ja aber auch nicht.

mir ein: „Ist doch gut so, härtest dich ein wenig ab. Schadet dir gewiss nicht. Nach der Reise ist der Wind und die Kälte in Europa easy peasy." Ich durchlief blühende Wiesen entlang der Küste, sah Babyrobben beim Sonnetanken zu und dachte okay Kaikoura, der ganze Hype ist berechtigt, was bist du für ein schöner Ort. Fünf Minuten später durchsuchte ich die „schönen" blühenden Wiesen nach meiner Sonnenbrille, die eine Windböe eiskalt erwischt hat. Und weg war der Traum auf zwei Bügeln. Nach 30 Minuten erfolglosem Sherlockholmen gab ich frustriert auf. Keine Chance die in der Graslandschaft zu finden. Die Babyrobben nahmen mir aber meine schlechte Laune schnell und so genoss ich den Ausblick und blieb dem Motto der Reise treu, kannste nichts ändern – machste das Beste daraus #keinebadvibes. Dies hielt bis zur Rückkehr in das Appartement und dem Einsetzten des Heuschnupfens an.

Aus heutiger Sicht nicht nachvollziehbar, empfand ich diese Stimmung als ideal, um die Reise auf der Nordinsel weiter zu planen. Google – Highlights Nordinsel – bezahlte Ergebnisse überspringen – let's go.

Nach einem Vergleich der Highlights und der Erreichbarkeit ohne Lenkrad in der Hand war die Laune auf dem U-Boot-Tiefpunkt angekommen und Echolaute knallten mir an den Kopf. Das marode Türchen des Bungalows ging auf und Wilma Wankelmut betrat die Manege. Sie klatschte drei Mal abfällig.

„Bravo Markus, Bravo. Was für ein Schlamassel hast du uns da wieder eingebrockt? Wieso kannst du auch nicht wie jeder andere Mensch einen Führerschein haben? Keinen Führerschein zu haben macht dich nicht besonders, es macht dich einfach nur verdammt abhängig von öffentlichen Verkehrsmitteln. Denk mal, was du alles hättest sehen können. Nach zwei Tagen hast du alles in Kaikoura gesehen. Die tollen Wanderungen rund um Kaikoura und die meisten Highlights der Nordinsel sind ohne Auto außer Reichweite. Was hast du dir auch dabei gedacht, Neuseeland als Reiseland ohne Führerschein auszuwählen. Jetzt hast du den Salat und kannst die meiste Zeit in den Städten verbringen, wo du doch bereits in Südafrika viel mehr Freude an abgelegen Orten hattest. Ah ja, du wollest hier Musik machen. Another Zonk in the basket. Hättest mal lieber Tor 2 genommen. Die Bungalows sind so hellhörig, dass du bei jeder Diskussion deiner Nachbarn mitreden kannst. Was machst du die nächsten 3 Tage hier? Netflix schauen? Dafür bist du ans andere Ende der Welt geflogen? Nein stimmt ja, die große Wal Beobachtungstour, die ganze 3,5 Stunden dauert, füllt natürlich 72 Stunden gut?"

Leider hatte sie absolut recht. Ich wusste wirklich nicht, was ich mit mir anfangen und wie ich den Urlaub weiter ausgestalten soll. Ich entschied mich für eine Runde im Selbstmitleid baden, nach Rückflügen Richtung Deutschland Ausschau zu halten, und schlief auf dem Ekelsofa untermalt von Megans Monologen ein.

Kaikoura meinte es aber auch nicht gut mit mir.[108] Der nächste Tag war bewölkt und der Wind zischte um den Bungalow. I feel you Lord of the Winds. Meine Laune passt zu

---

108 Natürlich sind immer die Anderen schuld.

deinen Wutanfällen. Was ich aber in meiner bisherigen Zeit in Neuseeland gelernt habe, ist, dass das Wetter sehr fluid ist. Der Morgen sagt nichts über den Mittag oder Abend aus #fingerscrossed. Nach einem Kaffee und Müsli mit Heidelbeeren kam dann doch noch ein wenig Freude auf, denn heute wird ein Wal über unser Beobachtungsboot springen, während ich Michael Jackson Songs abspielen werde #nopressure.[109] „Dies wird richtig episch. Ein Slo-Mo Video von einem aus dem Wasser springenden Wal – wir werden safe viral gehen." Erwartungsmanagement außer Kontrolle. 3 Stunden vor dem Tourbeginn leuchte mein Smartphone. Wer schickt heutzutage noch eine SMS? Na der Walbeobachtungstouranbieter:

„Tut uns leid Markus.
Aufgrund des hohen Wellengangs kann die Wal-Beobachtungstour nicht stattfinden."

Ich saß sprachlos auf dem bequemen Ekelsofa und starrte mit einem leeren Blick in mein Smartphone. Ich wusste nicht, ob ich wütend schreien oder wie ne Crazy Cat Woman lachen soll. Zur Wahl stand auch ein oscarpreisverdächtiger Heulkrampf à la Diane Keaton.[110]

Wieso geht die Reise gerade so richtig ordentlich den mit Müll versuchten Bach runter? Will man, dass ich hier die Zelte abbreche wie der ach so motivierte Biggest Loser Teilnehmer, der nach dem ersten Workout das Handtuch schmeißt? Ist gerade wirklich Miley Cyris auf ihrem Wreckingball angeflogen gekommen und hat eines meiner Neuseeland Highlights plattgemacht?[111]

Ich versuchte mich abzulenken, um nicht einen weiteren Tag mit Mimimi zu vergeuden, und baute mein mobiles Tonstudio auf, was aus einem USB-Mikro und Midikeyboard besteht #likenopro. Mit solch einer Laune Musik zu machen, ist immer eine ganz schlechte Idee. Ich dachte aber, dieses Mal wird es anders. Ich nutzte die Wut, um den mega Song zu schreiben. Die Realität sah ein wenig anders aus. Ich quälte mich drei Stunden mit lustlosem Geträller und auf dem Keyboard rumklimpern, bevor ich es einsah und zu mir sagte: „Markus, es ist okay auch einfach Netflix zu schauen. Es regnet und windet. Die weiteren Wanderstrecken in der Region erreichst du ohne Auto nicht und man darf bei einer 3-monatigen Reise auch einfach mal zwei Tage entspannen." Ich konnte es selber nicht glauben, aber das mir selber den Druck rauszunehmen funktionierte.

Ich konnte mir sogar ein leichtes Grinsen ins Gesicht zaubern. So ging der letzte Tag in Kaikoura zu Ende und die Besitzer des Motels boten mir an, mich am nächsten Tag in das Zentrum des Städtchens mitzunehmen. Dieses Angebot nahm ich dankend an, da es in Strömen regnete. Challenge an diesem Tag war die Zeit zwischen 10:00 Uhr, der Checkout-Zeit und der Abfahrt des Trans Pacific Zuges um 16:20 Uhr sinnvoll zu gestalten. Ich beschloss in das Kaikoura Museum zu gehen. Ihre spannende Geschichte können die Kiwis exzellent und meist sehr interaktiv in Museen erzählen. Ich blieb bei Marys Gedicht hängen und konnte mich in meiner aktuellen Stimmungslage super identifizieren.

---

109 Song der Seite Michael Jackson – Will you be there

110 Filmtipp – Was das Herz begehrt mit Diane Keaton, Jack Nicholson und Keanu Reeves

111 Cancle Miley Cancle Miley – Nein, natürlich nicht. Aber irgendjemand muss ja die Enttäuschung abbekommen. Ich will mir gerade weder Blumen kaufen noch alleine tanzen. Shut up, Miley.

„Life is short and miserable
Ah few and full sorrow are the days
Of miserable man. His life decays
Like the trail flower, which with the suns' suprise
Her bud unfolds and with the evening dies
He like an empty shadow glides away
And all of his life is but a winter's day"
Mary Herbert, Februar 1805

Mary. Damn, I feel u!

Ich verbrachte über! zwei Stunden! im Museum und war selten so begeistert. Besonders hervorzuheben ist der Humor der Neuseeländer. Auf einer Infotafel wurde man darüber informiert, dass man sein Spiegelbild im Wasser sehen kann, es sei denn, man sei ein Vampir, dann natürlich nicht. Find ich einfach nur großartig und fängt die Mentalität der Kiwis gut ein. Danach ging ich in ein kleinen Hipster Café und gönnte mir einen leckeren Salat und Café, las ein wenig im Buch und hoffte, dass der Regen nachlässt. Es war mittlerweile 15:00 Uhr und ich hatte nach 1,5 Stunden die Gastfreundlichkeit der Café Besitzerin lang genug in Anspruch genommen und so machte ich mich auf den Weg zum Bahnhof. Es war lediglich ein Fußweg von 10 Minuten, aber 10 Minuten im strömendem Regen und pfeifendem Neuseelandwind ergeben eine gefühlte Ewigkeit. Gut befeuchtet kam ich am Bahnhof an und wollte mich in die Wartehalle setzen. Diese war jedoch geschlossen. So saß ich nass auf der Bank am Gleis und trotzte wie vor hunderten von Jahren James Cook den Naturgewalten Neuseelands. Ich las das Buch über die Apartheid, das eigentlich für Südafrika vorgesehen war, an einem Stück durch, auch wenn es manchmal schwierig war die Zeilen zu erfassen, da meine Hände und mein Körper anfingen zu zittern. Ich zog es aber eiskalt[112] durch. Dann kam endlich der erlösende Pacific Train und alle am Gleis wartenden Fahrgäste waren sichtlich erleichtert und freuten sich auf die Wärme. Auf viel mehr konnte man sich leider nicht freuen. Dicke Nebelschwaden gesellten sich zu der Regenkulisse. Der Zug, der für sein wunderschönes Panorama entlang der Ostküste der Südinsel bekannt ist, enttäuschte auf der ganzen Schienenlinie. Darum entschlossen viele Fahrgäste zu schlafen. Ich versuchte trotz des Wetters wenigstens ein paar schöne Eindrücke zu ergattern.

Suche in jedem Moment nach einem positiven Aspekt und du wirst ihn finden. Keine Bad Vibes auf dieser Reise. Und wenn dann wohl dosiert mit der maximalen Länge eines Powernaps.

---

112 Was für eine passende Wortwahl. Er ist so gut mit Worten.

Am Ende des dunklen Kaikoura Tunnels leuchtet die Church

Christchurch begrüßte uns zur Freude aller Reisenden mit deutlich besserem Wetter und während der Überfahrt zur Wohnung weckte diese Stadt eine Begeisterung in mir, die ich von Neuseeland erwartete, bisher aber noch nicht spürte. Schöne Grünflächen, wenige Hochhäuser und Graffiti Street Art. Angekommen an der Unterkunft öffnete ich die Türe des kleinen Reihenhäuschens und ein Jubelschrei brach aus mir aus. Eine moderne Unterkunft, die angenehm duftete mit einem kleinen Garten dabei und einem sauberen Bad!

Am nächsten Tag machte ich mich auf, um dem Botanischen Garten einen Besuch abzustatten. Wie auch Wellington verzauberte mich dieser. Besonders der Rosengarten war unfassbar schön und ich machte etwas, dass ich noch nie gemacht habe. Ich fotografierte wie eine Mitte 50-Jährige alleinstehende Cat Lady total gehyped die unterschiedlichen Rosen in Nahaufnahmen. Nach dieser künstlerisch anspruchsvollen Tätigkeit ging ich in das kleine Tropenhaus, bevor ich zurück zum Rosengarten kehrte, um an diesem Buch weiterzuschreiben. Über zwei Stunden saß ich total mit mir Reinen da und tippte, während ein kleiner Vogel sich immer wieder zu mir gestellte. Mein Magen meldete sich und so ging ich in die Foodmarkthalle „Riverside Market", in der es viele kleine Restaurantstände gab. Ich gönnte mir ein Rotebeete Feta Avocado Salat mit Falafel, der genau so gut schmeckte, wie er klang.

Beim Heimweg saugte ich noch etwas die Streetart Kunst von Christchurch auf. Die Stadt hat einen urbanen alternativen Flair, der genau nach meinem Gusto ist. Der Fluss, der durch die Stadt läuft, ist umgeben von einem schönen Flussufer mit alten Bäumen und schönen Blumenbeeten, das zum Verweilen einlädt. Es werden sogar Gondelfahrten auf dem Fluss angeboten.

Ich rieb meinen Augen, da ich ihnen nicht ganz traute, als ich die Albatros Gebrauchtwagen Wasserinstallation sah. Ein Künstler hat ein altes Auto genommen, es auf einen Betonpfeiler ca. 10 m hoch platziert und ein Wasserspiel daraus gemacht. Es sieht so aus, als wäre das Auto aus dem Meer geborgen worden und das Wasser läuft langsam ab. Die Albatrosse haben es besetzt, ohne eine politische Message zu offenbaren. Vielleicht Klimaschutz?

Voll bepackt mit wunderbaren Eindrücken kehrte ich in das wunderschöne kleine Reihenhaus zurück und schaute noch ein wenig Netflix, bevor es früh ins Bett ging. Am nächsten Tag stand nämlich die geführte Tagestour zum Arthur's Pass (National Park) auf dem Programm.

Pünktlich wie wir Schwaben sind, stand ich um 6:45 Uhr an dem Treffpunkt. Fast überschwänglich sprang Palinur, unser Reiseführer, aus dem Bus und öffnete mir die Türe. Nicht überraschend war, dass ich der einzige Solomitreisende war. Aber das Gute ist, es machte mir absolut nichts aus.[113] Es war eine bunte Truppe. Ein türkisches älteres Paar, 2 Paare aus Frankreich, 2 Paare aus den USA und me myself and I representing L'Allemagne. Ich freute

---

113 Song der Seite: Lesli Clio – I couldn't care less

mich darauf, mehr von Neuseeland zu sehen, und lauschte Palinurs Einführungsworte. Die Reise begann wieder mit dem Pacific Train, aber dieses Mal ging es in das Landesinnere in Richtung Arthur National Park und das Wetter war bombastisch. Sonnig, aber nicht zu heiß, perfekt, um gemütlich spazieren und die Natur genießen zu können. Der Weg führte uns vorbei an traumhaften Landschaften, an Schluchten, in denen Flüsse mit kristallklarem Wasser sich entlangschlängelten, an Bergen die sich mit den tiefer gelegten Wolken anfreundeten. Der Zug war mit einem Panoramawagen ausgestattet, der einem den perfekten Blick ermöglichte. Hier war natürlich extrem viel los und jeder wollte mal am Fenster stehen und diese Momente für die Ewigkeit bzw. bis zur nächsten Fotolöschaktion, da der Speicher des Smartphones voll ist, festhalten.

Am Bahnhof des Dorfes Arthur angekommen, wartete Palinur mit dem Bus auf uns und brachte uns zu den schönsten Aussichtsorten der Region. In der Nähe des Dorfes Arthur Pass hatte jeder Zeit für einen Spaziergang in seinem Tempo, um einen spektakulären Wasserfall zu erblicken. Angekommen am Wasserfall war ich der Fotograf des Vertrauens der Paare. Ich bilde mir nichts ein. Es lag einfach daran, weil ich mit Abstand der Jüngste und alleine unterwegs war. Es war aber ein guter Deal, denn im Gegenzug bekam ich auch mal Bilder von mir, ohne einen Selbstauslöser Trapezakt vollziehen zu müssen. Auf dem Rückweg begegnete mir der ältere türkische Mitreisende, nennen wir ihn Emir, und meinte, ich soll doch noch den Weg auf den Berg hochmachen. Palinur meinte, es dauert nur 10 Minuten. Ich hatte ordentlich Zeitguthaben und so ging ich steil.

Nach 20 Minuten Aufstieg entschied ich mich aber umzukehren, da die Möglichkeit am Ende allein im Niemandsland ohne Empfang zu enden nicht attraktiv wirkte. Und jetzt raten Sie, wer mir entgegenkam – Emir. Emir war sicherlich schon gute 70. Er schnaufte wie eine Dampfmaschine und mein Hinweis, dass es deutlich länger dauert als angesetzt, bewegte ihn glücklicherweise zur Rückkehr mit mir. Was soll ich sagen, mille grazie. Der Abstieg war eine Zitterpartie. Ich dachte nicht, dass er an einem Stück unten ankommen wird. Ich wollte ihm helfen, aber er war ein stolzer Mann, das respektierte ich. Denn genauso werde ich auch mal sein. Unten angekommen, brach ein wenig Panik in Emir auf. Seine Frau wartete nicht wie abgemacht unten auf ihn und er wusste jetzt nicht, ob sie schon vorgelaufen ist oder weit zurückliegt. Ich rannte nochmal zurück zum Wasserfall, um nachzuschauen und was machte Emir? Na er rannte natürlich mit. Schweißgebadet kamen wir beide am Bus an und seine Frau lachte uns aus. Was ich, ehrlich gesagt, sehr sympathisch fand. Sie sagte zu mir. „Dieser verrückte Mann glaubt immer noch, er sei Mitte 30 und schau in dir jetzt an." Sein Hemd war durchsichtig vor Schweiß. Ich hatte aber einen tollen Bondingsmoment mit ihm und so unterhielten wir uns immer wieder kurz während der Reise. Während der semileckeren Mittagessenspause gesellten sich riesige Papageien zu einem. Nicht ganz so lustige Geschichte zu den aufdringlichen Vögeln. Vor Jahren wurden sie zum Abschuss freigegeben, da sie penetrant die Einwohner belästigten und Autos beschädigten. Es wurden sogar Prämien für den Abschuss bezahlt. Wie wir Menschen ohne ein Gefühl für Maß so sind, hat man es damals ein wenig übertrieben, darum stehen sie jetzt unter Naturschutz.

Der Mensch das intelligenteste Lebewesen der Hemisphäre

Gut gestärkt ging es für uns zum nächsten Stopp der Tour. Als leichter Fantasyfilm-Nerd fiel es mir schwer am Drehort von Narnia nicht ASLAN zu rufen. Das junge amerikanische Paar ließ sich immer in denselben 2 Posen fotografieren. Benefit von meiner Tätigkeit als Tourfotograf war wie gesagt, dass ich auch immer ein Foto von mir im Gegenzug bekam. Wovon ich im Anschluss 99 % wieder gelöscht habe, weil der Kerle mal wieder vergessa had soi Bäuchle einzuzieha und dank meiner unergonomischen Körperhaltung ist dies wirklich kein guter Look.

Mit all diesen Eindrücken im Gepäck konnte man die Müdigkeit bei uns allen sichtlich erkennen und so lauschte kaum noch jemand Palinurs Anekdoten. Bis (unnützes Wissen) wir in Springfield eine Pipipause einlegten und hierbei den riesigen rosafarbenen Donut von den Simpsons erblickten. Die Simpsons Produzenten schenkten diesen der Stadt Springfield zum Serienstart in Neuseeland. Dieser erfahrene Tourguide, dachte ich mir, weiß genau, wie er noch ein wenig Begeisterung aus der müden Truppe rauslocken kann. Chapeaux, Palinur, du hat uns wirklich toll durch den Tag geführt, uns stets mit Wasser versorgt und uns darauf aufmerksam gemacht, dass wir mehr trinken müssen. Da musste ich an meine Mutter denken, die immer stolz ihre Wasserflasche in der Küche stehen lässt und alle Familienmitglieder zum Verzehr von Wasser auffordert.

Jetzt wird es vielleicht ein wenig oberflächlich und politisch inkorrekt, aber als ich unseren Tourguide zuerst erblickte, war ich ein wenig enttäuscht. Bei der Neuseeland Experience Tour erwartet man irgendwie ein lokalen Kiwi Guide, um die Orte „authentisch" zu erleben. Der deutliche Dialekt von ihm, den ich auch habe, aber ich führe keine Touren, machte das Zuhören ein wenig mühsam. Diese Gedanken konnte ich allerdings ziemlich schnell verwerfen. Seine sympathische Art und Begeisterung für Neuseeland ist nämlich goldwert.

Zuhause in Christchurch angekommen war es Laundry Time. Dies ist ein Thema, was einen bei so einer Reise immer begleitet, wann kann ich wie meine Wäsche waschen. Mit nur 5 T-Shirts im Gepäck und einem Talent Essen auf Kleidungsstücken gekonnt zu platzieren, und zwar meistens zwei Minuten nach dem Anziehen eines frischen T-Shirts, ist dies nicht immer einfach. Wenn dann die Unterkunft eine Wäscheleine hat und es warm wie in Christchurch ist, klingelt der Jackpot. Ich nahm die Wäsche aus der Maschine und ging in den Garten, um zu erkennen, dass Heraldine, die fleißige neuseeländische Spinne, die Wäscheleine zu ihrem Territorium auserkoren hat.[114] Heraldines Reich und meine Arachnophobie waren eine interessante Konstellation. Ich überlegte die Wäsche einfach auf Stühle zu legen, aber heldenmutig, wie ich nun mal bin, nahm ich einen Besen und zerstörte mit typischer Menschen Manier Heraldines Lebensraum und hängte meine Kleidung auf. Heraldine dachte sich so – not mit mir, Freundchen. So pimpte sie über Nacht ein T-Shirt und eine Unterhose im Spiderweb Look. Was soll ich sagen, fair play.

Am letzten Tag in Christchurch fuhr ich zur Christchurch Gondel, die man natürlich nicht mit Bergbahnfahrten in Deutschland, Österreich oder der Schweiz vergleichen kann. Es hat sich aber gelohnt, da der Blick auf Christchurch und auf die andere Seite des Hügles Mount Cavendish wirklich beeindruckend war. Man sah das tobende Meer, den Hafen des Städtchens Lyttelton, an dem ein riesiges Kreuzfahrtschiff angelegt hatte, und natürlich viel Gras und Schafe. Oben angekommen lief ich einen Rundweg, der nicht zu den beliebtesten Touristen-Routen zählte. Keine Menschenseele kam mir entgegen. Die meisten Touristen sind mit der Gondel hochgefahren, aßen im Café etwas und fuhren wieder Richtung Stadt.

Als ich nach 1 ½ Stunden wieder an der Gondel ankam, fingen meine Augen und mein Gaumen bereits zu jucken an. Ich ging daher auf dem Rückweg noch in die Stadt und deckte mich mit Heuschnupfmedikamenten ein. Da hat der Kerle es extra gegoogelt. Heuschnupfen-Saison in Neuseeland und die bösen Lügen-Bots haben extra schnell eine Website zusammengestellt, die besagte, dass die Saison nach dem Frühjahr vorüber ist. Ich stand aber im Sommer mit roten juckenden Augen und rotem Zinken in Christchurch.[115] Es war aber zum Glück nicht annähernd so schlimm wie in Deutschland. Dort bin ich einfach von Mai bis Anfang Juli ein rotzender Zombie. Lebensqualität wird großgeschrieben.

---

114 Song der Seite: Iggy Azelia feat. Rita Ora – Black Widow
115 Schwäbisch für Anfänger der Zinken = die Nase

Nächster Halt auf der Reiseroute durch die Südinsel war Lake Tekapo. Nach dem Kaikoura Desaster, das ich sicherlich noch häufiger erwähnen werde[116], habe ich meine Erwartungen zurückgeschraubt. Der See soll angeblich neben Queenstown und Milford Sound einer der Highlights der Südinsel sein. Es ging wieder mit guten alten Intercity Bus auf die Straße, der vom Preis-/Leistungsverhältnis wirklich super und sehr zuverlässig ist. Ich ergatterte einen Fensterplatz und bald darauf kam ein, wie umschreibt man dies halbwegs wertefrei?

Bald darauf kam ein Mann vermutlich um die 40 (nennen wir ihn mal Dave), also in meiner Altersklasse ansässig[117], der das Leben in vollen Zügen mit hochprozentiger Wahrscheinlichkeit genießt und fragte, ob der Platz neben mir noch frei sei. Nach dem ersten Wort war klar, dass er Neuseeländer war.[118]

Ich sagte: „Ja klar, der Platz ist noch frei." Er, nennen wir ihn Dave, war ein offenes Buch. So erfuhr ich von seiner wilden Jugend. Er sei ein krasser Frauenheld gewesen. Ich würde sagen, dies ist ein klassischer Fall von, die einen sagen so und die anderen …

Er erzählte mir von seinen vielen Unfällen, dass er gerne 3 Monate arbeitet und dann wieder chillt, ein leichtes Alkoholproblem hat und dass er in einer WG wohnt. Er kommt von dem Geburtstag seines Vaters und fährt zurück in die Nähe von Queenstown. Dave war aber wirklich ein charismatischer Genosse und erzählte mir auch viel über die Orte, an denen wir vorbeifuhren. Er hatte ein breites Sortiment an Themen parat. Es ging über seine Fischerkarriere, seine Vorliebe für Horrorfilme der 1990er/2000er, die Auflösung seiner Verlobung. Als großes Finale dieser großartigen Unterhaltung diskutierten wir gemeinsam, ob er heute noch 4–5 Bier trinken soll oder mal lieber eine Pause einlegen sollte.

Er sagte: „Bro, ich werde glaube heute nichts mehr trinken" und lächelte dabei schelmisch.

Ich teaste ihn ein wenig und sagte: „Bro, ich glaube dir, dass du glaubst, dass du heute nichts mehr trinken wirst. Aber wir beide wissen … " und er beendet meinen Satz „… dass ich heute definitiv noch was trinken werde."

Es war Bro Realness. Wir beendeten schon die Sätze voneinander doch „leider" rief der Busfahrer „Lake Tekapo" und so war die Bromance schon wieder vorbei, bevor sie richtig begonnen hatte.

---

116 So viel zum Thema keine Bad Vibes … er ist so stringent

117 40 und meine Altersklasse. Junger Vadder, was bin ich alt geworden. Gefühlt bin ich um 10 Jahre in den letzten 5 Monaten gealtert. Ein grauer Fuchs in the making.

118 Das Kiwi Englisch ist gewöhnungsbedürftig und man braucht ein wenig Zeit, um reinzukommen. Zudem unterscheiden sich die Dialekte auch extrem. Die Südinsel ist wie bei uns in Deutschland ganz vorne mit dabei.

Lake Tekapo – Welcome to Heaven

Ich stieg aus dem Bus aus, was nach vier Stunden Fahrt wirklich gut tat, schnappte mein Gepäck und gab in Google die Adresse meiner Unterkunft ein. Als ich kurz vom Smartphone aufblickte, sah ich aber bereits das Hotel. Ich konnte mein Glück nicht fassen. Das sind gerade mal 200 m Luftlinie und es sieht bombastisch aus. Ich lief etwas nach vorne und da erblickte ich zum ersten Mal den Lake Tekapo.[119]

Alle Touristen standen sprachlos da und konnten die Schönheit dieses Ortes nicht fassen. Ich kann guten Gewissens sagen, dass Lake Tekapo einer der schönsten Orte ist, die ich bisher live und in Farbe sehen durfte. Das Blau dieses Sees ist unwirklich. Wirklich unwirklich. Die perfekte Farbe eines Sees. Bei der Betrachtung der Fotos prüfte ich, ob ich eventuell irgendeinen automatischen Filter versehentlich eingestellt hatte. Dem war aber nicht so. Als ob dies nicht reicht, ist das Panorama hinter dem See Disney Realness. In der Ferne erblickt man die episch aufgereihten, mit Schnee bedeckten Alpen und natürlich hat das kleine Dörfchen Tekapo schöne kleine Cafés mit tollen vegetarischen und veganen Speisen.

Tekapo – übertreib halt

Ich lief zum Hotel, um schnell einzuchecken, da das Zimmer aber noch nicht frei war, dropte ich einfach nur mein Gepäck und setzte mich an das Seeufer und ließ mich von der Magie dieses Ortes einnehmen. Ich saß einfach nur zwei Stunden auf einem Stein am Seeufer, ohne auch nur einmal auf mein Smartphone zu schauen, und genoss die Kulisse und das sommerliche Wetter. Ganz nach dem Motto gönn dir, ließ ich mir im Jack Rabbit Café einen Veggi Burger mit Pommes zum Mittagessen raus. Für abends nahm ich mir ein Brownie und ein Stück Zitronenkuchen mit #cheatdayrealness

Nach Kaikoura bezweifelte ich wirklich, ob der Neuseeland Sparkel mich catchen wird (Denglisch Klappe die 100, sorry not sorry). Nach Christchurch und Lake Tekapo war ich aber sowas von on.

Am darauffolgenden Tag lief ich einen Rundweg entlang der linken Uferseite des Sees und es ging gerade so weiter. Die Größe des Sees kann man vom Dorfufer aus gar nicht erfassen und die Infotafeln, die einem die Bedeutung des Sees für die Maori näherbrachten, machten den Rundweg noch gehaltvoller. Mitten im See ist eine mit Bäumen übersäte runde Insel, die ich gefühlt tausend Mal versuche in einer digitalen Form festzuhalten, doch kein Foto wurde dem Bild, dass sich meinen Augen darbot, gerecht. Der Weg war sehr beliebt und es war richtig heiß. So schnaufte man sich ein freundliches „Good Day" zu. Mal wieder war ich als Solo Wanderer in der Minderheit, aber ich war angekommen im Alleinreisemodus. Es machte mir weder bei Wanderungen noch beim Mittagessen in Restaurants etwas aus. Ich schien irgendwie mit mir im Reinen zu sein. Da kam mir

---

119 Song der Seite: Kylie Minogue – Love at first sight

Ludwigs Stolz mit einem zufriedenen Gesichtsausdruck entgegen und sagte fröhlich: „Hab ich es dir nicht gesagt? Sei einfach geduldiger mit dir."

Lake Tekapo ist ein Night Sky Reserve, d. h., es gibt abends keine Beleuchtung. Dies beschert einem einen einmaligen Blick auf den Sternenhimmel. Ich buchte daher eine Nacht Sternenbeobachtungstour. Sie startete um 23:30 Uhr und ging bis 1 Uhr. Als ob die Eindrücke dieses wunderbaren Ortes bisher nicht gereicht hatten, sah man mit bloßem Auge die Milchstraße, Pluto und Mars. Die Tour war super informationsreich. Mit verschiedenen Teleskopen sah man Sternbilder und lustigerweise stehen unsere „bekannten" Sternenbilder des Nordens (Löwe, Rinderhirte, Großer Wagen) auf dem Kopf, wenn man sie von der Südhalbkugel betrachtet. Einziger negativer Aspekt war, dass es wirklich schweinekalt war und meine Windjacke mit dicker Weste nicht ausreichend war. Die Südinsel ist oft deutlich kälter als die Nordinsel vor allem in der Nacht, was unserem Verständnis von Nord und Süd etwas widerspricht. Ich Warmduscher ging daher direkt duschen, als ich zurück ins Hotel kam und danach ins Bett, da in nur 6 Stunden traurigerweise meine Zeit am Tekapo endete und der nächste Reisetag anstand.

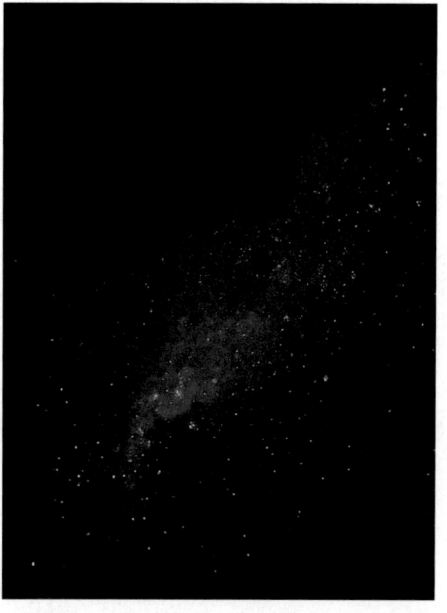

Mir fiel gerade auf, dass ich die Reisetage bisher stiefmütterlich behandelt habe #grimhildestyle. Das Gute ist, dass man im Laufe der Reise immer effizienter und schneller wird. Jedoch weder der An- noch der Abreisetag sind jemals richtig nice. Klar ist, dass man während des Pendelns viel von Neuseeland sehen kann. Meistens ist die Abfahrt ziemlich früh und man kommt im neuen Ort gegen Mittag an, wobei die neue Unterkunft erst ab nachmittags frei wird. Die Reisetage sind somit immer von längeren Wartezeiten geprägt und werden von einer Grundmüdigkeit untermalt. Einerseits entstehen Euphorie und Spannung aufs Neue, andererseits wie z. B. nach dem Stopp in Tekapo, verlässt man solch einen schönen Ort mit ein wenig Wehmut. Hätte ich nicht doch lieber ein paar Tage mehr dort verweilen sollen? Zudem stellt sich nach der Ankunft immer die Frage. Hol ich mein Schlafdefizit direkt nach, um am nächsten Tag so richtig durchzustarten, oder kommen nur die Harten in Garten und man legt direkt mit dem Programm los, damit man nachher brotfertig einschläft, aber dann voraussichtlich bis mittags durchpennt?

Der least favorite Part an Reisetagen ist, ohne nachdenken zu müssen, das Aus- und Einpacken. Diese Unentschlossenheit. Soll man für die zwei Tage auspacken, nur ein wenig auspacken oder einfach aus den Rucksäcken leben. Da ich nur 2 Rucksäcke mit auf der Reise habe, die beide nicht sonderlich groß sind, damit man die Distanzen gut meistern kann, sind diese natürlich bis auf Anschlag gefüllt mit „essentiellen" Dingen wie z. B.

einem Midikeyboard (das ich bis dato nur ein einziges Mal benutzt habe #Choices). Es ist jedes Mal ein Rucksacktetris, welche Gegenstände pack ich in welchen Rucksack und wie ordne ich sie an, damit ich den limitierten Platz bestmöglich nutze[120], so dass sich das Gewicht auch ähnlich verteilt und kein Platz verschenkt wird. Ich gehöre zur Kategorie Frühpacker. D. h., ich packe meine Sachen bis auf die Klamotten für den nächsten Tag und die Badartikel bereits einen Tag im Voraus. Ich habe beide Varianten ausprobiert, aber das spät abends oder früh morgens packen, artet immer in Stress aus, da nehme ich mir lieber entspannt Zeit, prüfe am Morgen der Abreise in Ruhe nochmal, ob ich alles eingepackt hab, vergesse nichts und bin ready to go. So sieht es jedenfalls in der Theorie aus.

An dieser Stelle lege ich eine Schweigeminute für all die bis dato zurückgelassenen Gegenstände ein und drücke Ihnen die von der Alb Ra Geh aufs Ganze Edition aufs Auge.

Was und wie viel Gegenstände wurden von mir rücksichtslos zurückgelassen oder bewusst ganz im Trend der Wegwerfgesellschaft entsorgt?[121]

Tor 1: Zwei T-Shirts (vor allem das tolle einfache schwarze Shirt, das ich erst 4 Tage zuvor gekauft habe, weil ich ja das andere Shirt zuvor vergessen habe), 2 Paar Socken, die Bauchtasche, die ich von meinen Kollegen erhalten habe (Asche über mein Haupt), eine Sonnenbrille, die wunderbare Metallwasserflasche von Loek und Ilses wunderbarer Lengau Lodge mit dem Holzverschluss und ein Steckdosenadapter

Der rote Umschlag:
Zwei kurze Hosen (inklusive der erst vor 1 Woche käuflich erworbenen), eine Sonnenbrille (Sie erinnern sich vom Winde verweht in Kaikoura, das Buch „Get your shit together", 3 Sonnencreme Packungen (werden im neuseeländischen Sommer auch total überbewertet), eine Mütze, vier T-Shirts sowie *überdurchschnittlich häufig* verwendeter eBook Reader.

Tor 3: Wegwerfen? Vergessen? Ich? Kennen wir uns (höchstwahrscheinlich ja, da du ein:e Freund:in oder Familienangehörige:r bist) Ich bin ein geborener Sauter und komme von der Alb ra. Dank meiner Mutter ihrer ausgefeilten *Null-Null alles ist ausgeschalten und nichts hat man ihm Hotelzimmer zurückgelassen Methode war* dies eine zeitvergeudende Fang-den-Hut Frage.

Ehrlich gesagt, find ich es eine großartige Leistung von mir und ich klopfe mir mal auf die Schulter dafür. Unsere Abteilung war im HR Bereich als Sichselbstaufdieschulterklopfabteilung verschrien und ich finde, gebt den Leuten, was sie wollen. Ich rechnete fest damit, dass ich meinen Reisepass und die Kreditkarte mittlerweile bereits verloren habe und auf der roten Liste der deutschen Botschaft und der Volksbank Hohenzollern-Balingen stehe, da ich alle total irrational kirre mache und Moni und Peter den letzten Schlaf rauben würde. Mal wieder habe ich mich gekonnt unterschätzt. Dies ist eine meiner Königsdisziplinen.

---

120 Wie Tetris funktioniert detailliert zu erläutern, war mir an dieser Stelle ein persönliches Anliegen.

121 War Geh aufs Ganze nicht pures TV Gold? Die Lösung lautet a) Na haben Sie den Zonk oder das berauschende „Ich habs gewusst" Glücksgefühl?

Der Bus nach Queenstown fuhr erst gegen Mittag ab, so saß ich mit meinem Gepäck und einem Kaffee in der Hand am Seeufer und zog mir bewusst diese einmalige Kulisse so lange wie möglich rein, bevor ich wie ein professioneller Autor fleißig an „Von der Alb ra in die Welt hinaus" schrieb. Selbst wenn dieses Buch niemals jemand anders in die Hände bekommen sollte, hat es sich mehr wie[122] gelohnt. Das Schreiben und Musikmachen bringen mir einfach enorm viel Freude und ich tauche vollkommen in diese Welten ab. Vergesse die Zeit dabei, aber natürlich hatte ich mir heute ein Wecker gestellt, damit ich meinen Bus nicht verpasse. So lief ich 20 Minuten vor Abfahrt an die Bushaltestelle.

„Mein mutiges Herz warf meine Furcht am Lake Tekapo über Bord."

---

122 Oder heißt es als? Dies fällt mir als Schwabe tatsächlich extrem schwierig als oder wie. Ich dachte größer wie, aber dann müsste es ja mehr als … wie auch immer.

Die Kiwis sind ja im Allgemeinen sehr entspannt und unkompliziert. Man muss hier kein Ticket vorzeigen oder Barcode präsentieren. Man nennt seinen Vor- und falls notwendig Nachnamen und drin biste im Bus. Vor mir war eine sehr sportlich aussehende blonde Frau dran und als sie ihren Nachnamen nannte, der sehr deutsch klang und mit le endete, sagte ich mir: „Markus, sell isch oine von aus, die scheinbar au allein reist, falls es koine freie Sitzroih mehr geit, setzsch dich grad a malle neba se und sprichsch se an."

Zwei Schwaben in Queenstown

I schwätz eher wohl dosiert schwäbisch. Lassen Sie uns daher wieder zu dieser Art von „Hochdeutsch" zurückkehren.[123] Ich mein, wie creepy kommt es, wenn ich mich zu ihr setze, obwohl es noch genug freie leere Sitzreihen gibt? Ich betrat den Bus und es war keine Sitzreihe mehr frei. So nahm ich neben Jessica platz und wagte es tatsächlich.

„Du bist auch aus Süddeutschland oder?"
    Sie war kurz etwas verwundert und sagte: „Ja, woher weißt du es?"
    Ich grinste und sagte: „Das le am Ende deines Nachnamens, schwäbischer geht es kaum."

---

123 Extra für die Non-Swabian People: Markus. Dies ist eine von uns (Schwaben), die offenbar auch alleine reist, wenn kein anderer Sitz mehr frei ist, sitzt du dich einfach neben sie und sprichst sie an.

Wir verstanden uns auf Anhieb bestens und so verflog die Busfahrt wie im Nu. Wir tauschten uns zu unserer bisherigen Reise und zu den geplanten Aktivitäten in Queenstown aus. Die Impromptu Einlagen des Busfahrers Joe untermalten die unterhaltsame Fahrt dazu. Er wollte uns auf die Highlights entlang der Strecke aufmerksam machen, seine ausschweifenden Reden waren aber Zeitmanagement-technisch schwierig, sodass wir schon längst an den Sehenswürdigkeiten vorbeigefahren waren. Mein persönliches Highlight war der Hinweis, dass der Intercity Bus super teuer ist und wenn wir naiven Touristen uns zusammentun und einen privaten Transport buchen würden, sehr viel Geld sparen könnten. Ich habe das komische Gefühl, dass Joe in den letzten Monaten bei der Wahl des Busfahrers des Monats zu Unrecht nicht aufs Treppchen durfte.

Jessica, die jungdynamische mit einem lauten Sprachorgan gesegnete Schwäbin, steht wie ich auch auf Wanderungen und die Natur. So lag es nah, dass wir uns für eine gemeinsame Wanderung am nächsten Tag in Queenstown verabredeten. Angekommen in Queenstown hatte Jessica es zwei Straßen zu ihrem Hostel. Monsieur ich bin mir zu schade für ein Hostel, hatte sich eine tolle Unterkunft mit Blick auf Queenstown gebucht. Dank des Namens des Stadtteils – Fernhill – munkelt man, dass man erahnen hätte können, dass die Unterkunft nicht ganz so zentral gelegen ist. Das aufgrund von Busfahrermangels nur alle Stunde ein Bus fährt, hätte selbst die WM Oral Krake nicht vorhersehen können.

So schleppte ich mich und meine Rucksäcke leicht erkältet, dank der Unterkühlung während der Sternenbeobachtung (Jupiter Mars und Zwirn aber auch), die 40 Minuten den Berg hoch. Es sollte vielleicht noch erwähnt werden, dass es ein wolken- und windfreier Tag war, was bisher in Neuseeland selten vorkam. Feucht bis in die Socken, kam ich in Fernhill an und sagte zu mir: „Heute mach ich einfach mal Intervallfasten." Der Supermarkt befindet sich im Zentrum von Queenstown und ich wollte keine Kaikoura Trauma Revivalparty erleben. Da erblickte ich den „On The Hill" Tante-Emma-Laden. Hätte ich noch Kraft übriggehabt, hätte ich vermutlich ein „Halleluja" mit maskuliner tiefer Vikingerstimme verlauten lassen, so bog ich einfach nur mit einem fetten Grinsen in die Straße meines Airbnb Appartements ein und traf auf eine der beiden Gastgeberinnen Sam, die gerade in der Werkstatt rumwerkelte. Sie hatte schmutzige Hände und ich war verschwitzt, so war es nur fair sich die Hand zu geben, da jeder seinen „Schmutzbeitrag" leistete. Sie gab mir direkt ein paar Tipps für den Aufenthalt in Queenstown und war super freundlich. Ich betrat das Airbnb Appartement und von allen gebuchten Unterkünften war ich mir bei dem Appartement am unsichersten, weil man keine Küche dabeihatte, man im Haus mit den Gastgebern lebt und mehrfach darauf hingewiesen wurde, dass man nicht allzu laut sein soll. Es gab aber tatsächlich keine andere Unterkunft, die halbwegs im Preis/ Leistungsverhältnis so fair war. Als ich die Wohnung betrat, fühlte ich mich direkt wohl. Man merkte, dass Sam und Kat die Wohnung liebevoll eingerichtet hatten und der Balkon mit Blick auf Queenstown war unschlagbar. Das Gute war, da ich Jessica kennengelernt hatte und wir ausmachten zusammen essen zu gehen, brauchte ich gar keine Küche.

Ich ging früh schlafen und gerade als ich aufwachte, erkundigte sich Jessica auch schon, wie es mit unserer Wanderung ausschaut. Spontan kam sie zum Frühstücken vorbei. Kann man gar nicht verstehen, dass man eher den Balkon mit Blick auf Queenstown anstatt die Hostelküche wählt. So stärkten wir uns mit O-Saft, Kokosjoghurt und Müsli für unsere Wanderung über den Ben Lomond Track, der einen einmaligen Panoramablick versprach.

Bis dato waren ja die Mountains in Neuseeland nach deutschem Verständnis eher Hügel, aber nicht heute. Wir trafen auf Sam beim Verlassen der Wohnung und sie sagte uns: „Nehmt bitte viel Wasser und Sonnencreme mit. Es gibt keinen Schatten und keine Hütte auf dem Berg" Natürlich haben wir Hike Pros uns bereits bestens ausgestattet und sind nicht nochmal zum Tante-Emma-Laden gelaufen, um uns mit Nüssen Sandwichen und Vitaminwasser einzudecken. Ich mein hallo, wir sind ja keine naiven Touristen.

Von Fernhill aus gab es einen direkten Zugang zum Ben Lomond Wanderweg, der direkt neben einer Downhill Mountainbikestrecke verlief und ich bin mir ziemlich sicher, dass wir mehr Downhill als Wanderweg liefen. Nach kurzem Justieren fanden wir aber den Zugang zum Wanderweg. Der erste Eindruck von Jessica bestätigte sich bei der Wanderung und wir hatten einfach eine gute Connection, unterhielten uns von Nonsens-Gelabber bis hin zu ernsten persönlichen Themen. Sie erzählte, dass sie in die Schweiz ausgewandert sei. Jackpot, dachte ich mir, und zapfte natürlich fleißig alle Informationen ab. Es war nach über 2 Wochen auch mal schön zu zweit unterwegs zu sein. Keine Selfies machen zu müssen. Sich gut zu unterhalten und den stundenlangen Aufstieg aufgrund der interessanten Gespräche als gar nicht so schwer wahrzunehmen. Die Rezessionen der Wanderstrecke versprachen nicht zu viel. Erst ging es durch einen Wald, der fast schon buschartig war und von einem kleinen Fluss begleitet wurde, über einen steilen Panoramaweg ohne jeglichen Schatten (wie von Sam bereits angekündigt) auf die Spitze des Berges. Wir fanden ziemlich schnell unser Tempo, kamen zufrieden und ordentlich gegrillt oben an und machten Rast. Hier nahmen wir auf einem etwas abgelegenen Stein platz und machten natürliche eine Fotosession. Offenbar haben wir eine gute Figur abgegeben, weil danach war unser Stein die Touristenfotobox. Wir konnten von der Spitze aus sogar die Südalpen erblicken. Typisch für Neuseeland waren die Berge in ein Wolkenmeer eingedeckt. Egal in welche Richtung man blickte, man fand ein Highlight. Ob es der Blick auf Queenstown, der Blick auf die Alpen oder andere Berggruppen war. Wir verweilten ein wenig, bevor es wieder zurück Richtung Fernhill ging. Ein wenig schade war, dass es eine One Way Wanderung ist. Die gleiche Strecke nochmal runterzulaufen, ist immer etwas semi #beentheredonethat. Da wir uns aber mehrfach verliefen, sahen wir auch noch neue Ecken. Zurück in Fernhill angekommen, hatten wir beide ordentlich Hunger. Ich hatte bereits ein leckeres Restaurant mit dem simplen Namen „Local Kitchen & Bar" für uns ausfindig gemacht. Wir gönnten uns einen super süffigen Weißwein, teilten uns eine Pizza Margaritha und aßen einen Salat dazu. Meine Erkältung machte sich deutlich bemerkbar. Kennen Sie das, man baut plötzlich von Minute zu Minute mehr ab. Gefühlt hat jemand auf der Tastatur den Schnelldurchlauf gedrückt. Jessica mit ihrem Ronja Räubertochter Lächeln und ihrer blonden Lockenmähne (wieso ich dies hier erwähne. kein Plan), die eine sehr smarte und emphatische Frau ist, bemerkte dies sofort und sagte: „Komm, lass es uns für heute gut sein lassen. Wir sind ja schon lang unterwegs."

Ich kam zurück in das Appartement und lag flach. Schüttelfrost, Nase läuft im Workaholic und hämmernde Kopfschmerzen gesellen sich dazu. Gerüchteweise soll es nicht schlau sein angeschlagen 21,5 km bei brennender Sonne zu wandern. Aber was weiß die Gerüchteküche schon? Ich nahm ein Paracetamol und hoffte auf das Wunder von Queenstown, da morgen ein weiteres Highlight auf mich wartete – der Ausflug zum Milford Sound.

Milford Sound ist ein Fjord im Südwesten der Südinsel. Er ist für den emporragenden Berg Mitre Peak sowie Regenwälder und Wasserfälle wie die Stirling Falls und die Bowen Falls bekannt, die an seinen steilen Hängen hinabstürzen. Kurz zusammengefasst – eine Südinsel Highlight. Das Wunder trat nicht ein und die Reisegruppe fuhr ohne mich zum Fjord.

Krank alleine in Neuseeland in einem sich stark aufheizenden Appartement. Es lässt sich erahnen, wie der Tag verlief. Mein neues Motto „Mach das Beste aus bescheidenen Situationen", setzte ich direkt in die Praxis um und startete mal wieder mit der Planung der Nordinsel Route. Als ich gerade starten wollte, klopfte es an der Türe und Frida Wankelmut kam mit einem kalten Umschlag ins Zimmer.

„Du weißt ja, ich will dir nie etwas Böses (siehe kalter Umschlag), aber deine fehlende Resilienz holt dich halt immer wieder ein. Mal wieder beißt du dich nicht durch und verpasst das Highlight der Südinsel, indem du was machst? Stundenlang rumliegst und nach Unterkünften und Routen für die Nordinsel suchst. Lass es uns abkürzen. Du hast viel zu viel Zeit für die Nordinsel geplant, ohne vorher zu schauen, was alles möglich ist. Was willst du bitte ohne Freunde 13 Tage lang in Auckland machen? Dann möchtest du auf die Great Barrier Island, um in das Naturschutzparadies einzutauchen, auf der es keinen öffentlichen Nahverkehr gibt. Gute Idee, Junge. Nach dem Motto, Dreistigkeit kennt keine Grenzen, fragst du die Gastgeber, ob es eine Möglichkeit gibt, ohne Auto zur Unterkunft von der Fähre zu kommen und welch Wunder, sie bieten dir an dich abzuholen. Da bist du happy. Mal wieder eine Extratofuwurst für Markus. Du lösungsorientierter Typ wirst also an der Unterkunft ohne Probleme ankommen und was machst du dann? Sieben Tage auf der Insel ohne Busverkehr? Wir wissen beide, dass du nicht der Strandurlaubstyp bist. Nach zwei Stunden ohne Programm bist du mir hilflos ausgesetzt. Den Batzen Geld hättest du sinnvoller ausgegeben können. Klatschen by Wilma Wankelmut gibts auch in Stuttgart für umme."

Ich hatte heute genug von Wilma und sagte zu ihr: „Wilma, machs Gesicht zu schätzen" (Lieblingsspruch meines BWL-Lehrers von vor gefühlt 40 Jahren). Ich schleppte mich aus dem Tief und nach 4 Stunden des Planens, hatte ich die für mich bestmögliche Route für die Nordinsel festgelegt. Auch wenn ich dadurch Auckland Ping Pong spielen muss und es der Dreh- und Angelpunkt meines zweiten Reiseabschnitts in Neuseeland wird. Ich schaffte es überraschenderweise eine ordentliche Portion Optimismus aufzubringen und sagte zu mir: „Auckland bietet so viele Möglichkeiten, für Tagesausflüge. Es gibt zig Strände und Inseln in der Nähe. An schlechten Tagen kann man shoppen und in Museen, gehen und man kann am Wochenende auch mal Party machen. Das wird gut."

Wilma ist das Gesicht total entgleist. Gegenworte und Optimismus. Ihr Gesicht sah ungefähr so aus, wie wenn man Supermann eine Kryptonitbrezel serviert. Es steht jetzt nur noch 3000:1 für Wilma, sagte Ludwig Stolz in einer euphorischen Sprachnachricht.

Ich habe aber an dem Tag keine Unterkünfte, Busse oder Flüge gebucht. Hierfür sollte man fit sein. Sonst wählt man ein falsches Datum oder bucht einen Schritt vor dem anderen und das ganze Konstrukt geh schneller baden als das Tic Tac Toe Comeback.

Jessica erkundigte sich mehrfach nach meinem Wohlbefinden, was irgendwie schön war. Sie müsst es absolut nicht tun, aber tat es aufrichtig und erzählte mir, dass der Ausflug gar nicht so toll war. Was ich bis heute noch immer nicht glaube, aber es war ganz süß, wie sie mir den *scheiße ich habe ein absolutes Highlight in Neuseeland verpasst* Frust nehmen wollte.

* * *

Ein Tag mit viel Schlaf und Tee ist halt einfach die beste Medizin. Am nächsten Morgen sah die Welt halb so verschwitzt aus. Jessica und ich hatten uns wieder verabredet, um eine light Wanderung anzugehen. Jessica, die sportliche toughe Deutsche mit einem Confidence Level von 12/10, war einfach ein Erlebnis. Ich genoss es ihren Anekdoten zu lauschen und es fühlt sich toll an gemeinsam Queenstown zu erkunden. Wir gönnten uns in der Stadt zunächst ein wenig Thaifood und schlenderten entlang des Ufers des Wakatipu Sees. Mit den spektakulären südlichen Alpen ihm Hintergrund ist Queenstown definitiv einer der Hingucker Neuseelands. Natürlich ein Touristenmagnet zur Hauptsaison, aber in einem absolut ertragbaren Rahmen.

Die malerische Kulisse mit dem kristallklaren See und dem unfassbar schönen Bergpanorama in Kombination mit kleinen Holzchalets erinnerte mich sehr an die Schweiz, außer dass es vielleicht im Januar nicht 28 Grad in Luzern hat, also noch nicht. Gib uns mal weitere 30 Jahre Mutter Erde zu drangsalieren #summerallday.[124]

Der Abschied von Jessica rückte näher und wir machten es nach der weltbekannten Pflasterabziehmethode. Ade, war schee. Wer weiß, vielleicht sehen wir uns ja nochmals auf der Nordinsel? Ich kehrte zurück nach Fernhill und gönnte mir nochmal den leckeren Salat von The Local Kitchen and Bar to-go und so endete die Zeit in Queenstown mit dem unpopulären Rucksäcke packen. Ich hatte mir am ersten Tag einen Rotwein aus der Region gekauft, da ich aber angeschlagen war, hielt ich es für keine gute Idee, ihn zum Abschluss zu köpfen. Als kleinen Dank für die tolle Unterkunft und Ratschläge schenkte ich ihn Kat & Sam zum Abschied, in der Hoffnung, dass keine der beiden ein Alkoholproblem hat. Ich genoss noch ein wenig die letzten Sonnenstrahlen auf dem gemütlichen Balkon, hustete etwas vor mich hin und war von Herzen dankbar.

---

124 Dies war wieder einer der dunkleren Momente. Ich habe das Wort gesucht und wusste, wie es ungefähr klingen muss, Google drangsalieren – Autokorrektur machte daraus Transitiven (Vorortzug in Paris). Ich bedanke mich bei der Autokorrektur für das Erweitern meiner unnützen Wissensdatenbank. Almost würde ich mal sagen. Überraschenderweise hatte ich Diktaten in der Schule bestenfalls eine 4+.

„Irgendwas musst du richtig gemacht haben, dass du solch ein Abenteuer erleben darfst",
sagte ich mir.[125]

Dunedin – Edinburghs Cousine 4. Grades

Mein letzter Halt auf der Südinsel war Dunedin. Eine verträumte Studentenstadt, die als
das Edinburgh von Neuseeland bezeichnet wird. Der Intercity Bus fuhr bereits um 8 Uhr
morgens ab, doch anstatt ein Taxi zu rufen, um kein Opfer einer der vielen Busausfälle in
Queenstown zu werden, schaute ich dem Abenteuer ins Gesicht und entschied zumindest
ein Mal in meinem Leben als schwäbischer Sparfuchs einfach einen Bus früher zu nehmen.
Sollte dieser mich nicht mit seiner Anwesenheit beglücken, schleppe ich mich eben mit
meinem Gepäck den Berg hinunter in Richtung nach Queenstown, um verschwitzt und
miefend im Intercity Bus anzukommen. #Liebelingsfahrgastoftheday

Der Bus kam verlässlich wie ein Schweizer Uhrwerk um 6:55 Uhr an der Haltestelle an
und so stand ich eine Stunde zu früh an der Bushaltestelle. Warten ist aber mittlerweile
meine Königsdisziplin. Ich erinnerte mich an die Bäckerei, die Jessica und ich gestern
beim Erkunden von Queenstown sahen und vor der sich eine längere Schlange, wie so um
2010 rum vor den Hollister Läden, gebildet hatte. Nicht jedoch um 7:10 Uhr. Ich genoss
einen leckeren Kaffee und ein unverschämt delikates Pain au chocolat. Der Andrang auf
die Backstube war also absolut gerechtfertigt. Überraschenderweise traf ich Jessica nochmals. Sie teilte mir mit, dass sie Mitte Februar nun doch auch in Auckland sein wird und
es war klar, Wiedersehen wird Freude machen.

---

125 Geht es nur mir so oder ist es eine der schwierigsten Herausforderung unseres modernen Zeitalters einen Jutebeutel
richtig zu schnüren? Die Schnur hängt immer auf einer Seite lose und mit der Gesamtsituation überfordert unästhetisch
rum.

Die Busfahrt zum nächsten Stopp Dunedin war so spannend wie eine Partie des FC Bayerns gegen Borussia Dortmund. Keine Überraschung (viele Tore für Bayern) und viele Wiesen und Schafe (keine Punkte für Dortmund). Angekommen in Dunedin lief ich zu meinem Appartement, das dieses Mal mitten im Stadtzentrum war. Wenn ich nur zwei Tage an einem Ort bin, macht es keinen Sinn, einen Tag davon mit Pendeln zu vergeuden. Ich hatte mit dem Airbnb Host ausgemacht, dass ich meine Sachen früher in das Appartement packen kann. Bei der zentralen Lage wurde wirklich nicht zu viel versprochen. Alle Sehenswürdigkeiten des Städtchens (2 Kirchen, der Hafen und das Museum) liegen nur wenige Gehminuten entfernt. Dunedin hat wirklich ein interessantes Stadtbild. Schöne Häuser im viktorianischen Stil treffen auf Graffiti Street Art und natürlich als Schottlands Vertreter in Neuseeland gibt es überdurchschnittlich viele Pubs in dieser kleinen Stadt. Dunedin wird als Edinburgh of the South bezeichnet. Ehrlich gesagt hinkte der Vergleich für mich ein wenig. Ich möchte keinesfalls Dunedin zu nahe treten, aber da ist wohl der Wunsch die Mutter des Gedankens.[126]

An der Adresse angekommen, öffnete ich die Schlüsselbox und die Wohnungstüre, um die Wohnung im Status quo des vorhergehenden Gastes anzufinden. Ich schrieb dem Airbnb Host eine Nachricht, dass ich jetzt da bin, aber es den Eindruck erweckt, dass er noch nicht da war. Darauf gab es zunächst keine Reaktion. Ich wusste nicht wirklich, was ich tun sollte und so schlenderte ich durch die Maisonette Wohnung, die ein wenig einen alternativen Berliner Charme verstreute, aber die goldenen Tage lagen schon etwas hinter ihr. Eine Stunde später traf der Gastgeber, weder so richtig wach (es war mittlerweile 14:00 Uhr) noch ausgenüchtert, im Appartement ein und sagte: „Sorry, aber ein Kumpel, der mir helfen wollte, ist abgesprungen und ich war gestern lange feiern." Da ich eh die Stadt erkunden wollte, war es mir schnuppe. Dank Google Maps fand ich eine kleine Vegi Bude, gönnte mir ein revolutionäres Baguette mit Tofu und asiatischem Gemüse. Es war quasi ein Thai Curry im Baguette. Super lecker und super easy. Wieso bin ich da noch nicht selber drauf gekommen?[127] Es war vor allem ein leckeres Baguette. Excuse my German, aber jetzt muss ich mal so richtig deutsch werden. Unsere Backkunst ist einfach von einem anderen Stern. Wie gerne würde ich mal wieder in eine schwäbische Brezel mit ordentlich Butter drauf oder in ein Brot mit knuspriger Kruste beißen. Okay, that's it, genug rumgealemannt.

Gestärkt ging ich das örtliche Museum.[128] Genauso wie bereits in Kaikoura enttäuscht dieses auch nicht. Es gab Videoerklärbärspots, nachgebaute Hütten und Schiffe, in denen die europäischen Siedler in ihrer typischen Manier, fremdes Land unrechtens an sich nahmen. Das absolute Highlight sind die Kurzvideoclips des Laienschauspielgruppe Dunedin e. V., die in einer schauspielerischen Bestleistung Szenen der Überfahrt nachstellten.

Die Verbundenheit der Maoris mit unserem Planeten, der Fauna und Flora begeisterte mich in jedem Museum aufs Neue. Da ich mehr über deren Kultur lernen wollte, buchte ich für Auckland nicht nur den Besuch in Hobbiton, sondern eine Kombi-Tour, die einen

---

126 Ich frage mich nach mehrmaligem Lesen des Satzes immer noch, ob die Floskel passend ist oder nicht. Ich mag sie aber so sehr, dass sie passend oder nicht diesen Satz beenden wird.

127 Memo an mich selbst: Geschäftsidee Vegi/Vegane Gerichte in Baguette Form natürlich stets auch in lactose- und glutunfreien Varianten anbieten

128 Ich werde noch voll der Museums Guy. Zeigt her eure alten Steine. Zeig her eure ausgestopften Tiere ...

auch nach Rotorua führt. Hier steht der Besuch eines Kulturzentrums auf dem Programm. Zudem kaufte ich mir noch ein eBook zur Geschichte der Maoris. Update zum Thema eBook Reader. Ich bin ein Fan (nochmals Danke an Nata für den Tipp). Es ist wirklich handlich, nimmt kaum Stauraum weg und meine Befürchtungen, nach wenigen Seiten keine Lust mehr zu haben am Bildschirm zu lesen und das Papierbuch in der Hand halten zu vermissen, sind nicht eingetreten.

Gegen 17 Uhr ging ich noch in den Supermarkt, um mir für die nächsten zwei Tage Salate und Halloumi Käse zu kaufen. Zurück im Appartement waren die Überbleibsel des Gastes beseitigt worden, viel mehr ist aber auch nicht passiert. Richtig sauber war es nicht und so putzte ich erst einmal die verklebte Küche und das schmutzige Geschirr, bevor ich mir ein Abendessen zauberte. Das Appartement war auf den ersten Blick ein echter Hingucker, ein offenes Loft mit einem offenen Schlafzimmer, einem großen Bad, einer großen Garderobe. Eine offene Küche mit Ess- und Wohnzimmer und, was für jeden Backpacker ein Traum ist, mit einer Waschmaschine und einem Trockner. Beim genaueren Hinschauen waren aber die Handtücher nicht sauber, die Küche wie gesagt echt schmuddelig, das Sofa mit Flecken übersät und auf der Fernbedingung des Fernsehers hat sich eine neue Spezies niedergelassen.

Ich habe es ja mehrfach in den Zeilen über Südafrika erwähnt, dass der Salat von Ilse einfach unschlagbar war, so gab es zu dem Salat und Gemüse viele verschiedene Kräuter (Thymian, Basilikum, Petersilie und viel Koriander) sowie Körner und Saaten, um ihm das gewisse Etwas zu verliehen, dass aber trotzdem maximal für einen mittleren Platz in der Tabelle der Salatregionalliga Süd reichte.

Mittlerweile kann ich sehr gut einschätzen, wie viel Lebensmittel man pro Mahlzeit und Tag für eine Person braucht, gerade wenn man nur zwei Tage an einem Ort ist. Keiner will kühlschrankliebende Lebensmittel mehrere Stunden im Sommer im nicht klimatisierten Bus über die Insel transportieren oder gar zum Food Wasting beitragen.

Am Tag darauf war das Wetter leider nicht sonderlich bueno. Es war bewölkt, windig und regnete immer wieder. Über die App verabredete ich mich mit einem Hamburger, der gerade auch auf der Insel unterwegs war und wir gingen lecker frühstücken, tauschten uns zu unseren bisherigen und kommenden Stationen aus, das bedrückende Wetter schlug aber auch ein wenig auf unser Mitteilungsbedürfnis und so schlenderte ich noch ein wenig durch die Stadt, während er sich noch das Museum anschaute. Nach einer Stunde im kalten und dank der Wolkendecke trist erscheinendem Stiefcousinchen von Edinburgh ging ich zurück ins Airbnb Appartement, um die kommenden Tage in Auckland dingfest zu machen.

Dabei stellte ich fest, dass mein Plan für die Nordinsel, denn ich mit letzter Kraft im Sterbebett in Queenstown in Vulkanstein gemeißelt hatte, überraschend sinnvoll daherkam, aber die Hälfte der gespeicherten Unterkünfte mittlerweile bereits von glücklicheren Reisenden gebucht worden waren.

Da mir die Suche nach Unterkünften und Reiserouten nach wie vor viel Freude bereitet, tauchte ich freudig virtuell in die Nordinsel ein und buchte dabei auch schon bereits den

Rückflug von Vancouver nach Frankfurt, die Unterkunft in Kanada, die Fähre zur Great Barrier Island sowie die Unterkunft. Wenn es läuft, dann läuft es halt.

Nach einer langen Recherche habe ich auch herausgefunden, wie ich zum Mount Taranaki, einem Wahrzeichen Neuseelands aka der Vulkan, der in perfekter Spitzkegelform aus dem Boden ragt, ohne Auto gelangen kann. Der erneute Inlandflug von Auckland nach New Plymouth zerschießt zwar meinen CO2 Footprint komplett, aber als vegetarischer Nicht-Autofahrer darf ich mal ein wenig wagen.[129]

Diese Recherche war wirklich sehr langatmig und nervig, weil es keine Stadt/keinen Ort direkt in der Nähe des Vulkans gibt, zumindest keinen, den man ohne Auto erreichen kann. Als ich dann den Bustransfer von New Plymouth fand und auch sah, was das kleine Städtchen an der Westküste der Nordinsel zu bieten hat, war es mir all die Kosten wert. Es war ein tolles Gefühl die restlichen Reisestopps gebucht zu haben und dass ich absolut in meinem Reisebudget lag.[130]

Ich entschloss von den vier geplanten Touren in Auckland und Umland nur eine zu buchen, da ohne Fieberdelirium vier Ganztagestouren im Reisebus mit Paaren im gehobenen Alter nicht mehr ganz so attraktiv wirkten. Außerdem finde ich es spannender, eine Region auf eigene Faust zu erkunden.

Für die Touren spricht offensichtlich, dass man in einem Tag super viel sehen kann, dagegen, dass es meistens ein Touri Hopp on / Hopp off ist und man hat nicht die Zeit, die man sich gerne für einen Ort nehmen würde, um ihn richtig genießen zu können. Wenn man wie ich nur mit dem ÖV unterwegs ist, müsste man aber ohne solche Touren auf einiges verzichten, daher war ich über die Touren, die ich mir leistete, sehr froh.

An meinem letzten Abend auf der Südinsel war ich ein wenig enttäuscht, dass Dunedin so ereignislos verlief und die Unterkunft auch ein kleiner let down war, andererseits konnte ich dadurch die Zeit nutzen, um die Nordinsel besser zu planen, vor allem den Stopp in Auckland. Durchzuatmen und Eindrücke sacken zu lassen, kam bis dato eh zu kurz.[131]

Der Abflug am nächsten Morgen war bereits um 9:00 Uhr und mit dem Bus hätte ich 1 Stunde 20 gebraucht, da der Flughafen gefühlt gar nicht mehr in Dunedin liegt. So bestellte ich mir ein Uber. Gabriel holte mich überpünktlich ab und die halbstündige Fahrt war eine weitere interessante Unterhaltung mit einer faszinierenden Persönlichkeit. Gabriel war Mitte 60, Brasilianer, was ich direkt am Akzent erkannt habe, da ich mit einer wunderbaren brasilianischen Kollegin zusammenarbeiten durfte, die wohl ziemlich genau jetzt Mutter geworden ist #congrats. Er sprach wirklich extrem gut Englisch und erklärte mir, dass er gerade Deutsch lernt, da er unbedingt eine deutsche Schiffsreise machen möchte, der Veranstalter aber zu ihm meinte, dass man zwingend Deutsch sprechen muss, z. B. in einem Notfall sind alle Durchsagen nur auf Deutsch (Le Germans at is best).

Ich fragte ihn, warum er unbedingt ein Cruise eines deutschen Anbieters machen möchte, da erklärte er mir, dass die Deutschen hier wohl die interessantesten Touren anbieten und

---

129 Dachte der Autor naiverweise und schon haben sich zwei Klimakleber an seinen geliebten Dielenboden geklebt.

130 Ich feierte mich so richtig, weil inklusive mir jeder davon ausging, dass das Konsumkind total pleite zurück nach Deutschland kehrt.

131 Wie ich positive Aspekte aus jedem Moment herausziehe, total konsequent meinen Vorsatz in die Praxis umsetzte, ist erstaunlich, oder?

nicht nur die Standard Karibik Cruise. Gabriel lernt jetzt jeden Tag mit der App Dualingo Deutsch, um eines Tages diese Tour machen zu können. Was für eine tolle Eigenschaft, so viel Engagement für eine Sache aufzubringen. In Brasilien war Gabriel Projektleiter, kam mit Ende 50 nach Neuseeland und ist seither Uberfahrer. Er sagte unverblümt, dass dies nie seine erste Wahl gewesen sei, aber mit Ende 50 als Ausländer einen Job in seinem Fachgebiet zu bekommen, war schlichtweg unmöglich. Er hat sich damit abgefunden und kann sagen, dass sowohl seine Frau als auch er noch nie so glücklich waren wie in Neuseeland und er tolle Persönlichkeiten bei den Fahrten kennenlernen darf. Was für ein Mindset! Wenn ich Ende 50 bin, möchte ich bitte auch so unterwegs sein, aber kein Uber-Fahrer, wobei wer weiß, vielleicht hab ich bis dahin ja den Führerschein gemacht.[132] Bei diesem Satz werden meine Eltern zu Recht herzhaft lachen. Dies ist, wie das Dinner 4 One zum Jahreswechsel, mein alljährlicher Vorsatz. Die Vorstellung, mit mittlerweile 38 in der Fahrschule neben Teenagern zu sitzen, ließ den Vorsatz bis dato immer nur ein Vorsatz bleiben.

Dank der guten Unterhaltung war die Müdigkeit in den Hintergrund getreten und wir kamen gefühlt fast wie hingebeamt am Flughafen an. Ich lief zur Eingangstüre und sah keine Menschenseele, wirklich keine einzige Person. Nicht mal einen Flughafenmitarbeitenden. Verunsichert lief ich zur Türe, die aber bereits eingestempelt hatte und mir den Zutritt gewährte. Auch Air New Zealand hat wie Qantas einen Self Check-in und Bagage Drop. Like a pro funktionierte alles in wenigen Minuten. Einzig das Schild Handgepäck maximal 7 kg machte mir etwas Sorgen, da ich 11 kg hatte und nach 3 erfolglosen Umpackversuchen mir einredete, als ob die des prüfen werden. Wie das Städtchen war der Flughafen auch sehr überschaubar, so gönnte ich mir ein Blaubeermuffin und ein Kaffee und schrieb weiter am Buch. Als der Securitybereich 30 Minuten vor dem Abflug immer noch geschlossen war, bekam ich langsam ein mulmiges Gefühl. Die Security Mitarbeiter machten aber keine Anstalten, den Bereich zu öffnen. 20 Minuten vor Abflug lief ein Mitarbeiter gemütlich zum Eingang und nahm die Absperrung ab und die Fluggäste rannten wie von der Tarantel gestochen zum Security Check. Ich dachte mir „nur id hudla". Dies ist ein ähnliches Phänomen wie beim Aussteigen aus dem Flugzeug. Was ich als Nicht-Kiwi nicht wusste, die Sitzplätze am Gate sind sehr limitiert und so genoss ich Zeit bis zum Abflug von meinem Stehplatz aus.

---

132 Meine Fahrschullehrerin,, die als Bösewicht bei Disney durchgehen könnte, hat, nachdem ich mich durch einige Fahrstunden gequält habe, zu meinen Eltern damals gesagt, dass nicht jeder Auto fahren muss. Es war ungefähr so erfolgreich wie Spongebobs Versuche den Lappen zu erhalten, nur damit Sie ein Gefühl für das Ausmaß meines Talents bekommen.

– Lassen Sie das Buch exakt in diesem Moment fallen, wo auch immer Sie gerade sein mögen[133] –

Dies ist ein Firecake Alarm und keine Übung. Lassen Sie all ihr Hab und Gut zurück und begeben Sie sich auf dem direktem Weg zum nächsten Bäckereifeld. Wenn Sie dabei über Los kommen, erhalten Sie nicht ein, sondern zwei Stücke vom saftigen Schneewittchen Kuchen, Sie Maschine, Sie!"

---

133 So schwer es Ihnen auch fallen mag – ich meine dieser Schinken wiegt ja auch etwas.

Auckland, Klappe – die erste!

In Auckland angekommen nahm ich mir direkt die HOP Card. Mit dieser kann man Fähren/Buse in Auckland nutzen und stempelt immer ein und aus. Ein wirklich tolles System. Die Karte kann man auch bereits mit Guthaben direkt am Flughafen erwerben. Da Ansicht der Aufenthalt in Neuseeland aus deutscher Sicht nicht ganz billig ist, war es überraschend, dass der Nahverkehr so günstig war. Für nur 2,53 neuseeländische Dollar kam ich zu meiner Unterkunft. Das sind umgerechnet quasi 1 Mark, wie mein Opa immer zu sagen pflegte. Die aus unserer Perspektive hyperfreundlichen Kiwis bedanken sich stets beim Aussteigen beim Busfahrer für die Beförderungen, was ich eine schöne Geste finde und das Stadtleben ein wenig familiärer macht, wenn das irgendwie Sinn ergibt. Die Fahrt durch Auckland war ein guter Start in die Woche. Ich konnte viel sehen. Es ging direkt vorbei an der Rainbowbridge #canigetagaylord.

Sobald man das Stadtzentrum verlassen hat, ist der Großstadtflair verpufft. Es gibt kaum Mehrfamilienhäuser. Bestimmt über 90 % Einfamilienhäuser mit schönen und meist nicht allzu kleinen Gartengrundstücken, die super gepflegt sind. Die Holzhäuser machen sich hier natürlich auch besonders gut. Google Maps verpasst mir beim Verlassen des Busses mal wieder einen Schock, da der Fußweg zur Unterkunft 45 Minuten betragen soll. Ich müsse einen riesigen Bogen um die große Kreuzung machen, um an meine Unterkunft zu gelangen, wo direkt vor mir ein Zebrastreifen war, der mich auf die andere Seite der Straße führte. Es ging über 4 Ampeln, die keinen Zeitdruck verspürten ihre Farben zu wechseln, bevor ich in die Western Spring Road abbog. Meine Hood hatte ein wenig Vorstadtflair. Es gingen immer schmale steile Gassen von der Straße ab, in denen sich jeweils 4–5 Einfamilienhäuser befanden. So auch das wunderschöne und sehr spezielle Haus von Claire und James, in dessen Garten sich mein Studio befand. Es war an für sich ein klassisches Kiwi Holzhaus, das jedoch in Leitplanken gekleidet war. Dies in Kombination mit dem alten Baum, den Büschen und Pflanzen des Gartens war eine sehr spannende Nummer. Als ich dann erfahren habe, dass Claire Journalistin für ein (Innen-)Architektur Magazin ist, schloss sich der Kreis. Mein Studio war so ca. 20 m² groß und hatte alles, was man braucht. Ein kleines Bad mit Fenster, eine kleine Küchenzeile mit zwei Herdplatten, Kühlschrank und dem Kiwi must-have einem Toaster, ein Bett, ein Esstisch und ein TV mit Netflix. Eine kleine Terrasse in den Garten mit zwei Stühlen rundete die Unterkunft vollends ab. Ich fühlte mich auf Anhieb wohl, auch da die beiden mich direkt herzlich begrüßten und mir ein gutes Gefühl sowie Tipps zu meinem Aufenthalt gaben und sich auch während der Woche immer wieder nach meinem Wohlsein erkundigten. James fragt mich sogar, ob ich mit ihm in die Kletterhalle gehen will, da ich so sportlich wirke.[134] Ich hatte für den Tag aber bereits den Tagestrip nach Rotorua, in die Waitomo Glowworm Höhle und nach „Hobbiton", dem Drehort von Herr der Ringe und Hobbit, gebucht.[135] Ich heuchelte eine leichte Enttäuschung vor, da ich nicht zusammen mit ihm am Indoorberg rumhängen konnte, aber nur so viel, dass James nicht auf die Idee kam einen alternativen

---

134 HEIKO, hör auf zu lachen und spar dir den Kommentar.

135 Letzteres lässt natürlich ein wenig Schnappatmung entstehen und mein nerdy Hobbitfanherz höherschlagen.

Termin vorzuschlagen. Lassen wir die beiden einfach im Glauben, dass sich Muskeln in meinen Oberarmen befinden.

Da ich sieben Tage in der Unterkunft sein würde, begann ich nach der Ankunft direkt mit dem großen Auspacken und da das Studio klein war, fand ich es auch wichtig alles wegzuräumen, um nicht unnötig Platz zu verschwenden. Aus dem Rucksack leben ist einfach nichts für mich, da kommt kein Gefühl des Ankommens auf. Man will dann natürlich immer das Kleidungsstück, das ganz unten im Rucksack ist und dann entsteht der Chaos Messi Wäscheberg. Kurz und knapp gesagt — It's a no for me.

* * *

Nur der Tradition wegen machte ich mich direkt auf den Weg zum nächsten Supermarkt, der nur 20 Minuten zu Fuß entfernt war. Und was erblickte mein hungriges Auge. Neben dem Supermarkt befand sich ein kleines französisches Café.[136] Ich dachte mir gerade, wenn die politische Beziehung derzeit mit den Allez le Bleus nicht ganz so smooth ist, glätte ich die Wogen in den kommenden Tag, selbstlos wie ich bin, und unterstütze die Auswanderernachbarn gerne #supportyoureuropeanlocals.

Ich füllte den Kühlschrank mit frischem Gemüse, Kräutern, Käse, Obst und meinem neuen Lieblingskokosjoghurt. Der Kokosjoghurt, den ich aus Deutschland kenne, ist immer etwas wabbelig und ihm fehlt diese cremige Note, nicht aber diesem Exemplar. Er kommt daher wie ein griechischer reichhaltiger Gott, quasi wie mein erster Freund, Tilemachos.

Als ich am Freitag am Flughafen von Auckland auf den Shuttlebus in die Stadt wartete, erblickte ich ein Werbeplakat für die Ausstellung von Frida Kahlo, Diego Rivera und weiterer mexikanischen Pinselvirtuosen im Kunstmuseum von Auckland. Die Ausstellung lief nur noch bis diesen Sonntag (es war Mittwoch). Da ich bereits seit langem eine laienhafte Begeisterung für Frida empfinde, musste ich die Ausstellung besuchen, koste es, was es wolle.

Ich liege ja voll im Reisebudget.

Es gab schon einige Möglichkeiten während der über 200 Seiten, aber ich wollte mir den nachfolgenden Spruch für einen ganz besonderen Anlass aufheben. Heidemarie, meine Spirit Ehefrau, die mich als Praktikant quasi verführt hat (#metoo gab es damals leider noch nicht), lass es uns zusammen sagen: „Firma bezahle."

„Was für ein Glückspilz bin ich, bitte", sagte ich lautlos zu mir, bevor ich online feststellen musste, dass alle Tickets bereits vergriffen waren. Es gibt aber laut der Website noch Tagestickets, die man direkt am Museum käuflich erworben kann. Es gibt strikte Zeitfenster, die jeweils nur 2 Stunden umfassen. Und wenn ich für jedes Zeitfenster mein Glück versuchen muss. Ich werde einen Blick vielleicht auch drei auf ein Original Frida Kahlo Gemälde werfen. #confidencegameison

---

136 Song of the Day Emily Watts – La vie en rose

Aufgrund des frühen Fluges von Dunedin nach Auckland war ich am Reisetag mega groggy und wusste nichts so recht, was ich aus dem Tag machen soll. Ich nenne dies mittlerweile das

Vomfliegenundbusfahrencroogysein-Phänomen.

Kann gut sein, dass es nur mir so ergeht, aber meine Laune am Ankunftstag ist immer wie der VfB in den vergangenen Jahren in der Bundesliga, also im Keller. Entweder weil man zu wenig geschlafen hat, geschlaucht von der langen Busfahrt war, der erste Eindruck nicht mit den Erwartungen mithalten konnte oder es einem am letzten Ort so gut gefallen hatte, dass man gerne länger geblieben wäre. In den meisten Fällen schüttelte ich das Tief spätestens am nächsten Tag mit einer Leichtigkeit ausgeschlafen und bepackt mit der Neugierde für all die neuen Eindrücke ab. Heute fehlte mir aber jegliche Geduld und so nahm ich meine Laufschuhe, suchte bei Google einen Aussichtspunkt in der Nähe und joggte zum Mount Eden. Die 3,7 km packste easy, dachte ich, doch hatte ich hier weder meinen leeren Akku noch die Hitze oder gar die hügeligen Wege einkalkuliert. Besonders beim Sport ist es so, wenn mich mein Ehrgeiz einmal gepackt hat, gebe ich nicht auf, auch wenn ich wie ne alte fette Dampfwalze daherkomme und von rüstigen Rentnern fast schon dreist mit einer Leichtigkeit überholt werde. Das Tolle an der Laufidee war, dass ich gleich einige schöne Ecken von Auckland sah wie z. B. den hippen Stadtteil Kingslanding, der laut meiner Gastgeberin total im Kommen ist. Mein erster Eindruck von Auckland bestätigte sich, wenig Hochhäuser, sehr viele schöne Einfamilienhäuser aus Holz und viele Bars und Restaurants, die zum Verweilen einluden, wenn man nicht alleine unterwegs wäre.

Nach 35 Minuten kam ich am Mount Eden an und quälte mich, anders kann man es wirklich nicht beschreiben, den Hügel hoch. Achtung the Walking dead ist im An-marsch, hätte ich geschrien, wenn ich noch die Puste dafür gehabt hätte und extrovertierter wäre. Junger Vader, was hat sich das Abquälen gelohnt. Mount Eden bietet seinen Be-sucher*innen einen 360° Blick auf Auckland. Man sah den Skytower, der wie der Name schon vermuten lässt, die Skyline von Auckland prägt. Er ist zudem ein guter Anhalts-punkt, wenn man sich verläuft und Google Maps nicht zum xten Mal an dem Tag um Hilfe bieten möchte. Man hat aber auch einen schönen Blick auf den Hafen, das Meer und weitere Hügel, die sich in den einzelnen Stadtteilen niedergelassen haben. Würde ich nicht wie der Walking Dead daherkommen, wäre Selfi-Time gewesen, so nahm ich einfach Platz und ließ das Stadtbild eine Weile auf mich wirken, bevor ich den Heimweg antrat. Überraschenderweise lief es hier deutlich besser. Einziges Problem war mein in die Jahre gekommenes iPhone 12 und seine Batterie, die cardiotechnisch mittlerweile eine 2/10 ist. Ich bin immer schon im Energiesparmodus unterwegs, sobald ich die Route in Google Maps rausgesucht habe, aber selbst das ist noch zu viel Trubel für das sensible Stromspeicherwesen. So hatte ich noch 5 % Akku, als ich am Mount Eden ankam. 2 %, als ich wieder loslief. Man könnte jetzt sagen, ja aber Markus der Skytower ist doch ein guter Orientierungspunkt. Ja das Haus von James und Claire ist nordwestlich vom Skytower, so sind aber auch 50.000 weitere Kiwi Häuser. Ich zog das Tempo an und als ich noch 15 Minuten entfernt von der Unterkunft war, hatte ich noch 1 % Akku. Ich schaute mir die Karte mit einem Clarke Kent Blick an und redete mir ein, die restliche Navigation mir merken zu können. Ich war zu dem Zeitpunkt aber auch einfach nur K. O., also runter-geritten bis auf die von meiner Körperwasserproduktion durchnässten Schuhe, als mich leicht schadenfroh der schwarze Bildschirm meines Handys anschaute. Das ließ ich mich nicht aus der Ruhe bringen. Easy, es ist einfach die übernächste Straße links, dann nach 500 Metern rechts, die dritte Straße rechts vor der großen Kreuzung, bei der ich mit dem Bus vom Flughafen ankam, und die nächste wieder links, easy.

Wilma Wankelmut stand am Rand mit einem Wasserbecher in der Hand, den sie aber natürlich zu spät mir entgegenhielt. Unqualifiziert rief sie mir hinterher: „Lost in Auckland, du Vorzeigetourist. Für alles gibt er Geld aus, aber für eine Powerbank, die er offensicht-lich braucht, ist er zu schwäbisch!"

Ich hielt kurz inne, unterdrückte meinen bereits perfekt zurechtgelegten Konter und lief einfach immer weiter, suchte nach einem bekannten Haus, einer Pflanze, die beim Hinweg meine Aufmerksamkeit auf sich zog, oder eine Bushaltestelle mit einer Umgebungskarte. Langsam wurde mir ein wenig mulmig, da meine Kraft deutlich nachließ. Alles, was ich sah, war Neuland für mich. Natürlich konnte ich mir den Namen der Straße nicht merken, so dass es sinnlos war Passanten zu fragen. Hier kam mir mein unterdurchschnittlich ausgeprägtes Namensgedächtnis in die Quere. War es Morning oder Spring Road? „Hallo Auckländerianer, mein Name ist Markus, ich bin verschwitzt und der Schweißgeruch ist real. Wissen Sie, wo die Morning, also die Spring Road in der Nähe von der großen Kreuzung ist, da gibt es auch einen Park direkt in der Nähe."

„Hallo unterbelichteter Tourist, das beschreibt so ziemlich jede Ecke von Auckland", würden die Kiwis niemals zu einem sagen, dafür sind sie viel zu nett und hilfsbereit. Sie würden selbst bei dieser geringen Erfolgsaussicht ihr Bestes geben, um mich nachhause zu führen. Nachdem ich alle möglichen Konversationsszenarien, die bei der Ansprache eines Kiwis eintreten können, durchgespielt hatte, kam endlich die Erlösung. Es sah so aus, als sei die große Kreuzung, von der das Studio nur 100 Meter entfernt liegt, von einem Heiligenschein umgeben, da am Horizont gerade die Sonne die Wolkendecke aufbrach. Was für ein unerwarteter spannender Start in Auckland. Von dem Tief war nichts übrig. Ich Maschine habe es im Angesicht meines Schweißes zerstört. Das Adrenalin wirkte Wunder und dank des Auspowerns war der Reiseblues vom zuverlässigen Kiwi Wind weggeweht worden.

„Morgen werde ich direkt versuchen Fridas Werke im Kunstmuseum zu sehen und einfach mal durch die Stadt zu schlendern." Für Freitag suchte über die AllTrails App nach einer Wanderroute und bin auf eine schöne Strecke namens „Karamatura to Mount Donald McLean" im Waitakere Rangers Regional Park, einem Naturschutzgebiet 30 Minuten außerhalb von Auckland aufmerksam geworden. Nach Museum und einem Wandertag wäre es doch lustig am Samstagabend ein wenig das Tanzbein zu schwingen und über die App lernte ich einen Auckländer kennen, der mir die Glitterbox Party empfohlen hat. Eine 70s inspirierte Disco-/Houseparty mit gemischtem Publikum (lgbtqia+ straight). Der Sonntag dient dann zum gemütlichen Ausnüchtern. Also wenn das nicht nach einem perfekten Plan für den ersten Aufenthalt in Auckland klingt, dann weiß ich ja auch nicht.

Nach einem leckeren Frühstück mit Obst, Nüssen und Müsli brezelte ich mich mal etwas für Frida auf. Eine Seltenheit in diesem Urlaub – ich stylte meine Haare selten, da der Wind und meine Locken auf Kriegsfuß standen. Es war heute aber ein relativ windstiller Tag für neuseeländische Verhältnisse. Ich zog das einzige Hemd an, das ich dabeihatte. Mehr chiqu habe ich nicht in meinem Backpacker Repertoire. In meinem tollen neuen Rucksack nahm ich vorsichtshalber für alle Fälle eine Cappy mit, man weiß ja nie. Ich war pünktlich an der Bushaltestelle und winkte dem Busfahrer zu. Die Busse halten nur auf Zuwinken. Nach zwanzig Minuten waren ich auch schon an der Zielhaltestelle angekommen und es ging direkt ins Kunstmuseum, das an den schönen Albert Park angrenzt. Die Schlange war nicht ohne, aber ich hatte es mir schlimmer erwartet und so stand ich mit anderen neugierigen Kunstinteressierten 30 Minuten an, bevor wir die Ausstellung betreten durften. Es war eine bunte Mischung aus Großmüttern mit ihren Enkelkindern, Grande Damen mit ihren schwulen besten Freunden, Kunststudent*innen und Touristen like me. Zunächst wurden die Bilder von Fridas Ehemann Diego Rivera und weiteren mexikanischen Künstlern in das richtige Licht gerückt. Als ich das erste Bild von Frida erblickte, war der Pseudo Kunstkennermodus on. Ich studierte detailverliebt die Selbstporträts. Mit welcher Raffinesse sie ihr charakterstarkes Wesen zeichnete, wie viel sie zwischen den Zeilen zeichnete und wie sie einen als Betrachter ihrer Werke auf eine Reise in ihre teilweise düstern Welten mitnimmt, welch traurig wunderschöne Momente. Ehrlicherweise habe ich die anderen Künstler stiefmütterlich behandelt, weil meine Faszination für Frida sie einfach überschattete. Es waren aber wirklich auch schöne Werke dabei. Meine wunderbare Gastgeberin Claire gab mir noch den Tipp die Ausstellung von Robin White, eine zeitgenössische bedeutende neuseeländische Künstlerin, anzusehen. Gesagt, getan. Als gebürtiger Schwabe nimmt man da natürlich alles mit, was kostenlos ist. Die Gemälde von Robin waren ein ordentlicher Kontrast zu Frida, da sie wenig Fokus auf detaillierte Zeichnung der Mimik und Gestik setzte. Aufgrund meines limitierten Kunstvokabulars ist es auch schwierig sie treffend zu beschreiben. Trotz des „fehlenden" Detailierungsgrades schafft sie es charakterstarke Porträts von Orten und Menschen zu malen. Besonders gut gefiel mir der Barkeeper.

Robin White bringt aber nicht nur ihre Werke auf Leinwände, sondern arbeitet mit Weberinnen aus verschiedenen Kulturen zusammen und bringt wunderschöne Muster und damit verbundene Geschichten auf Teppichkunstwerke. Ich werde sicherlich nie ein großer Kunstliebhaber oder Museumsjahreskarteninhaber, aber die Reise hat meine Freude und Wertschätzung für die unterschiedlichsten Museen gefördert und dies nicht nur an verregneten Tag.

Ich verließ das Kunstmuseum bepackt mit wunderbaren Eindrücken und BÄM, fiel ich erneut in ein Loch. Wie aus dem Nichts, als hätte ich den fehlenden Gullydeckel nicht bemerkt. Ich war im freien Fall in die Dunkelheit, lief planlos am Hafen und in der Einkaufsstraße herum, suchte vergebens nach einer neuen Sonnenbrille. Da fiel mir auf, dass ich wohl einfach nur hangry war. Es war 16:30 Uhr und ich hatte nur ein kleines Frühstück. Ich suchte ein Café am Hafen und dort angekommen, war mir aber plötzlich nicht nach etwas Süßem und so fand ich in 800 m Entfernung ein vegetarisches Restaurant. Ich hatte keine Ahnung, was das Gericht des Tages darstellen sollte, nahm es aber, ohne wirklich darüber nachzudenken.

„Ist der Platz neben dir noch frei?", fragte eine vertraute Stimme. Guess who's back in town? Wilma Wankelmut nahm neben mir Platz und sagte:
„Du kannst dir nicht erklären, wieso du in diesem *das Öko Veggi Essen schmeckt nicht lecker ist, aber gesund Restaurant* sitzt und eine Traurigkeit dich überkommt, dass du den Tränen nahe bist? Weil du den Depri Teenager in dir mit dem Low Self Esteem einfach nicht loswirst, du superleicht verunsichert wirst. Wie wenn du in den Sonnenbrillenshop gehst, die Verkäuferin dich fragt, ob du Hilfe brauchst und du nein sagst, weil sie gerade mit ihrer Kollegin gelacht hat, als du den Laden betreten hattest und du dies wieder direkt auf dich beziehst. Ich habe dich genau beobachtet, wie du dich im Spiegel betrachtet hast und dein Ausdruck, als du die Abzeichnung deines Körpers in dem T-Shirt gesehen hast. Du dachtest sicherlich so etwas Ähnliches wie, was für eine komische verformte Figur habe ich bitte. Seit du in Neuseeland bist, achtest du vorbildlich auf deine Ernährung, bewegst dich viel und machst Sport, um das Afrikahüftgold loszuwerden. Doch dein Body, besonders die Wampe und Hüfte, ignoriert dies gekonnt und dank deiner schrägen Körperhaltung trägt selbst ein schwarzes Shirt auf. Genauso wie als du alleine im Albert Park unterwegs warst und die Gruppe Anfang 20-jähriger Jungs dich anschauten und du direkt geglaubt hast, es liegt an dem kleinen Rucksack, der gay aussieht oder dass dein für andere nicht mehr wahrnehmbarer Silberblick zurück ist. Die größte Angst des Markus, was, wenn du wieder schielen würdest und alle dich wieder angaffen würden wie damals. Seit über 20 Jahren schielst du nicht mehr und bis heute kannst du es nicht ertragen, wenn dir jemand länger als 20 Sekunden in die Augen schaut. Wie du panische Angst hast, wenn du mit Augenschmerzen aufwachst und dich nicht traust in den Spiegel zu schauen, weil all die Erinnerungen an die Sprüche, die Blicke und die Einsamkeit deiner Jugend aus der Kiste im Keller den Weg in das Hier und Jetzt finden."[137]

Ich stand einfach auf und ließ Wilma sitzen. Nahm den Bus zurück ins Studio und startete einen Monolog, während ich das wunderschön florierende Auckland beobachtete.

„Du darfst einen schlechten Tag haben. Es ist völlig okay mies drauf zu sein. Nur weil du im Paradies auf Erden bist, heißt es nicht, dass immer alles all smiles sein muss. Außerdem erschlägt dich gerade wahrscheinlich einfach das Großstadtfeeling, das du seit Kapstadt Anfang Dezember nicht mehr hattest. ABER du hast heute Fridas Kunst gesehen. Bist beim strahlenden Sonnenschein entlang der Hafenpromenade in Auckland spaziert. Du hast wunderbare Freunde und Familie zuhause, mit denen du regelmäßig telefonierst und die das alleine reisen so sehr erleichtern, weil du solch wunderbare Menschen an deiner Seite weißt, die mit dir mitfiebern und an deinen Abenteuern interessiert sind. Außerdem hast du Shopping Queen 4 T-Shirts, um dem T-Shirt-Schwund entgegenzuwirken, für gerade mal 60 Euro gekauft. Life is good."

---

137 Musiktipp: Tori Amos – Strange. Wie oft ich dieses Lied als unsicherer Gay Teenager gehört habe. Goldstück.

Die Selbsttherapiesitzung trug gehaltvolle Früchte und so ging ich nicht zurück ins Studio, sondern legte mich an den kleinen See in einem Park in der Nähe der Spring Morning Street (oder wie auch immer die Straße hieß), tankte noch eine Stunde lang Sonne und lauschte den Vögeln zu, bevor ich einfach mal früh schlafen ging. Es war maximal 20:30 Uhr.

Als ich am nächsten Tag aufwachte, war ich voller Tatendrang und freute mich auf die Wanderung von Karamatura zum Mount Donald McLean im Waitakere Rangers Regional Park. Ich checkte, ob es mit den öffentlichen Verkehrsmitteln, die Möglichkeit gibt, die Strecke zu erreichen. Fehlanzeige. Was das öffentliche Verkehrsnetz angeht, sind wir in Europa wirklich verwöhnt. Sobald man außerhalb von Auckland ist, gibt es einige Lang-strecken Busse und vereinzelte Zugstrecken, that's it. Dank Uber war dies aber an dieser Stelle kein Problem. Da der Ort etwas abgelegen ist, schaute ich auch direkt nach, ob Uber für die Rückfahrt auch verfügbar ist und der Computer sagte no. „Verf***** Sch****", fluchte ich leise vor mich hin. Wieso hast du Pfosten auch keinen Führerschein gemacht? Wer hat mit 38 Jahren keinen Führerschein![138] Nein. Ich sage einfach nein. Ich fahre jetzt dahin und irgendwie werde ich zurückkommen und wenn ich acht Stunden zurücklaufen muss und trampen. Ich werde diesen verf***** Nationalpark mit meiner Anwesenheit beglücken.

Larry (der Uber Fahrer) holte mich pünktlich ab und happy stieg ich mit meinem neuen Rucksäckle, der mit genug Wasser und Müsli Riegel für zwei Tage befüllt war (man weiß ja nie #beprepared), in das Auto ein. Zunächst war eine eiskalte Stille im Auto und so fing ich einfach an zu reden. Erzählte Larry, wie sehr ich mich auf den Nationalpark freue und dass die Fotos mich an Südafrika erinnerten and there you go. Larry ist vor fünf Jahren aus Südafrika ausgewandert und so hatten wir unser Thema gefunden. Wir philosophierten, sehr floral ausgeschmückt[139], über die Schönheit dieses Landes, aber auch über die politische und gesellschaftliche Spaltung. Larry sagte mit einer tiefen Traurigkeit in seiner Stimme, wie schwer es ihm fiel sein geliebtes Land zu verlassen und sein Bau-unternehmen aufzugeben, aber die Sicherheit seiner Familie war ihm wichtiger. Stellen Sie sich das einmal vor: Sie werden vom wohlhabenden Bauunternehmer zum Uberfahrer (nichts gegen Uberfahrer … ich habe nur wunderbare Uberfahrer kennen lernen dürfen). Er erzählte mir zudem, dass sein Haus in Südafrika vor einem Jahr komplett abgebrannt sei. Was sagt man darauf? Zum Glück startete Larry einen Monolog und er gab mir so gar nicht die Chance etwas Falsches oder Unpassendes zu sagen. Er berichtete über den um-gekehrten Rassismus in Südafrika, der für mich als weißer Europäer schwer zu verstehen war. Jedoch malten viele der wunderbaren Gastgeber, die wir in Südafrika kennenlernen durften, ein ähnliches Bild.

Ich nahm all meinen Mut zusammen und sagte: „Hey Larry, ich habe bei Uber gesehen, dass das Hinkommen von Auckland zum National Park easy ist, other way around not so much. Wäre es irgendwie möglich, dass du mich auch wieder abholen könntest?"

---

138 Musiktipp: Lilly Allen – Fuck you (very much) einfach aus you me machen.
139 Floral ausgeschmückt ist von nun bis mindestens zur übernächsten Seite meine Lieblingsfloskel.

Ohne zu zögern, sagte er: „Dies ist eigentlich meine letzte Fahrt für heute, aber hier ist meine Telefonnummer; falls du keinen anderen Fahrer findest, rufst du mich bitte an und ich hole dich gerne ab."

Ich erwiderte; „Larry, das kann ich nicht annehmen", einmal muss man ja höflichkeitshalber ablehnen oder?

Er bestand aber vehement darauf. Et voilà hatten wir das Ziel auch schon erreicht. Es war gefühlt mitten im Nirgendwo. Larry hielt auf dem Parkplatz eines kleinen Tante Emma Siedlermuseums, das vor dem Eingang des Naturschutzgebietes vor sich hin staubt, an. Ich schnallte mir den Rucksack um, war jetzt schon begeistert von den alten großen Bäumen die sich aus dem Wald erhoben und den Palmen und Blumen, die entlang des kleinen Flusses wuchsen. Bevor man ein Naturschutzgebiet in Neuseeland betritt, erfolgt der Besuch der

Weg mit diesen für unsere heimische Flora schädlichen Samen, Keimen und Partikeln Station.

Hierbei schrubbt man seine Schuhe erst über eine Bürstenvorrichtung; falls sie extrem dreckig sind, kann man sie mit einem Wasserschlauch und einer Handbürste noch tiefergehend reinigen und danach gibt es eine Vorrichtung, die wie ein Gaspedal funktioniert, man gibt quasi Gas und von unten wird die Sohle mit Desinfektionsmittel besprüht.[140]

Bevor ich diesen biologischen Mikroorganismenentfernungsprozess antreten konnte, wurde ich von einer übermotivierten Parkwächterin aka Ökolgieexpertin angesprochen. Ich dachte wie immer in solchen Fällen – du hast auch Opfer auf die Stirn geschrieben –, vier Leute vor mir liefen einfach vorbei, ohne vollgetextet zu werden, und mich trifft es wieder. Das ist, wie wenn in Bad Cannstatt WWF die Fußgänger drangsaliert. Diese super aufgesetzten fröhlichen Weltverbesserer einem die halbe Stunde Mittagspause nicht mal gönnen können. Jedes Mal laufen sie zielgerichtet auf mich zu und ich war kurz davor zu schreien: „Euer Kackverein kann mich kreuzweise. Ich war jahrelang stolzes Mitglied (Gutmensch aka Karmabonusheftle mit Sticker von geretteten Eisbärenbabys Sammler) und als ich kündigen WOLLTE, musste ich monatelang BRIEFE, dass es kein Telefax bedurfte, nenn ich ein Wunder, hin und her schicken, damit anerkannt wurde, dass meine Kündigung auch wirklich meine freiwillige bewusste Entscheidung war. Hätte ja sein können, ich bin gekidnappt worden und der Kidnapper will von meinem Reichtum

---

140 Mechanische Prozesse zu beschreiben, nenne ich im nächsten Jobinterview als Schwäche. Zum Glück habe ich meine kurzzeitige Idee, einen Master in einem technisch-wirtschaftlichen Studiengang zu machen, nicht weiterverfolgt. Kennt man gar nicht von mir so, Ideen haben und diese nicht in die Tat umzusetzen.

leben und kündigt daher die 50 Euro WWF-Mitgliedschaft. Ist natürlich ein absolut valider Punkt."

Einmal mehr wurde ich auf dieser Reise eines Besseren belehrt. Die brasilianische Ecologin erklärte mir spannende Details zur bedrohten Artenvielfalt in Neuseeland und verdeutlichte charmant, warum es so wichtig ist die Mikroorganismen fernzuhalten. Sie ergänzte: „Hey dein Dialekt ist ja wirklich super schön, woher kommst u?" Ich sagte: „Dass Denglisch schön ist, höre ich zum ersten Mal." Und so lachten wir herzlich zusammen.

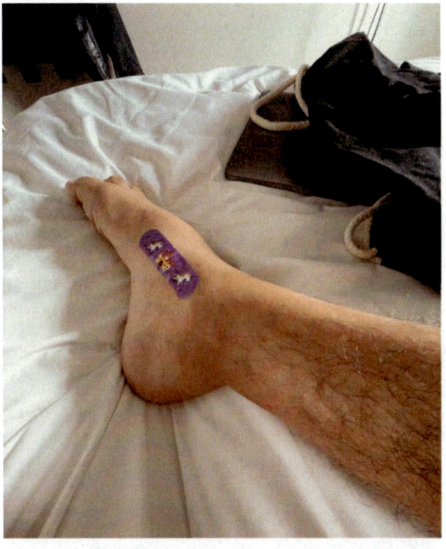

Eine weitere Kollegin gestellte sich dazu und es entstand eine spannende Unterhaltung über die Schönheit Neuseelands, den Mic Drop der Prime Ministerin von Neuseeland und vieles mehr. Beide waren sehr redselig, doch auf mich wartete ja das Abenteuer und so sagte ich, sobald die erste kurze Pause anstand, wie sehr ich den Austausch wertschätzte, dass ich jetzt aber super motiviert bin meine Schuhe zu reinigen (that's a new one) und es kaum erwarten kann die Schönheit des Naturschutzgebietes zu observieren. Die Fotos, die Google mir servierte, versprachen nicht zu viel. Es war eine wunderschöne Wanderung mit einem Wasserfall, in dem man baden konnte,[141] einer sich kontinuierlich wechselnden Waldlandschaft, und schönen Aussichtspunkten, von denen aus man die kleinen grünen Inseln entlang der Küste erblicken konnte. Man fühlte sich wie im wilden Jungle, der für Pseudowanderfreunde wie mich erschlossen wurde. Ich genoss jeden Moment und setzte mich immer wieder auf eine der zahlreichen Holzbänke, um diese Pracht auf mich wirken zu lassen, aber auch weil ich mir meinen Fuß aufgerieben habe. Da aber Johanna, die super smarte Tochter meiner besten Freundin, mir unbedingt Einhorn Prinzessinnen Pflaster für meine Reise schenken wollte, war dies kein Problem. Ich meine, ein Einhorn Prinzessinnenpflaster lässt einen jeglichen Schmerz vergessen.[142]

Als ich kurz davor war den höchsten Punkt der Strecke zu erreichen, hörte ich Bienen summen. Dies muss der größte Bienenschwarm sein, dem ich je begegnet bin, ohne ihn sehen. Es fühlte sich an, als verfolgten sie mich und so breitete sich langsam ein wenig Panik aus. Ich sah schon die Bildzeitungsschlagzeile:

Naiver deutscher Tourist von neuseeländischen Killerbienen zu Tode gebotoxt

---

141 Was ich mich natürlich nicht traute, da super durchtrainierte Männer im Wasserfall planschten und ich beim Anblick meiner Speckhüften super selbstbewusst sagen konnte, dass ich nicht selbstbewusst genug bin, um mich vor ihnen zu entblößen.

142 Bitte beachten Sie meine perfekte Fußpose und den Hobbit Hairy Spice Girl Style. Ein Big Shout-Out an Johanna. „Du hast mit einer Wahrscheinlichkeit von 99 % das Leben des besten Freundes deiner Mutter gerettet."

Irgendwann schaff ich es nochmal in die Bildzeitung. Dies ist ein guter Zeitpunkt, um an meine Zeit als Z-Promi zu erinnern:

Stuttgarter Playmate singt mit Songwriter (ich wurde hierbei 4 Jahre älter gemacht #lügenpresse) über Toleranz.

Da ich Mitglied der Beyhive bin, hatte ich aber keine Angst. Zudem stellte sich heraus, dass es nur eine asiatische Reisegruppe war, die sich dachte:

„Hey im Nationalpark eine Drohne fliegen zu lassen, ist total angemessen, vielleicht schreddern wir ja ein paar Vögelchen dabei. Was für einmalige Aufnahmen wären das bitte?"

Der Rückweg ging deutlich schneller, ganz nach dem Motto *been there done that*. So ging ich meiner neuen Leidenschaft nach und kletterte auf ein paar Bäume oder hing mich unqualifiziert an herumstehende Baumstämme ran, um dies natürlich als super abenteuerlichen Selfie festzuhalten. In meiner Vorstellung sah ich darauf total maskulin, sportlich und abenteuerfreudig aus. Bei der späteren ernüchternden Betrachtung ist eher ein kleiner Bewegungsspastiker zu erkennen, der vergessen hat eine halbwegs gerade Körperhaltung einzunehmen und sein Bäuchle prominent rausstreckte. Ganz selten denke ich daran, meinen Körper etwas vorteilhafter zu platzieren, aber die Quote spricht nicht für mich.

Beim Verlassen des Naturschutzgebietes war ich fast ein wenig enttäuscht, dass meine Ecoligistinnen Buddys nicht mehr da waren. Ich holte mein Handy raus und konnte es kaum fassen. Ein Uber-Fahrer ist in der Nähe und ich muss nicht Larrys Höflichkeit ausnutzen. Der große und muskulöse Uber-Fahrer kam auch schon zwei Minuten später und brachte mir den Uber Kosmos ein wenig näher. Was mich sehr interessierte. Wie viel bekommt man anteilig vom Fahrtpreis und wie flexibel ist man und überhaupt.

 Das Lustige an diesem Fahrer war, dass er nach jedem Wort Bro sagte. Also ungefähr so „Ja Bro, also man ist hier echt flexibel, Bro. Ich arbeite 3 Tage, Bro und dann mach ich ein paar Tage frei. Bro. Bin voll zufrieden. Bro." Ich erwiderte total angesteckt: „Gut für dich, Bro."

Party, als wärst du für immer Twenty One

Müde von dem ganzen Tag an der frischen Luft, war die Motivation, ohne passende Klamotten alleine auf einer Gayfriendly Party aufzuschlagen, nicht sonderlich ausgeprägt. Ich beschloss erstmal für eine Stunde ein Powernap zu nehmen und je nach Stimmungslage die Tanzfläche doch noch zu erobern oder altersgemäß einfach nur ein Glas Wein einzunehmen und etwas vom nächsten Tag zu haben. Der Wecker meinte sogleich, ich hätte genug Beautysleep abbekommen und Miley stimmte dem zu und sagte, ich könnte mir selber Blumen kaufen. Ich dachte mir damn right. Legte Beyoncé Renaissance auf und zog das einzige Hemd, das ich dabeihatte, und ein ärmelloses Shirt darunter an. Dies heißt später angetrunken wird das Hemd Bye sagen.[143]

Die Party war passenderweise in der Nähe der Haltestelle „Rainbow Bridge", also quasi Somewhere over the Rainbow. Die überdachten Bushaltestellen sind in den Farben des Regenbogens eingefärbt und hingegen meiner bereits geäußerten Kritik an der Regenbogenfahne gibt dies besonders, wenn nachts der Skytower im Hintergrund noch rot beleuchtet wird, ein mächtiges Bild ab. Ich lief in Richtung des Clubs, doch es war nichts los. Keine Schlange und nur offensichtlich heterosexuelle Mitte 20-jährige Jungs. Ich dachte mir: „Du hast es wirklich versucht, fahr einfach nachhause. Schlafen ist doch gar nicht so unattraktiv."
Doch da kam meine schwäbische Persönlichkeit Dieter Bäuerle zum Vorschein.

„Kerle i schla dir s Knick a, du daubes Gsiacht hasch 30 Euro für des Online-Tigget zahld. Stell Di id a. Find doine Eier und let's fez."

Gedietert, getan, stand ich im Club mit einem Wodka Bull in der Hand. Ach diese Erinnerungen an die jungen wilden Tage. Paschi, Paddy, Alex, Sabine, Dominik … was hatten wir bitte für eine gute Zeit. Und wie cool wir uns fanden, herrlich.[144] Die Musik war gut, aber nicht ganz so superb, wie die Werbung versprach. Der Club war überschaubar, es gab einen Eingangsbereich mit 2 Bars, die zu einem großen Raum mit Bühne, auf der wechselnde DJs ihre Magie an den Plattenspielern vorführten. Ich groovte, wie es sich für jemanden gehört, der keine Freunde hat und alleine in einem Club in Neuseeland steht, am Rand etwas lauwarm mit. Nach dem 3. Wodka Bull war ich dann aufgewärmt. An dieser Stelle muss ich kurz von dem neuen Leben mit Kreditkarte schwärmen. Ka Ching Ka Ching ohne das es sich anfühlt, als hätte man Geld ausgegeben. Ein Traum.

Zurück zur Big Glitterbox Party. Der Name war schon super gay oder? Das Publikum war jedoch gut gemischt 60 % queer und 40 % straight. Was ich wirklich sehr mochte, war die Stimmung. Die Gays waren halbnackt, hatten Netzhemden und teilweise Bodys mit String zwischen den Arschbäckchen an und niemand interessierte es. Im Gegenteil, die Interaktion war total gegeben und Mädchen screamten den naughty Gays zu: „Slay, Biatch" oder „Omg I love you" „Gurrrll you look fucking amazing". Zu mir sagte das keiner. Ich fühlte mich wie damals mit Sindy in Berlin, viel zu spießig angezogen und total unbedeutend.[145] Ich schickte Ruben, den ich über die App kennengelernt hatte und der auch auf die Party gehen wollte, eine Message mit dem Foto der Tanzfläche und schrieb guess who conquers the dancefloor. Realität sah natürlich total anders aus, aber man wäre ja

---

143 Song der Seite No 1: *NSYNC – Bye Bye Bye (KLASSIKER), No 2 Cascada – Evacuate The Dancefloor No 3 Kylie Minogue – Your Disco Needs You (How queer can a song be?) und natürlich No 4 Beyoncé – Pure/Honey

144 Reminder für die Rückkehr – externe Festplatte mit Partpics aus 2006–2010 anschauen und für immer vernichten.

145 Sindy und ich waren zusammen in Berlin im Urlaub. Wir gingen in eine Schwulen-Bar, ich mit weißem Hemdchen und Sindy in meinem grünen Lieblingskleid von ihr und wir waren die Freaks der Bar, da alle anderen halbnackt waren, z. B. der Barkeeper hatte nur eine Speedo an. Höhepunkt war, als Sindy ein Hugo bestellen wollte und der Barkeeper classy mit Berliner Schnauze erwiderte: „Wat? Ham wer nicht." Sindy war so perplex, dass sie ein Aperol Spritz bestellte, um mich entsetzt anzuschauen und etwas verzweifelt zu sagen: „Ich mag doch gar kein Aperol." Ach was hatten wir für eine gute Zeit in Berlin. Die beste Party ever mit Eis am Stiel um 2 Uhr nachts.

gerne immer etwas anders, als man tatsächlich ist. Es gab keine Antwort, was nicht weiter schlimm war. Dank des 4. Wodka Bulls in der Hand war ich auf der Tanzfläche und tanzte zu den Disco House Beats. Gegen Mitternacht betrat ein schätzungsweise 60-jähriger DJ die Bühne und die Meute rastete aus. Die Lichtershow ließ die Tanzfläche in Rot beben und zwei Tänzerinnen betraten die Bühne und rockten den Shit aus diesem Club. Eine von ihnen hatte wunderbare Kurven, die sie gekonnt in Szene setzte, Body Positiv Factor 10/10. Dann ist das Publikum noch mehr ausgeflippt. Es war quasi ein Flipper Event.

Irgendwie wirkte der Alkohol nur so mittelmäßig, also holte ich mir Wodka Numero 5. Dies war aber der letzte, schwor ich mir. Dann tupfte mir jemand auf die Schulter und es war Ruben. Er sah aus wie eine Kreuzung von Ragnar (Vikings) und Jack Sparrow in Hobbitform. Er trug schwarzen Lidschatten, etwas Federartiges um seinen Oberkörper geschnallt und ein kaputt zerschnittenes Shirt. Aber es sah verrückterweise gut aus. Ich schaute mich an und musste innerlich lachen. Ein Dad Leinenhemd und eine kurze Hose. Du verrücktes Hühnchen, du.

Er sagte: „Wie cool, dass du da bist. Komm, ich muss ich dich ganz vielen Leuten vorstellen."

Ich so: „Ja viele fremde Leute kennenlernen und Small Talk führen, ich bin im absoluten Paradies … nicht."

Und schon stand ich in einer Truppe von, wie sich später rausstellen würde, sehr tollen Individuen. Da war Tom, der ein wenig tief ins Drogenglas geschaut hatte und daher seine Augen nur noch zu 1/3 öffnen konnte. Aber er schien super happy zu sein und tanzte ausgelassen in seinem bauchfreien Katzentop. Ruben kannte gefühlt jeden Homosexuellen im Club und ich dann auch. Meine 2. Lieblingsinteraktion neben mit fremden Leuten sprechen ist es von fremden Menschen berührt zu werden. Am besten so richtig doll gedrückt werden und noch ein Kuss links und rechts auf die Backen. Der 5 Wodka Bull war aber zuverlässiger als seine VorgängerInnen und so scherzte ich rum, nuschelte in Denglisch und ob die andere mich verstanden oder nicht, war mir schnuppe. Das Highlight war, als Ruben einen Prinzessinnen Ring fand und wir vortäuschten, dass er mir einen Antrag machte. Die ganze Truppe inklusive uns ist niedergebrochen. Aber den Ring habe ich natürlich behalten. Gell, Dieter. Umasuschd isch umasuschd – em gschenkda Esel schaud ma id Gosch.

Wir tanzten bis um 4 Uhr durch, auch wenn die Musik sehr repetitiv war und die Tanzeinlagen der Tänzer sich hierzu einreihten, war es einfach ein unfassbar toller Abend. Besonders ein Mädel schloss ich ins Herz. Sie fragte mich, ob ich ein Kaugummi habe und ich hatte gerade den letzten Kaugummi ihrer Freundin gegeben. Ich sagte ihr: „Es tut mir echt leid, aber deine Freundin hat die ganze Packung verschlungen." Sie lachte laut los und verschwand. Fünf Minuten später kam sie mit zwei Kaugummis in der Hand zurück und sagte: „Einer ist für dich, German Markus." Geht einem da nicht das Herz auf? Elli war ein wirklich hübsches Mädchen maximal Mitte 20, die eher ruhig wirkte, aber als sie diesen Kaugummi brachte und mir freudig zurief und über beide Backen strahlte, da hätte man sie echt fressen können. Diabetiszuckeroverdosis. Tom (der Herr mit den Augen auf Tiefflug) sagte zu mir, Ruben sei ein Keeper und ich so „ähm ja, also wir …" Tom legte mir seinen Finger auf die Lippen nach dem Motto Shut up und lass es einfach stehen. So ließ ich es stehen und verabschiedete mich: „Kids der Nacht der alte German Markus muss jetzt ins Bett." Ich verabschiedete mich und wir vereinbarten, dass wir bei meiner Rückkehr Anfang Februar wieder zusammen feiern gehen. Glückselig taumelte ich nach der gefühlten nie endenden Uberfahrt in mein kleines Studio und schlief direkt und sehr zufrieden ein.

* * *

Suprise, Suprise – Hangover like your Fifty One

Als ich um 11 Uhr aufwachte, war die Stimmung gekippt. Ich fühlte mich ein wenig verloren, da mein Bauchgefühl bezüglich meines Lebens nach der Reise sich meiner Wankelmut angeschlossen hat und so gar keine Richtung vorgab. Mein ursprünglicher Plan, bevor Cyrill in mein Leben trat, war evtl. nach Zürich zu ziehen und davor eine Weltreise zu machen, bei der ich reflektieren kann, wo mein Weg mich hinführen wird. Jetzt war gefühlt alles in Stein gemeißelt. Cyrill suchte schon nach Wohnungen. Ich schrieb Bewerbungen und bekam Absagen. Zero Points aus der Schweiz quasi. So zweifelte ich immer mehr, ob die Schweiz wirklich der richtige Weg für mich ist. Nicht nur weil ich Ablehnung schwer ertrage. Wer mag Absagen? Ich mein nicht mal ein Telefoninterview – are u fu**ing kidding me? Das war aber nicht der Hauptgrund, sondern meine Familie und wunderbaren Freunde, mit denen ich während der gesamten Zeit kontinuierlich im Austausch stand. Viel mehr als mit Cyrill. Ich konnte mir nicht erklären, wann wir wo falsch abgebogen waren. Aber wir hatten während meiner Alleinreisezeit deutlich weniger Kontakt, als ich erwartet hatte. Es fühlte sich an, als hätte mich der Enthusiasmus für den Lebensabschnitt in der Schweiz verlassen. *Das ich habe Lust Schweizerdeutsch zu lernen* wich einem *warum sollte ich Schweizerdeutsch lernen*. Ich meine, ich verstehe es ja schon, dass es der Akzeptanz dient und man sich integrieren muss, wenn man in ein fremdes Land zieht, aber eine Sprache zu lernen, die nur von einer der 3 Bevölkerungsgruppen in der Schweiz gesprochen wird, ist schon etwas unverhältnismäßig, dann lieber Französisch oder Italienisch lernen, was mir über die rotweißen Grenzen hinaus was bringt, oder?

Frida Wankelmut läuft grinsend mit zwei Koffern in der Hand an mir vorbei und ruft gut gelaunt: „Jung, du brauchst mich gar nicht, du sabotierst dich alleine schon bestens." Ich antworte kurz und knapp: „Ach halt doch einfach dein Maul, Alte." Der Sonntag war gefühlt mit trüben Gedanken und ich wollte ihn einfach nur noch hinter mich bringen und ließ mich von The Crown berieseln. Zum Glück hatte ich für Montag eine ganztägige Tour gebucht, das brachte mich auf andere Gedanken, weil …

Good Vibes Express nach Hobbiton[146]

Heute ist es so weit! DER TAG des Ausfluges auf den ich den ganzen Urlaub hingefiebert habe. Ein Besuch des Herrn der Ringe und Hobbit Drehortes ***HOBBITON***.[147]

Verstehen Sie mich nicht falsch. Ich bin nicht der absolute super nerdy Herr Der Ringe / Hobbit Fan und unpopuläre Meinung am Rande. Die Hobbit Filmreihe gefällt mir besser, weil die depressive gay angehauchte Frodo & Sam Liaison einfach ein wenig zu mäh ist. Als würden Aragorn und Legolas ein wenig anbandeln #imallin also wirklich #sandwichme.

Neben dem Besuch von Hobbiton stand noch ein Stopp in der Stadt Rotorua und ein Besuch der Waitamo Cave (Glühwürmchenhöhle, how cute) auf dem Programm. Das klingt nicht nur nach viel, sondern bei den Distanzen in Neuseeland war es ein Tagesausflug von 6:45 bis 19:30. Kurz nachdem ich mit dem superfreundlichen Pick-up-Fahrer am Treffpunkt ankam, erschien auch schon der Tourbus. Wenn man außerhalb vom Zentrum wohnt, kann man sich entweder einen Pick-up-Service dazubuchen oder morgens um 5 Uhr mit dem ÖV zum Treffpunkt tingeln. Als ob der Tagesausflug für 220 € nicht schon hochpreisig genug war, gab ich noch 20 für den privaten Pick-up-Service aus, wir liegen ja gut im Budget.

In dem Tourbus waren außer mir und einem japanisches Paar, alle Touristen bereits perfekt platziert worden. Chris, unser Tourguide, sagte zu mir: „Markus, du bist das Glückskind des Tages. Du bist unser Co-Pilot." Unterhaltungen um zehn nach sieben ohne Kaffee intus, muss man mögen. Chris legte los und hielt einen 30-minütig langen Monolog über unsere bevorstehende Tour und die Orte, die wir sehen werden. Ich überlegte kurz, als wir in einen kleinen Stau kamen, ob ich einfach die Türe öffne und auf der Autobahn gemütlich zurücklaufe. Google Maps sagte mir, dies sei keine gute Idee – 4 Stunden Autobahnmarsch, das überlebt nicht mal ein Glückskeks wie ich. Zwei Stunden hätte ich in Kauf genommen.
    Das Gute an uns Menschen ist ja, dass wir uns an alles gewöhnen, so auch an Chris. Der wohl ernährte Exil-Australier mit der Vorliebe, Worte in die Welt zu posaunen, war eigentlich ein richtig toller Guide, der die Gegend blind abfahren könnte. Er macht diese Tour 5-mal pro Woche. Steht täglich um 5 Uhr auf und kommt um 21 Uhr daheim an und hat trotz dieser nicht ganz so optimalen Work-Life Balance eine mega Freude an seinem Job. Die Fähigkeit, alle Teilnehmer immer wieder proaktiv anzusprechen und den Austausch unter uns Touris zu fördern, konnte er wie kein anderer. Wir mussten uns sogar kurz vorstellen. Da ich mal wieder der einzige Alleinreisende war, kümmerte sich Chris besonders um mich und so unterhielten wir uns immer wieder und hierbei entstand irgendwie eine Verbindung. Wir mockten uns gegenseitig. Leider saß er am längeren Hebel, da seine Witze – warum Österreicher die cooleren Deutschen seien – über sein Busmikro erzählte. Deutsche zu dissen kommt halt auch einfach immer gut an. Aber wer mich kennt, weiß, dass ich sehr gut über mich selber lachen kann. Es sei denn, ich verliere bei Mario Kart. Passiert dies, verlassen Sie einfach leise den Raum und drehen Sie sich keinesfalls um.

---

146 Memo an meinen Nachlassverwalter: Meine Asche bitte in Hobbiton verstreuen.

147 Um die Bedeutung dieses Ortes hervorzuheben, hat der Autor alle in dieser Texterstellungssoftware vorhandenen Textstilmittel verwendet.

Dank Chris' Entertainment Skills verging die Fahrt zur ersten Haltestelle der Tour **_HOBBITON_** wie im Flug. Ich holte mir noch schnell einen Schuss Koffein und dazu den zweiten Cronut meines Lebens. Dieser war mit Vanillepudding gefüllt. Holy Moses I have been received.[148]

Super gehyped darüber gleich an dem Drehort einer meiner alltime Lieblingsfilme zu stehen sponsored by dem wunderbaren Cronut Zuckerdelirium, schrie ich innerlich wie ein Teenager Girl damals, als Nick Carter mit seinem blonden Mittelscheitel eine Liebesschnulze anstimmte.[149] Wir fuhren mit dem offiziellen Hobbiton Bus, der natürlich gebrandet war (wie alles in Hobbiton), und schon startete der Film auf dem kleinen Bildschirm, bei dem sowohl der Farmer und Grundbesitzer einen begrüßte als auch der Produzent Peter Jackson. Der Farmer ist wirklich das Glückskind des Jahrhunderts. Dass der neuseeländische Kult Regisseur Peter Jackson mit seinem Hubschrauber über deine Farm fliegt und dann entscheidet, dass von den 1.300 Hügeln, die er sich angeschaut hat, genau dieser der perfekte Drehort für seine Multimilliarden Herr Der Ringe/Hobbit Filmreihe ist #jackpot.[150]

Unsere Hobbiton Tourführerin, nennen wir sie Kelly, begrüßte uns überschwänglich. WOW, das nenne ich mal Dialekt und eine charakterstarke Heliumstimmlage. Der Bus kam nach 10 Minuten auch schon am Parkplatz an und jeder wollte direkt ein Foto vor dem Hobbiton Schild machen. Wird dieses Buch jemals verfilmt, so würde an dieser Stelle ein Engelschor die von Hans Zimmer komponierte Filmmusik untermalen, während die Kamera über das Tal hinwegfliegt und das Sonnenlicht von den Fenstern der kleinen Hobbit Häuschen reflektiert wird. Da wir schon bei was wäre wenn sind: Wäre ich ein Hund aus dem Tierschutz, hätte man in meiner Anzeige, die noch online ist, obwohl ich schon vermittelt wurde, geschrieben:

„Der anfangs etwas ängstliche Markus, der aber bereits alle Grundkommandos aus dem Stegreif beherrscht, hat sein für immer heim gefunden (Probezeit)."

Es war einfach alles nach meinem Gusto. Schöne kleine Holzhäuschen mit bunten Türen und den perfekt arrangierten kleinen Gärtchen davor, hach.

Das Hobbiton der absolute Touristenmagnet muss ich nicht erwähnen, aber sie haben es wirklich sehr gut gemacht. Natürlich möchte man hier keine verwackelten Selfies, sondern Fotos vor und im Hobbithäuschen. Quasi von mir und meinem für immer Heim. Das asiatische Paar aus Kanada, natürlich

---

148 Songtipp der Site Aretha Franklin mit Holy Moses (Was für ein Brett von einem Song)
149 Musiktipp: Backstreet Boys – Quit playing games with my heart
150 Musiktipp: Shania Twain – Ka Ching!

habe ich bei der Vorstellungsrunde aufgepasst, kam auf mich zu und fragte, ob ich ein Foto von ihnen vor einem der Häuser machen würde und so waren wir für den Rest der Tour Fotobuddys.

Tourguide Kelly erzählte spannende Geschichten und forderte uns vergebens mehrfach auf die Filmszene nachzustellen, als Bilbo das Dorf verließ und schrie: „I'm going on an adventure." Es waren keine Supernerds anwesend, was ein wenig enttäuschend war. Dafür ahmte ich die perfekten Posen der asiatischen Influencer Gruppe nach. Als wir an Bilbos Haus ankamen, war dann aber wirklich die Euphorie real. Ich sah die Filmszenen vor mir, wie Gandalf den armen Hobbit liebevoll drangsaliert. Wie Bilbos Reisegruppe eintrifft und sein Zuhause einnimmt. MÄCHTIG, MÄCHTIG.

Als großes Finale machte die 25-köpfige Gruppe noch ein Abstecher in das Wirtshaus Green Dragon In. Hier wird Southfarthing serviert, ein hochprozentiges Getränk, das es nur in Mittelerde gibt. Da wir nur wenig Zeit hatten und die Sonne ordentlich brannte, konnte selbst der fettige Cronot mir nicht helfen. Gut angetüdelt verließ ich überglücklich Hobbiton.

Als wir in den Bus zurückkamen, herrschte eine glückselige Ruhe. Alle waren von Hobbiton nachhaltig beeindruckt. Ich diskutierte mit Chris[151] über die Vorzüge von Neuseeland und sein spannendes Leben. Er war zuvor in der Touristenbranche auf dem Managementlevel tätig und jetzt agierte er als Coach für Touristenverbände und Hotels, fuhr Uber und diese Touren. Zudem hat er 50 kg abgenommen (still a way to go.. aber … Respekt) und aß nur noch eine Mahlzeit pro Tag. Beiläufig droppte er noch, dass er klassisches Piano studiert hat und in Bands spielt. Und schon hatten wir unser Thema. Ich sagte ja, da entsteht eine Männerfreundschaft. Nach weiteren zwei Stunden Busfahrt kamen wir in Rotorua an. Bevor wir uns mit anderen Touristengruppen beim Mittagsbüffet um das Essen batteln durften, hielten wir noch kurz an den heißen Quellen von Rotorua. Es ist schon ziemlich verrückt und unwirklich, dass mitten in der Stadt das Wasser köchelt und Rauchschwaden ein dramatisches Bild zeichnen. Jeder von uns illustren Persönlichkeiten poste noch für das Reisetagebuch. Der Geruch, der sich einem kontinuierlich aufdrängte, sieht man auf den Fotos zum Glück nicht, Schwefelstinkfrucht realness.

Wir hatten wirklich eine illustre Truppe zusammen, zwei Paare aus Australien mit asiatischem Hintergrund. Goldig war der Anfang 20-jährige Enkel mit seinen Großeltern. Er war neben mir ein weiteres Opfer von Chris' lustigen Sprüchen. Seine Großmutter war für mich das absolute Highlight, neben Chris natürlich. Sie poste wie ein Ü70 Vogue Model und drückte ihrem Enkel und Mann so richtig schön wiederkehrend fiese Sprüche und servierte diese trocken, ohne eine Miene zu verziehen. Neben dem Büffezt war ein Maori-Kulturzentrum und ich freute mich schon auf die Tour, da ich den Museen bereits viel zu ihrer naturverbundenen Kultur gelesen habe. Ich unterhielt mich bereits während der Busfahrt und des Besuchs in Hobbiton sehr gut mit dem Paar aus Vancouver. Sie hatten eine andere Tour gebucht und verließen uns nach dem Mittagessen. Wirklich schade, dachte ich. Ich hatte zuvor mit Chris über meine weiteren Reisepläne gesprochen. Beim

---

151 Chris ist der Tourguides und Busfahrer. Lesen Sie mir mal gefälligst besser zu.

Mittagessen sagte Jerry zu mir: „Markus hat mich sehr gefreut dich kennen zu lernen. Wir haben uns überlegt, dass wir dich gerne zum Abendessen einladen würden, wenn du in Vancouver bist. Willst du mir deine Telefonnummer geben." HA, Wilma Wankelmut nimm das, du Ursula meiner Psyche. Von wegen antisozial. „Ich werde zum Abendessen eingeladen von fremden Leuten, weil ich irgendwie wohl doch sympathisch wirke." „Oder, weil du einfach Mitleid erregend bist", sagte sie unbeeindruckt.

Nachdem ich im überteuerten Touristenshop noch eine Tube Rotorua Schlamm und ein Moisterizer käuflich erwarb, war ich Punkt 13:30 Uhr am Treffpunkt. Chris und der Rest der Gruppe waren aber bereits im Bus und fuhren an mir vorbei. Er trat auf die Bremse, öffnete das Fenster und rief: „Die Deutschen wieder, brauchen immer eine extra Einladung." Ich war ein wenig entsetzt. Wie das war es? Man isst neben dem Maori Kulturzentrum, geht aber nicht rein? Was für eine Enttäuschung. Chris erklärte mir, dass ich hierfür eine andere Tour buchen müsste und so ging es weitere 2 Stunden durch die wunderschöne Landschaft der Nordinsel mit vielen Schafen und Weiden und immer wieder ragten riesige Vulkansteine aus dem Boden (fast ein wenig Marvel mäßig). An der Waitamo Glühwürmchenhöhle angekommen, ging es direkt los mit der Führung. Kate, die lustige Höhlenkulturgutbeauftragte, bekamen wir als Guide. Man merkte Kate gar nicht an, dass sie die Tour heute bereits fünfmal geführt hat. Solch eine Monotonie in der Stimme hinzubekommen und diese noch mit schwerem Ausatmen zu begleiten, muss eine Kunstform werden. Sie war aber super trocken funny und hat ihre Witze als minimalistisches Stilmittel verwendet. Ich bereute ja auf dem Weg zur Glühwürmchenhöhle, dass ich nicht mit Jerry und seiner Frau die andere Tour gebucht hatte, aber als wir die Höhle betraten, die hunderte von Jahren alt ist (oder sogar mehr, meine Aufnahmefähigkeit ließ nach 9 Stunden zu wünschen übrig), hat sich die lange Busfahrt gelohnt. Die Stalaktiten und Stalakmiten waren wirklich beeindruckend und als Kate Licht ausmachte und über uns ein Glühwürmchenmeer leuchtete, war der Tag perfekt. Man durfte leider keine Fotos machen, aber auf der Reise habe ich gelernt, dass manche Momente nicht in der Cloud landen müssen, sondern als Erinnerung abgespeichert wertvoller sind. Wie beschreibt man das Gefühl, dass ich in den Moment erfuhr. Ich glaube ein aus tiefstem Herzen geäußertes Awwww trifft es am besten. Als Kate uns erzählte, dass die Glühwürmchen lange Spinnfäden nutzen, um Beute zu fangen, wendete sich das Awww in ein überzeugtes Wähhh. Als sie dann noch mit der Taschenlampe uns dies zeigte, wollte ich Kate anschreien:

„Kate, du hast gerade einfach den Mythos der süßen Glühwürmchen gekillt. Wenn du jetzt noch den Kindern verrätst, dass Santa Claus eine kommerzielle Marketingnummer aus den Staaten ist, bist du der Super Vilian des Tages."

Ich habe meinem Hirn einfach eingeredet, dass ich mir diese Bilder eingebildet habe, und genoss so weiterhin das Lichterspiel der Glühwürmchen. Chris wartet am Ausgang und sagte, wir sollten uns beeilen, da wir noch einen langen Heimweg von dreieinhalb Stunden vor uns haben. Man konnte die Begeisterung aller Tourteilnehmer spüren. Als pflichtbewusster Co-Pilot nahm ich neben Chris platz und wir unterhielten uns wie gehabt über die Welt, aber nicht Gott. Als wir in Auckland ankamen, sagte Chris zu mir: „Hey Markus, bist du noch mal in Auckland? Falls ja, cancel deine Unterkunft, du kannst umsonst bei mir und meiner Frau wohnen. Wir haben ein großes Haus, unsere Kinder sind ausgezogen und wir haben genug Platz. Mit dem Geld kannst du dir tolle Erlebnisse in Neuseeland gönnen. Spring doch Bungee vom Skytower oder Fallschirm. Du musst irgendwo runterspringen, mehr Kiwi geht nicht.

Gib mir einfach die Reisedaten durch und ich spreche mit meiner Frau, aber sie wird dich lieben." Ich war sprachlos und wusste gar nicht, was ich darauf antworten sollte. Ich sagte einfach: „Wirklich? Ich will euch auf keinen Fall zur Last fallen und nicht der Grund für deine Scheidung sein, da du einfach einen fremden Deutschen abschleppst." Christ lachte und sagte: „Es ist wirklich kein Problem."

Wie Supercalifragilisticexpialidocious war dieser Tag, bitte?[152]

Ich lag im Bett, schaute noch etwas Netflix und kurz vorm Einschlafen schrieb Ruben, was ich morgen so vorhabe.

„Hey Markus, Lust auf Strand morgen. Lass uns an die Westküste gehen, da kommst du mit dem Bus nicht hin und ich zeig dir einen der schönsten Strände." „Einer der schönsten Strände sehen. Ich höre mich nicht nein sagen", antwortete ich und dann fielen mir auch schon die Augen zu.

Ein Schwabe unter Kiwis

Am nächsten Morgen fiel mir auf, dass ich kein Strandtuch hatte, so fragte Kate von der Unterkunft, ob sie mir evtl. eins borgen kann, was sie natürlich, toll wie sie ist, gemacht hat. Ich packte meine Sachen und fuhr mit Ruben Richtung Meer, auf dem Weg dahin meinte er, dass es aber auch einen sehr schönen See auf dem Weg gibt, der von Sanddünen und dem neuseeländischen Busch umgarnt wird. Endlich durfte ich eine meiner größten Stärken – Entscheidungen zu treffen – ausüben. Auf einer Skala von 1–10 liegt meine Entscheidungsfreude ungefähr bei 2,25. Hey, ich komme von ner 1 von dem her, auf dem Weg der Besserung würde ich sagen. Ich dachte mir, da ich in der Bay of Islands und auf der Great Barrier Island noch so viel Salzwasser versehentlich schlucken werde, ist der See, den nur Kiwis kennen, die bessere Wahl. Gesagt, getan stampften wir über Dünenwelten, die mich an die beeindruckenden Dünen von Maspalomas erinnern, zum See. Es waren maximal 15 Leute an diesem wirklich großen See. Ich hielt ein Moment inne, um mir imaginär auf die Schulter zu klopfen.

„Springst du gerne von Bäumen in einen See?", fragte Rubin. Ich erwiderte: „Täglich. Ist eines meiner größten Leidenschaften." Er verdrehte die Augen und meinte: „Kannst du einmal nicht ironisch antworten." Ich sagte darauf: „Ja, aber ich mag es viel so sehr." Gut gelaunt schwammen wir zum „Springbaum". Diese Einheimischen haben sogar Holztreppen angebracht, damit man problemlos auf dem großen Sprungast gelangt. Auf dem

---

152 Filmtipp: Mary Poppins, aber bitte das Original

Weg zum Baum trafen wir auf eine Familie und einige Jugendliche. Sie fragten uns, woher wir stammen. Ich vermutete, es war eine eingeschworene geheime Gesellschaft, die sich immer am See trifft und man ist es nicht gewohnt, dass fremde Eindringlinge auftauchen. Ruben sagte: „Ich bin aus Auckland und Markus ist Deutscher." Ich wurde von oben bis unten gemustert und jeder Schritt bis zum Sprungast wurde genauestens beobachtet. Als ich oben ankam, verließ mich mein Mut, aber ich würde mir ja niemals die Blöße geben. Da erblickte ich Ludwig Stolz in seiner engen Speedo (Bilder aus meinem Kopf, bitte) auf einer Einhornbadeinsel. Er rief mir zu: „Kerle, des packst du, atme einmal tief durch und zeig, was in dir steckt. Entdeck den Tiger in dir (ohne Kellogs intus)."

Gesagt, getan, atmete ich tief ein, setzte zum dreifachen Auerbach an, realisierte hierbei aber, wie alt ich Ruben aussehen lassen würde (und er ist ja eh schon fast Mitte 40) und so ließ ich mich wie ein gerader länglicher Tetrisstein in den See fallen.

Ein Junge am Ufer rief mir zu: „Schmerzen deine Füße nicht?" Ich sagte extrem kurz angebunden „Nein", mehr konnte ich nicht sagen, weil ich sonst vor Schmerzen in einer extrem hohen Stimmlage gekreischt hätte. Ruben war da weniger verschweigen und schrie: „Was labberst du, es tut verdammt noch mal scheiß weh."

Er schaute mich an und fragte, ob wir um den See herum wandern wollen. Es gibt einen Weg mitten durch den Busch, der an einem Wasserfall vorbeiführt. Mit nassen Füßen eine schlammige Fläche hochklettern, ist gar nicht so einfach. Ich schaute zu Ruben hoch und brach nieder vor Lachen. Rubens rechtes Badehosenbein hat den Sprung nicht überlegt und war aufgeplatzt. Ich rief ihm zu: „Du Trendsetter mit deiner Swimskirtpants. Zeig uns dein sexy Bein." Gesagt, getan: So zeigte er dem Publikum, was seine Mama ihm mitgegeben hat. Ich lachte Tränen. Der Spaziergang um den See herum war wirklich traumhaft. Ich liebe einfach die neuseeländischen Buschlandschaften. Der Weg an für sich war allerdings extrem steinig, so dass meine Hornhaut auf eine harte Probe gestellt wird. Aber sagte nicht einer der berühmtesten deutschen Sänger nicht weise voraus, dieser Weg wird steinig und schwer? Als krönenden Abschluss ließen wir den Abend mit lecker Thai Food ausklingen

* * *

Am darauffolgenden Tag war ich von den Eindrücken der letzten Tage total erschlagen und wusste gar nicht richtig, was ich mit mir anfangen sollte. Zudem sagte der Wetterbericht voraus, dass die nächsten Tage sehr regnerisch werden[153] Ich schleppte mich gegen Mittag aus dem Studio und beschloss ins Geschichts- und Kriegsmuseum zu gehen und nahm hierfür den zuverlässigen Bus. Ich muss einfach nochmal die App loben, die wirklich den orientierungslosesten Touristen sicher von A nach B bringt. Im Eingangsbereich des Museums war ein riesiges Plakat angebracht:

„Neu im Museum. Sehen Sie zwei T-Rex Skelette … "
Weiter las ich nicht. #youhadmeatrex

---

153 Musiktipp: Mary J. Blige – Rainy Dayz

Zunächst tauchte ich aber in Maoriklutur und den Beginn der europäischen Siedlungen ein, wie Captain Cook eigentlich auf einer Forschungsreise die „Eroberung" bereits in Gang setzte. Was ich sehr schön fand, war die Ausstellung „Meet Aucklands People". Hier bekamen Persönlichkeiten aus Auckland eine Bühne und erzählten ihre Geschichte. Am spannendsten neben den beiden T-Rex Skeletten, bei denen ich überraschenderweise am meisten Zeit verbrachte und die es ehrlich gesagt verdient hätten, schöner ausgestellt zu werden als relativ lieblos ohne Dekoration in die Eingangshalle verfrachtet zu werden, fand ich die Ausstellung zu den aktiven Vulkanen in Neuseeland.[154]

Wie mehrfach erwähnt, gestalten die Neuseeländer ihre Museen echt spannend und interaktiv. In einem Haus kann man erleben, wie es sich anfühlt, wenn man auf die Naturgewalt eines Vulkanausbruches trifft, wenn man das möchte.[155]

Ich gönnte mir nach dem Museum ein mehr als wohlverdientes Stück Kuchen und beschloss aufgrund der gedrückten Stimmung einen Nachmittagsschlaf einzulegen, als mein Telefon klingelte. Ruben war dran und sagte: „Beweg deinen lahmen deutschen Arsch die Auffahrt hoch. Wir gehen zum schönsten Strand Sydneys." Wie gut er mit Menschen ist und Erwartungen hochschrauben kann. Wir landeten am Lady Beach, ein kleiner Strandabschnitt mit wenigen Besuchern und seitlichem Blick auf die Skyline von Auckland. Ne glatte 10/10.

Einen bessern Abschluss für diese wirklich durchweg spannende mit unerwarteten Erlebnissen gut bestückte Woche (ja, er hat gut bestückt gesagt, werden Sie erwachsen) Auckland hätte ich mir nicht wünschen können. Das indische Essen krönte den schönen Abend noch.

Goodbye Auckland, wie schön, dass sich unsere Wege noch einige Male kreuzen werden, hieß es, als der Bus in Richtung Bay of Island um 7:30 im Aucklandzentrum abfuhr. Mit der 7-tätigen Auckland Public Transport Erfahrung im Gepäck kam ich problemlos und pünktlich am Abfahrtsort an. Es war trotz der frühen Abfahrt bereits wie die letzten Tage ordentlich warm. Der Hype für die nächste Station war eine 15/10. Inselhopping, im Meer baden und die tolle Unterkunft mitten im Busch mit gratis Birdy Konzert.[156] Ganz nach dem Motto „Born Ready" hatte mir drei schöne Wanderstrecken rausgesucht und plante mit dem Musikmachen so richtig zu starten.

---

154 Wow, das war ein langer Satz. Lassen Sie uns kurz zusammen durchatmen.

155 Musiktipp: Johnny Cash – Ring of Fire

156 Musiktipp: Birdy – Skinny Love. Kommt natürlich nicht an das Original von Bon Iver ran. Muss der Song ja aber auch nicht. Für mich ist es die beste Coverversion eines Songs, die ich bis dato gehört habe. Die Stimme von Birdy ist einfach zu gut. Schade, dass sie an den Erfolg nicht anknüpfen konnte.

Das Traumdomizil Bay of Islands
(And when the rain begins to fall Edition 2023)

Um ehrlich zu sein, habe ich mir die Busfahrten spannender vorgestellt, eher so wie im Kruger Nationalpark, dass man mit dem Bewundern der Landschaft gar nicht nachkommt. Es war eher ereignisreich auf Grund von spannenden zwischenmenschlichen Begegnungen. Dieses Mal sollte dies aber nicht der Fall sein. Nach einer vierstündigen Busfahrt haben wir meinen nächsten Halt Opua erreicht. Direkt neben der Bushaltestelle, die sich auf einer Anhöhe befand, war ein Aussichtspunkt, von dem man aus die magische Bay, mit der ich die nächsten sieben Tage verbringen werde, erblicken konnte. Unzählige Segelboote lagen entlang der Küste des kleinen Ortes Opua an. Es gibt einen Tante-Emma-Laden, zwei Restaurants, einen kleinen Hafen und ein Fahrradverleih. That's it.

Von der Bushaltestelle aus ging es zwanzig Minuten den Berg hoch zur Airbnb Unterkunft von Kat & Rado. Zwanzig Minuten Berg hoch ist ja mittlerweile ein Witz, aber bei gefühlt 35 Grad trotzdem kein Zuckerschlecken. Vereinzelt gingen von der Straße Einfahrten weg, die zu traumhaft alleinstehenden Häusern führten. Ordentlich feucht unter den Achseln und mit einem Wasserfall vom Rücken abwärts Richtung dem Ritzchen, kam ich an der Unterkunft an.

Heute lautet die Kategorie – Ach du grüne Neune –

Das Haus ist wirklich im Busch. Meine Unterkunft war gesplittet in zwei Gebäude. Neben dem alleinstehenden kleinen Studio, in dem das Schlafzimmer mit Smart TV ist #netflixandchillforsizzlmydizzle, gehörten noch die Küche und das Bad, die sich im Haus von Kat & Rado befinden, mit dazu. Es gibt aber keinen Zugang zu den Gastgebern, d. h., die Privatsphäre ist trotz der Nähe gegeben. Ich war super glücklich mit der Unterkunft. Hören Sie mal, ich schlafe in einem Bett aus gelben Buschlupinien, deren zarter Duft das Zimmer einnimmt. Das Bett ist super comfy. Das Bad modern in einer guten Größe und kochen kann ich mir auch easy was. So leicht kann man mich befriedigen.

Traditionsgemäß[157] begab ich mich direkt auf den Weg zum Tante Emma Laden, um den Kühlschrank gut zu füllen. Ich lief die Haupt- und zugleich einzige Straße, die in den überschaubaren idyllischen Ortskern von Opua führt, hinunter. Der Weg führt einen an kleinen Motels und den schönen typischen neuseeländischen Holzhäuschen vorbei und bietet einen traumhaften Ausblick auf die wunderschönen Buchten und das tiefblaue Wasser.

---

157 Ab wann wird etwas eigentlich als Tradition bezeichnet. Wenn mehrere Generationen zum Beispiel gruselige Masken aufsetzen und einmal pro Jahr verrückt ihrem Alltag entfliehen?

Zwischen der Fährenanlegestelle und dem Hafen befand sich der General Store und er war wirklich überschaubar: vier kleine Gänge und 2 Kühlregale mit einer kleinen Backwarenecke und einem wirklich überraschend gutem Coffee-to-Go. Es gab Bio Kräuter und Salate, die super lecker waren, ich konnte mich wirklich nicht beklagen. Als ich nach 30 Minuten vollbepackt mit Lebensmitteln für mindestens vier Tage wieder am Appartement ankam, kam der Gastgeber Rado gerade auch an und begrüßte mich sehr freundlich. Rado und Kat kommen ursprünglich aus der Slowakei, leben aber bereits seit 10 Jahren in Neuseeland und haben sich hier ihr kleines Paradies geschaffen. Super nette Leute, mit einem aufgedrehten Sohn und einer Labrador Hündin, die fröhlich auf dem Grundstück rumwiggelt. Er erkundigte sich, ob alles gut ist, und legte mir nahe mich jederzeit zu melden, wenn er mich in den größeren Nachbarort Pahia mitnehmen soll. Radio ist nicht nur ein super offener, hilfsbereiter und kommunikativer Anfang 30-jähriger Typ, sondern auch ein richtig attraktiver Mann, den man nicht ungern anschaut. Sportlich, kurz rasierte Haare und der slowakische Dialekteinschlag in seinem Englisch. Well done, Kate.

Er überbrachte mir sehr bedacht die schlechten Nachrichten, dass es in den nächsten drei Tagen massiv regnen wird. Yippie, die Bay of Islands im Dauerregenmodus. Goodbye Inselhopping – es wäre auch einfach zu schön gewesen. Ich ließ mich davon aber nicht runterziehen und machte mir Wraps mit gebratenem Gemüse und Mozzarella und fing die Netflix Serie „Frankie and Grace" an zu schauen. Göttlich! Ich habe wirklich Tränen gelacht. Jane Fonda ist halt einfach eine Meisterin ihrer Kunst. Und in der Nacht war es dann auch so weit. Der angekündigte Regen setzte ein. Es dauerte nicht lange, bis Meldungen von der Auckland Public Transport App aufpoppten – Ausfälle von Bussen und Zügen. In Auckland fiel in den kommenden Tagen so viel Regen wie normalerweise im ganzen Jahr und so wurde Straßen und Häuser überschwemmt, die wunderschöne Art Galerie hat es ebenso getroffen wie den Flughafen. Ich schrieb direkt Claire, meiner Gastgeberin aus Auckland, und erkundigte mich, ob bei ihnen alles gut ist. In typischer gelassener Kiwi Mentalität erzählten sie, dass ein wenig Wasser ins Haus gelangte, sie es aber schon wieder nach draußen befördert haben. Und dass es ein einmaliges Erlebnis war, auf dem Weg zum Elton John Konzert auf den Straßen zu schwimmen. Die Vorhersagen für Northland, wo ich mich aktuell befand, sahen leider nicht besser aus. Bis dato konnte ich mich aber glücklich schätzen, da es nur ein wenig regnete und windete. Der Wetterdienst sagte: „Stell dich auf Regen ohne Ende in Sicht mit gelegentlichen Sturmböen und Gewittern ein."

Ich ließ mir aber die gute Kiwi Laune nicht vom Brot nehmen und überarbeitet meine Bewerbungsunterlagen und haute einfach mal ein paar Bewerbungen raus. #makethemostoutofit. Die Rückkehr nach Deutschland rückte ja schließlich näher. In den letzten Tagen kam ich aufgrund der Schönheit der Insel und der Offenheit der Menschen wirklich ins Schwanken.

Soll einfach mal meinen Strohhut in den Kiwi Ring werfen?

Kat und Rado cheerten mich an und meinten yessss: „Du erlebst es doch selber. Dies ist eine ganze andere Lebensqualität als bei uns in Europa. Willst du wirklich dahin zurück?" Die Unterhaltung blieb wirklich an mir haften. Will ich zurück nach Good Old Germany? Wird es doch die Schweiz? Oder was, wenn ich einfach hierbleibe?

„Oins nach em Anderen", sagte ich zu mir. Die Online-Recherche ergab aber leider, dass HR nicht auf der grünen Jobliste steht. Wenn man das Glück hat z. B. als Umweltingenieur oder als Pflegefachkraft seine Urdinkelbrötchen zu verdienen, verhaften sie dich quasi bei der Einreise. Bei einem HRler müsste das Unternehmen vor Ort ein Visum sponsern, damit man eine Arbeitsgenehmigung erhält. Wie entscheidet sich wohl ein HRler hier, nehmen ich den lokalen Recruiter, der den neuseeländischen Markt kennt, fließend Englisch spricht und null Aufwand mit der Einstellung verbunden ist, oder den Touristen, der nach 4 Wochen Neuseeland mit der rosa Brille auf Bewerbungen schreibt, bei dem man sich mit den neuseeländischen Behörden vergnügen darf und dann noch das Denglisch um die Ohren gesäuselt bekommt.

Im vollkommenen Bewusstsein meiner nicht vorhandenen Chancen sendete ich drei Bewerbungen raus, ohne mir jegliche Hoffnungen zu machen. Es war ohne viel Einsatz. Es war ein – ich habe es versucht, aber eher um sagen zu können, ich habe es versucht, als es wirklich ernsthaft zu verfolgen.

Die eigentliche Frage lautet Stuggi oder Luzern. Diese Frage begleitet mich die ganze Reise über. Für beide Optionen spricht vieles und beide Städte werfen auch ein wenig Shade. Ich schickte 5 Bewerbungen nach Stuttgart und 2 in die Schweiz. Das Verhältnis hat aber keine Aussagekraft. Es gibt einfach weniger passende Stellen in Luzern. Die Erfüllung im Job ist mir sehr wichtig. Ich gehe wirklich gerne arbeiten und brauche eine Tätigkeit, bei der ich mich verwirklichen kann, gefordert werde und bei der ich mich weiterentwickeln kann. Zudem antwortete ich ein paar Headhuntern, die bei LinkedIn ihren Unfug trieben.
    Somit bleibt die Frage:

Soll er m Neckar troy bleiba oder heißt s adele aka grüzi Viewaldstättersee.
Bleiben Sie daran,
wenn in guten und in schlechten Zeiten mein Schicksal bestimmt wird.

Da es zwei Tage wirklich durchschüttete, nahm ich mich der weiteren Planung an. Ich stellte in Frage, ob man wirklich für einen Tag nach Seattle durch den US Einreiseautomat gepresst werden möchte und ob man nicht Island als Urlaub easy von DE / CH machen kann. Vielleicht auch wenn es mehr als 4 Stunden Tageslicht in Island gibt? Macht es nicht viel mehr Sinn, wenn man schon mal in Kanada ist, dort eine Rundreise zu machen und sich die schöne Natur anzuschauen und dann über New York nach Hause zu fliegen?
    Zufälligerweise spielte auch genau in der Zeit in New York Vanessa Carlton ein Konzert. Ich meine, Wink mit dem Zaunpfahl, hallo?
    Ich rief direkt bei der Opodoo Hotline an, da ich online die geplante Reise nicht stornierten konnte. Nach nur 15 Minuten in der Warteschleife kam eine super qualifizierte Call Center Mitarbeiterin an den Apparat und ich erklärte ihr, dass ich den Flug von Vancouver nach Seattle und Seattle nach Reykjavik stornieren möchte.
    Sie sagte: „Gerne kann ich alle Flüge stornieren."
    Ich so: „Nein nicht alle Flüge, den Flug von Auckland nach Vancouver benötige ich weiterhin."
    Sie erwiderte: „Verstanden Herr Sauter. Ich cancele die Flüge."
    Ich wiederum: „Welche Flüge so?"
    Sie leicht genervt: „Die Flüge mit der Buchungsnummer XYZ."

Ich leicht erzürnt: „Darunter fällt ja auch der Auckland Flug?"

Sie fragte verunsichert: „Der Flug soll nicht storniert werden?"

Ich versuchte nett zu bleiben: „Nein, wie bereits mehrfach erwähnt bitte nur die Flüge von Vancouver nach Seattle und Seattle nach Island stornieren."

Sie tippte fleißig, sagte mehrfach, dass sie gleich so weit ist, um abschließend zu sagen: „Herr Sauter ich habe ihre Flüge storniert, leider bekommen Sie keine Erstattungsgebühr."

Liebe Kursteilnehmer/-innen (all genders), herzlich willkommen zu Ihrem VHS Kurs **Wie werfe ich meine Abfindung zum Fenster raus B1–B2.**

Kursbeschreibung: In diesem Kurs werden Sie Zeuge, wie durch spontanes Ändern der Reiseroute das Reisebudget ordentlich federn lässt, wenn man seine Reise nicht erstattungsfähig bucht.

Mir kam direkt Kerstin (meine ehemalige Arbeitskollegin) in den Sinn, die mir predigte, buche doch einfach einen günstigen Flug nach Australien, falls sich deine Reisepläne ändern werden, setzt du nicht allzu viel Geld in den Sand. Kleiner Reminder, um in Neuseeland einreisen zu können, muss man auch ein Rückflugticket haben, was ich mittlerweile sehr gut nachvollziehen kann, sonst wären hier lauter gestrandete Europäer, die HR Leute mit ihren Bewerbungen belästigen. Im Sparfuchsmodus habe ich natürlich stets die günstigsten nicht stornierbaren Tickets/Unterkünfte gebucht. In diesem Fall reden wir von dem Flug von Vancouver nach Seattle, der Unterkunft in Seattle und dem Flug von Seattle nach Island. Zusammen sind das gute 1200 Euro. Well done, Sir.

Mit der neuen Route verlängert sich die Reise dazu um einen weiteren Monat, wofür ich mir 5000 Euro zusätzliches Reisebudget zusprach.

Natürlich habe ich aus meiner bisherigen Reise einige Lektionen gelernt:

Lektion Nr. 1
Plane die Route nicht zu detailliert vor.

Lektion Nr. 2
Buche die flexible Option bzw. immer die Option mit Stornierungsmöglichkeit.

Lektion Nr. 3
Verifiziere deine Pläne vor Ort #googleistnichtalles.

Etwas K. O. vom Planen und mit ein wenig Warteschleifenblues traute ich meinen Augen kaum, der Regen hatte tatsächlich etwas nachgelassen. Nach fünf Stunden Bewerbungenschreiben und Reisepläne über Bord werfen bzw. neu aufsetzen brauchte ich Bewegung. Rado stellte mir netterweise einen Regenschirm vor die Türe. Auf Google Maps hatte ich einen 6 Kilometer langen Buschwalk außerhalb von Opua gesehen und so machte ich mich auf den Weg. Nach wenigen Metern fing es zwar wieder an zu regnen, aber das Tolle an der Nordinsel ist, dass es nicht so windig ist wie auf der Südinsel. Der Regen war viel mehr eine erfrischende Abkühlung. Nur dass man halt lieber mit dem Boot von Insel zu Insel hoppen und sich bei Sonnenschein ein oder vier reinzwitschern würde #justsaying.

Nach einer guten Stunde glaubte ich, die Abzweigung verpasst zu haben. Dabei habe ich einfach rumgetrödelt, fand es irgendwie cute Videos zu machen in denen ich mit dem Regenschirm laufe und „Singing in the Rain", um später alle Videos zu löschen. No regrets, es war nett, solange es lastete. Dann kam endlich die Abzweigung und es wartete wieder eine dieser Schuhreinigungsvorrichtung auf mich. Was für ein wunderschöner kleiner Spaziergang lag vor mir. Riesige alte Bäume, deren Stämme dutzende Meter in Richtung Himmel ragten und die viele kleinen pflanzlichen Mieter beheimateten. Zusammen mit dem einmaligen Gesang des neuseeländischen Tuis war ich von der Magie dieses Waldes und seiner Einwohner komplett gefangen. Dieser Gesang ist wirklich einmalig. Es ist ein Ruf, der aus wiederkehrenden Klängen und Klicken besteht und am Ende seines markanten Rufes ertönt ein Modem Einwahl Signal. Super speziell. In der Nähe meines Studios lebten auch ein paar Artgenossen, so war ich mit seinem Ruf vertraut und jedes Mal, wenn er ertönte, zauberte er mir ein Lächeln ins Gesicht. Gesehen habe ich ihn allerdings nie. Er ist eher der Sia Typ und trällert hinter seiner Baumwig.

Der darauffolgende Tag war leider wieder feuchtfröhlich wie seine Vorgänger. Elendiger Mitläufer. Ich nutzte die Zeit sinnvoll und schraubte weiter an meinen Bewerbungsunterlagen herum. „Weil arbeitslos", rief Wilma getarnt von einer der wunderschönen Wildblumensträucher.

Mein Gedankenkarussell hatte leider einen Kurzen und so blieb ich mitten in der Fahrt stecken. Luzern oder Stuttgart? In einem Moment war es in Stein gemeißelt, dass ich Stuttgart nicht verlassen kann. Im nächsten kam das Luzern-Fieber auf. Stuttgart ist ja nur ein Katzensprung weg. Gut Luzern aber auch von Stuttgart, dann kannst ja eigentlich auch in Stuttgart bleiben. Mit zunehmender Reisezeit und abnehmendem Mond wurde mir immer bewusster, was für tolle Menschen ich Familie und Freunde nennen darf.[158] Daher fragte ich mich öfters, ob die Reise nicht Abenteuer genug war und ich danach lieber wieder an meinem sicheren Hafen anlegen möchte. Man wird ja auch nicht jünger. Will man wirklich nochmals von null anfangen? Klar bleibt der engste Kreis erhalten, rede ich es mir zumindest erfolgreich ein, aber es wird anders werden. Man wird weniger zusammen erleben und so wird man mehr in alten Erinnerungen schwelgen, als neue zu schaffen. „Wenn ich dies einmal für Sie zusammenfassen dürfte", sagte Wilma mit einem ironischen Unterton. „Der Herr bewirbt sich in Luzern und Stuttgart. Preist seine Freunde und seinen Partner, die beide unentbehrlich seien, um sich dann im nächsten Moment auf Stellen in Neuseeland zu bewerben?"

Was, also was zur Glühwurmhölle will der Junge eigentlich? Weiß er es selber?

„Er weiß es nicht", beantwortete Wilma ihre eigene Frage und lachte aus tiefstem Herzen, also aus einer rabenschwarzen Lücke.

Traurig, aber wahr, die Alte hat absolut recht.
    „Natürlich habe ich recht?", schnaubte Wilma.
    „Okay, jetzt reicht es dann aber auch, FRÄULEIN", schrie ich wütend allein auf dem Bett sitzend die Wand an.

---

158 Also ich wusste natürlich schon vor der Reise, wie glücklich ich mich schätzen kann. Sagen wir mal so, die Reise hat es einfach noch ein wenig mehr verdeutlicht. Wie ein Sport BH, der quasi die bereits vorhanden Tittis einfach noch etwas besser ins Licht rückt. Meine Freunde sind mein Sport-BH. Geht es noch poetischer?

Der Boyfriend ist in der Schweiz, geh ich nicht in die Schweiz, ist es vorbei #nopressure, da wir beide auf lang Sicht keine Fernbeziehung wollen. Und wir sind echt gut miteinander. Klar haben wir auch unsere Themen, aber Südafrika war der Hammer!

Geh ich in die Schweiz, lass ich alles, was ich mir in den 16 Jahren Stuttgart aufgebaut habe, zurück.

„Aber du wolltest doch das große Abenteuer in der Schweiz erleben und deine Freunde verändern sich auch, sagst du immer so schön. Sie gründen Familien, verlieben sich in jemanden, der in Zwickau lebt und dann bleibst du 40, Single und allein allein[159] in Stuggi zurück #lastmanstanding. Soll ich von einem Bekannten ausrichten", witzelte Wilma.

„VERDAMMTE SCHEISSE, ICH SAGTE, ES REICHT"[160], schrie ich. „Das ist nicht lustig. Ich steh an der Kreuzung, das Bauchnavi verstummt und ich hab keinerlei Tendenz."

Ich saß in dem kleinen Schlafzimmer, während der Regen gegen die Scheibe prasselte und wusste, wenn ich jetzt nicht irgendetwas machen würde, außer Bewerbungen unsicher zu versenden und Netflix zu schauen, kommt da ein gewaltiges Sturmtief auf mich zu. So schnürte ich meine Laufschuhe, joggte für eine Stunde durch den tobenden Regen, nahm danach eine lange warme Dusche und gönnte mir Nudeln mit Pasta. Und was soll ich sagen, ich habe zwar keine Lösung für meine Zukunft, aber das ist Zukunft Markus Shit. Heute sah die Welt nur noch halb so schlimm aus. Es gibt einfach nichts Besseres, als bei Hirnschluckauf sich die Beine zu vertreten.

No more rainy days, please!

Am nächsten Tag tat die Bay of Islands so, als hätte es nie ein Unwetter gegeben und es war ein richtig schöner Tag mit strahlendem Sonnenschein. Das Gefühl von wohltuenden Sonnenstrahlen auf der Haut ist unschlagbar. Ich hatte mir eine kleine Bucht mit dem süßen Namen Cherry Bay ausgesucht, um einfach mal den ganzen Tag am Strand zu liegen und zu baden. Es war eine abgeschiedene Bucht entlang des Küstenwegs von Opua nach Paihia und hatte maximal für 10 Personen Platz. Ich war heute glücklicherweise komplett alleine und ließ mir die Sonne glückselig aufs Bäuchlein strahlen. Als ich ins Meer ging, wurde mir klar, warum die Cherry Bay nicht in den Bay of Island Highlightkatalog aufgenommen wurde. Der Weg ins Meer hinaus war ein Hindernisparkour, der aus scharfen größeren und kleineren Felsen bestand, die man aufgrund des vom regengetrübten Wassers nicht immer rechtzeitig sah. Dazu kam noch ein etwas unruhiges Meer und zack, da lag ich wie ein Käfer aufm Rücken und wurde gegen den Felsen geklatscht. Ein warmes Gefühl durchlief meinen Rücken, meine Füße und Knie. Nach kurzem Schockmoment stand ich auf und schaute an mir runter. Ich sah aus, als kehrte ich vom La Tomatina Fest der spanischen Stadt Buñol zurück, um mich im Meer vom Fruchtfleisch frei zu waschen. Ich rannte aus dem Meer heraus, neben der nicht vorhanden Wertschätzung für Spinnen, habe ich die krankhafte Vorstellung eines Tages von einem Hai aufgefressen zu werden.

---

159 Musiktipp: Polarkreis 18 – Allein Allein
160 Musiktipp: Kelis – I hate you so much right now

„Blutend im Meer stehen, du forderst es halt aber auch heraus", sagte ich zu mir. Normalweise geh ich auch nur ins Meer, wenn ich sehe das vorzugsweise schlechtere Schwimmer weiter draußen im Meer nichtsahnend ihre Suizidbahnen ziehen. Dankbar noch am Leben zu sein, saß ich auf mein Strandtuch und leckte meine Wunden, nicht. Ich tupfte sie logischerweise mit dem nicht sauberen Strandtuch ab. Zu den Schürfwunden gesellten sich noch Moskitostiche und Blasen an den Füßen. Trotz allem war ich aber echt gut drauf.

Jetzt bin ich so ein richtiger Backpackurlauber. Ein Naturbursche, der sich den Naturgewalten stellt und mit zwei Rucksäcken das Aussteigerleben zelebriert. Okay Teilzeitaussteigerleben. Ich wohne in schönen Airbnb Wohnungen und nicht in einem Zelt oder Hostel (not gonna happen, außer wenn ich doch irgendwann den Mount Everest erklimme[161]).

Nachdem ich als letzte Amtshandlung des Tages eine erholsame Dusche nahm, dachte ich wieder, ich wäre zurück auf dem Tomatenfest von Buñol. Ich strahlte am Rücken und im Gesicht rot wie ne Cherrytomate.[162] Selbst Lichtschutz 50 kommt gegen diese aggro Kiwi Sonne nicht an.

---

161 Watchlisterweiterung – Aftershock – Everst and Nepal Earthquake

162 Okay. Der Vergleich mit dem Tomatenfest hängt. Aber props where props are du. Ich habe hier Zeit in die Recherche investiert. Aber Rot wie eine Cherrytomate, weil zu lange gesonnt in der Cherry Bay. Ich bitte Sie, das ist ganz großes Schriftstellerkino.

– Puhhh! Jetzt wird es gerade aber wirklich ein wenig langatmig. Selbst der sehr fähige Lektor hat spürbar resigniert –

Sorry vielmals. Ist aber auch Realität des Alleinreisens. Ich hoffe, ich konnte Ihnen dies mit den von meinem magischen Schrifstellfüllfederhalter aufs Papier gebrachten Passagen rüberbringen.

Gönnen Sie sich eine Pause und gehen Sie dem liebsten Workouts der Deutschen nach. 1, 2 und 3 Stoßlüften Sie, als gäbe es Morgen keine frische Luft mehr.

Am darauffolgenden Tag konnte ich bei Sonnenschein endlich die geplante Wanderung angehen. Ich lief, wie fast täglich, die Straße zum Hafen von Opua hinunter. Dort nahm ich die Fähre nach Okiata auf der gegenüberliegen Insel. Dies ist nur eine zehnminütige Fahrt und kostet 2 Dollar. Ich stand natürlich mit der 2 Dollarmünze in der Hand bereit und der Fährenmitarbeiter winkte nur ab und sagte: „Alles gut." In Okiata angekommen ging es über einen atemberaubenden 3-stündigen Buschwald in das beschauliche verträumte Russell, was – meiner bescheidenen Meinung nach – der schönste Ort in der Ecke ist. Mit schönen Cafés und kleinen Lädchen, in denen ich früher unnötiges Zeugs käuflich erworben hätte. Dank meines neuen jetzt nicht mehr ganz so stark ausgeprägten Konsum Mindsets überlastete ich meine Rucksäcke nicht mit noch mehr Bagage (SELBER BAGAGE!). Der Wanderweg war wirklich atemberaubend schön. Es ging durch typische Buschwaldwelten (wovon ich einfach nie genug bekommen kann), über Stege, die vom wilden Ginger eingenommen wurden, vorbei an kleinen Flüssen, welche die Landschaft an ihrer Wasseroberfläche als Aquarell wiedergaben, entlang an kleinen Badebuchten bis hin zu einem mega Aussichtspunkt, an dem mir zum ersten Mal klar wurde, wie mächtig diese Bay of Islands ist.

Ich liebe es einfach in diese Buschwelten einzutauchen, auf umgefallenen Bäumen zu klettern und wie der beste Stasi Agent die neuseeländischen Vögel zu observieren. Es fühlt sich leicht und sorglos an, wie in den guten alten Kindertagen auf der Schwäbischen Alb. Als ich mit meinem besten Freund Benni jede freie Minute draußen verbrachte. Egal ob es schneite, regnete oder die Sonne schien. Wie wir stundenlang Hütten aus herumliegenden Ästen im Kuhloch bauten, um als Jack und Jason, die wildesten Abenteuer zu erleben, wie unsere Kindheitshelden Bud Spencer und Terence Hill eben. By the way, Sie haben sich nicht verlesen, das Gebiet, in dem sich unser Wald und die Sportanlagen der Lokalmatadoren des Fußballvereins Bisingen befindet, heißt ohne Scheiß Kuhloch[163]. Wenn man hier aufwächst, kommt es einem auch nicht komisch vor zu sagen – lass uns im Kuhloch treffen.

Uiuiui, da ist dem Autor der Faden aber mal wieder so richtig aus den Händen geglitten. Nach dem Motto der legendären Wochenshow gebe ich zurück zu Lück und beame uns ins neuseeländische Naturglück. #purepoetry

Von dem Aussichtspunkt aus hatte man den bisher besten Blick auf die zahlreichen Inselgruppen der Bay of Island. Da es der heißeste Tag seit langem war (34 Neuseeländische Grad sind in Europa gefühlte 40 Grad), kam ich Medium gebraten in Russell an und fuhr mit der Fähre weiter in „die Hauptstadt" der Bay of Island – Paihia. Hier gab es einen größeren Supermarkt, in dem ich mich mit Lebensmitteln eindeckte, die es in dem Tante-Emma-Laden in Opua nicht gab. Ich war zuvor bereits schon Mal nach Paihia gelaufen, was ich ihnen wie so manch andere Momente bewusst unterschlagen habe. Gläserner Mensch, nicht mit mir, Freundchen.

Paihia ist vielleicht ein wenig größer als Russell, aber auch deutlich touristischer. Mit einigen Motels und Restaurants kommt es meiner bescheidenen Meinung nach deutlich weniger charmant daher als Russell. Den Rucksack ordentlich vollgepackt lief ich

---

163 Ohne Scheiß, Kuhloch. Wenn das kein goethliches Ausdrucksvermögen ist, was dann?

den Küstenweg von Paihia nach Opua zurück. Es war ein klassischer Fall von Selbst-überschätzung. Ein wenig seinen Körper und seine Kräfte herauszufordern hat ja noch niemandem geschadet. Über eine Stunde Lebensmittel zu schleppen, ist aber irgendwie so semi. Die wunderbaren Airbnb Hosts Kate & Radio, mit denen ich mich während meines Aufenthalts immer mal wieder angeregt zu Themen wie – das Leben in Neuseeland und ob wir wohl das Unwetter überleben werden –, ausgetauscht hatte, bereiteten mir zum Abschied eine mega Freude. Rado, der in einem früheren Leben der beste Pizzabäcker der Slowakei war, machte mir eine Veggi Pizza aus dem Steinbackofen und ihr zuckersüßer Lausbub überreichte mir diese stolz. Natürlich wollte er ein Stück davon mit seiner besten Freundin Bomba[164], der Labradordamme des Hauses teilen. Was für tolle bodenständige liebevolle Menschen!

Das Preisleistungsverhältnis, das Kate und Roda hier bieten, ist wirklich Speerspitze. Besonders angenehm für einen Alleinreisenden ist es, wie sie sich total authentisch und nicht aufgesetzt um einen kümmern und immer wieder proaktiv ansprechen. Da die beiden mich sehr gut einschätzen konnten, baten sie mich, dass ich es doch bitte sagen soll, wenn man mich irgendwo abholen soll, es sei kein Problem und wäre ihnen eine Freude.

Wenn Sie jemals nach Neuseeland in die Bay of Islands gehen, **müssen** Sie dort übernachten.

Auckland – One Night Only

Am nächsten Morgen ging es mit dem zuverlässigen Intercitybus um 7.30 Uhr wieder zurück in Richtung Auckland. Dieses Mal aber nur für eine Nacht, um dann die Segel in Richtung Great Barrier Island zu hissen. An der Haltestelle in Opua warteten noch zwei Australier und eine Schweizerin und es folgte der Standard Backpack Touristentalk. Wo warst du überall? Was war dein bisheriges Highlight? Wie lange bist du noch da? Im Bus setzte ich mich dann nicht neben den leeren Platz in der Sitzreihe der Schweizerin, weil mir einfach nicht nach Small Talk war. Ich nahm meinen Laptop raus und beschloss weiter am Buch zu schreiben. Die Busfahrerin war eine Powerfrau. Bei jeder Haltestelle erklärte sie den Ablauf den Neuzugestiegenen und dass, wenn man es wagen sollte, im Bus zu rauchen, sie einen direkt aus dem Bus beförderte, was dank ihrer körperlichen Erscheinung nicht nur als bloße Drohung zu verstehen war. Heute war ich so richtig antisozial. Es fiel mir aber auch wirklich schwer der schönen Unterkunft und den tollen Gastgeber den Rücken zu kehren. Bei jeder Haltestelle hoffte ich, dass niemand neben mir Platz nimmt. Der Bus wurde aber immer voller und so setzte sich ein großer schlanker Herr, etwa in meiner Altersklasse, neben mich. Seine vermutlich Bekannte winkte ihm von der Bushaltestelle aus zu, was er nicht mitbekam, da ich am Fenster saß. Ich stupfte ihn an, zeigte auf seine Bekannte und er winkte zurück #zumabwinken. Dabei kamen wir auch direkt ins Gespräch. Uns beiden war klar, dass wir beide am gleichen Ufer baden gehen. Oliver war sein

---

164 Was für ein treffender Name für so eine wuchtige Rasse oder?

Name, ein Anwalt aus London und Mitte 40. Er hatte sich für einen relaxten Urlaubslook mit Sandalen und weißem Linienhemd entschieden. Seine Haare waren ein wenig verwuschelt und die Brille stand ihm echt gut. Man konnte ihn sich gut als Anwalt vorstellen. Wir unterhielten uns total entspannt und ungezwungen. Es entstanden immer mal wieder Pausen, aber keine unangenehmen. Wir stellen unsere CVs privat wie beruflich vor. Diskutierten über Neuseeland, Südafrika und den Brexit und als wir in Auckland ankamen, fragte er mich, ob ich heute Abend schon verplant sei oder ob wir was zusammen Essen gehen sollen? Sein Freund, bei dem er übernachtete, sei bereits verplant und es wäre doch ganz nett, wenn wir beide den Abend in netter Gesellschaft verbringen. Ich dachte mir, warum nicht. Mal wieder in ein Restaurant zu gehen und nicht den 20 Salat mit Halloumi zu essen klingt extrem verlockend und er war ja ein angenehmer Zeitgenosse. Ich checkte in meinem Hotel ein. Es war das günstige zentrale Hotel, das ich finden konnte … für schlappe 100 Dollar. Da ich am nächsten Morgen um 7:30 Uhr am Hafen sein musste, hielt ich es für keine schlechte Idee die Anlegestelle der Fähre fußläufig in unter 20 Minuten erreichen zu können. Nach einem kurzen Powernap und der Überlegung das Abendessen abzusagen, weil er könnte ja auch der absolute Creep sein, K. O.-Tropfen in meinen Drink träufeln und dann wache ich in einem Glaskasten im Keller eines alten Buchladens auf. Ganz getreu dem Motto *Yolo* ignorierte ich die Horrorszenarien, brezelte mich etwas auf, und ging in Richtung Hans' Appartement (Oliver's Buddy).

Wir tranken zunächst einen guten Gin Tonic in Hans's Manson, die einfach mal einen exzellenten Blick auf Aucklands Skytower bot und sehr stylisch mit einem Misch aus Altem und Neuem daherkam. Gin Tonic ohne was im Magen heiterte die Stimmung weiter auf. Wir gingen direkt um die Ecke richtig lecker thailändisch essen und beschlossen danach noch eine Gay Bar Tour zu machen. Hier trafen wir an der Bar auf eine hypermotivierte Barkeeperin, die 15 minutenlang in einer Raffinesse, die ihresgleichen sucht, unseren Caipi zaubert, der am Ende aber halt einfach eine Margarita war. Da mussten wir natürlich noch ein Caipi nachlegen. Die Bar füllte sich und es war ein gut durchmischtes Publikum von Frischlingen kurz vor der 20 bis hin zur Grand Daddy realness. Auf einem riesigen Bildschirm spielte die Bar die Musikvideos ab, was sehr amüsant war, weil man ja heutzutage (also zumindest ich) kaum noch Musikvideos schaut. Da waren wir in den 2000ern schon erfinderischer, würde ich sagen. Ich sag nur Missy Elliot – Work it. Wir beschlossen in die nächste Bar zu ziehen, die sich dann als Club entpuppte. Als man an der Garderobe einen Müllbeutel überreicht bekam, war es klar, dass hier wohl viele mindestens oberkörperfrei unterwegs sein werden. Ich habe aber lediglich meine Jacke abgegeben. Hat man solche Komplexe bezüglich seines Körpers wie ich, ist man gerne der Einzige mit Shirt, auch wenn man dafür kritisch gemustert wird. Dies nehme ich gerne in Kauf, wenn ich dafür nicht im Club als Miss Piggy stehe und vernichtende Blicke ernte.

"Hello, it's me the German Spießer."

Mehrfach wurde ich aufgefordert mein Hemd auszuziehen und gefragt, ob ich Franzose sei, weil ich mich so anstelle. Ich sagte „Danke für das Kompliment." Als Franzose durchzugehen, also ich höre mich nicht non sagen. Wir tanzten ausgelassen bis in die Morgenstunden und irgendwann verlor ich Oliver aus dem Blick. Ich sagte mir, er hat bestimmt seinen Deckel für heute Nacht gefunden. Ich holte meine Jacke und torkelte glückselig ins

Hotelzimmer zurück, dass neben einem Blick auf zwei nicht von schlechten Architekten entworfene Wolkenkratzer auch noch den Hafen in der Ferne erkennen ließ. Mehr als drei Stunden Schlaf waren leider nicht mehr drin, aber die spontane Partynacht war es allemal wert.

Into the wild Great Barrier Island
(wilder als mir lieb war)

Ich bin so der Typ, der, wenn in der Fähren-Eincheckanweisung steht, seien Sie bitte eine halbe Stunde vor Abfahrt da, mindestens eine Stunde früher da ist. Okay ich wäre gerne der Typ und plane es so, dann kommen aber einfach so wichtige Dinge wie noch mal die Fotos der letzten Tage studieren und in Social-Media-Kanälen hängen bleiben dazwischen und so hetzte ich mich ordentlich ab, um pünktlich am Hafen zu stehen. Eigentlich sollte ich es mittlerweile besser wissen. Wenn ich nur 15 Minuten vor Abfahrt ankomme, passiert hierzulande absolut nichts. Höchstwahrscheinlich gehör ich noch zu den Ersten, redete ich mir ein. Und so war es dann auch. Nur ein Paar war vor mir da. Die anderen Fuß-passanten trödelten gemütlich nach und nach ein. Toll an der frühen Abfahrt war, dass die Sonne gerade in Auckland aufging und sie sich fotogen as fuck in die Skyline einreihte, auf die man von der Warft aus einen wunderbaren Blick hatte. Die Fahrt auf die Great Barrier Island dauert stolze 4 1/2 Stunden. Also eine gute Stunde länger als die Fahrt von der Nord- auf die Südinsel. An die Entfernungen muss ich mich als verwöhnter Europäer immer noch gewöhnen. Aufgrund des Unwetters der letzten Wochen war die Straße zum Hafen, an dem meine Unterkunft sich direkt befindet, gesperrt, so fuhr die Fähre spontan den anderen Hafen an, der am anderen Ende der Insel ist.

Bei meiner Recherche nach Stopps auf der Nordinsel war die Insel ganz vorne mit dabei. Ich wäre auch gerne auf die Steward Island, auf der man u. a gute Chancen hat Kiwis in der freien Natur zu sehen, ganz im Süden von Neuseeland gegangen. Aber alles kannste halt in zwei Monaten einfach nicht sehen.

Umso mehr freute ich mich, dass ich die Great Barrier Island, eine Off-Grid Insel, die zu 90 % aus Naturschutzgebiet besteht und gerade mal 939 Einwohner und keine öffentlichen Verkehrsmittel beheimatet, bereisen durfte. Ich sah schon meinen Trip ins dreckige Über-schwemmungswasser fallen. Aber meine Airbnb Hosts Peter & Adam[165] boten mir an mich gegen einen kleinen Aufpreis abzuholen. An der Warft traf ich ein kanadisches älteres Ehepaar und sie fragten mich, wo meine Unterkunft sei und so stelle sich heraus, dass es ihnen wie mir erging. Ich fragte Adam, ob wir sie auch mitnehmen können und es war natürlich kein Problem. Die Überfahrt war wirklich super schön. Es war nur leicht bewölkt, so wurden wir von der Sonne ordentlich verwöhnt und hatten einen tollen Blick auf Auckland und die Inseln, die Auckland umgeben. Viereinhalb Stunden ziehen sich

---

165 Vermutlich ein schwules Paar. Ich meine das Profilfoto bei Airbnb mit aufeinander abgestimmten Hawaiihemden und der Name ihres Anwesens lautet „Fantasy Island" … all tea no shade

aber dann irgendwann schon, wenn man nur offenes Meer um sich herumhat. Ich lag auf eine Bank und genoss die Kraft der Sonne, die ich wieder etwas unterschätze und so strahle meine Nase rot, was sie eigentlich eher macht, sobald die Temperaturen unter 20° C fallen. Der Wellengang war nach meinem Verständnis sehr ambitioniert, das lag aber vielleicht auch einfach daran, dass ich noch ordentlich Restalkohol innehatte und dies die Umdrehungen zusätzlich beschleunigte. Die Einfahrt zur Great Barrier war mindestens genauso beeindruckend wie bei Fahrt von Wellington nach Picton. Man kam an super vielen (bestimmt > 35) kleinen unwirklich giftgrünen Inseln mit dieser typischen artenreichen Pflanzenwelt Neuseelands vorbei.

Der „Hafen" war mehr eine kleine Anlagestelle. Peter, mein Host, stand bereits da, winkte mir euphorisch zu und rief fröhlich_ „Willkommen auf der Great Barrier, Markus!" Das kanadische Paar folgte mir unauffällig. Peter umarmte mich zur Begrüßung herzlich und der vermutete Gayfaktor, musste nicht diskutiert werden. Durch die Ankunft am „falschen" Hafen, der wirklich am anderen Ende der Insel lieg, erhielten wir eine gratis Sightseeing-Tour von Peter. Wir hielten an diversen Aussichtspunkten und er gab uns die Möglichkeit bzw. forderte uns leicht penetrant auf Fotos zu schießen. Sein Fokus bei der Great Barrier Tour lag darauf, uns mitzuteilen, wie viel jedes Haus kostet und wie luxuriös diese seien. Als wir an seinem Lieblingsaussichtspunkt hielten, befanden sich dick(e) große Holzpfosten am Parkplatz. Er schaut mich an, grinste verschmäht und seufzte: „Ach Markus, diese erinnern mich immer an meinen Freund. Groß und dick, genauso wie ich es gern habe." Er sagte es aber nicht diskret leiste zu mir, sondern lautstark, so dass diese Information auch nicht an dem kanadischen Paar vorbeiging. Diese schauten sich maximal verwirrt an und taten so, als hätten sie es nicht gehört. Ich musste einerseits laut loslachen, dachte mir aber zugleich, das kann ja lustig werden. Nachdem wir die einsamen langen Buchten und Waldlandschaften der Great Barrier Island verschlungen hatten, kamen wir auch schon an der Unterkunft – der Fantasy Island – an. Adam, Peters Mann, kam aus ihrem Haus spaziert, das sich auch auf dem Anwesen befindet und reichte mir zur Begrüßung ein Glas Prosecco. Peter brachte mich zu meiner kleinen Hütte und gab mir gleich eine Tour durch das Anwesen. Und Anwesen ist hier wirklich keine Hyperbel. Fantasy Island ist der schönste Orte, den ich in meinen 39 Jahren bis dato vor die Glotzbebbel[166] bekam.[167]

Man lebt in einem Botanischen Garten in seinem kleinen Studio, das einen privaten großen Gartenanteil mit Liegestühlen und einer Outdoorküche hat. Als Blumenkind ist dies ein wahr gewordener Traum. Auf dem höchsten Punkt des Anwesens hatte meinen einen unbeschreiblichen Blick auf die Bucht des kleinen Dorfes Tryphina, die vom Botanischen Garten von Peter und Adam perfekt in Szene gesetzt wird. Tryphina ist ein verträumtes kleines Dörfchen und zugleich der größte Ort der Insel, der sich über drei Buchten erstreckt und gefühlt maximal 70 Häuser inklusive Tante-Emma-Laden beheimatet. Wie immer brachte mich mein erster Weg von der neuen Unterkunft zum Supermarkt. Ich war sehr gespannt, was es Veggi-technisch so geben wird. Der Laden war der absolute Hammer. Biogemüse und Obst (teilweise sogar von der Insel #supportyourlocal). Sogar

---

166 Schwäbisch für Anfänger: Glotzbebbel = Augen

167 Ich weiß. Ich weiß. Mein gehobenes Alter liest man gar nicht raus. Inke Bause würde mich vermutlich bei Bauer sucht Mann so vorstellen: „Der junggebliebene Naturliebhaber und Hundenarr Markus …"

Sauerkraut gab es und da ich Wraps gekauft hab, dachte ich, wie kann ich als Allemand nein zu Sauerkraut sagen? Vollbepackt mit Bio Gemüse, Sauerkraut, Wraps, dem nicht sehr beliebten Toastbrot (was willst machen) und zwei Flaschen Wein ging's zurück in die Traumunterkunft. Peter fing mich direkt ab und sagte: „Morgen Abend sind wir bei einem guten Freund zum Abendessen eingeladen und wir haben dich direkt mit eingeplant und akzeptieren kein Nein. Es ist eine Millionenvilla mit einem atemberaubenden Blick auf die Bucht." Dieser Peter, muss einem einfach immer die Immobilienpreise um die Ohren hauen. Das muss echt aufhören, ansonsten verbinde ich ihn mit Wayne", dachte ich mir.

Option 1) Essen in gemütlicher Runde für umme
Option 2) Allein. Me & my Sauerkraut Wrap

Ich redete mir ein mich freiwillig für das Dinner entschieden zu haben. Bevor es abends aber zum Dinner ging, joggte ich auf den „Station Rock" Lock-out. Es ging einfach nur vom Ortskern an bergauf der Straße entlang, durch einen kleinen Buschabschnitt, der einen auf den Aussichtspunkt führte, von welchem aus man einen Weitblick auf die Insel hat. Die Anstrengung hatte sich definitiv gelohnt. Ich kam verschwitzt und schwer schnaufend oben an und eine Touristengruppe bestehend aus ca. 10 Menschen im Alter meiner Eltern (ü65) schauten mich belustigt an. „Bist du etwas hochgerannt?" Mehr als ein „Ja" ließ meine Lungenauslastung nicht mehr zu. „Gut für dich", sagte eine ältere Dame und dann lachte die Reisegruppe im Chor. Aber es war kein Auslachen. Wir unterhielten uns noch 15 Minuten über die Schönheit der Great Barrier und überraschenderweise ist Stuttgart wirklich nicht so unbekannt. Ich würde sagen, 70 % der Leute waren schon mal da (???) oder kannten es zumindest. Porsche, Mercedes und Bosch sei Dank. Der Weg zurück zur Unterkunft war deutlich angenehmer und so kam ich nach 1,5 Stunden wieder im Botanischen Garten an. Na hören Sie mal, natürlich habe ich ca. 30 Minuten Pause gemacht auf dem Aussichtspunkt. Ich legte mich zum Trocknen auf den Liegestuhl und kniff mich imaginär in den Oberarm. Diese Insel und Peter & Adam's Fantasy Island haben mich brutal verzaubert. Da liegt der arbeitslose Typ losgelöst von jeglichen Gedanken an die Probleme von Zukunft Markus (Schweiz/Stuttgart/Job usw.) und genießt einfach das Hier und Jetzt. Bestaunt unglaubwürdig den Botanischen Garten, in dem er lebt, und macht täglich die gleichen Bilder, weil es einfach zu schön ist, um nicht abzudrücken. Dass es aus der Schweiz Absagen hagelte, ging mir dann auch am Allerwertesten vorbei, da es in Stuttgi entgegengesetzt lief. Jede Bewerbung führte zu einer Einladung zum Interview und so startete der Interview-Marathon auf der Great Barrier Island. Vielleicht muss ich mich gar nicht für Stuggi oder Luzern entscheiden, sondern meine zukünftige Arbeitgeberin nimmt mir die Entscheidung ab? Ich öffnete die Augen, da die Sonne auf einmal weg war und da stand Wilma im quitschschwarzen Bikini, schaut mich verdutzt an und sagte: „Ich trau dir Dummbatz ja wirklich viel Hirnschluckauf zu, aber deine Zukunft von anderen Leuten bestimmen zu lassen, nur weil du selber keine Entscheidung treffen willst, ist schon next Level Schwachsinn. Was bist du auf dieser Reise nicht gereift. Ein komplett neuer Mensch."

Ich grinste sie an und sagte nur: „Auch, wenn du evtl. recht hast, du wirst mir meinen Auf-enthalt im Paradies nicht vermiesen. Nicht mal deine vernichtendste Kritik kommt gegen diese heile Welt an. Von dem her würde ich mal sagen. Mach s Gesicht zu, Schätzchen." Ich stand auf, ging duschen und freute mich auf das Bonzenabendessen bei Dennis, dem Freund von Peter & Adam. Die Einfahrt zu seinem Haus, das etwas außerhalb des Dorfes lag, ist, nicht übertrieben, mindestens 2 km lang und erinnerte vom Straßenbelag an den Kruger Nationalpark. Sie führt an einem über das Ufer getretenen Fluss vorbei, bevor es steil den Berg hoch zum Anwesen geht. Dennis öffnete die Türe und der Spruch, er hätte mein Vater sein können, trifft hier voll zu. Er hat graues volles Haar, einen passenden Vollbart und trägt Klamotten, die man in dem Alter halt trägt, ein kariertes, etwas zu enges Hemd aus guten alten Tagen und eine etwas zu große weiße Baumwollhose. Er machte einen netten ersten Eindruck auf mich, drückte mir ein Glas Weißwein in die Hand[168] und zeigte mir stolz sein Anwesen. Er vermietete 4 Appartements via Airbnb. Jedes Appartement verfügte über einen Balkon mit diesem spektakulären Blick auf die Bucht des Örtchens. Das große Grundstück, das die Gebäude umgibt, war relativ clean gehalten ein paar bunte Pflanzen ansonsten reine Wiesenfläche. Mit Peter dem Landschaftsarchitekten als Buddy hätte ich gedacht, dass hier der nächste Botanische Garten auf mich wartet. Der toskanische Stil der Villa war jetzt auch nicht wirklich Kiwi passend, aber was willst machen.

Adam hatte für mich extra Veggi Burger Bratlinge gemacht und so dinierten wir zusammen mit Dennis, seinem schwulen Neffen (Mr. One Teeth) und seiner Mutter, die er hier oben pflegte. Nach dem Dinner nahmen wir in der Sofalandschaft, ich glaube, es waren 10 Sitzplätze vorhanden, Platz und schauten noch einen Film. Nach 10 Minuten der erfolglosen Filmsuche schlug ich den schwulen Film „Boys in the Band" vor. Ich hatte ihn zwar schon gesehen, aber dachte, der passt relativ gut zu Dennis, da der Film in seinen 20er Jahren spielt und er sich bestimmt gut in die Story und Charakter reinversetzen kann. Definitiv eine Filmempfehlung. Sheldon Cooper[169] spielt hier die Hauptrolle. Es geht um seine Geburtstagsparty und wie er aufgrund seines Selbsthasses, da er nicht wirklich akzeptieren kann, dass er schwul ist, auf eine sehr traurige Art und Weise, all seine Freunde an dem Abend verletzt oder sie provoziert Dinge zu tun, die sie am Ende ihrerseits verletzen.

Während des Films klingelte das Telefon und Dennis unterhielt sich ein wenig. Ich saß ihm schräg gegenüber auf einem Sofa, das eine herausfahrbare Beinablage hat[170], und spuckte fast den guten Wein aus, als er sagte:

„Peter & Adam sind hier und sie haben einen attraktiven deutschen Urlauber mitgebracht. Wenn ich Glück habe, darf ich da heute noch ran, denn so wie er seine Beine auseinander streckt, ist das ja fast schon eine Einladung."

CREEPY-Faktor 500! Ich lachte künstlicher als die gemachten Brüste meiner ehemaligen Schulkameradin Maria und kreuzte meine Beine in Millisekunden. Lenkte direkt ab und sagte: „Gefällt euch der Film? Der ist richtig gut oder? Lasst uns doch weiterschauen." Ich spürte aber durchgehend, wie Dennis mich immer wieder anschaute. Als der Film

---

168 Wie kann man jemanden, der einem ein Glas Weißwein offeriert, nicht nett finden?

169 Kennen Sie auch nie die „echten" Namen von Seriendarsteller*innen?

170 Wer hat solche Sofas noch? Werden die heute nicht produziert?

vorbei war, sagte Dennis in die Runde: „Wer hätte gedacht, dass dieser Markus so ein spannender Typ ist. Er hat den perfekten Film für die Runde ausgewählt. Ich freue mich ihn den nächsten Tagen näher (hierbei lachte er) kennen zu lernen." Als wir uns kurz danach von Dennis verabschiedeten, war ich erleichtert wieder ALLEIN in meinem Studio zu sein. Adam, der eher der emphatische Typ der beiden Gastgeber war, sah, wie unwohl ich mich fühlte, und sagte auf dem Heimweg, dass ich mir keine Gedanken machen soll. Dennis neckt und fordert andere Leute gerne heraus, er würde aber nie die Grenze überschreiten. „Du bist viel zu alt für ihn, Markus. Sein Beuteschema ist Anfang 20." Selten war ich so glücklich darüber langsam, aber sicher und in sehr großen Schritten auf die 40 zu zugehen. Ich verdrängte die Creepiness des Abends erfolgreich und filterte die schönen Momente für mich heraus.

* * *

Am nächsten Tag hatte ich eine große Wanderung vor mir. Es ging von Tryphina zu den Midland Beaches. One Way vier Stunden. Es war super warm, aber ich war bis in die krummen Hobbit behaarten Zehenspitzen motiviert. Die Freude an der Bewegung ist ein positiver Aspekt dieser Reise. Zudem war ich sehr gut gelaunt, da ich Einladungen zu weiteren Vorstellungsgesprächen in Stuttgart erhielt. Ich wanderte zunächst wieder die einzige Straße, die aus Tryphina herausführte, hoch zum Station Rock Lockout und von da aus ging es drei Stunden durch den wilden Busch (ohne wirklich viele Wildtiere). Die Sonne brannte durchgehend. Nicht mal eine leichte Brise unterbrach sie. Als ich nach der Überquerung von mehreren kleinen Flüssen und sich ständig wandelnden Waldgebieten das Meer erblickte, strahlte ich über beide Backen. Ich entschied mich dagegen an den Hauptstrand zu laufen. Me, Myself and I stand heute auf dem Programm. Ich bog rechts ab und fand eine kleine Bucht, neben dem beliebten Surferstrand. Good Choice! Es war wirklich keine Menschenseele hier, nur ich und ein paar Möwen. So warf ich das durchschwitze Shirt auf den Strand, die Schuhe auf dem Weg zum Wasser ab. Den Sand unter den Füßen zu spüren nach vier Stunden Schwitzen und Wandern war ein unglaublich tolles Gefühl und ohne über die Kälte des Wassers nachzudenken #Warmduscher, sprang ich in Baywatch Manier, nur mit deutlich weniger Grazie, ins Wasser und tauchte unter der ersten Welle durch. Wie gut das kalte Meerwasser tat. Ich schwamm und schrie laut Wohoooo. Omg werde ich etwa zu einem optimistischen Wooo Girl? Natürlich nicht, aber ich musste einfach die Freude rauslassen und wenn dies in einem Wohooo endet, ist es so.

Ich legte mich auf das Strandtuch und ließ mich von der Sonne trocknen, was dank ihrer ungebändigten Kraft maximal 10 Minuten dauerte. Dann traf es mich wie ein Klitschko Schlag in die Visage. Holy Shit ich habe um 20 Uhr ein Interview (8 Uhr deutsche Zeit). Der Heimweg dauert 4 Stunden und es war bereits 17 Uhr.

Der bezaubernde Hinweg, auf dem ich über kleinen Holzbrücken lief, türkisblaue Flüsse überquerte, den Ausblick auf die schöne Küstenlandschaft genoss und durch die facettenreiche Waldbuschlandschaft wanderte, wurde zu einem monotonen Rückweg, ein Uphill Run, der weder Raum noch Zeit übrig ließ, um die Schönheit der Great Barrier Island wertzuschätzen. Total verschwitzt, hungrig und von der Sonne gegrillt kam ich in der Unterkunft an und sprang direkt unter die Dusche.

Peter & Adam waren wirklich tolle Hosts und haben mir einen freien Bungalow für die Interviews zur Verfügung gestellt, da hier das WLAN besser ist als in meinem. Ich wählte mich rechtzeitig zum Interview bei der EnBw als Recruiter ein und als ich mein Video anmachte, begrüßte mich Mr. Crabs. Das Interview verlief sehr anders als erwartet. Als es draußen dunkler wurde, machte ich das Licht im Studio an und es war eine Nachahmung einer Fackel. Die beiden sehr sympathischen Recruiterinnen waren genauso erstaunt wie ich. Deswegen wechselte ich mitten im Interview die Location und ging raus auf die Terrasse, da es dank der Laternen heller erschien. Dies führt dazu, dass ich das Opfer von zig Moskitostichen wurde. Aber ich konnte im Interview nicht wild um mich schlagen oder mir anmerken lassen, dass heute mein Schenkel auf dem Moskitospeiseplan ganz oben stand. Nach weiteren 10 Minuten war es draußen auch zappenduster und so ging ich zurück in den Bungalow und machte meinen Bildschirm heller. Ich nahm es aber mit Humor und die Beiden zum Glück auch. Ich legte auf und wusste, das wird eine Absage. Das muss ne Absage werden. Die Stelle ist 2 Jahre befristet, da ist der Markt nicht so dolle, vielleicht haste doch noch eine kleine Chance. Die Lage wäre halt der Hammer. Ich müsste von meiner Wohnung in Stuttgart aus einfach nur kurz durch den Wald laufen und wäre direkt da. Ich sah mich schon mit meinem Corgi namens Spencer oder Bacon durch die Wiesen des Möhringer Körschtals springen. Smarti, der ich bin und ich auch mehr Vorbereitungszeit für das nächste Interview hatte, fand ich auch lösungsorientiert den Lichtschalter für die Deckenlampe. Der Interviewmarathon ging die nächsten Tage so weiter. Lustig war, dass die großen Unternehmen die schlechtesten Prozesse hatten. Nicht überraschend, da Tesla/Mercedes im Gegensatz zur Stuttgarter Lebensversicherung bei Kandidat/-innen beliebt sind. Ich hatte mich schon bereits bei der Unterschrift des Aufhebungsvertrags gefragt, ob ich wirklich nochmal in einen großen Konzern will oder ob es nicht spannender ist, als Nächstes im Mittelstand oder Start-up tätig zu werden?

* * *

Adam schrieb mir an dem Abend noch, dass sie morgen zu dem schönsten Strand der Insel fahren werden und sie erneut darauf bestehen, dass ich mitkomme. Dennis wird auch dabei sein, aber sie haben ihn entschärft. Ich zögerte zunächst, weil das Unwohlgefühl vom Fernsehabend noch etwas Nachwehen verursachte, aber ich vertraute Adam & Peter und sagte mir: „Hey an den Strand kommst du sonst nicht und du bist ein großer Junge und wenn es knüppeldick kommt, kannst du für dich einstehen." Adam brachte mir nach dem Interview noch ein Toast mit Käse und Tomaten und selbst gemachtem Pesto. Die Gastfreundschaft war wirklich hyper deluxe gut.

Als die einzigen weiteren Gäste, ein Heteropaar, das ihre Flitterwochen auf der Fantasy Island verbrachte, am nächsten Tag abreiste, sagten die beiden: „Ab jetzt ist FKK Season in der Fantasy Island." „Ich so ähm, wie bitte? Ja wir schließen das Eingangstor und du kannst einfach nackt rumlaufen."

Nackt rumlaufen? Ich? Mit meinem Komplexkatalog? Ja, gaynau. Ich sagte ihnen, dass es mir nichts ausmacht, wenn sie es tun, aber es nicht mein Ding sei. Eigentlich dachte ich mir aber zudem, ich möchte euch nicht nackt sehen und irgendwie seid ihr die Hosts. Es ist euer Anwesen, ihr dürft tun und lassen, was ihr wollt, aber dann sollte man dies in der Beschreibung der Unterkunft ankündigen? Oder bin ich zu prüde?

Am nächsten Tag fuhr ich mit den 3 Herren an den angeblich schönsten Strand. Ja, Sie lesen richtig zwischen den Zeilen. Ich fragte mich, ob ich hier gerade einen Fehler mache und mir selber ein Ei lege. Als wir am Strand ankamen, zu dem man über mehrere Klippen klettern musste – ich hatte die leise Hoffnung, dass Dennis mit seinen fast 70 einfach irgendwo hängen bleibt[171] – lohnte sich das definitiv. Es war paradiesisch. Man hatte Blick auf eine kleine Insel etwa 800 Meter entfernt, es war keine Menschenseele hier, was gleichzeitig aufgrund der Flirtattacke von Dennis beim Videoabend ein wenig creepy war. Ich liebe ja den schwarzen Vulkansand deutlich mehr als den super cleanen weißen Sandstrand. Irgendwie ist das zu Klischee-mäßig und hat weniger Charakter. Ich legte mich auf mein Handtuch und Adam reichte mir eine Tüte voller vegetarischer Pizza #teamadam. Die anderen drei zogen dann auch direkt blank, was mir aber nichts ausmachte. Wer einmal am Gaybeach von Maspalamos war, der hat schon alles gesehen. Dennis war heute zurückhaltender. Wir unterhielten uns lange und er schaut mich an und sagte: „Markus. Du musst dich mehr lieben. Ich habe dich studiert und du stehst dir selber im Weg. Man spürt förmlich, dass du mit dir nicht im Reinen und mit deinem Körper nicht zufrieden bist. Du bist noch nicht angekommen und auf der Suche."

Zack Boom Bang. Ich war kurz davor an Dennis' Bart zu ziehen, da ich fest davon überzeugt war, dass Wilma Wankelmut sich verkleidet hatte, was einiges erklären wurde. Wow, es ist wirklich so offensichtlich.

Ich mein', er hätte mich mal vor 10 Jahren kennenlernen müssen. Mittlerweile (dachte ich) bin ich da schon viel weiter. Shit, das hat gesessen. Da hat er den Nagel einfach mal auf den Kopf getroffen. Adam kam dazu und sagte: „Markus. Du hast absolut keinen Grund unzufrieden zu sein. Weißt du was? Du solltest nackt ins Meer springen und rausschwimmen und dieses Paradies und die Freiheit genießen und deinen Körper so akzeptieren, wie er ist." Ich würde gerne sagen, dass ich direkt losgesprungen bin. Aber es bedurfte einer längeren Diskussion, aber am Ende ließ ich s Hösle fallen und rannte ins Meer und da schwamm ich nackt im Meer vor der Great Barrier Island und fühlte mich vogelfrei. Als ich aus dem Meer herauskam, wartete Dennis schon auf mich und dann ging es in eine so richtig unschöne Richtung. Er rückte mir auf die Pelle und war sichtlich erfreut. Drückte mir so manche Sprüche und wollte seinen Arm um mich legen. Ich blockte ihn aber ab und lächelte seine Sprüche weg. Er war allerdings resistent und machte immer weiter. Ich schob ihn mehrfach weg und sagte bestimmt: „Jetzt ist auch gut. Egal was du dir vorstellst. Es wird nicht passieren." Ich wollte nachlegen und sagen: „Ich werde sicherlich nicht zu einem deiner Toyboys, die dich im Stich lassen, sobald du mal Hilfe brauchst und dich ausnehmen wie eine Weihnachtsgans, was du nicht blickst. Da du so von dir überzeugt bist, dass du nicht siehst, wie armselig dein Leben ist. 21-jährige Jungs. Was wollen die von dir? Denk doch einfach mal kurz nach. Du hast dich in eine Idee verrannt, die fern jeglicher Realität ist." Ich wurde aber einfach still und suchte die Distanz. Nach dem gemeinsamen Abendessen suchte ich dann auch schnell das Weite und zog mich mein Bungalow zurück und sperrte die Türe zu. Bei dem Alten weiß man ja nicht, auf was für Ideen der noch so kommt. Ich beschloss mir aber nicht von einem alten notgeilen Typ

---

171 Hat er nicht gesagt?

meine Erinnerungen an den schönsten Strand, den ich bisher in meinem Leben gesehen hab, zerstören zu lassen. Die nächsten Tage verbrachte ich am Strand, mit weiteren Interviews und mit gemeinsamen Kochabenden mit Adam, da Peter für ein paar Tage nach Auckland musste. So vergaß ich Dennis Vorfall Numero 2 schnell und zog mir das Paradies weiterhin ungestört rein.

„Ein Zyklon mit verharrendem Ausmaß rast auf die Nordinsel Neuseelands zu."

Zu dieser Schlagzeile wachte ich am nächsten Tag auf. Ernsthaft? Zuerst die Flut und jetzt ein Zyklon? Der schlimmste seit den 60er Jahren. Was ist denn hier los? Ich traf Adam im Garten und er sagte: „Vielleicht solltest du deine Rückreise ans Festland verschieben. Du könntest umsonst hier wohnen und uns beim Renovieren der Unterkünfte helfen? Ich weiß nicht, ob überhaupt noch eine Fähre am Samstag abfahren wird." Kurz dachte ich, hey noch 5 Tage länger hier im Paradies wäre doch gar nicht verkehrt. Aber wenn es stürmt und regnet, hast davon auch nicht viel und bestimmt triffst du dann noch mal auf den super Creep Dennis und so war ich extrem erleichtert, als ich erfuhr, dass die Fähre noch abfahren wird. Es war die letzte Fähre, die vor dem Sturm die Insel verlassen wird.

Adam war wirklich ein toller Zeitgenosse und ich werde die Zeit auf der Insel nicht vergessen. Wer vergisst auch den schönsten Flecken Erde, auf der er bis dato war? Mit der Fähre kamen auch die Lebensmittellieferungen für die Inselbewohner und man sah, dass alle mit dem schlimmsten rechneten und sich ordentlich Vorrat bestellt hatten. Der Wind nahm immer mehr zu und so war die Rückfahrt wirklich kein Highlight. Wenn die Hinfahrt Schiffschaukel-Niveau hatte, war dies jetzt die Schiffschaukelfahrt der Hölle. Alle Fahrgäste waren sichtlich erleichtert, als wir am Hafen von Auckland anlegten.

Alle Wege führen nach Auckland

Erinnern Sie sich noch an Ruben? Der nette Original Kiwi aus Auckland bot mir an, dass ich über den Sturm hinweg bei ihm pennen durfte, bis ich ab Mittwoch noch bei dem Busfahrer und seiner Frau bis zum Neuseeland Abschied bleiben konnte.

„Ehrlich gesagt, will ich hier nicht weg. Es ist Sommer. Ich bin verzaubert von den Orten und Menschen. Kanadas Winterausläufe stinken dagegen ordentlich ab", sagte ich mir. Ich habe während der Zeit auf der Great Barrier Insel mit der Planung des Kanada-Trips angefangen. Es gestaltete sich aber schwieriger, als ich mir das vorgestellt hatte. In den Städten fand ich tolle Unterkünfte, sobald es etwas ländlicher wurde und es darum ging Naturluft zu schnuppern, sah es zapfenduster aus. Die schönen Zugstrecken mit Panorama Blick auf die Flora und Fauna Kanadas verkehren erst ab April/Mai. In a Nutshell fliege ich dann von einer kanadischen Großstadt zur nächsten, um von da aus in die noch krassere Großstadt New York zu fliegen. Ich liebe zwar Auckland sehr und freute mich, dass sie in Neuseeland die ruhigen Stopps immer wieder gekonnt unterbrochen hatte und die Zeit in Auckland gehört definitiv zu den absoluten Kiwi Highlights, aber nur Stadtleben macht mich nicht glücklich. Die Freude, die in mir beim Watscheln durch die neuseeländische Natur nach ein paar Tagen Stadtluft schnuppern aufkam, zeigte mir dies eindeutig.

Hören Sie auch, was ich höre? Es schreit geradezu nach der Planänderung Numero Zwo bzw. nachdem Aufbau VHS Kurs – Wie werfe ich meine Abfindung zum Fenster raus, like a pro?

Variante 1: Ich flieg zurück nach Australien und wenn ich schon mal hier unten bin, schau ich mir das Land auch noch ein wenig. Zufälligerweise ist World Pride in Sydney. Eine Woche lang Party, Konzerte (Kylie Minogue, Kelly Rowland und die Sugababes sind angekündigt).[172]

Variante 2: Es gibt eine Neuseeland-Zugabe von einem Monat und ich ermögliche es mir noch einige Orte anzuschauen, die auf meiner must-see Liste stehen, z. B. die Steward Island, die ganze Strecke von Auckland nach Wellington (Rotorua, Naipir, Taipo, Tauranga) würde ich genauso gerne sehen wie den Franz Josef Gletscher samt der Westküste der Südinsel bis hin nach Nelson.

Nach dieser wertfreien Darstellung der Optionen ist es extrem überraschend, dass ich beschloss Kanada zu canceln #cancleculture und noch einen Monat Neuseeland dranzuhängen. Wie ich zurückfliegen werde, schaue ich mir später noch an. Als Resultat habe ich weitere 2000 Euro in den Sand gesetzt. Vielleicht sollte ich Asche versenken als Hobby in meinen CV aufnehmen?

Eigentlich wäre ich nur bis Montag bei Ruben geblieben, da ich noch einen kurzen Abstecher nach New Plymouth geplant hatte, um dort einen der schönsten Vulkane mit dem Namen Taranaki zu sehen. Aufgrund des Zyklon Gabriele wurden jedoch alle Flüge storniert. Es war nicht ideal 1 1/2 Wochen in Auckland zu verbringen, wo es noch so viel mehr zu sehen gab. Es war aber so eine …

… Wo ein Wille, da kein Weg, sondern eine tödliche Tropensturm Situation. Wer kennt sie nicht …

In den Nachrichten stellten sie einen auf das Schlimmste ein. Kein Wunder, wenn zwei Wochen zuvor bei den schlimmen Überflutungen einige Teile des Landes schon so hart getroffen wurden. Ich unterhielt mich immer wieder mit Björn aus Hamburg, seit wir in Dunedin damals frühstücken waren. Wir updaten uns und gaben uns gegenseitig Tipps, falls der andere an dem Ort schon war. Er war auch etwas gestrandet und wusste nicht so richtig, wohin es weiter gehen soll. Wir entschieden, dass wir uns am Mittwoch nochmal unterhalten. Da soll das Schlimmste überstanden sein. Evtl. machen wir noch 2 Tage zusammen eine Station. Da er ein Auto hat, könnte ich so natürlich auch Ecken erreichen, die fernab der Busroute lagen.

---

172 Ich finde ja ab und an eine Gayparty echt cool. Aber 800.000 erwartete Partyleute. I don't know about hat. Krieg ich ja die Affenpocken allein vom Erwähnen.

Zunächst stand aber Auckland auf dem Plan. Ruben holte mich von der Fähre ab und wir nahmen uns indische Take Away Leckereien und ich schaute zum ersten Mal einen dieser japanischen Zeichentrickfilme, die ich bis dato ziemlich umspannend fand. Ich muss aber revidieren. Irgendwie total drüber und trotzdem packt es einen somehow. Am Montag regnete es wie aus Eimern und der Wind nahm langsam Fahrt auf. Ich merkte aber nach 2 Tagen, dass es Zeit war eine Unterkunft in Auckland zu suchen, um über die Zyklonzeit hinweg nicht die Couch der Hausgemeinschaft in Anspruch zu nehmen. Ich fand ein schönes Studio zehn Minuten entfernt von Rubens Haus und wie klein die Welt nun mal ist, war die Gastgeberin Gisela, eine Exilschwäbin aus Schwäbisch Gmünd, die super gehyped war, einen Fellow Schwaben quasi einen Ländlesmann zu treffen und mich direkt bei der Ankunft verhaftete. So saß ich mit ihr, ihrem Mann und dem Besuch in der Küche und fühlte mich trotzdem nicht fehlplatziert, weil alle einfach in typischer Kiwi Manier freundlich und offen waren. Als ob das herzliche Willkommen nicht reichte, hat sie BROT MIT KRUSTE vom deutschen Bäcker besorgt und so aß ich Schnitte um Schnitte. Dabei tischte sie mir auf, dass sie etwas enttäuscht war, da sie mittlerweile 10 Jahre in Neuseeland lebt und nur zwei Freundinnen sie bis dato besucht haben. Zwischen dem Erzählen machte sie immer Pausen, bei denen ich nicht wusste, ob ich etwas sagen, zustimmen oder einfach abwarten sollte. So grinste ich einfach freundlich und aß weiterhin fleißig Schnitte um Schnitte. Ich sagte ihr, dass ich mir überlegt hatte in Neuseeland ein Job zu suchen, aber es in meinem Tätigkeitsfeld einfach keine Chance gibt. Sie gab mir den Tipp, dass man an einer der High Schools noch Sozialarbeiter sucht. Vielleicht ein Quereinstieg? Sie selbst hat dort auch mal gearbeitet, aber nachdem ein Schüler sie an einem Garderobenhaken aufhängte, hat sie gekündigt …

Wow. Danke für diesen wertvollen Tipp. An Garderobenhaken rumhängen kann ich besonders gut. Haben damals die coolen Kids in der Schule auch ab und an mit mir gemacht. Jetzt halt deutlich mehr Kilos auf der Waage, aber einfach mal ein wenig Hang Loose hat noch niemandem geschadet.

Da ich langsam wirklich ein wenig Zeit für mich haben wollte, hakte ich geschickt ein und sagte: „So jetzt habe ich aber eure Zeit genug beansprucht. Ich freu mich sehr, dass ich in eurem tollen Studio wohnen darf." „Mach dir kein Kopf, Markus. Hier bist du safe", sagte die Exil-Schwäbin.

Ich hatte bisher wirklich extrem Glück, was meine Gastgeber/innen (all genders) angeht. Manchmal ist es nur diese feine Nuance drüber, das zu sehr bemüht sein. Wie z. B. deutsches Brot zu kaufen und dann zu sagen: „Ja also deutsches Brot bekommst du bestimmt nicht von jedem Gastgeber, das musst du gleich positiv notieren für unsere Bewertung."

Ich konnte es nicht glauben, aber es war so weit, ich konnte tatsächlich das Studio betreten und es war echt stylo mylo mit einem Smart TV, einem retro Design Konzept mit 70er Jahren Mustern als roter Faden einer superb Regenwalddusche und einem großen Bett. Wunschlos glücklich. Netflix bringt ein durch jedem Sturm, falls der große alte Baum im Garten nicht auf das Studio fällt und mich im Schlaf erschlägt. Ich machte seit langem mal wieder Musik und was soll ich sagen. Wenn es läuft, dann läuft es: Innerhalb von 1 Stunde hatte ich das Instrumental fertig und ich sang den Text demomäßig ein und auch dies saß wie eine Eins.[173]

Die ersten Tage vergingen wie im „Flug" und unsere Ecke von Auckland kam wirklich glimpflich davon. Ich gönnte mir einen leckeren Kaffee und Muffin von dem kleinen Familien Café aus der Nachbarschaft. Am Dienstag war es dann so weit. Es stürmte, wie ich es noch nie erlebt habe. Man hört die Bäume richtig krachen und zwischendurch regnete es, als hätte jemand eine Million Eimer auf einmal ausgeleert.[174]

Ein extrem mulmiges Gefühl kam in mir auf, da man nicht wusste, ist das jetzt der Höhepunkt gewesen und wir kommen sehr glimpflich davon oder war das erst die Vorband und gleich gibt es so richtig Rambazamba. In den Nachrichten gab es natürlich kein anderes Thema mehr und den Touristen Hotspot Coromandel traf es wie bei der Überflutung bereits sehr hart. Am schlimmsten schlug der Zyklon aber in der Hawksen Bay rund um Naipir zu. Anwohner mussten aus ihrem Schlafzimmer SCHWIMMEN. Es herrschte ein kompletter Stromausfall für die ganze Region. Angehörige konnten über Tage ihre Liebsten nicht erreichen. In der Gegend um den One Tree Hill in der ich die Zeit ~~totschlug~~ (ehm keine passende Wortwahl) verbrachte, haben einige Bäume ihre Wurzeln lassen müssen, aber sonst sind wir echt gut davongekommen.

Raglan, wenn Spontanität belohnt wird

Der nette Hamburger Jung Björn meldete sich und fragte, ob unser Plan steht, dass wir zusammen den Kurztrip vor dem Gay Pride Wochenende in Auckland machen. Ich so: „Esta claro." Nach den 2 Tagen chillen war ich bereit für einen Tapetenwechsel. Da der Sturm viele Straßen blockiert hat, entscheiden wir nicht wie ursprünglich geplant Richtung Norden, sondern Richtung Süden aufzubrechen. Irgendwie kamen wir auf den Ort Raglan, der wohl bei Surfern sehr beliebt ist, was wir beide nicht sind, aber Surfern zuschauen, dafür hegen wir eine Passion. Ich meine, wenn man schon mal da ist. Wir trafen uns vor meiner Unterkunft und es war verrückt. Als hätte es gar keinen Sturm gegeben. Die Sonne schien und die Kiwis taten, als wäre nichts gewesen. Ganz wichtig, erst einmal den Rasen trimmen.

What's cooler than cool – a Kiwi.

Auf der Fahrt nach Raglan sahen wir auch kaum Zeichen von dem Sturm. Ab und an einen umgeknickten Baum oder ein Fluss, der etwas über Ufer getreten war. Das klingt jetzt, als wären wir enttäuscht gewesen, dass nichts sichtbar war. Es ist aber viel mehr so, dass man es schwer greifen konnte, dass es in einem anderen Teil der Nordinsel so ver-

---

173 4 Monate später wird über die Existenz des Liedes nur noch gemunkelt. Sie kann aber nicht mehr nachgewiesen werden.

174 Musiktipp: Celine Dion – It's all coming back to me now. Mit dieser Dramaturgie und den Sturmeffekten und den donnernden Drums war der Song der Soundtrack des Zyklons. Aber Celine geht ja IMMER.

heerende Folgen durch den Zyklon gab und bei uns lässt es sich maximal erahnen. Nach zwei Stunden Fahrt kamen wir in Raglan an und schauten uns zufrieden an, gute Wahl.

Raglan ist ein kleines Küstenstädtchen mit einem leicht alternativen Touch. Schöne kleine Cafés mit natürlich super healthy Food laden dazu ein Kraft zu tanken, damit man später spektakulär die Wellen bezwingt. Unsere spezielle „historische" Unterkunft aus den 50er Jahren war etwas außerhalb. Es war eine spezielle, aber sehr coole Unterkunft. Sie bestand aus fünf kleinen Gebäuden, die nicht miteinander verbunden waren. Eine Waschkammer, eine Küche, ein Bad und zwei Schlafräume. Was perfekt war, da es einfach angenehmer ist, ein wenig Privatsphäre zu haben. Zunächst grummelte bei uns beiden ordentlich der Magen, so dass wir uns in dem anscheinend beliebtesten Café des Dorfes eine Kleinigkeit gönnten. Kleinigkeit traf es leider auf den Punkt #sizematters. Ich hatte eine asiatische Bowl, die maximal als Appetizer durchgeht für schlappe 17 Euro. Im Anschluss daran machten wir uns auf den Weg zu einem endlosen schwarzen Vulkanstrand. Wir zogen unsere Schuhe aus und schlenderten gemütlich über den perfekt glitzernden Strand bis zum beliebten Surferabschnitt. Die Chemie bei uns stimmte und so kam es nie zu unangenehmen Pausen. Man ist halt auch in der gleichen Lebensphase. Also arbeitslos und die Welt bereisend. Wir tauschten uns zu den Highlights der Reise aus, gaben dem anderen Einblicke in unser super spannendes Leben und da wir beide Vegetarier sind, passte es auch perfekt für das Zusammenkochen.

Vom Strand aus sahen wir den Mount Karioi, den wir am nächsten Tag erklimmen werden. Da wir nur zwei Tage vor Ort sein werden, haben wir Lebensmittel nach schwäbischer Manier geshopped, dass ja nix verschwendet wird. Wofür ma zahled hen, sell wird au elles gessa. Mit Wein, den wir nicht banausenmäßig nach Etikett gekauft haben, läuteten wir die zweitägige Veggi Wrap Party ein. Wieder mal hörte ich nicht auf meinen Körper und ich gönnte mir die scharf angebratene Paprika. Ich sag es mal so. Björn wusste nicht, wie glücklich er sich schätzen konnte, dass wir getrennte Schlafzimmer hatten. Ich war sehr müde, da ich zurzeit schlecht einschlief, weil Wilma Wankelmut mich wieder vermehrt aufsuchte. Dieser Zwiespalt zwischen Stuttgart und Luzern und was will ich eigentlich beruflich als Nächstes machen, führte zu ergebnislosen Hirnschluckauf-Episoden. Ich hatte ein wenig von der so wohltuenden Leichtigkeit verloren und dies nervte mich sehr. Ich war kurz davor einfach alle Bewerbungen zurückzuziehen und wie geplant mich dem Thema erst nach der Rückkehr zu widmen. Aber durch die Verlängerung der Reise stiegen natürlich auch die Kosten, vor allem, wenn man Kosten für nicht stornierbare Flüge- und Hotelbuchungen hat, die man nicht antritt und dann ja neue Unterkünfte, Busfahrten und Flüge buchen muss.

Wenn das Shitstorm Gedankenkarussell sich erst mal dreht, tu ich mir extrem schwer den Absprung zu schaffen und philosophiere über alle Möglichkeiten/Folgen, Pro & Kontra, um am Ende ein Resümee zu ziehen, das ich wenige Momente später verwerfe.

„Wilma, scheiß die Wand an. Ich habe einfach keinen Plan, was ich will", sagte ich mittelstark verzweifelt.

Wilma schaute mich erwartungsvoll an. Ich sagte selbstbewusst, fragen Sie mich nicht, woher ich es in dem Moment nahm: „NEIN, ich bereue den Schritt trotz alledem nicht.

Das ist eben ein Prozess und es gibt Rückschläge und es darf mir auch mal auf der Reise nicht gut gehen."

„Natürlich, du hast vollkommen Recht", sagte Wilma sarkastisch. „Ich geh mal Gilmore Girls schauen, da muss ich immer an dich denken. Die reden genauso viel inhaltloses Zeugs wie du und tun sich mit dem Ankommen genauso schwer." So schlief ich erneut super schlecht und schrieb um vier Uhr morgens Björn, ob wir morgen eine Stunde später loskönnen. Was er so langsam über mich dachte, will ich einfach nicht wissen. Unwissenheit schadet manchmal nicht.

Leicht gerädert kam ich aus meinem Schlafzimmer und wir stärken uns mit ein wenig Müsli und Obst, bevor die bis dato abenteuerlichste Wanderung beginnen sollte. Auf dem Parkplatz musste Björn noch irgendwas (Kurzzeitgedächtnis lässt zu wünschen übrig) tun und ich lief zu der Bank an der Klippe hinaus. Wohow – Neuseeland hat einfach an jeder Ecke eine atemberaubende Kulisse auf Lager.

Björn kam auch dazu und wir hielten diese Schönheit direkt fest. Jetzt ging's aber los. Ich hatte klugerweise eine Glasflasche zum Trinken gekauft. Die leerte ich kurz auf Ex, damit ich sie nicht mitschleppen muss. An den Wasserbauch, der den Berg erklimmen musste, dachte ich natürlich nicht. Den Berg erklimmen sollte tatsächlich das Motto des Tages werden. Es ging direkt vom Parkplatz an steil bergauf mit dem traumhaften Blick auf die steilen Klippen, den neuseeländischen Busch und die endlosen Strände von Raglan.

Nachdem 30 Minuten der Wanderung kamen wir langsam in den von mir ach so geliebten Buschwald. Ja, dies ist der botanische Fachbegriff. Hier sollten wir aber schnell merken, dass es die letzten Tage stark geregnet hatte. So transformierte sich der Weg immer wieder zu kleinen Schlammgruben. Ich hatte mich ja clevererweise gegen richtige Wanderschuhe entschieden und habe einen Kombischuh gekauft, der bis dato ausgezeichnete Dienste vollbracht hatte. Mein Lieblingsteil der Strecke, war der kleine Kletterabschnitt. Man durfte mit Ketten an Felsen hochklettern. Wechselhaft wie das neuseeländische Wetter

ist, dachte es, sich genug Sonne für heute und auf einmal standen wir im Nebelmeer. Zum Glück liefen wir auf die Bergspitze, um nichts zu sehen. Aber da bin ich zu stolz, um zu sagen: „Hey, dies macht jetzt gar kein Sinn. Wir werden nichts sehen und der Weg wird noch feuchter, lass uns umdrehen und lieber an Strand liegen mit nem Glas Wein in der Hand."

Wir liefen immer weiter bergauf. Wobei es zwischendurch auch immer wieder abwärtsging und da begann die Schlitterpartie. Total entgegen dem Wandergrundregelbuch verließ ich mich auf jeden Stamm, den ich greifen konnte, da meine tollen Kombi Outdoorschuhe dank des feuchten Untergrunds zu Schlittschuhen wurden. Nach einer weiteren Stunde machten wir Halt und überlegten uns, ob es wirklich Sinn macht noch weiter hochzulaufen. Der Nebel verdichtete sich zunehmend. Ich meinte: „Es kann echt nicht mehr weit sein. Komm, das Stück machen wir noch." Und gefühlt 1 1/2 Stunden später kamen wir total verschwitzt auf der Bergspitze an und aßen unseren Käsetoast. Wir sollten aber belohnt werden, denn plötzlich zog der Nebel von dannen und wir erhielten einen tollen 365° Blick auf Raglan und die Umgebung. Beim Abstieg blieb es weiterhin sonnig. Im Nachhinein hatten wir eigentlich Glück. Dank des Wetterumschwungs erlebten wir die packende Naturpracht in verschiedenen Facetten. Herausfordernd war der noch rutschigere Untergrund, dem der Nebel nicht gut gesonnen war, so rutschte ich von Schlammpfütze zu Schlammpfütze. Als wir wieder zum „Funpart" zurückkamen, waren die Ketten so feucht, dass man kaum Halt hatte. So schlitterte ich von Kette zu Kette und kam irgendwie unten an. Meine Schuhe boten mir aber kaum noch Halt und so stolperte ich kurz vor Ende über meine Füße, um dann während des Stolperns noch dreimal über meine eigenen Füße zu fliegen. Ich schaffte es, fragen Sie mich nicht wie, irgendwie genau vor dem riesigen Strauch vor dem Abgrund anzuhalten. Björn brach nieder vor Lachen und heulte ein wenig rum, dass er kein YouTube Hike Fail Video aufgenommen hatte und ihm so ein wenig Fame und mir eine Menge Spott durch die Hände geglitten waren.

Was für eine Wanderung war das bitte. Wir waren beide brotfertig, aber ungemein glücklich und gönnten uns als Belohnung noch einen erfrischenden Sprung in das kalte Meer. Und genau für diesen Moment lohnt sich die ganze Qual. Man ist mega happy, dass man die Wanderung gemeistert hat und das Eintauchen ins Meer ist quasi wie ein kleiner Orgasmus, wenn die Sohlen brennen und das kalte Wasser einen nochmal richtig wach werden lässt und man sich schwerelos treiben lässt. Am nächsten Tag ging es zurück in meinen Kiwi Heimathafen Auckland.

Auckland Pride Edition

Das Motto des Wochenendes lautete: GAY PRIDE Realness. Ich dachte go hard or go home und ließ mir ein zentrales Hotel mit Rooftoop Pool raus.[175] In meinem Alter braucht man ja mittlerweile sogar eine Preregeneration[176]-Phase. Man will ja seine Kräfte tanken, bevor man so richtig den Dancefloor rockt? Vor allem wenn die 4 an der Tür klopft.

Erinnern Sie sich an Jessica? Das tolle extrovertierte verrückte Hühnchen, das mit mir Queenstown unsicher gemacht hat? Sie war ebenfalls in Auckland und so entschieden wir, dass wir ein Les Allemands Wochenende einlegen. Björn und ich kamen schon gegen Vormittag in Auckland an. Checkten in unsere Unterkünfte ein und gingen dann noch etwas shoppen #prideoutfit. Ganz verrückt holten wir uns am Ende ein schwarzes T-Shirt für Björn, das seinen flachen Bauch (Neid & ein wenig Hass zugleich) gut zur Geltung brachte. Ich hatte dies auch versucht, aber überraschenderweise hat das T-Shirt mein Bäuchle nicht flacher gemacht und so entschied ich mich für eine schwarze kurze Hose

---

175 Dies war der Anfang des Kapitels „Goodbye Reisebudget"
176 Was für eine Wortbildung, die in sich total sinnbefreit ist.

und ein weißes sehr eng anliegendes Unterhemd, das aber so geschnitten war, dass es aussah, als hätte ich etwas Brustmuskeln (HEIKO, hör auf zu lachen). Es war ein kleiner Marathon, bis ich dieses total verrückte Black&White Outfit zusammenhatte. Björn war netterweise sehr geduldig. Wir nahmen uns noch schwarzen und pinken Glitzernagellack dazu #fashonista. Jessica stieß auch kurz dazu. Sie hatte aber nicht den besten Tag erwischt und war nicht sonderlich beeindruckt von Auckland.

WIE BITTE – nicht beeindruckt von Auckland, hat sie nicht wirklich gesagt?

Stolz erzählte ich ihr von unseren „crazy Outfits". Hab ich schon erwähnt, dass es ein wenig verrückt wird.[177] Um mich von diesen krassen Einkaufseskapaden zu erholen, lag ich mich erst mal an den Rooftoop Pool, der mit einem Blick auf den Hafen und auf die Skyline aufwartete. Ich war aber völlig deplatziert in diesem Hotel. Es tummelten sich Influencer mit Prada Taschen, gefühlt der komplette Cast von Bling Empire und wohlhabende Amerikaner 60 aufwärts. Dazwischen lag ich total unbeeindruckt und genoss einfach die Sonne und schwamm einige Bahnen, bevor wir uns zum Abendessen trafen. Björn wohnte direkt um die Ecke, so liefen wir zusammen zum Thai Restaurant. Auf dem Weg dahin verschlug es uns die Sprache, da saß die von der Sonne ordentlich durchgebruzelte Jessica mit einem schwarzen Kleid, pinken Netzstrümpfen und 80er neon Handschuhen sowie der passenden Schleife im Haar. Sie ist halt einfach ein Original und wenn es jemand tragen kann, dann sie.

Björn und ich hatten einfach nur eine kurze Hose und ein Shirt an. Die verrückten Outfits waren ja für die Party gedacht. Noch zu erwähnen ist, dass wir noch nicht zur Party direkt sind, sondern nachdem leckeren Thai Dinner uns noch den Pride March um 19 Uhr reinzogen. So saß Jessica als Wiedergeburt von Nena[178] beim Thai und sagte: „Ich glaube, das Outfit ist ein Eyecatcher." Ein Eyecatcher it was. Nachdem ich in den letzten Wochen außer mit den beiden kaum Deutsch gesprochen hatte, war es aber auch mal schön zwischendurch in dieser deutschen Bubble zu sein. Highlight des Abendessens war Jessicas Denglisch.

„How spicy do you want your Curry?", fragte die Kellnerin und Jessica antworte: „No spacey. Kein spacey bitte."

Dies führte zu einer leicht verwirrten Kellnerin, zwei schmunzelnden Gay Guys und zu dem wohl mildesten Thai Curry, das bisher in dem Laden serviert wurde. Ich glaube, selbst auf Salz wurde verzichtet.

Gestärkt gingen wir in Richtung des Pride Marches, der etwas außerhalb stattfand. Ich freute mich sehr, dass Björn und Jessica so gut auskamen. Hätte ja auch sein können, die können sich nicht riechen und dann? Wir nahmen direkt in einer Bar Platz und zwitscherten uns zwei Cocktails rein, bevor der March losging. Der March war herzhaft schön chaotisch und ein wenig provinziell. Ganze 2 Wägen fuhren an uns vorbei und sonst

---

177 Musiktipp: Beyoncé – Freakum Dress
178 Darf man Wiedergeburt sagen, wenn jemand noch lebt?

waren es Fußgruppen, bei denen man nicht wirklich erkennen konnte, wofür sie stehen. Das Highlight war definitiv Aucklands Dudelsack Polizisten/innen. Das passt aber auch einfach zu Neuseeland. Take it easy.

Bei leichter Dämmerung liefen wir zurück in die Stadt und Auckland zog das Pridemotto durch. Der Skytower leuchtete in einem kräftigen Pink und die Autobahnbrücke strahlte in allen Farben des Regenbogens. An einem Gebäude wurde sogar ein kurzer Film projiziert. In einer Nussschale kann man sagen, es ging darum, dass Love Love is. Jessica kam direkt mit mir ins Hotel zum Vorglühen und Björn ging noch kurz bei sich vorbei.

Ach es war wie in den guten alten Tagen[179], man saß zusammen, trank lauwarmen Wein, den wir nur aufgrund des Namens „Fickle Misters" gekauft haben. Ich mein, wie konnten wir ihn nicht kaufen? Der schwarze Lippenstift für 2 Dollar war ein Reinfall. Es sah aus, als hätte ich ein wenig Dreck gefressen. Hingegen war die Wahl des Nagellacks ein Highlight. Schwarz mit pinkem Schimmer. Ich fühlte es (zu sehr). Natürlich traute ich mich mit meinen Bodykomplexen nicht das Unterhemd solo oben rum zu tragen. So packte ich mein neues Lieblingshemd darüber. Es ist beige, sitzt wie Arsch auf Eimer und hat einen 50er Jahre Pin-up Girls Print. Verrückterweise ließ ich aber die obersten drei Knöpfe auf, so dass man die angetäuschten Brustmuskeln und Tattoos sehen konnte.

Y'all know what time it is? Zeit für das Trio Allemandes die Missbehave Party, die in einer super stylischen Location die Nacht erleuchtete, derbe zu rocken.[180] Der Club bestand aus einem hohen großen offener Raum mit zwei Etagen und sehr viel neon Leuchtreklame. Ballroom Dance Battles wurden an die Wand projiziert und über den Köpfen baumelte ein Hängepflanzenmeer.

Jessica war zum ersten Mal auf einer Gayparty und sie war ein wenig wie ein Diabetes Patient im Sugarland. Die ganzen „Leckereien" direkt vor ihrer Nase, aber sie durfte nicht naschen.[181] Egal wie sie sehr sie sich auch strecke oder mit welchen lasziven Blicken sie versuchte die Aufmerksamkeit der männlichen Tänzer zu gewinnen, sie ging am Ende leer aus und konnte es nicht fassen. Allein sie dabei zu beobachten, war die 20 Dollar Eintritt wert.

Das Highlight neben Jessicas Flirtversuchen war die Drag Queen Show um 0 Uhr. Es war Miley Cyrus Night und die Gays sind natürlich ausgeflippt. Aber mal Butter bei die Fische. Flowers ist halt auch einfach ein Brett von einem Song.[182] Die Tanzerotikshow hingegen war so unfassbar niveaulos. Ein Gesichtselfmeter mit Sixpack, der sich im Sektglas rekelt, während die weiblichen Tänzerin unterhalb sich die Beine rasieren? Ich habe die Kunst Installation nicht ganz verstanden #Kunstbanause. Dazu war der Club einfach ein wenig zu leer und die Musik irgendwann zu eintönig. Aber als Trio Allemagne unterwegs zu sein, überstrahlte die mittelmäßige Party und so endete ein echt schöner Abend. Irgendwie fand ich nicht so richtig meinen Groove. Könnte es daran liegen dass ein fast 40-Jähriger, der um 17 Uhr mit Cocktails startet, um drei Uhr nachts keine Freude mehr am Wachsein hat? Ein klassischer Fall von die eine sagen so, die anderen …

---

179 Außer dass man halt jetzt 20 Jahre älter war. Für das Publikum schon in Richtung Daddy durchging und man weiß, dass man die nächsten Tage diese Entscheidung bereuen wird.

180 Musiktipp: Sportfreunde Stiller – Ich Roque

181 Sagte sie 1:1 so, mit einem leicht offenstehenden Mund.

182 das Album hingegen #nonevent (bis auf islands)

Als Abschluss unserer gemeinsamen Zeit in Auckland trafen wir uns am nächsten Morgen noch zum Bagelfrühstück bei Ugly Bagel (super leckere Bagels in jeglicher Form) und dann hieß es Adele Jessica. Jessica ist im falschen Körper geboren. Sie ist eigentlich ein Duracelhase mit einer endlosen Batterie. Ich hatte einen leichten Kater und so erschlug mich die Kommunikationsfreude ein wenig und ich überließ Björn und Jessica die Unterhaltung. Eigentlich war meine Laune aber hauptsächlich im Keller, da ich nicht 3 Übernachtungen in dem Hotel gebucht hatte, sondern nur 2 und so musste ich für den einen Tag nochmals innerhalb von Auckland umziehen, was einfach nur eine unnötige lästige Aktion war.

Was macht man mit wenig Schlaf intus und einem leichten Hangover. Korrekt, es schrie förmlich nach einem Beachday. Auckland hat eine Vielzahl an schönen Stränden. Wir entschieden uns für einen der Hauptstrände, der in nur 20 Minuten vom Stadtzentrum aus mit dem Bus erreichbar ist – die Mission Bay. Chloe, die Französin mit der Cruella de Vil grauen Strähne in ihr wilden rabenschwarzen Lockenpracht, die ich auf einer Party kennen gelernte habe, gesellte sich dazu und so formten wir aus dem Allemand das Franco Allemand Trio. Was soll ich sagen, es matchte wieder perfekt. Aus dem Beach Day, an dem wir über das Leben, unsere offenen Baustellen philosophierten und uns an durchtrainierten Männern ergötzen[183], wurde ein Dinnerdate, zu dem Ruben auch noch dazustieß. Da wir einfach noch nicht adieu sagen wollten, machten wir noch einen Absacker in die nahegelegene Bar.

Nach Flasche Numero deux war ich schon wieder gut angetüdelt. Chloe sagt aber vollkommen zu Recht: „In Frankreich sagt man, zwei Flaschen Wein ergeben kein Sinn. Drei Flaschen hingegen machen ne runde Sache daraus." Also tranken wir 3 Flaschen. Chloe und ich hielten fest, dass wir uns definitiv in meiner letzten Woche in Auckland Ende März wiedersehen werden, was mich besonders freute. Björn und Chloe trafen sich auch nochmals und hatten den Bildern nach zu beurteilen eine gute Zeit zusammen.

Markus der Networker, wer hätte das gedacht?

Am nächsten Morgen bereute ich die dritte Flasche ordentlich, da ich um 10 Uhr den nächsten Bus erreichen musste. Natürlich bin ich angetüdelt einfach nur ins Bett gefallen und hatte nichts gepackt. Das Gute ist aber, dass man nach drei Monaten sehr effizient unterwegs ist. So hatte ich im Nu gepackt und konnte mir sogar noch in einem kleinen Café ein Halloumi Brötchen gönnen, bevor es in den bis auf den letzten Platz ausgebuchten Bus Richtung Tauranga ging.

---

183 Ich zog dann irgendwann mein T-Shirt wieder an, weil ganz ehrlich. Was machen diese Menschen, außer ihr Essen zu tracken und Gewichte zu stemmen?

~~Oh Canada, gib mir all deinen Maple Sirup~~

Can I get a Kiwi encore? Do you want more?[184]

---

184 Song der Seite: Jay-Z feat. Linkin Park – Encore (LAUT AUFDREHEN)

Im Doppeldeckerbus gab es keinen Einzelsitz mehr, so gesellte ich mich zur Ü50-jährigen Isabell, die bis dato alleine in einem Viererplatz saß. As usual startete man den Bus Small Talk. Hi, ich komme aus Deutschland. Was für ein schönes Land habt ihr. Wie lange bist du noch in Neuseeland? Noch einen Monat. Ich war insgesamt aber schon zwei Monate hier. Ich war im Süden und im Norden blablablubb. Aus dem Small Talk wurde jedoch eine wirklich interessante Unterhaltung. Denn es gesellte sich noch Susan dazu, die ein Backpackerhotel im Norden besitzt, sowie der junge Herr aus Venezuela, der als Tischler sein Glück in Neuseeland sucht und mit offenen Armen empfangen wird, da wie überall auf der Welt ein Handwerkermangel herrscht. Wieso hab ich eigentlich nichts Gescheides gelernt, Bibsele[185]? HR, wie allseits bekannt ist, kann ja jeder.

Es war wirklich eine lustige Truppe, Isabell war sehr städtisch unterwegs. Hat ihr Leben lang immer in Auckland gelebt und war sehr bedacht in ihren Aussagen. Sie hatte eine pflegeleichte Kurzhaarfrisur und ein etwas, aber nicht zu auffallendes blau gemustertes Kleid an. Susan war das komplette Gegenteil von Isabell. Sehr direkt, erzählte fünfmal die gleiche Geschichte und trug in regelmäßigen Abständen ihren Lippenstift neu auf. Hatte hautenge Klamotten an und man sah ihr an, dass sie das Leben in vollen Zügen genießt. Sie war braungebrannt und liebte die Sonne, was ihre Haut auch zeigte und ich super schön fand. Sie war wirklich eine attraktive 60-jährige Frau. Ihre Grübchen machten sie noch charakterstärker und man merkte ihr an, dass sie mit sich im Reinen ist. Jorge schaute hauptsächlich Netflix und lachte vor sich hin, was Isabell leicht verwirrte, da er es meistens tat, wenn sie etwas sagte. Es dauerte etwas, bis sie realisierte, dass er nicht wegen ihr lachte. Was das Ganze noch lustiger machte. Wir unterhielten uns intensiv über die katastrophalen Folgen des Unwetters. Isabells Mutter hatte es erwischt, also nicht so erwischt, sie wohnte im Epizentrum in der Hawks Bay (Ecke Naipir). Ihr ging es aber gut. Susanne erzählte fünfmal von den umgefallenen Bäumen auf ihrem Anwesen und wie sie diese eigenständig mit der Motorsäge zu Brennholz verarbeite. Ihr Mann, der handwerklich nicht mir ihr mithalten kann, hat dann die Holzstücke gestapelt. Da der Wein vom Vorabend noch kräftig nachwirkte, sagte ich nach zwei Stunden des Non-Stop-Talks:

„Das soll jetzt nicht unhöflich klingen, aber die Nacht war lang und der Wein zu gut. Ich mach mal kurz die Augen zu.“

Isabell und Susann lachten und unterhielten sich fleißig weiter. Ich nickte während ihres regen Austauschs über Rugby ein. Als ich wieder aufwachte, verabschiedete sich Isabel von uns und Susann erzählte uns ein wenig über ihr Backpackerhotel und ihre Lieblingsorte in Neuseeland. Das ist wieder so einer der wunderbaren Momente auf der Reise. Man kommt einfach so leicht mit Fremden ins Gespräch, selbst jemand wie ich, der dafür bekannt ist zu fremdeln und gerne bei Geburtstagspartys immer mit Sindy und Sabine in der Küche steht und fremde Leute gekonnt ignoriert. Jorge nahm mittlerweile seine Kopfhörer ab und erzählte uns von seinem Plan in Neuseeland Fuß zu fassen. Er war ein Bürostuhlknecht in seiner Heimat und brachte sich das Schreinern selber bei. In Auckland hatte er Küchen gebaut und jetzt startete er in unserem Zielort Tauranga bei einem Schreiner mit der Option auf Erhalt eines Arbeitsvisums, zudem trifft er dort auf seine Ex-Freundin,

---

185 Schwäbisch für Anfänger Bibsele = Vater. Ehrlich gesagt weiß ich aber nicht, ob es dieses Wort allgemein im Schwäbischen gibt oder ob ich mir das als kleiner Junge ausgedacht habe.

die er 10 Jahre nicht mehr gesehen hat. Jorge ist mittlerweile so ca. 27 Jahre alt, hätte ich gesagt. Susanne und ich hätten natürlich super gerne miterlebt, wie das Wiedersehen war. Ich glaube aber, es wird eine Hollywood Love Story, die als Netflixfilm erscheinen wird, da Jorge einfach unfassbar sympathisch ist und er mit seinen schwarzen Locken, der leicht nerdigen Brille und den guten Zukunftsaussichten in Neuseeland sicherlich beim Publikum punkten wird.

Tauranga im Schatten der Hot Spots

Obwohl ich mir es jedes Mal erneut vornehme eine zentrale gelegene Unterkunft zu buchen, habe ich wieder eine Unterkunft außerhalb des Stadtzentrums gebucht. Sie sind aber auch einfach immer günstiger und viel schöner. Ich stand mit meinem Gepäck etwas hilflos im Zentrum. Als ich endlich die Bushaltestelle fand, jedoch nach 30 Minuten immer noch kein Bus kam, fragte ich eine andere wartende Person, die sagte nur: „Aktuell ist Busfahrermangel, ich warte schon seit einer Stunde." Meine Blase schrie (mal wieder) nach Entleerung und es war keine öffentliche Toilette in Reichweite. So nahm ich das erstbeste Taxi. Da ich kurz vor dem ins Hösle pinkeln war, ignorierte ich den Hass Monolog des Taxifahrers über die unhöflichen Neuseeländer und wie er nie Trinkgeld bekommt und gerne in ein anderes Land ziehen möchte. All mein Fokus galt meiner Blase. Ich redete mir ein: „So dringend ist es gar nicht." Als wir nach einer gefühlten Ewigkeit an der Unterkunft ankamen, begrüßte mich der super herzliche Gastgeber Stuart direkt und erzählte mir detailliert all das Wissenswerte über die Unterkunft und sagte zu mir: „Spring doch gleich in unseren Pool. Eine Abkühlung bei der Hitze (es war mal wieder unfassbar hot) schadet sicherlich nicht." POOL? Habe ich Pool gehört? Das hatte ich bei der Buchung wohl überlesen. Ich rannte auf die Toilette und ließ den Wasserfall laufen.[186] Direkt danach sprang ich in den Pool und ließ mir die Sonne aufs Gesicht scheinen.

Alles richtig gemacht, sagte ich in diesem Moment zu mir. Jetzt im kalten regnerischen Vancouver zu stehen und wie ein Profi vor sich hin zu frieren, war keine Alternative. Die Unterkunft war mal wieder top. Es war ein kleiner Cube mit Schlafzimmer und einem kleinen Bad. Wenn dann die Unterkunft noch einen Smart TV mit Netflix hat, ist es heaven. Nach einem langen Tag mit einer Tonne an Eindrücken tut es gut, sich ein wenig berieseln zu lassen.

Der Supermarkt war zum Glück nur 10 Gehminuten entfernt und so kaufte ich alles für einen leckeren Salat ein. Wie bereits erwähnt, ist es für Kurzaufenthalte echt schwierig die richtige Menge einzukaufen, vor allem, wenn man hungrig einkaufen geht. Ich aß meinen Salat und schmiedete die Pläne für Tauranga, wobei ich ja nur einen ganzen Tag zu verplanen hatte. Die Dauer der Aufenthalte während der Neuseeland Zugabe ist der größte Unterschied zur zurückliegenden Reisezeit. Um möglichst viele Orte von meiner

---

186 Ich trinke auf den Busfahrten immer wenig bis gar nicht, weil es meistens nur eine Pinkelpause gibt und im Bus keine Toiletten vorhanden sind bzw. diese außer Betrieb sind. Wo kann also bitte dieser ganze Urin herkommen? Warum verlässt mehr Wasser den Körper, als man im zuführt? Macht doch keinen Sinn? Galileo könnte hierzu doch mal eine Reportage drehen „Urinakel – das Debakel des Pinkelns"

Must-See-Liste noch erleben zu können, muss ich viel Strecke hinter mich bringen und habe somit leider nicht viel Zeit an den Orten. Ausnahme sind die Steward Island und der Abschluss im geliebten Auckland, dort gönne ich mir genügend Zeit, sonst hatte ich maximal 3 Tage Aufenthalt pro Station eingeplant. Von den drei Tagen beinhalten zwei aber die An- und Abreise. Dadurch hat man im Endeffekt nur 1 1/2 Tage Zeit vor Ort. Dies wird kräfteraubend. Viele vollgepackte Tage, viel Ein- und Auspacken, irgendwo irgendwie noch Wäsche waschen und seinen Allerwertesten in Bussen, auf der Fähre oder im Flugzeug plattsitzen.

Ich bin wirklich froh, dass ich mir zuvor mehr Zeit gelassen habe, freute mich aber auch darauf noch ein paar mehr Eindrücke von diesem wunderschönen Flecken Erde sammeln zu können. In Tauranga entschied mich für eine kleine Wanderung auf den Mount Maunganui, der einem einen tollen Blick auf die Stadt und die Küstenregion bietet. Es ist aber eher ein großer Hügel. Der Weg dahin ist aber nicht ohne. Von meiner Unterkunft aus sind es stolze 3 Stunden bis zum angrenzenden Strand und dann noch mal 45 Minuten den „Berg" hoch. Das Tolle an dem Durch-die-Stadt-Laufen ist, dass man wirklich viele verschiedene Eindrücke von einem Ort sammelt und nicht nur die Unterkunft und Sightseeing Highlights serviert bekommt. So watschelte ich durch das Industriegebiet und den Hafen mit riesigen Kreuzfahrtschiffen, durch schöne Wohngegenden, aber auch durch Sozialblocks, in denen alles nicht mehr so shiney war. Auf dem Weg zum Berg hat der Wind meine Lockenpracht wieder komplett zerstört, was mich langsam wirklich nervte, weil ich eigentlich ohne Mütze nicht rauskonnte, da ich nach 10 Minuten aussah wie eine frisch durchgenudelte Pudeldame, die auf eine schräge Art und Weise mit Rudi Völler verwandt sein könnte. Daher ging ich spontan in einen Friseurladen rein und hatte eine halbe Stunde später bereits ein Termin bei Yurka, dem brasilianischen Friseur von Tauranga. Er zeigte mir, wie ich meine Locken besser in Griff bekomme, und sagte mir durch die Blume dabei, dass ich eigentlich alles falsch gemacht habe. Natürlich kaufte ich dann auch direkt das Lockenstylingprodukt für viel zu viel neuseeländische Dollar #opfer, das ich 5 Tage später zusammen mit der Sonnencreme, smart wie ich sein kann, bei der Abreise vergessen hatte. Glücklich und gestylt lief ich in Richtung Strand und erklomm das Bergchen. Der Stadtrand war wirklich super schön und erstreckte sich entlang der ganzen Stadt. Die Wanderung war nicht sonderlich spektakulär, jedoch sehr wasserabführend. Es war kaum eine Wolke in Sicht und so schwitzten sich die Touristen einen ab. Der von Hike Fanatikern in der App All Trails beschriebene traumhafte Blick auf das Umland war wirklich eine schöne Belohnung. Unter uns gesagt, wird mir die Station aber nicht auf ewig in Erinnerung bleiben. Dafür liegt die Messlatte einfach zu hoch.[187]

Auf dem 3-stündigen Heimweg, der leider exakt der gleiche Weg wie der Hinweg war, merkte ich, dass ich nur noch 5 % Akku hatte. Ich stellte mein Smartphone sofort auf Energiesparmodus um. Mir war aber klar, das wird eine knappe Kiste. Da erblickte ich den rettenden E-Scooter. Wenn ich mit ihm heimflitze, müsste der Akku noch reichen, um mich zielführend navigieren zu können. Zuerst musste ich aber die App runterladen, dann den Code scannen. Natürlich war der Scooter vor mir nicht einsatzbereit. So musste ich noch 20 Minuten bis zum nächsten laufen. Ich scannte die App, aktivierte den Scooter und fuhr los. Wie geil ist das bitte? Macht mega Bock rumzuflitzen. Ich habe die Scooter immer

---

187 Dies kann ich heute (3 Monate nach der Rückkehr nach Europa) verifizieren. Gone with the wind quasi.

als uncool abgestempelt. Weil ich aus den 2000ern noch die „erwachsenen" Männer mit Rucksack und Scooter (nicht E-Scooter) in Erinnerung habe, die von der Bahn zu ihrem Arbeitsplatz rollten.[188] Da mein Akku bei 2 % war und ich ja noch online bezahlen und die Leihe beenden musste, war es ein kurzes Vergnügen. Immerhin machte ich somit ca. 1 km Strecke weg und bin dabei nur einmal hingeflogen. Wer mich kennt, weiß, es hätte deutlich schlimmer ausgehen können.

Schritt für Schritt wanderte ich in einem angezogenen Tempo bis 4 km vor meine Unterkunft. Mein Smartphone sagte Danke schön und Auf Wiedersehen und beendete die Show, ohne eine Zugabe einzuräumen. Ich starrte kurz den schwarzen Bildschirm an. Ja gut, dann muss es wohl ohne Autopilot funktionieren. Kartenlesen kann ich so okayisch. Mir Fotografisch die Wege zu merken fällt mir hingegen deutlich leichter. So lief ich zielgerichtet und selbstbewusst durch die Familienwohngegend. Das Rugbyfield kam mir bekannt vor. Es fühlt sich richtig an. Dann kam die Kirche mit den Maori Symbolen am Eingangstor. Yes. Bis ich zur nächsten Kreuzung kam, lief es ohne Zweifel bombastisch, doch jetzt lautete die Frage Tor 1, Tor 2 oder doch den verflixten roten Umschlag.[189] Ich entschied mich für den roten Umschlag aka rechts abzubiegen und da kam das Schwimmbad, das ich definitiv schonmal gesehen habe. Als ich dann die Sackgasse, in der sich die Unterkunft befand, erblickte, hatte ich mir den Sprung in den Pool zur Abkühlung nach 26 km wandern verdient #ibims. Stuart, der Host gesellte sich mit in den Pool und erzählte mir, dass seine Eltern auch von dem Unwetter betroffen waren und sie 5 Tage auf ein Lebenszeichen warten mussten, was unerträglich war. Langsam war immer mehr spürbar, wie verheerend das Unwetter wirklich war. Teile des Landes hatten und werden noch eine Weile ohne Strom auskommen müssen und Gebiete/Wanderwege werden noch deutlich länger nicht belaufbar[190] sein. Wenn ich Geschichten wie diese hörte, wurde mir immer mehr bewusst, wie glücklich ich mich schätzen konnte zu der Zeit am richtigen Ort gewesen zu sein Ich, meine *Überschwemmung, Zyklon und Erdbeben* innerhalb von 2 Wochen, das hätte auch ohne Weiteres ganz anders für mich laufen können. Der Sommer wurde als schlechtester Sommer des Jahrhunderts bezeichnet. Für mich hingegen war es der schönste Winter meines Lebens (Minus der Katastrophen und den Folgen für die wunderbaren Kiwis). Die Zeit in Tauranga näherte sich dem Ende und ich führte noch weitere Interviews für mögliche Stellen in Deutschland und in der Schweiz. Das Bewerbungspingpong nervte langsam so richtig. Warum konnte ich nicht warten, bis ich zurück in Stuttgart bin? Aufgrund der Zeitverschiebung saß ich teilweise um 23.30 Uhr vor dem Laptop, um Interviews zu führen. Überraschend musste ich feststellen, dass dies nicht meine High Performance Zeit war. Und natürlich ist es auch immer nervenaufreibend. Man wartet auf das Feedback, das dann nicht wie versprochen kommt. Der Preis war der zeitweise Verlust der Leichtigkeit. Da die gewonnene Leichtigkeit mit einem deutlich besseren Schlaf einherging und zu weniger Brainfuck führte, nahm ich mir vor, nur noch weitere 2 Wochen die Gespräche zu führen und mich dann zu entscheiden, falls sich auch jemand für mich entscheidet.

---

188 Musiktipp: Tina Turner – Proud Mary (Ja der Titel passt jetzt so semi aber Rollin Rollin … verstehen Sie?)

189 Wie habe ich Der Preis ist heiß geliebt. Sie auch? Wenn Sie jetzt sagen, was ist „der Preis ist heiß", sind zu jung, um dieses Buch zu lesen. Legen Sie es bitte respektvoll beiseite und schenken es jemand vom Jahrgang < 1990.

190 Ich möchte das belaufbar in den Duden mit aufgenommen wird. Klingt gut und macht Sinn. Natürlich liegt der Fokus der neuseeländischen Regierung auf der schnellen Wiederherstellung der Wanderwege für die ignoranten egoistischen Touristen und nicht auf der Grundversorgung der eigenen Bevölkerung. Manchmal bin ich schon Weißbrot Typ 550.

Die Vorlage konnte Wilma Wankelmut natürlich nicht stehen lassen. Haben Sie sie auch schon ein wenig vermisst?

„Du willst dich nach zwei Gespräche mit jeweils 60 Minuten entscheiden, wo du zukünftig arbeiten möchtest. Dir ist dein Job super wichtig und du kennst nicht mal die Kollegen/-innen, die, wie du so streberhaft in den Gesprächen erwähnst, am wichtigsten sind. Außerdem weißt du ja sehr gut, wie Stellen besser verkauft werden, als sie eigentlich sind. Warum willst du jetzt unbedingt einen Vertrag unterschreiben. Du bist noch 4 Wochen in Neuseeland und dann 10 Tage in New York[191] unterwegs. Wer weiß, was da noch alles passiert. Du kannst dich so doch gar nicht festlegen. Außerdem hängst du noch viel zu sehr an dem schwäbischen Automobilzuliefererkoloss. Gönn dir mal eine Auszeit. Überleg wirklich, was du willst und wohin du willst. Stuttgart und Luzern sind schon zwei unterschiedliche Zukunftslebensszenarien. Warum zum Teufel bewirbst du dich z. B. auf reine Recruiter Stellen, wenn du jedem erzählst, dass du dir nicht vorstellen kannst nur operativ zu arbeiten. Die Angst, keinen Job zu bekommen, hat zu viel Platz eingenommen, Junge. Anstatt die Reise in vollen Zügen zu genießen, baut der Herr sich selber wieder Druck auf. Aber wird er auf mich hören? Ich habe gefragt WIRD DER SECKEL AUF MICH HÖREN? Natürlich nicht, wie immer.“

Ich war etwas verwirrt, da waren ja fast schon ein paar aufbauende Worte dabei? Kann man es vielleicht sogar ein wenig Mut zusprechen nennen? Ich erwiderte: „Ja, ich habe ja nur Bewerbungen geschrieben, weil es in den Bay of Islands geregnet hat und ich meine Zeit sinnvoll nutzen wollte. Und es sind ja schon echt gute Stellen dabei. Wie stellst du dir das vor? Soll ich jetzt einfach allen schreiben. Hallo, ich bin ein wenig wankelmütig und vergeude gerne Zeiten von HR Verantwortlichen und ziehe jetzt meine Bewerbung zurück

[192] oder vielleicht auch erst wenn der Vertrag vorliegt, damit ich mein kaum vorhandenes Selbstbewusstsein mit der Zusage ein wenig aufpumpen kann?“

„Muss ich dir wirklich alles vorkauen? Merk mal was Junge und sperr deine Lauscher auf.

---

191 Ach ja, ich habe beschlossen über New York zurückzufliegen und feiere mich dafür ziemlich arrrrg. Es gibt nämlich einen Direktflug von Auckland nach New York. Die 16 Stunden Flugzeit sind Zukunft Markus sein Problem.

192 Sie haben sich sicherlich schon gefragt, wie Wilma so aussieht? Na ungefähr so. Ich finde vor allem die Perlen ganz wichtig.

Hallo Herr / Frau,

nach reiflicher Überlegung habe ich mich dazu entschieden meine Bewerbung zurückzuziehen. Ich möchte mich an dieser Stelle bei Ihnen
für den angenehmen und interessanten Austausch bedanken.

Ich wünsche Ihnen viel Erfolg bei der Besetzung der Stelle.

Mit freundlichen Grüßen

Du bekommst doch maximal eine Standard Absagetext zugesendet, wenn man dich aus
dem Prozess kickt. Dreh doch den Spieß einfach einmal um", sprach Wilma weise.

Ich hatte die E-Mail schon verfasst. Wilma hatte aber nur teilweise recht, denn ich habe
schon zu viel Zeit investiert und es sind drei spannende Stellen dabei. Außerdem wäre
es auch eine Erleichterung zu wissen, dass, wenn ich zurückkomme, ich z. B. zum 1.5 im
neuen Job starten werde. Wenn ich zurückkomme und keinen neuen Job habe, werde ich
ganz anders in den Prozessen auftreten #canyousmellthedesperation. Ich habe jedoch alle
Prozesse, bei denen die Stelle nur teilweise passte oder ich nach dem ersten Interview kein
gutes Gefühl hatte, beendet und auf keine Headhunter Anfragen mehr geantwortet, so dass
klar war, falls ich in 2 Wochen kein Angebot von einem tollen Unternehmen mit einer
spannenden Stelle habe, genieße ich die Reise in vollen Zügen und lass meine berufliche
Zukunft Zukunft-Markus sein Problem sein. Vielleicht rufe ich noch bei Hannelore von
Astro TV an und lass mir das Ei der Wahrheit aufschlagen, um zu erfahren, ob meine
Pläne richtig sind?

Der Entschluss, also nicht Hannelore von Astro TV anzurufen, sondern mir eine Deadline
zu setzten, nahm 7 von den 10 Steinen in meinem Rucksack raus und gab mir eine gute
Portion der Leichtigkeit zurück.

* * *

Von Tauranga ging es nach Rotorua. Hier war ich bereits im Rahmen der ganz Tages Hobbit
Tour. Wir gab es damals leider keine Möglichkeit etwas mehr Zeit vor Ort zu verbringen,
um in die Kultur und Geschichte der Maori einzutauchen, wofür Rotorua bekannt ist.
Die Busfahrt war mehr als human und betrug gerade einmal 1,5 Stunden. Da die Airbnb
Appartements in Rotoura extrem teuer waren, nahm ich ein super günstiges Motelzimmer.
Ich hatte mich in Tauranga leider ein wenig verkühlt, was bei mir bedeutet, ich musste
gefühlt alle 20 Minuten pinkeln. So ging ich extra noch zweimal aufs Klo, bevor der Bus
losfuhr. Nach 30 Minuten im Bus begann aber meine Blase sich bemerkbar zu machen.

*„Alter, wenn wir nicht in 5 Minuten auf einem WC sitzen.
Ich mach dich nass."*

Ich kämpfte gegen den Harndrang, so gut ich konnte, an und sagte mir, es kann gar nicht
sein, das ist alles nur in meinem Kopf. Ich hatte nichts mehr getrunken und extra vor der
Fahrt morgens keinen Kaffee gehabt. Ich wippte unruhig auf dem Sitz umher, so dass mein

Sitznachbar mich schon musterte. Wir waren noch 30 Minuten entfernt von Rotorua, aber ich wusste – das wird wirklich nicht reichen. Als wir in der Station vor Rotorua anhielten, rannte ich zum Busfahrer und sagte: „Sorry, aber ich muss so dringend pinkeln, das gibt ein Unfall bis Rotorua und das wollen wir beide nicht." Er zeigte mir, wo es einen WC gab, und sagte: „Bitte renn!" Ich war schon längst am Rennen, weil wenn nicht dann … Gefühlt pinkelte ich 5 Minuten lang und es wollte einfach nicht aufhören. Nachdem ich die Kanalisation überschwemmt hatte, rannte ich zurück und der Busfahrer lachte und sagte „Erleichtert? Man sieht es dir an."

Ich war schon mehrfach beim Urologen, aber es ist alles gut mit meiner Blase. Sie ist, um mein Lieblingsfrauentauschkind zu zitieren, einfach nur eine „Kleene Fotze". Erleichtert und zufrieden kam ich in Rotorua an. Der Geruch, der einen hier begrüßte, erinnerte ein wenig an den Chemieunterricht. Eine mal mehr, mal weniger dezente Schwefelnote liegt dank der Geysire in der Luft. Ist jetzt nicht super unangenehm, aber lässt einen auch nicht vor Freude jauchzen.

Reiseblues Realness

Ich bahnte mir meinen Weg zum Motel, das relativ unspektakulär daherkam. Das Frühstück hingegen war unterirdisch. 2 Scheiben Käse, Instantkaffee und Konservenobst für 20 Neuseeländische Dollar. Kann man machen … muss man aber nicht.

Das Wetter war durchwachsen und ich fühlte mich K. O. Da am Ankunftstag das Wetter aber noch am besten sein sollte, buchte ich mir für diesen Tag die Hightree Tour. Wie sich später herausstelle, war dies eine gute Entscheidung. Sie war mein Highlight neben den Geysiren und dem schönen See, der Rotorua mit seiner Anwesenheit beehrt.

Im Hightreepark läuft man über Hängebrücken von Baumsteg zu Baumsteg und gesellt sich zu diesen beeindruckenden Baumgiganten. Nachts erlebt man ein buntes Farbenspiel mit Lichterketten und Holzlampen, die in schwindelerregender Höhe zwischen den Bäumen einem den Weg weisen. Projektoren lassen zudem Eulen und Motive in den Bäumen erscheinen. Ein magischer Aufenthalt und etwas komplett anders zu den bisherigen Erlebnissen. Wie ein deutsches Kind vor mir absolut richtig erkannte, könnten hier vielleicht Kobolde und Elfen leben. Ich liebe die noch nicht vom Erwachsensein total beschädigte Phantasie von Kindern. Tom und Kate dachten, es ist eine brillante Idee ihr Baby im Kinderwagen in einen Höhenpark mitzunehmen. Leider fand ihr Nachwuchs dies so gar nicht prickelnd und vom Start bis zum Ende der Tour schrie es dies in die Welt hinaus. Die beiden konnten einem echt leidtun. Man wusste immer genau, wo Tom und Kate gerade waren, aber mal ernsthaft, was haben sie erwartet? Ich kann es verstehen, man will ja als Eltern trotzdem auch gewisse Sachen erleben und richtet sein Leben ja vollkommen auf die Kleinen aus, aber HÖHENPARK? Eine Mitarbeiterin der Attraktion sagte am Ende zum Baby: „You've made it" und schaute die Eltern an: „… and you too, Cheers."

Die Geysire von Rotorua sind total unwirklich, heißes Wasser, das aus der Erde herausquillt und vor sich hinköchelt und kleine Rauchwölkchen produziert. Ich überlegte an einer Maori Abendveranstaltung teilzunehmen und mehr über diese spannende Kultur zu erfahren. 250 Euro waren aber doch zu viel, so widmete ich mir lieber einem eBook über die Geschichte des Volkes. Wirkte deutlich attraktiver, anstatt das auf Touristen abgestimmte Programm abgespult zu bekommen.

No time for Reiseblues! Lord of the Ring Epicness coming in 3, 2, 1

Jetzt ging es wirklich Schlag auf Schlag. Am nächsten Morgen ging es schon wieder weiter in Richtung Taupo. Hier wartete das Tauringo Crossing, eine Überquerung eines Vulkanberges, auf mich, welcher der Drehort von MORDOR (Herr der Ringe) ist. Die Überquerung wird auf 8 Stunden angesetzt und Björn meinte, das sei noch mal eine ganz andere Welt mit Vulkangestein und -seen. Überzeugt und gekauft. Gerade als der Bus in Richtung Taupo losfuhr, erhielt ich aber die Hiobsbotschaft, dass das Crossing aufgrund des schlechten Wetters abgesagt wurde. Zum Glück hatte ich in Taupo 3 Tage eingeplant, so buchte ich das Crossing von Samstag auf Sonntag um. Again danke an Björn. Er meinte: „Buch die Tour lieber gleich für den ersten Tag, da sie oft wetterbedingt gecancelt wird." Jetzt hieß es Daumen drücken, dass es am Sonntag klappt, sonst wäre es echt bitter drei Tage an einem Ort zu sein, um die Vulkanüberquerung zu machen und diese fällt wortwörtlich ins Wasser bzw. wird vom Winde verweht.

Mein Host Stuart bestand darauf mich abzuholen. Als ich meine Rucksäcke in den Kofferraum packte, fragte er mich: „Brauchst du was vom Supermarkt? Wir können gerne kurzhalten und du machst deine Einkäufe, wir wohnen etwas weiter außerhalb." So kaufte ich direkt für die 3 Tage alles ein und war froh die Einkäufe nicht 25 Minuten zur Unterkunft schleppen zu müssen. Die Unterkunft bestand aus zwei kleinen Containern. In dem einen war das Schlafzimmer, im anderen das Bad und die Küche alles in einem Raum. Die Unterkunft war die preisgünstige der ganzen Reise (nur 40 Dollar pro Nacht). Dafür waren die kleinen Container mehr als fair. Am Abend führte ich ein weiteres Interview um 23 Uhr und bereute mal wieder die Bewerbungen abgeschickt zu haben. Das kleine Städtchen Taupo liegt am gleichnamigen See und am Seeufer reiht sich ein Restaurant ans andere, um uns Touristen lecker abzuvespern. Taupo ist auch wieder ein sehr schöner Ort/ See, der aber voraussichtlich nicht hängen bleiben wird.

Am ersten ganzen Tag in Taupo lief ich zu den Haka Wasserfällen. Leider waren die schönen Wanderwege aufgrund des Zyklons gesperrt, da hier noch Aufräumarbeiten notwendig waren. So lief ich eben der Straße entlang und das Wetter war einfach nicht auf meiner Seite. Es fing direkt an zu regnen. Stuart hatte mir aber nahegelegt den Schirm mitzunehmen und so war alles halb so schlimm. Wenn es nicht kalt ist, ist Regen ein wirklich kleines Übel. Die Haka Falls waren definitiv das Highlight von Taupo. Selbst bei dunklen Gewitterwolken strahlte der Fluss in einem kräftigem Blau. Ich checkte während der Wanderung immer wieder meine E-Mails, da ich befürchtete, dass das Tauringo Crossing am Sonntag erneut gecancelt wird. Als ich mich, nachdem ich zig Fotos von den

Wasserfällen geschossen hatte, auf den Rückweg machte, kam die Bestätigung der Tour. Was für eine Erleichterung; d. h. zugleich auch super früh ins Bett gehen, da das Shuttle bereits um 5.15 Uhr losfährt. Ich habe mir 3 Wecker gestellt und um 4.30 Uhr gemütlich meinen Kaffee getrunken. Überpünktlich war ich um 5 Uhr am Pick-up-Treffpunkt. Das Wetter sah ganz gut aus, was man davon um 5 Uhr erkennen konnte. Kaum Wolken am Horizont aka kein Regen. Es trudelten immer mehr Wanderlustige ein und kurz nach dem vereinbarten Zeitpunkt holte uns dann auch der Busfahrer Peter ab.

Der Bus war schon ordentlich gefühlt. Jeder erhielt eine Wanderkarte mit nützlichen und wichtigen Infos darauf, z. B.: Benutze die Toiletten, die es alle 5 km gibt, und scheiße nicht hinter die Felsen. „Damn it", dachte ich mir, dann kacke ich halt nicht in Mordor. Plötzlich fing es wie aus Eimern an zu schütten und Peter, der Busfahrer, sagte: „Das sieht nicht gut aus Leute. Ich muss abklären, ob wir euch trotzdem auf den Berg lassen dürfen." Weitere Wandersleute, die wir auf dem Weg zum mächtigen Vulkanberg aufpickten, waren pitschnass. Ich verabschiedete mich innerlich schon von der Erfahrung, doch dann typisch für dieses wunderbare Land, hörte es auf zu regnen und die Sonne begrüßte uns, als wir am Parkplatz ankamen. Sie ist heute allerdings nur als Komparse engagiert worden.

Bevor Peter uns loslaufen ließ, sagte er noch, dass wir bei dem Wetter heute bestimmt alle das Crossing schneller machen werden als bei schönem Wetter. Er wartet daher schon ab 14:00 Uhr auf der anderen Seite des Berges auf uns.

„Und jetzt ab mit euch auf den Vulkan. Genießt es!"

Mit diesen Worten im Gepäck lief ich los. Am Anfang waren wir eine große Wandergruppe und dann verteilte es sich immer mehr. Bereits beim Start wurde einem klar, dass dies nicht einfach eine andere Wanderung auf der Reise ist, sondern etwas Besonderes wird. Trotz der kargen Vulkanlandschaften, die den Weg zum beeindruckenden Tauringo ebneten, fanden Pflanzen ihren Weg. Gelbe, grüne und rote Gräser, Moos überall und viele Bodendecker. Wirklich sehr beeindruckend. Zunächst ging es stetig ca. 1,5 Stunden aufwärts, dies um 6:30 Uhr morgens ist schon nicht ganz ohne und dann kommt ein Schild, das besagte:

„Ab jetzt wird es deutlich schwerer.
Wenn du nicht mehr kannst oder dir kalt ist. Dreh bitte um!"

Kalt mir? Kälte, ich lache dir ins Gesicht.[193] Ich hatte ein gutes Tempo gefunden und lief bei in der Spitzengruppe mit ein wenig Abstand mit. Dann kam der „richtige" Aufstieg. Gefühlt lief man auf Vulkansand. Die Schuhe fühlten sich immer mehr mit den kleinen Steinchen und man hatte kaum Halt. Dazu kam noch ein Wind, der einen gefühlt vom Berg blasen wollte. Mario Castle Endgegnerlevel. Ich musste mich leicht nach vorne beugen, um voranzukommen. Die Sonne hatte sich längst verabschiedet und wir marschierten durch ein dichtes Wolkenmeer. So verschwanden die Wanderkolleg:innen im Nebel und es fühlte sich an, als wäre man alleine auf dem Berg. Wenn jetzt eine Herde wilder Orks angesprungen käme, es wäre nicht verwunderlich.

Leicht gefrustet dachte ich: „Ey, ich quäle mir hier einen ab und dann sehe ich am Ende nicht mal die magischen blauen Vulkanseen oder den majestätischen Berg." Nach einem enorm anstrengenden Aufstieg kam ich auf der Spitze an und als kleine Belohnung

---

193 Es war verdammt scheiß kalt!

durchbrach die Sonne immer wieder das Wolkendickicht. Was dann auf einen wartete, war pure Magie. Die Bergseen zeigten sich in einem blauen Farbverlauf und brachten einen wunderschönen Kontrast zur schwarzen Vulkanlandschaft. Überall sah man Geysire, die hinter Hügeln Rauchwolken freisetzten. Es verschlug einem die Sprache. Wäre da nicht dieser eiskalte Wind gewesen, hätte man hier Stunden verbringen können. Dafür zauberte der Wind aber ein tolles Windspiel auf den Seen und peitschte das Wasser von links nach rechts, als wäre er ein Aqua Dirigent.

Es war mittlerweile so kalt geworden, dass meine Hände zu Däumlingen wurden (die ich mir in dem Moment sehr gewünscht hätte). Ich hatte Schwierigkeiten den Reißverschluss meines Rucksacks zu öffnen, um das wohl verdiente Käse Toastbrot zu verschlingen.

An dieser Stelle muss auch mal ein Lob für die exzellente neuseeländische Wanderwegsarbeit des Kiwi Albvereins ausgesprochen werden. Die Wanderwege sind wirklich allererste Sahne. Die Treppen und Brücken aus Holz sind top in Schuss. Habe ich so bisher noch nirgends gesehen. Fast etwas zu perfekt, dazu später mehr.[194]

Ich habe es dann doch irgendwie geschafft an die Käseschnitte zu kommen und genoss an einem der blauen Seen und unter dem Schutz eines großen Felsens diesen unvergesslichen Moment. Doch der Wind holte mich ein und klatsche mir voll in die Visage. Ich erblickte einen weiteren See, der nicht auf der vorgegebenen Strecke lag. Da ich aber zeitlich gut unterwegs war, nahm ich den Umweg gerne in Kauf und genau in diesem Moment kam die Sonne wieder raus.

WOW

Dieser blautürkise perfekten See und der Blick ins Tal, der umrahmt von einem Wolkenmeer war! Daneben ein großer Geysir, der Wasser und Zauberrauch in die Höhe katapultierte. Das perfekte Bild. Trotz des möglichen Verlusts meiner Zehen und Finger war ich unbeschreiblich glücklich. Definitiv eines der absoluten Highlights meiner Neuseelandreise.

Beim Abstieg wechselte die Naturlandschaft einmal komplett und im Allgäu Flair endete der Abstieg im ach so geliebten neuseeländischen Busch. Man muss hier aber auch erwähnen, dass es sich hinten raus ordentlich gezogen hatte. Die letzten 2 Stunden waren stupides Marschieren, ohne noch weitere Eindrücke aufnehmen zu können. Ich war zusammen mit einigen anderen

194 WOW wie dieser Autor mit einer Leichtigkeit mal wieder den Spannungsbogen anspannt.

gegen 13.30 Uhr bereits am Parkplatz angekommen. Nach und nach trudelten weitere Abenteurer/-innen ein. Ich kam beim auf den Bus Warten mit einer sehr sympathisch daherkommenden Frau ins Gespräch. Wie kommt man sehr sympathisch daher? Sie war nicht aufgebrezelt wie einige andere Touristinnen. Genauso erschöpft wie ich, wobei ich es mir deutlich schlimmer ausgemalt hatte. Um auf den Punkt zu kommen, was zumindest einmal in diesem Buch möglich sein sollte: Die Frau hatte eine super warme und interessante leicht alternative Aura. Als sie erwähnte, dass sie aus New York kam, sagte ich:

„Nicht dein Ernst, ich gehe zum Abschluss der Reise nach New York."

Sie sagte: „Gib mir doch deine Nummer, dann kann ich dir ein paar Tipps senden, was willst du denn so machen?"

„Ich will in Kunstmuseen sowie unbedingt einige Konzerte sehen. Aber eher in kleinen Clubs so Singer/Songwriter Stages und da ich noch nie im Big Apple war, natürlich auch die klassischen Touri Spots anschauen", antwortete ich.

Sie grinste und erwiderte „Ich liebe Clubkonzerte und alternative Singer/Songwriter Musik."

Die Chemie stimme von der ersten Minute an und wir unterhielten uns, bis der Bus um 15:30 losfuhr wie auch während der gesamten Busfahrt. Da wir beide extrem müde waren, aufgrund der führen Abfahrt morgens, gönnten wir uns zusammen einen Kaffee und saßen noch etwas am Seeufer von Taupo. Sie erzählte von ihren Neuseelandplänen und ich teilte ihr meine bisherigen Erfahrungen mit. Sie war auch zur selben Zeit wie ich in Wellington und wir beschlossen dort zusammen ins Te Papa Museum zu gehen. Da wir uns so gut verstanden, verabredeten wir uns auch noch zum Abendessen.

Mehr Glück als Hirn

Ich ging kurz[195] nach Hause und gönnte mir eine warme Dusche. Als ich gerade aufbrechen wollte und mir den Rucksack um die Schultern warf, machte ich den Standard Geldbeutel Check. Das Fach war leer. Stimmt ja, im Café hatte ich den Geldbeutel rausgeholt und in die Hosentasche getan. So hob ich die grüne Hose vom Boden auf und merkte dabei aber gleich, dass der Geldbeutel hier auch nicht war. Jetzt kam die Panik auf und ich suchte alles ab. Nach der 3. Runde war klar, der Geldbeutel ist weg. Natürlich waren im Geldbeutel neben meiner Kreditkarte auch meine restlichen 50 neuseeländischen Dollar. Wilma Wankelmut saß auf der Veranda und sagte mit einer Susi Herzblattstimme: „Gerne fasse ich die Situation für dich, Markus, zusammen. Du hast also weder Bargeld noch ein anders funktionierendes Zahlungsmittel, da du clevererweise den Kreditrahmen von Applepay für diesen Monat auch schon ausgeschöpft hast."

„Fuck, Fuck, Fuck. Verfickte Hurendrecksfotzenscheiße", erwiderte ich auf die von Wilma leider absolut korrekt dargelegte Zusammenfassung meiner Situation.
Ich rief Jenny (die New Yorkerin) an, schilderte ihr die Situation und sagte, ich müsse leider das Abendessen absagen.

---

195 25 Minuten One Way Fußweg. Plan doch mal die Unterkünfte zentraler, du daubes Gsiacht (taubes Gesicht)

Sie sagte: „Du hast den Geldbeutel hundert pro im Café vergessen." Ich schaut direkt bei Google nach den Öffnungszeiten des Cafés. Es hatte natürlich bereits geschlossen. Ich wusste aber unterbewusst, dass es ein realistisches Szenario war.

„Ich leihe dir das Geld für das Abendessen aus und geb dir Bargeld, dass du etwas Geld hast, falls der Geldbeutel wider Erwarten nicht auftaucht", ergänzte sie.

Ich war sprachlos. Ich meine, wir kennen uns ein paar Stunden und sie rettet mir s Fidla[196], einfach so. Ich bedankte mich und sagte ihr, dass ich ihr den Betrag sofort per PayPal senden werde (PayPal sei Dank). Als ich mich gerade auf den Weg in Richtung Stadt machen wollte, traf ich im Garten Stuart und er fragte, wie das Crossing war. Ich schwärmte von dem Crossing und erzählte ihm aber auch von meiner Misere. Er sagte mir, falls der Geldbeutel nicht im Café ist, solle ich unbedingt noch bei der Polizei vorbeigehen. Vielleicht wurde er dort abgegeben. Ich beschloss keine Panik zu haben, sondern den Weg nochmal abzulaufen und dann das Abendessen mit Jennifer zu genießen. Wenn der Geldbeutel weg ist, bin ich nicht der erste Kunde der Volksbank Hohenzollern-Balingen, der seine Kreditkarte im Urlaub verloren hat, da gibt es immer eine Lösung.[197]

Ich war mir jedoch sicher, wenn ich anrufe, wird meine Kundenberaterin sagen:

„Ja Herr Sauder, sell hem mir uns scho halber dacht, dass Ihne so ebbes bassiert, Sie hen ja scho Probleme mit der Beantragung dr Kreditkarte ket. Mir hen vorsichtshalber scho a Ersatzkarte an d deutsche Botschaft in Wellingta gschickt, gell. Gar koi Problem. Rufed se dort Schnurr Schnacks a und scho hen se a neie Kreditkard. Sell isch nadürlich aber ida omsuschd. Sell machd 350 Euro. Wenn Sie noch a frag hen, meldet se sich, gell? Adele."[198]

Das Abendessen mit Jennifer war wirklich toll. Wir aßen thailändisch und tauschten uns zu unseren Leben auf #deeptalkrealness. Und nicht nur unsere Interessen, aber auch unser minderausgeprägtes Selbstbewusstsein und die viel zu stark ausgeprägte Wankelmut hatten wir gemeinsam. „Wie verrückt, dass wir auf dem Parkplatz ins Gespräch kamen und uns jetzt so gut verstanden", dachte ich mir. Jennifer sagte freudig: „Ich habe schon mit meinen schwulen Freunden in New York gesprochen. Wir gehen alle zusammen feiern und ein Künstlerfreund zeigt dir kleine Kunstgalerien. Wir zwei gehen zusammen shoppen, weil du brauchst ja Winterklamotten." Can someone please pinch me? Was für ein verdammter Lucky Luke bin ich, jetzt mal das verlorene Portmonee ausgeklammert. Bei der Verabschiedung drückte sie mir tatsächlich 200 (in Worten zwei Hundert) Neuseeländische Dollar in die Hand und ich bedankte mich ein dutzend Mal und marschierte nach Hause. Als ich gerade die Zähne putzte, klopfte es an der Türe und da standen Steward und Heather, meine wunderbaren Airbnb Gastgeber, vor der Türe. Heather hat meine Wäsche richtig aufgehängt, nachdem ich sie, leicht chaotisch, wie ich halt nun mal so bin, an die Wäscheleine gehängt habe. Zudem hat sie meine Jeans noch in den Trockner geworfen, weil sie nicht richtig trocken wurde. Heather fragte: „Hast du den Geldbeutel wiedergefunden?" Ich erwiderte: „Leider nicht, aber ich gehe morgen direkt um 7 Uhr

---

196 Schwäbisch für Anfänger Wiederholung: Fidla = der Po

197 Hab ich das gerade wirklich gesagt und auch gedacht? Lösungsorientiert – kein Drama? Wer ist dieser Teufelskerl?

198 Schwäbisch für Anfänger 2 „Ja Herr Sauter, wir haben uns schon fast gedacht, dass dies Ihnen passieren wird, nachdem Sie solche Probleme mit der Beantragung der Kreditkarte hatten. Wir haben vorsichtshalber bereits eine Ersatzkarte an die deutsche Botschaft in Wellington gesendet. Dies ist gar kein Problem. Rufen Sie direkt dort an und schon haben Sie eine neue Kreditkarte. Der Service ist natürlich nicht umsonst, dies macht 350 Euro. Wenn Sie noch eine Frage haben, können Sie sich gerne melden. Auf Wiederhören."

beim Kaffee vorbei und frag nach." Stuart sagte: „Ich stell meinen Wecker und fahr dich gerne hin." Ich widersprach nett, aber bestimmt.

„Das ist sehr nett, aber ich jogge einfach hin und falls er nicht da ist, brauch ich auch eine kurze Minute, um mich zu fangen."

Das respektierten die beiden. Was aber dann passierte, verschlug mir glatt die Sprache und führte zu einem kleinen Tränenfluss. Heather drückte mir 200 neuseeländische Dollar mit den Worten:

„Dies ist von uns für dich. Wir wollen das nicht zurück und hoffen, dass es zur Überbrückung hilft" in die Hand.

Ich wusste gar nicht, was ich sagen oder tun sollte.

„Ich überweise euch das direkt bei PayPal."

Dies wollten sie aber nicht akzeptieren.

„Wir wollen dir helfen und wären froh, wenn wir in deiner Lage sind, wenn uns jemand helfen würde".

Ich sagte noch mehrfach, dass ich ihnen gerne das Geld zurückpaypalen möchte, jedoch ohne Erfolg. So bedankte ich mich nochmals und sagte: „Lasst uns einfach hoffen, dass ich morgen mein Geldbeutel habe und ich euch das Geld zurückgeben kann."

Ich rief meiner Mutter an und erzählte ihr unter Tränen von dieser tollen Geste und von meiner neuen Geschäftsidee. Jedem, dem ich erzählt habe, dass ich mein Geldbeutel verloren hatte, gab mir 200 Dollar. Ich mein', da liegt es ja nahe … dass …

Natürlich konnte meine Mum mich beruhigen #beschde. Ich war aber auch ungewöhnlich gefasst und hatte kaum Panik. Dies änderte sich etwas, als ich nach dem kurzen Run am nächsten Morgen vor dem Café stand.

Ich schloss die Augen und sagte: „Bitte lass es einfach da sein."

Ich weiß nicht, an wen oder was ich die Bitte gerichtet hatte, aber so war es. Das Café war noch nicht geöffnet, aber ein Mitarbeiter stelle die Tische auf.

Er sah mich und sagte: „Wir haben noch nicht auf."

Ich konterte: „Kein Problem. Ich habe mein Geldbeutel gestern bei euch verloren und wollte nur kurz fragen, ob er abgegeben wurde."

Er erwiderte emotionslos: „Ich habe gestern gearbeitet und es wurde kein Geldbeutel abgegeben, sorry."

Ich sagte leicht verzweifelt: „Aber als ich da war, hab ich dich nicht gesehen."

„Warst du nachmittags da?", fragte er.

Ich so: „Ehm ja."

Er so: „Okay, ich schaue nach."

Eine Kollegin gesellte sich mit dazu und half bei der Suche und da hielt er meinen braunen Geldbeutel hoch und die Erleichterung war, als hätte ich bei the Biggest Loser gewonnen. Er checkte noch korrekterweise meine ID.

Ungefiltert plapperte ich los:

„Heilige Scheiße wisst ihr, wie erleichtert ich bin.

Tausend Dank euch."[199]

---

[199] Warum ich mich bei dem Kellner bedankte, der mich fast wieder weggeschickt hatte, obwohl mein Geldbeutel da war, muss man nicht verstehen. Schieben wir es auf die euphorische Erleichterung.

So lief ich glückselig von dannen. Ich rief gleich alle an, die ich an meiner Misere teilhaben ließ, an und löste das Drama auf. Zum Dank brachte ich Stuart und Heather zwei Stück Kuchen mit und gab ihnen das Geld zurück.

Stuart schaute Heather an und diese sagte: „Behalte das Geld bitte, für den ganzen Stress, den du hattest."

Ich konnte es nicht glauben, das sind 240 *Deutsche* Mark höre ich meinen Opa vom jenseits sagen, die sie mir einfach schenken wollten. Natürlich habe ich es nicht angenommen, auch nicht als sie mir die Hälfte in die Hand drückte und sagte: „Lass uns zumindest dir ein schönes Abendessen in Wellington schenken."

Was für unfassbar nette Menschen haben hier meinen Weg gekreuzt. Natürlich brachte Stuart mich noch zum Bus und ich bedankte mich noch zwei Mal für die tolle Unterstützung und Gastfreundschaft, bevor ich auf die Toilette ging, wir wollen ja kein erneutes Fast-in-die-Hose-pinkeln-Dilemma erleben, und in den Bus nach Wellington einstieg.

Wellington, was ein Comeback

Im Bus lernte ich eine tolle ältere Frau kennen (sicherlich in ihren 70ern), die vor 40 Jahren von Neuseeland nach Kanada ausgewandert ist. Sie erzählte mir von ihren Lieblingsorten in Neuseeland und gab mir ein paar Tipps für meinen Kurzaufenthalt in Nelson, da sie dort geboren war. Sie erzählte mir auch von ihrem bisherigen Aufenthalt. Die rüstige schlanke Rentnerin Irma mit ihrer silbernen Bobfrisur hat mit ihrer Tochter bei einem Segelwettbewerb mitgemacht und ist jetzt auf dem Weg zum Reuniontreffen mit ihren drei Schwestern, die sie über vier Jahre nicht gesehen hat. Als ich mit ihr über das Tauringo Crossing sprach, gesellte sich eine Britin zu unserer Unterhaltung. Wir hatten das Crossing am selben Tag gemacht. Sie war nur etwas später dran. Trotz bester Wanderausrüstung hat es sie erwischt. Sie flog vor der gesammelten Wandermannschaft dank der rutschigen Vulkansandsteinchen den Berg hinunter und war von blauen Flecken und Schürfwunden übersät. Nennen wir sie Linda. Linda war auf dem Weg zur Hochzeit ihres Bruders und bereiste danach noch die Südinsel. Ich unterhielt mich mit ihr über die tollen Orte der Südinsel und sah dann auf ihrem Telefon das Hintergrundfoto mit zwei Dackeln und wer mich kennt, weiß, dass Dackel direkt nach den Corgis meine Traumhunderasse sind.[200] Sie erzählte, was für tolle Hunde sie hat, nur dass sie halt Fahrradfahrer hinterherrennen, bei kleinen Kindern etwas allergisch reagieren, und dass sie halt manchmal im Wald wegrennen. Linda sitzt dann heulend auf einer Bank bis die beiden Herren irgendwann entscheiden zurückzukommen und sie nach dem Motto „Was ist denn jetzt schon wieder los – Wir haben uns total vorbildlich verhalten und deine Attitude ist voll fehlangebracht, Mama" anstarren. Genauso würde es mir auch ergehen, daher Memo an mich – manche Träume dürfen auch einfach Träume bleiben.

---

200 Minus ihres Charakters. Also eigentlich halt optisch ein Knaller und wenn sie jemand Anderem gehören, der sich mit Ihnen rumärgern muss und ich mit Ihnen etwas rumtollen kann – ein Traum.

Beim nächsten Halt mit Pipipause (Gott sei Dank) wartete ich ein wenig draußen. Die Fahrt von Taupo nach Wellington dauert ganze 7 Stunden. Auf diese Entfernungen komme ich irgendwie noch immer nicht so richtig klar. Ein junger Mann kam auf mich zu und ich dachte mir, er is Dscherman 100 pro und et voila: „Du kommst auch aus Deutschland, gell" und so kamen wir ins Gespräch und als die nette Kiwi Kanadierin ausstieg, um das Family Reuniontreffen zu rocken[201], setzte er sich neben mich, obwohl er sich extra einen Gold Seat gebucht hat, bei dem man einen „luxuriösen" Ledersitz mit mehr Beinfreiheit hat.

Zunächst war die Unterhaltung sehr interessant. Er berichtete von seiner Station in Australien und dass er nur 10 Tage in Neuseeland hat. Ich dachte mir so Holy Moly 10 Tage. Definitiv Lake Tekapo und Queenstown mitnehmen. Aber was ist mit der Bay of Islands und Auckland? Weder Steward noch Great Barrier Island? Er hatte sich für Nelson entschieden, was nach allem, was ich über die kleine Künstlerstadt gehört habe, auch eine gute Entscheidung war. Er berichtete auch von seiner aktuellen Situation – der Klassiker – Job gekündigt und erstmal rumreisen. Irgendwie waren wir alle ein wenig in der Findungsphase. 80 % der Touristen haben ihren Job gekündigt und sind in die große Welt hinaus. Ich muss sagen, ich hätte im Leben nicht gedacht, dass es mir dabei so gut geht und dass ich mit mir im Reinen war wie nie zuvor. Da ich aufgrund des extrem Früh-aufstehens der letzten Tage mega müde war, war ich wohl ein ziemlich schlechter Zuhörer. Ich brachte meistens nur ein Aha und Ja raus. Aber es reichte Jens. Manchmal will man ja auch einfach nur von seinen Abenteuern erzählen und ich gab mir Mühe möglichst interessiert zu wirken. Er fuhr auch bis nach Wellington und war genauso gleich lang dort wie ich. Da Jennifer la femme de New York auch da sein wird, hatte ich unfairerweise kein Interesse gemeinsame Pläne mit Jens zu schmieden. Die Zeit mit Jennifer war einfach zu lustig, leicht und interessant. Ich erzählte ihm, dass ich die Lord of the Rings Studio Tour machen werde und er prüfte direkt, ob noch ein Platz frei war. Es war aber zu kurzfristig. Er legte nach und meinte; „Das Museum will ich aber auch sehen." Ich antwortete „Ja Te Papa soll DAS Museum sein. Musst du dir unbedingt anschauen."
Nach einer halbstündigen Fotodiashow merkte Jens, dass ich nicht ganz bei der Sache war, und meinte: „Wenn ich zu viel rede, tut es mir leid." Das schlechte Gewissen überkam mich und so riss ich mich zusammen und sagte: „Nein, ich bin nur etwas müde wegen des Frühaufstehens. Was sind deine Pläne in Nelson noch?" So unterhielten wir uns noch ganz nett, bis wir in Wellington ankamen. Wir liefen in die gleiche Richtung, ich gab ihm noch ein paar Wellington Tipps und unsere Wege trennten sich. Meine Unterkunft war zur Abwechslung super zentral. In nur 5 Minuten war ich da und super erleichtert. Ich holte mir im Supermarkt noch schnell was zu essen und dann hieß es Netflix, Eat & Chill.

Jenny schrieb gegen 20 Uhr noch: „Hey, ich habe es auch nach Wellington geschafft. Wann sollen wir uns morgen treffen. Ich freu mich schon voll."

„Und ich erst", dachte ich.

Ich schrieb zurück: „#metoo. Lass uns doch gegen 14 Uhr treffen. Ich habe ja zuerst die Studio Tour und dann können wir gegen 14 Uhr ins Museum und danach Daydrinking + Dinner?"

„You had me at day drinking", antwortete sie.

---

201 Ich will mit 70 bitte auch so eine Leichtigkeit und Charme versprühen und immer noch hungrig nach Abenteuern sein.

Das Appartement war ein wenig speziell. Es war direkt an einer Straße mit hohem Publikumsverkehr und direkt hinter der Eingangstüre war das Bett, d. h., man hörte jede Unterhaltung. Es war ein Reihenhaus und in der Etage über mir war ein lautstarkes Paar zu Gange. Vor allem lautstark, weil sie gefühlt alle 15 Minuten vögelten wie die Karnickel und besonders die Frau hatte hörbar viel Freude daran oder sie ist ein Nachwuchsschauspieltalent. Ich war aber so müde, dass mir das alles egal war und so schlief ich gegen 22 Uhr ein.

Hello again Wellington. Ich wollte unbedingt nochmal Halt in der Hauptstadt machen, da ich von Nevada beim Start der Neuseelandreise erfahren habe, dass es eine Tour durch die Studios von Peter Jackson gibt und da mir so viele Kiwis nahe gelegt haben das Te Papa Museum zu besuchen. Es sei das beschde Museum Neuseelands.

Wie jeden Morgen gönnte ich mir zunächst einen Kaffee samt Müsli mit Heidelbeeren[202] und schon ging es los zum Pick-up Punkt zum sogenannten Weta Workshop, bei dem man Einblicke in die Produktion von Herr der Ringe/Hobbit u. a. bekommt. Die Produktionsstudios und Filmgesellschaften haben einen kleinen Stadtteil von Wellington eingenommen und dort alte Industriegebäude umgebaut. Vor dem Eingang zur Tour begrüßen einen die Trolle aus Hobbit, wo ich natürlich nicht widerstehen konnte und ein paar Selfies schoss. Nach kurzem Aufenthalt im Fanshop, der zugleich als Eingang fungiert (so smart), war auch schon der Tour Guide da. Uh la sag ich da mal, ein hotter Nerd, der auch als Hobbit durchgehen hätte können mit einem leichten grauen Schimmer. You had me at Nerd + Hobbit. Wie bereits erwähnt, bin ich kein super Fan von den Filmen, aber sie gehören schon zu meinen Favoriten. Widerspricht sich jetzt geringfügig, aber ich glaube, es gibt da schon Unterschiede. Ich kenne z. B. weder die Namen der Orte noch der Zwerge. Nicht mal von den Hobbits, die Frodo begleiten. Sie sehen schon, das Namennichtmerkenkönnen zieht sich wie ein roter Faden durch mein Leben. Beispielsweise als ich zwei Jahre auf dem Berufskolleg war, habe ich auf unserer Abschlussfahrt in Paris meiner Mitschülerin etwas sagen wollen und rief sie beim Namen mehrfach – Rudolpha.

Sabine (Lieblingskameradin) schaut mich etwas komisch an, aber ich dachte mir nichts dabei, bis Rudolpha sich umdrehte und etwas erzürnt meinte: „Ich heiße Mirealla Rudolph." Ich dachte mir nur, klar kann jetzt jeder sagen. Ich war mir 100 % sicher, dass sie Rudolpha hieß, und finde bis heute der Name würde deutlich besser zu ihr passen. #justsayin.

Die Tour begann. Junger Vadder, wie viel Zeit und Kreativität in der Erschaffung einer Filmfigur steckt, ist heftig. Was für ein Prozess von der Idee bis zur Umsetzung, wie viel unterschiedliche Ideen hier zusammenkommen. Ich habe definitiv das Falsche gelernt. Denk mal, wenn es ihr Beruf ist, täglich ihre eigenen Phantasien voll auszuleben und verrückte Welten zu erschaffen. Was mich besonders nachhaltig beeindruckt hat, sind die Koryphäen,[203] die Figuren zunächst aus Alufolie formt. Der Drache aus Hobbit wurde im ersten Schritt als Alufolienfigur zum Leben erweckt. Craziness, kaum vorstellbar oder?

---

202 Auf einer Skala von 1–10. Wie wichtig war Ihnen die Information über meine Führstücksbestandteile?

203 Hätten Sie gewusst, wie man Koryphäe schreibt? Wer hat sich das bitte ausgedacht? Wer wird Millionär –
1 Million Euro Frage.

Ich sag es mal so, was für ein toller Start in die 2. Runde Wellington. Nach der Tour ging es zurück im Zentrum von Wellington, wo ich wieder auf das NCY Girl Jenny traf, um gemeinsam das Museum Te Papa zu erleben. Sie war einfach ein Sonnenschein. Sie kam etwas zu spät, was absolut nicht schlimm war, ich es aber trotzdem erwähnen muss, weil dies eigentlich mein Steckenpferd ist und ich Deutscher bin. Wir saßen kurz an die Hafenpromenade, weil die Sonne einfach zum Verweilen einlud. Windy Wellington macht seinem Namen aber alle Ehre. Egal wie die Sonne auch strahlen mag, wenn der Wind dich erwischt, wird's fresh und weniger exciting.

Wir gingen ins Museum und es wurde wirklich nicht zu viel versprochen, wobei ich sagen muss, dass die anderen Museen nicht weniger interessant als Te Papa waren, halt nicht ganz so stylisch, groß und modern, aber vom Inhalt genauso gut. Te Papa ist aber

FOR FREE, und das bei so einer Größe, den Unterhaltungskosten und wirklich tollen interaktiven Ausstellungsstücken.

Jennifer und ich waren etwas erschlagen von der Größe und widmeten uns eher den interaktiven Parts als den Informationstafeln. So entstand eines meiner Lieblingsfotos der Reise, das den Titel Fischköppe trägt.

Mein persönliches Highlight war unsere schauspielerische Glanzleistung, als wir in einem Haus, das als Erdbeben-Simulator fungierte, total eskalierten. Das war Meryl Streep Liga, was wir abliefern, als es anfing zu wackeln. Jenny hielt dies natürlich per Film fest. Dachte man zumindest, später fanden wir heraus, dass sie nach 2 Sekunden das Video beendet hatte. Sie werden also leider nie Zeuge dieser emotionalen Performance werden.

Nachhaltigkeit ist in Neuseeland so präsent, wie ich es mir für Deutschland auch wünschen würde. So gab es einen Part, in dem He/She/They einen guten Vorsatz zum Klimaschutz in ein Tablet mit dem Namen eintragen konnten. Im Anschluss daran wurde dieser Wunsch auf dem Bildschirm zu einem Papiervogel, der auf den Baum, der an die Wand projiziert war, flog und es erschien dein Name neben deinem Vogel. Dank uns stand so der Klimabeitrag der deutschen Umweltaktivistin Flittchen an der Wand. Wir haben uns fast in die Hose gepinkelt vor Lachen und die anderen Museumsbesucher waren ein wenig irritiert. Nachdem unser Wissensdurst gestillt war, widmeten wir uns jetzt unserem Durst nach Hochprozentigem und gönnten uns einen Snack dazu. Jennifer freute sich auf die weltbekannten Kiwi Austern und ich aß am Hafen von Wellington den wohl überteuersten Caprese Salat meines Lebens für 20 Dollar. Den Cocktail Prosecco mit Rum kann ich definitiv weiterempfehlen. Lecker und hat Umdrehungen. Wir schlenderten noch etwas am Hafen umher und gingen dann syrisch Essen, was super lecker war. Rote Beete Salat, Humus, Falafel, gegrilltes Gemüse und lecker Fladenbrot. Ein Veggi Schlemmertraum #youhadmeathumus

Dann hieß es aber auch schon wieder Abschied nehmen von Jenny from the Block. Da wir uns in 2 Wochen in Auckland aber wiedersehen werden, war es halb so schlimm.

Kiwi Alert auf der Steward Island

Nach über 200 Seiten ist endlich KIWI Time. Ganz nach dem Motto Vorfreude ist am schönsten, dürfen Sie zunächst autogen die Achtsamkeit Malübung machen. Legen Sie ihr Lieblingsalbum auf. Es sei denn Sie kommen jetzt mit Andrea Berg um die Ecke. Für den Fall haben Ihre Gefühle Schweigepflicht. Genießen Sie die Ruhe und schwingen Sie den Pinsel als hätte man Sie tausendmal betrogen.

Nehmen Sie zur Feier des KIWIS Ihre besten veganen Bio Malstifte raus und malen Sie in einer für das Verständnis des weiteren Buchverlaufes essentiellen autogenen Übung den Kiwi mit seiner Kiwi, ohne über die Ränder hinauszu- kommen, aus.

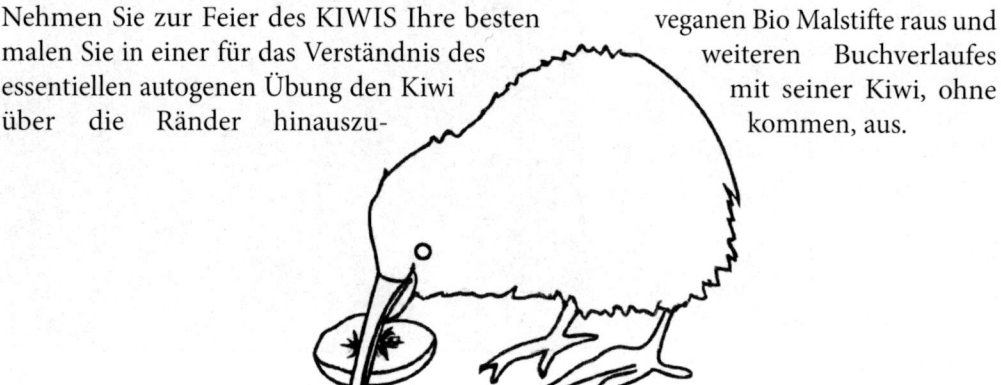

Geht es nur mir so oder ist dies einfach nicht möglich? Je mehr ich mich anstrenge desto mehr male ich über die Linien hinaus – is so.

Von Wellington, dessen Charme ich beim zweiten Besuch total erlag, dem südlichen Zipfel der Nordinsel, ging es mit dem Flieger nach Invercargill, dem südlichsten Zipfel der Süd-insel.[204] Vom Flughafen hatte ich ein Shuttle zum Hafendorf Bluff gebucht. Von dort aus brachte mich die kleine Fähre auf die Steward Island. Die Insel ist 8-fach so groß wie die Great Barrier Island und hat dafür aber nur ca. 450 Einwohner. Ein Paradies für Natur-liebhaber mit tollen Wanderrouten und die Kiwi Hochburg Neuseelands. Mein Kind of Kiwi Shit. Wenn man morgens um 8 Uhr in Wellington losfliegt, drei Stunden Aufenthalt am Flughafen hat, zwanzig Minuten mit dem Shuttle zur Fähre fährt, dort wiederum eine Stunde Aufenthalt hat und dann noch eine Stunde mit der Fährte tuckert, freut man sich riesig bei der Ankunft endlich anzukommen.

---

204 Den Namen der Stadt konnte ich mir lange nicht merken. Selbst bei der Rückreise musst ich es immer googeln Incarvergill? Invergillcar? Inver Neuseeland Google-Ergebnis – Invercargill

Das unglaublich sympathische Ehepaar Peter und Iris, die sich in der Altersklasse meiner Eltern (65–70) bewegen müssten, bewirtschaftet die Kowhai Lane Lodge, die aber auf ihre Tochter läuft und alle Einnahmen gehen an das Kind. Iris meinte später, dass ich das verstehen werde, wenn ich mal selber Kinder habe. Aber mal ehrlich, deine Mutter als Haushaltshilfe und deinen Vater als Tourguides für dumme zu beschäftigen, wobei dies für den ehemaligen Naturschutzparkhero Peter ein Vergnügen ist, er quasselt unfassbar gerne, find ich schon ein wenig dreist. Iris lässt auch durchblicken, dass da viel zu tun ist. Sie kümmert sich um den Garten, putzt und richtet die Zimmer und macht die **detaillierte** Einführung.

Beispiel gefällig:

What do in the case of an accident:

1. Wenn jemand einen Unfall hat, muss man zunächst abwägen, ob es lebensgefährlich oder vom Krankenbruder der Insel managebar ist?
2. Dann ruft man die Nummer an, wenn hier jemand abnimmt.
3. Man erhält eine weitere Nummer und ruft diese an,
4. dann erzählt man, was passiert ist und wo man ist.

Auf dem Emergency Anweisungsblatt ist groß vermerkt, dass wir auf der Steward Island sind und uns in der Egbert Street 10 befinden. Ich fragte Iris, wie oft das vorkommt. Sie meinte bisher nur zweimal, aber dadurch, dass alle so gut instruiert waren, ging alles gut. Wo sie recht hat, hat sie recht.

Sie zeigt jede Küchenschublade, erklärt die Waschmaschine, dass man die Heizung für zwei Stunden im gemeinsam Wohnzimmer anschalten kann. Heizung? „Brauchen wir ja zum Glück nicht", sagte ich. Iris lächelte mich nur verschmitzt an und ich dachte mir nichts weiter. Ich bekam Tee und Kekse (ehm Jackpot!) und wir unterhielten uns über meine Reise und was ich so alles erleben kann. Ich werde eine 35 km Wanderung machen und zum Glück haben wir darüber geredet. Peter riet mir direkt morgen früh um 7 Uhr zu starten, was ich nicht präferierte, da ich noch ein Interview um 23 Uhr abends hatte, aber das Wetter war einfach morgen prädestiniert für die Wanderung.

Im Halbschlaf fuhr mich Peter zum Ausgangspunkt der Wanderung. Doch jegliche Müdigkeit verflog bei dem Anblick des Sonnenaufgangs entlang der verlassenen Strände umrahmt von der neuseeländischen Pflanzenvielfalt. Ich kam an einen Strand, der sich in ein Landstück eingekerbt hat und bei dem sich links und rechts von ihm die Wälder in Richtung Meer erstreckten. Ein alter Baumstamm lag mitten auf dem Strand. Er ergab zusammen mit dem rot-orangenen Sonnenaufgang eine unwirkliche Szenerie. Da ich so vom Moment gefangen war, hielt ich den Moment zu spät fest, so dass die knalligen Farben sich bereits verabschiedet hatten.

Ich hatte wirkliche einen wunderschönen Tag für die Wanderung erwischt und das Tolle war, durch den Schutz des Busches lief man nicht kontinuierlich in der prallen Sonne. Zudem ist in Neuseeland verrückter Weise die Nordinsel kälter als die Südinsel. In der ersten Stunde war ich von der Schönheit der Umgebung so gefangen, dass ich kaum voran-kam und im Dauerfotoschießmodus unterwegs war. Ich hatte heute jedoch eine 35 km Wanderung vor mir und so nahm ich mir vor, ab jetzt ein wenig Strecke wegzumachen. Es gab zwei große Stopps in der Wanderung am Port William und am Nordhut. Der Weg bis Port William war eine Fortsetzung der ersten Eindrücke. Wunderschöne Küstenabschnitte, die man immer wieder verließ, um in den Busch einzutauchen und den Gesängen des Tui zu lauschen. Kurz vor Port William traf ich auf eine Wanderreisegruppe und von weitem war schon sichtbar: Die Deutschen sind auf der Insel angekommen. Ich glaube, ich habe bis dato nirgends so viele deutsche Touristen getroffen wie auf der Steward Island. Port William klang mehr, als es tatsächlich war. Es war ein kleiner Steg mit einer Bootsanlege-stelle. Überraschend war es auch nicht. Es ist eine große Insel mit einer super kleinen Be-völkerung. Da reicht ein „Hafen" in der „Hauptstadt" Oban. Von Port William ging es zum nächsten Stopp der Strecke „Nordhut" es ging fast ausschließlich durch Buschlandschaften und ich traf keine Menschenseele. Bestaunte die von anderen Pflanzen bewachsenen alten Bäume und marschierte stetig voran. Nach 15 km machten sich dann auch langsam meine Beine bemerkbar, dabei hatte ich nicht mal die Hälfte geschafft. Nach einer gefühlten Ewigkeit erreichte ich Nordhut. Eine kleine Hütte mit Zugang zum Meer, in der man auch übernachten kann. Viele Wandersleute machen mehrtägige Wanderungen auf der Steward Island und dafür sind Hütten wie diese bereitgestellt worden. Es windete hier aber so kräftig, dass ich den geplanten Lunchaufenthalt nach hinten verschob. Ich hatte 2/3 des Weges hinter mich gebracht und meine Füße und Knie teilten mir mit, dass es dann auch so langsam reichen würde. Verstehen Sie mich aber nicht falsch, die Wanderung mit ihren sehr gut erschlossenen Wegen war eine der schönsten Wanderungen, die ich in meiner Zeit in Neuseeland machte, aber zugleich auch eine der anstrengendsten. Ich glaube, es war das erste Mal, dass ich mir vielleicht ein wenig zu viel zugemutet hatte. Die Strecke von Nordhut zurück zur Unterkunft zog sich noch viel mehr, als ich mir es ausmalte. Ich konnte so langsam die Buschlandschaft nicht mehr sehen und mein Kopf sagte, leg dich einfach hier hin. Besser als Neuseeland wird es nicht aka the good die young.

Eine faszinierende Erkenntnis dieser Reise war, dass der Körper einfach viel mehr leisten kann, als man ihm zutrauen mag und wenn man denkt, man hat sein Leistungsmaximum erreicht, ist da noch ordentlich Luft nach oben #obenbleiben. Beschäftigt damit mich selbst zu bemitleiden, wurde ich aus dem kleinen Tief durch ein lautes Maschinengeräusch ge-weckt. Holzfäller arbeiten mitten im Nirgendwo? Vielleicht gab es hier auch Sturmschäden, die noch beseitigt werden mussten? Tatsächlich war es aber John. Ein schätzungsweise 21-jähriger Kiwi, der bestimmt irgendetwas angestellt hat und als Strafe die Wanderstrecke mit einem Laubbläser, ja sie hören richtig, mit einem Laubbläser von den Blättern befreien musste. Ernsthaft? Wanderwege mit einem Laubbläser reinigen? Einen kurzen Moment nahm dieses Schauspiel der Steward Island ihren Wildernisfaktor. John entschuldigte sich direkt für den Lärm, aber er konnte ja auch nichts dafür. Die nächsten zwei Kilometer durfte ich den Laubarbeiten noch lauschen, ehe das Blattsauggeräusch verstummte. Ich hatte noch fünf Kilometer vor mir und mittlerweile absolut keine Lust mehr mich fortzubewegen. Es hieß jetzt Zähne zusammenbeißen, Augen offenhalten und nicht auf dem letzten Streckenabschnitt leichtsinnig werden und sich dank der Unaufmerksamkeit den Fuß verdrehen oder Ähnliches.

Als ich an der Unterkunft ankam, rief ich Peter, wie versprochen, an und sagte, ich bin an einem Stück wieder angekommen. Es gab wohl schon ein paar Wanderer, die vom Weg abgekommen waren. Aus diesem Grund legte Peter mir nahe ihm eine kurze Info über meine Rückkehr zu geben, sonst würde er, falls er bis 20 Uhr nichts hört, Rettungsmaßnahmen einleiten, irgendwie sehr rührselig, diese Fürsorge. Ich machte mir schnell noch Wraps mit Tofu und Gemüse und fiel total erschöpft ins Bett, bis mir einfiel, dass ich um 22 Uhr das vorletzte Job-Interview hatte. Ich war noch nie so schnell geduscht und gestriegelt und das Interview lief super entspannt ab. Ich war aber auch einfach zu K. O., um auch nur die geringste Nervosität entwickeln zu können.

Am nächsten Tag sollte sich der Ratschlag von Peter auszahlen. Es regnete den ganzen Tag und wäre echt ein wenig frisch geworden und ich mag nichts weniger als in einer langen Hose wandern oder Sport machen zu müssen #wichtigsteInformationdesBuchesplatziert. So machte ich einen faulen Tag, schaute Netflix, bis die Meldung kam: „Ihr Datenvolumen ist fast aufgebraucht." Das war einer der größten Nachteile der Unterkunft. Es gab kein Wifi: Peter hat es mir so erklärt. Wenn ich Tierpornos anschauen würde, würden sie sich strafbar machen, weil sie das Wifi bereitstellen. Allen anderen GastgeberInnen Neuseelands ist dies wohl schnuppe. Ich fand es ein wenig an den Haaren herbeigezogen und empfand es als kleinen Minuspunkt für die Unterkunft. Klar kann man sagen, man geht ja nicht auf die Steward Island, um Netflix zu schauen. Stimme ich auch 100%-ig zu. Es ist aber einfach ein Standard und war in der Beschreibung auch anders angegeben. Dann erwartet man es auch.

   Ich saß gerne auf dem Balkon der Lodge, von der man einen tollen Blick auf den Hafen und das verträume Städtchen hatte. Hier gesellten sich Keas (neuseeländische Papageien) gerne zu einem, da sie wussten, es gibt Äpfelschnitzle. Picky Eater, wie sie so sind, haben sie die Schale perfekt vom Apfel gepellt und quasi die Apfelschale gedroppt. Dies war natürlich ein dicker Pluspunkt für die Unterkunft. Tiere sind immer ein riesiger Pluspunkt. Die Dusche hingegen war ein Endgegner. Entweder lief man blau oder rot an. Eine andere Regelung der Temperaturen war nicht möglich. Ich kam also immer gut gegart aus dem Dampfbad.

Am nächsten Tag stand Peters Tour auf der Nachbarinsel Ulva an. Mit einem kleinen Schiff ging es ca. zehn Minuten zur Insel. Peter der Erklärbar und Geschichtenerzähler hielt einen vierstündigen Vortrag. Was mir ehrlich gesagt viel zu viel war. Wir hielten gefühlt an jeder dritten Pflanze und er gab too much Information über seine Zeit als Naturreservatsoberhaupt. Berichtete, welche Tiere von Overseas (damit ist nicht die USA, sondern Europa gemeint) eingeschleppt wurden und sich zur Plage entwickelten und wie er die ganzen Tiere erfolgreich ausgerottet hat, um die einheimische Tierwelt zu retten. Wir erfuhren, ob wir wollten oder nicht, welches Gift er wie eingesetzt hat. Ich glaube, wenn es nicht so unfassbar kalt gewesen wäre, hätte ich noch etwas länger konzentrierter künstlich mitgelacht, aber es war einfach ein absoluter Informationsoverload. Sich kaum zu bewegen bei niedrigen Temperaturen mit kaltem Wind und bei Nieselregen über jedes 3. Blatt der Insel zu philosophieren, löste in mir wenig Begeisterung aus. Alle anderen Teilnehmer waren aber super enthusiastisch. Peter hat also alles richtig gemacht und mit seinem Fachwissen geglänzt. Ich war halt der Banause, der lieber über die Insel gewandert wäre, als nur zwei Abschnitte frierend zu sehen.

An meinem letzten Tag auf der Insel machte ich noch eine kleine Wanderung von 10 km zu drei kleinen Stränden und abends stand die lang ersehnte KIWI (Vogel) in der freien Natur Beobachtungstour an. Neben dem Wandern war dies der Grund, warum ich auf die Insel kam. Kann ja nicht sein, dass ich ohne einen Kiwi zu sehen abreise. Die Tour startete um 21:30 Uhr und ich war etwas müde und schlief ein, so musste ich total gestresst zum Treffpunkt rennen. Öffnete die Türe des Büros des Tourveranstalters und sagte: „Sorry, dass ich etwas zu spät dran bin." Die Tourleiterin und -teilnehmenden sahen mich ein wenig verstört an und dann meinte il Tourguide: „Hast du vielleicht bei einem anderen Touranbieter die Tour gebucht? Wir sind komplett." Ich dachte mir schon irgendwie, dass das Gebäude anders aussah. Geringfügig peinlich berührt lief ich ein Haus weiter und da war MEINE Kiwi Tour Gruppe.

Ich hatte mich richtig dick eingepackt. Pulli, Windjacke und Weste drüber. Es war wirklich schweinekalt, aber ich hatte gar keine Zeit mich selber zu bemitleiden. Die Tour

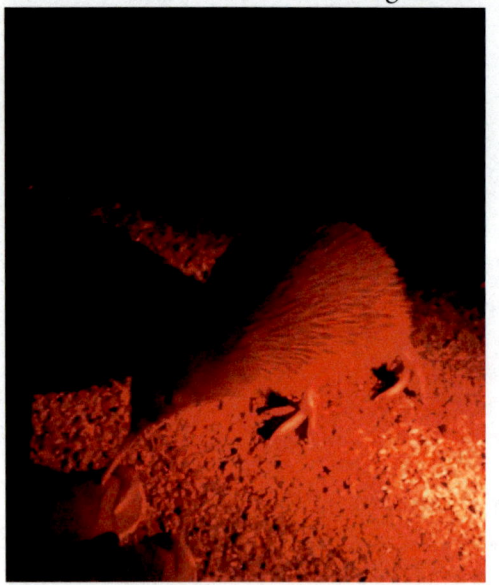

begann direkt vor dem Bürogebäude, da ein Kiwi einfach drei Meter neben uns aus dem Busch kam. Was sind Kiwis für komisch und zugleich unglaublich goldige Kreaturen. Super smart jetzt nicht wirklich. Der Kiwi hat sich den Ortskern als Revier ausgeschaut #helloautoreifen. Nachdem wir ihm ein wenig gefolgt sind, ging es mit dem Bus zum Flughafen. Hier haben sich drei Kiwi Familien niedergelassen, da nicht viel Flugverkehr ist und vor allem abends keine Flugzeuge mehr landen oder abheben, ist es eine super smarte Ortswahl, um als nachtaktiver Kiwi dort zu leben. Im Dorf haben wir einen Jungvogel gesehen. Jetzt kam uns ein „Baby"-Kiwi mit ca. 6 Monaten entgegen und er lief direkt auf uns zu. Der Tourguide hatte eine Rotlichttaschenlampe, damit er die Kiwis nicht blendet und wir sie zugleich gut sehen können. Die Kiwis sind quasi Blindschleichen, die dafür mit einem sehr guten Geruchssinn gesegnet sind, wobei das auch ein Fluch sein kann, wenn Sie wissen, wie ich es meine #zwinkerzwinker. Der Kiwi fand die kleine Amerikanerin richtig interessant und schnüffelte an ihren Schuhen, bevor er einmal über die Landebahn lief, um der Kiwi

Lieblingsbeschäftigung nachzugehen – Essen. Wir sahen auch noch das Familienoberhaupt THE MOTHER. Der Tourguide meinte, sie möge Menschen nicht sonderlich, wer kann es ihr übelnehmen? Sie hatte daher nur einen kurzen Gastauftritt und zeigte uns dabei, wie verdammt schnell diese Vögel sein können. Wie eine Rakete schoss sie in die Dunkelheit, als das Rotlicht sie traf. Dies war wirklich ein Highlight und bestärkte mich darin, dass ich mir unbedingt ein Kiwitattoo stechen lassen muss, als kleine Erinnerung an diese drei unvergesslichen Monate im Paradies. Mit dem Ende der Tour neigte sich auch die Zeit auf der Steward Island dem Ende zu. Die Tage verflogen nur noch so und das Goodbye Neuseeland rückt immer näher. Wobei ich ehrlicherweise auch sagen muss, dass die Vorfreude auf die tollen Menschen, die ich vier bzw. drei Monate nicht gesehen habe, ebenfalls deutlich zunahm.

Einmal quer durch die Südinsel

Mit der Fähre ginge es am nächsten Tag zurück nach Bluff und dann mit dem Shuttle nach Invercargill. Hier blieb ich nur für eine Nacht, um dann mit dem Bus nach Queenstown zu fahren, wo ich wiederum auch nur eine Nacht blieb. Den nächsten längeren Stopp wollte ich bei Franz Josef Glacier einlegen. Invercargill ist ein schönes kleines Städtchen mit einem schönen Botanischen Garten und ich hatte das Glück, ein richtig tolles stylisches Airbnb Appartement gebucht zu haben, was aber wiederum außerhalb lag. So schleppte ich mein Gepäck und mich ein weiteres Mal 40 Minuten lang ans Ende des Örtchens. Doch es lohnte sich. Mit viel Liebe zum Detail erwartete mich eine kleine Oase. Alles sehr blumig (Kopfkissen, Tassen). Eine Regenwalddusche mit angenehm duftendem Shampoo/Seife/Conditioner. Ich glaube, ich habe noch nie so viele unterschiedliche Duschgele und Shampoos benutzt wie auf dieser Reise. Die Gastgeberin bot mir an mich am nächsten Tag zum Bus zu fahren, damit ich nicht um 8 Uhr 40 Minuten lang mein Gepäck zum Stadtzentrum zurückschleppen musste.

Diese Kiwis, wie kann man sie nicht mögen?

Im Bus nach Queenstown lernte ich die erste Hannoveranerin meines Lebens kennen und musste sofort an den Song von Barbara Schöneberger denken und ohne es Böse zu meinen, passt es irgendwie.[205] Anne war eine sehr angenehme schüchterne Sparkassenmitarbeiterin, die ganz spontan nach Neuseeland kam und fleißig Fotos von der Landschaft aus dem fahrenden Bus machte. Der Bus war insgesamt auch in einer erschreckenden Mehrheit in deutscher Hand. Es waren sicherlich 70 % der Fahrgäste aus Deutschland. Mir wurde es ein wenig zu deutsch. Ich bin ja hier um in Neuseeland einzutauchen und nicht, um Martin und Barbara zu lauschen, wie sie entweder über Deutschland motzen, wo im Vergleich zu Neuseeland alles schlecht ist, oder über Neuseeland herziehen, weil alles viel zu locker ist.[206]

Ich hatte an dem Tag mein Zweitgespräch mit dem Kanton Luzern und die Stelle war von Anfang an mein absoluter Favorit. Ich freute mich aber auch einfach unfassbar, dass der Interview-Marathon over ist. Natürlich hatte ich extra eine Stunde Puffer eingeplant. Als wir kurz vor Queenstown mit einer halbstündigen Verspätung unterwegs waren, wurde

---

205 Barbara Schöneberger – Zu hässlich für München (aber die nette Hannoveranerin war keinesfalls hässlich ... bitte nicht falsch verstehen)

206 Sagt der deutsche Autor und beklagt sich währenddessen über deutsche Touristen, die sich über Dinge beklagen. Es ist halt einfach in unserer DNA.

ich langsam etwas nervös. Ich googelte schon mal den Weg von der Bushaltestelle zur Unterkunft. Ich hatte nur ein einfaches Zimmer bei einer Queenstownerin gebucht, da ich erst gegen 20 Uhr ankommen werde und am nächsten Tag um 8 Uhr bereits wieder aufbrach. Auf der Karte bei Airbnb lag die Wohnung zentral, als ich jedoch bei Google die Adresse eingab, war die Unterkunft 1 Stunde 30 zu Fuß vom Zentrum weg. Mathematisch untersuchte ich diesen Sachverhalt akribisch und stellte leicht panisch fest, dit reicht nich. Zusätzlich stellt sich die Frage, wie ich am nächsten Tag um 8 Uhr 20 zur Bushaltestelle komme? Lösungsorientiert buchte ich mir impromäßig ein Hotelzimmer mitten in Queenstown, was schmerzhaft teuer wurde. Aber dies war mir a) das Gespräch und b) der kurze Weg am nächsten Tag und somit mehr Schlaf wert #schauensiemalanwieentscheidungsfreudigerseinkann.

Es war wie in einer schlechten Komödie. Ich kam im Hotelzimmer an, schmiss das verschwitzte T-Shirt auf den Boden, sprühte schnell Deo unter die Achseln, was total wichtig bei einem Videointerview ist, und zog mir DAS HEMD[207] an, loggte mich in das Wifi des Hotels ein, versorgte den Laptop mit Strom, schenkte mir ein Glas Wasser ein und klickte auf Meeting beitreten. Damn, mehr Punktlandung ist nicht möglich. Ich wollte noch duschen und mich mehr vorbereiten, aber it is what is. Das Gespräch verlief trotzdem ganz okay, da die beiden Mitarbeiterinnen vom Kanton Luzern einfach super sympathisch waren, die Stelle super spannend ist und ich von dem Themengebiet mega begeistert bin. Es handelt sich um eine Recruiting Specialist Stelle, bei der man aber nicht operativ Gespräche führt, sondern das Recruiting weiterentwickelt, neue Recruitingkanäle ausprobiert, das Active Sourcing vorantreibt und das Controlling ausbaut, um die Mittel gezielt einzusetzen. In a nushell genau mein Shit. Wir verabschiedeten uns mit dem Ausblick, dass wir uns alle drei Gedanken machen und uns diese Woche entscheiden werden. Ich klappte den Laptop zu und öffnete freudig meinen Rucksack, holte den Marmor Muffin und kleinen Zitronenkuchen raus und genoss die süßen Treats in vollen Zügen. Hat er sich verdient.

Um 6.40 Uhr betrat ich den Frühstückssaal im Hotel, da der Bus bereits um kurz nach 8 Uhr losfuhr. Ich war etwas überrascht, denn es war proppenvoll. Zwei große indische und chinesische Reisegruppen belagerten das Büffett. Ich fand noch einen freien Tisch, stellte mein Müsli und Kaffee ab und holte mir noch einen Orangensaft, den ich dann auch irgendwann bekam, nachdem 5 Leute sich vorgedrängt hatten. Mein Tisch war mittlerweile einfach besetzt worden. Ich stand vor dem Tisch und sah einem älteren Mann zu, wie er meinen Kaffee und Müsli genoss. Er schaute mich an und sagte: „Sorry son, too late."
    Wäre ich nicht so müde gewesen, hätte ich etwas gesagt. Denn es war während der gesamten Reise auffällig. Diese geführten riesigen Reisegruppen (egal welcher Herkunft) sind einfach „Scheißbollenemoji". Diese *Verwöhnten, mir wird alles an den Arsch herangetragen und meine Erwartungen an die Welt sind, dass ich immer etwas besser behandelt werde als der Pöbel,* gingen mir kräftig aufs Säckle. Auch in den Bussen sind das abgeschlossene Utopien, die nur in ihrer Bubble verweilen und nicht mehr vom Land sehen

---

207 Ich hatte nur ein Hemd für alle Interviews, das ich immer nur für die Gespräche überstreifte (Brüller, da es ein gestreiftes Hemd war) und dann direkt wieder auszog, zusammenlegte und im Koffer verstaute. Dass ich einmal so minimalistisch unterwegs sein kann, hätte ich mir Konsumkind selbst nicht zugetraut. Eine Runde auf die Schulternklopfen für umme.

als die Hotspots, um dann zehntausend Fotos zu schießen und zu Hause erzählen zu können, ich war in Neuseeland.

Grün einatmen, rot ausatmen, grün einatmen und rot ausatmen, Bad Vibes abschütteln und weiter gehts.

Wenn im vorherigen Bus 70 % Deutsche waren, müssen es bei der Fahrt zum Franz Josef Glacier 92,3 % gewesen sein. Wir hatten das Glück einen wunderbaren Busfahrer zu haben, der an den Aussichtspunkten entlang des Weges immer wieder anhielt und uns kurz aus dem Bus springen ließ, um Momentaufnahmen zu schießen. Allgemein sind die Busfahrer wirklich immer mega hilfsbereit und freundlich. Lustig finde ich, dass manche als Tourguides agieren wollen und gefühlt beliebige Geschichten raushauen, sich selber beim Erzählen verhaddern und am Ende mitten in der Geschichte einfach aufhören zu erzählen. Der Busfahrer hatte wohl die Schnauze voll vom deutschen Getratsche, und so erzählte er drei Geschichten über Kiwi Helden, die die Nazis besiegten. Mit Nazis kriegst die Deutschen halt ruhiggestellt, sooooo klein mit Hut sag ich nur.

Die Busfahrt von Queenstown nach Franz Josef war nicht von schlechten Eltern. Man sah wilde Buschlandschaften, fast schon nordisch wirkende Nadelwälder, blaue kristallklare Flüsse, die sich zwischen Schluchten durchdrängten und natürlich abschließend die unverschämt epischen Gletscher – Fox & Franz Josef, F hoch 2, quasi. Diese Gletscher in einem Wolkenmeer eingedeckt, da bleibt selbst dem geschwätzigsten Touristen die Spucke weg. Ich war mittlerweile wieder voll im Alleinreisemodus angekommen und hatte wenig Muse mich mit anderen Deutschen auszutauschen. Ich wollte die letzten Tage in der Natur Neuseelands genießen und nicht zum 20. Mal erzählen, wo ich überall war und wo ich noch sein werde. Der Busfahrer fuhr jeden Fahrgast zu seinem Hotel/Motel in Franz Josef. Mein Motel war natürlich 3 km außerhalb von Franz Josef. Ich hatte leichte Kaikoura Erinnerung, da das Motelzimmer ebenfalls in den 80ern seine Primetime hatte. Mir machte es nichts aus, dass das Motel etwas weiter draußen war. Nur wenn ich an die Weiterfahrt dachte, die Backpacks 3 km bei strömendem Regen zur Bushaltestelle schleppen, bereute ich die Unterkunftswahl ein wenig. #canigetamimimi.

Ich verfrachtete mein Gepäck in das Hotelzimmer und lief an dem schönen Nachmittag gleich wieder in den Ort hinein. Der Anblick des Gletschers im Hintergrund ist maximal episch. Das Örtchen Franz Josef ist sehr überschaubar. Es gibt ca. 4 Restaurants, zig Motels, Backpacker Hostels, Hotels, 2 Kirchen, jeweils eine Feuerwehr- und Polizeistation und zwanzig Anbieter von Gletscher Helikopterrundflügen. Ich hatte mir kurz überlegt einen Heliflug zu buchen, es war aber einfach so unverschämt überteuert. 300 Euro für 30 Minuten. Da geh ich lieber zu Fuß los in die Berge und ergattere hier einen netten Blick auf den Franz Josef Gletscher.

Wie überlebt man ein Gewitter auf dem Berg? Google:

Am nächsten Tag wachte ich für meine Verhältnisse spät gegen 9 Uhr auf und vertrödelte den Vormittag gekonnt, darf ja auch mal sein. Als die Sonne dann richtig rauskam, was sie laut Wettervorhersage nicht tun sollte, packte ich spontan meine Sachen zusammen und beschloss den Berg zu erklimmen. Ich checkte noch kurz meine E-Mails und voila:

Zusage Kanton Luzern. BÄM, thank you M'am.

Ich hatte am Abend zuvor noch das Interview für eine superspannende Stelle in einem Start-up in Metzingen gehabt. Die beiden Stellen waren meine absoluten Favoriten. Als ich die Zusage vom Kanton erhielt, war aber sofort ohne jeglichen Zweifel klar – der Kerle wandert in die Schweiz aus, weil

1. Cyrill,
2. Luzern / Schweiz so unfassbar schön sind,
3. sehr sympathischste neue Kolleginnen
4. Stelle ist genau das, was ich suche,
5. 80 % Stellenumfang d. h. Hello 4 Tage Woche. Thursday is the new Friday. Riecht es ein wenig nach einer gesunden Work-Life-Balance? Die einen sagen so und die anderen stimmen zu.

Ich rief sofort Cyrill, meine Eltern und besten Freunde an, verschickte Sprachnachrichten und befahl meiner Mutter keine Tränen zu vergießen, sondern sich auf Kurzurlaube in der Schweiz zu freuen. Sie merken es, der Hype war real.

So vertrödelte ich eine weitere Stunde und kam erst gegen 12 Uhr los. Laut dem Wetterbericht sollte es tagsüber nur immer wieder etwas regnen und erst ab 20 Uhr gab es eine Unwetterwarnung mit starken Niederschlägen. Bis dahin bin ich aber längst zurück, von dem her kann ich meine 6-stündige Wanderung ohne Probleme durchziehen. Wenn man kein Auto hat, muss man aber leider bereits einige km Fußleistung erbringen, um am Wanderparkplatz anzukommen. Wie sag ich immer so schön zur Molli „jeder Gang macht schlank". Wie bereits erwähnt, wartete das Dorf Franz Josef mit einem der spektakulärsten Ausblicke auf den gleichnamigen Gletscher auf, den man als Europäer gedanklich Richtung Alpen packt. Da der Gletscher von wilden Buschbergen umgeben ist, die gefühlt bis zur Bergspitze in die wunderschöne Artenvielfalt Neuseelands eingedeckt sind, ergibt es ein total unwirkliches Bild.

Als ich nach einer Stunde beim Wanderstartpunkt ankam, ging einmal mehr durch diese magischen Waldbuschlandschaften zum Alex Knob, der mit seinen 1303 m für neuseeländische Verhältnisse relativ hoch ist. Von andern Pflanzen bewucherte Bäume kreuzten immer wieder den Weg und es war einer dieser seltenen Momente, in denen ich dachte, gar nicht so verkehrt nur 1,75 m groß zu sein. Ich traf während der Wanderung nur auf drei weitere wanderwütige Seelen. Nach ca. 2 Stunden des Aufstieges schlug das

Wetter ein wenig um, und es zog ein dichtes Nebelmeer auf, so dass die Aussicht auf den Franz Josef Gletscher off the table war. Ich überlegte umzudrehen, da kommt aber der sture Widder[208] in mir durch. Zieh es durch Junge, vielleicht bricht die Sonne ja noch mal die Wolken auf. In den Bergen kann sich das Wetter sehr schnell ändern. Der Christmas Lookout zeigte dann tatsächlich nur eine graue Nebeldecke – was ein Letdown.[209] Beim nächsten Lookout hatte ich tatsächlich Glück und die Sonne pushte die Wolken beiseite. Der unfassbar epische Anblick war aber nur ein kurzes Vergnügen, nach drei Minuten konnte man nur noch erahnen, wo ungefähr die Gletscher in all seiner Anmut emporstach. Das Gute am Sommer in Neuseeland ist, selbst wenn es ein wenig rieselt oder nebelig ist, ist es nicht kalt.[210] So konnte ich weiter im T-Shirt und kurzer Hose den Aufstieg angehen. Hierbei traf ich auf Joana, eine super sympathische Schweizerin, die natürlich rechtzeitig losging, um nicht allzu spät den Berg zu erklimmen, und die voll ausgestattet (Wander-schuhe wasserdichte Outdoorkleidung usw.) das „Schlimmste" bereits gemeistert hatte. Sie machte mir wenig Hoffnung auf der Bergspitze etwas sehen zu können. 40 Minuten vom Ziel entfernt, dreht man aber nicht mehr um. Als ich oben ankam, war tatsächlich der Blick in Richtung Franz Josef Gletscher nicht existent. Aber der Blick in das Tal war spektakulär. Die kleinen Hügel eingedeckt in ein tobendes Wolkenmeer, der Wanderweg war wirklich einer der Highlightstrecken. Nicht allzu perfekt, wie viele Wanderwege waren. Teilweise war der Weg super schmal und man musste zwischen großen Steinen hochklettern, dann wieder gefühlt zu nah am Abgrund sein Gleichgewicht balancieren und kurz vor dem Gipfel war dann kein Baum mehr zu sehen, nur eine große Wiesenfläche. Um meinen Touristenpflichten nachzukommen, machte ich neben dem Gipfelschild natürlich einige Fotos. Ich wollte ein Selfie mit Selbstauslöser machen und verkünstelte mich, wie immer, ohne dass etwas Vorzeigbares am Ende rauskam. Leicht genervt drehte ich mich um und da öffnete sich das Nebelmeer und der Franz Josef Gletscher sagte:

„Well done, Kia ora, Markus"

Holy Molly Shit. Alle Anstrengung war vergessen. Bester Moment der Neuseelandreise Ausrufzeichen hoch 3

208 Ich glaub nicht an diese ganze Astro TV Masche, aber meine Grundschullehrerin (RIP Frau Zimmermann) hat uns 4 Jahre eingeflößt, was für welches Sternzeichen typisch ist und eine Sturheit ist vielleicht ein wenig erkennbar.

209 Mir ist aufgefallen, dass ich die Anglizismen bzw. das Denglisch während der fesselnden letzten 150 Seiten etwas vernachlässigt habe – so here you go.

210 Wow, dies habe ich jetzt dann auch schon das dritte Mal erzählt.

Ich bin nicht abergläubisch, aber ich dachte wirklich, da haben Oma Lore & Oma Gretel einen Deal mit Gott oder wer immer da oben das Zepter in der Hand haben mag, ausgehandelt. Alle drei Touristen, die mir entgegenkamen, haben mir gesagt, dass ich Good Old Josef heute nicht sehen würde. „I guess you should call me Lucky Luke."

Wie man im schwäbischen Volksmunde so schön sagt: „Kerle, du solsch de Dag id vorm Abend loba." Das Naturschauspiel war von extrem kurzer Dauer und es zogen dichte dunkelgraue Wolken auf. So schnell wie er auftauchte, tauchte Franz Josef auch wieder ab. Plötzlich ertönten ohrenbetäubende Donnerschläge, die einem bis ins Mark fuhren. Mir standen meine Armhärchen zu Berge.[211]

Und in 3 2 1 setzte der für Abend angekündigte Starkregen untermalt von weiteren Donnerschlägen und Thor Blitzen ein, die in der Ferne das triste Grau ein wenig aufpeppten. In wenigen Sekunden stand ich begossen bis aufs Unterhösle ratlos da und googelte: *„Wie überlebt man ein Gewitter in den Bergen"*

Ernsthaft???!??!? Der erste Tipp war, checken Sie die Wetterprognose vor dem Aufstieg. Wow, also erstens hat er das gemacht und zweitens was für ein Tipp, wenn man auf einem Berg steht und der Donner einen fast dazu bringt sich in die Hose zu scheißen. Zweiter Ratschlag. Auf eine Bergwiese gehen, die Knie anziehen und warten, bis das Gewitter vorbeizieht.

WhatsApp leuchtete auf: „Hallo Markus, war echt schön mit dir. Was hatten wir für gehaltvolle Unterhaltungen. Selten hat es mir so viel Freude bereitet jemand den Spiegel vors Gesicht zu halten. Hals und Beinbruch. Lass uns mal über deine Lebensmüdigkeit sprechen, falls du wider Erwarten in einem Stück und ohne weitere kognitive Einschränkungen unten ankommst. Grüßle deine Wilma." Ich konnte diese aufbauenden Worte gerade noch aufnehmen, bevor mein Handy in den Akkuleerschlaf fiel.

Da es nicht nach einem kurzen Gewitter Techtelmechtel aussah, entschied ich mich gegen das mit angezogenen Knien auf der überfluteten Bergwiese Chillen und sagte zu mir, besser wird's heute nicht mehr. Ganz getreu dem Motto Anderle anderle meets Beep Beep. Renn, als seist du die menschlich gewordene Kreuzung zwischen Speed Gonzalez und dem Roadrunner, diesen Teuelfsberg runter. Gesagt, getan wurde es ein wildes russisches Roulette. Der Weg wurde zu einem Bach und so rannte ich mit dem Flow des Flusses den Berg runter. Ich sah kaum noch, wo ich hintrat. Meine Schuhe waren ein Aquarium ohne Bewohner und dann passierte es. Ich rutsche aus, kam ins Stolpern, griff nach einem Ast und stoppte wenige Millimeter vor dem Abgrund. Mir stockte der Atem. Doch anstatt zu heulen, beschloss ich creepy hysterisch zu lachen und dachte, dass Oma Duo hat langsam wirklich etwas gut bei mir. Ohne weiter darüber nachzudenken, rannte ich weiter, denn der Regen wurde immer stärker. Nach einer Stunde und 30 Minuten war ich zurück auf dem Kiesweg, der zum Wanderparkplatz führte, und sackte zusammen. Der ganze Druck und die Angst fielen ab. Ich weinte und lachte zugleich.

„Junge, DU BIST EINE MASCHINE eine ÜBERLEBENSMASCHINE", sagte ich zu mir.

---

211 Mir standen auf dem Berge die Haare zu Berge. Der Literaturpreis 2024 geht an …

Und da ich während meiner Zeit bei meinem alten Arbeitgeber lernen durfte, dass unsere Abteilung besonders gut im Sich-selber-auf-die-Schulter-Klopfen ist, klopfte ich eine Weile auf meine Schulter. Da lagen auch nur noch fünf km zur Unterkunft vor mir und dann hatte ich es auch schon geschafft. Nach einer heißen Dusche kuschelte ich mich unter meine Decke und schaute dank des ab und an verfügbaren Wifis Netflix in Etappen. Die angekündigten heftigen Regenschauer setzten dann so richtig ein. Innerhalb von wenigen Minuten war der Rasen ein Teich und dann brach das Gewitter des Todes durch. Das Motel war in typischer Kiwi Bauarchitektur ein einfaches Holzhaus und es trommelte nur so auf das Dach.

Der Blitz schlug für meinen Gusto viel zu nah an der Unterkunft ein und so vibrierte das ganze Gebäude mit. Ich rechnete damit, dass jede Minute das Wasser entweder zur Türe reinläuft oder der Blitz ein Loch in das Dach brennt und eine Sintflut[212] über mich einbricht, ich alter Optimist.

Für die Variante der Flutung des Zimmers habe ich mein Hab und Gut auf Stühle, den Sessel und die Küchenablage gestellt, es blieb aber bei einem Gewitter des Todes, ohne Letzteres. Ich saß zusammen mit anderen Hotelgästen eine Weile auf der überdachten Veranda und schaute dem Naturschauspiel zu. Währenddessen kam ich mit einem netten australischen Paar ins Gespräch, das mir anbot mich morgen früh in die Stadt zu fahren, damit ich mein Gepäck nicht 40 Minuten schleppen muss. Natürlich lehnte ich zunächst der Höflichkeit halber ab. Sie bestanden jedoch vehement darauf. Dann will ich mal nicht so sein und lass mich halt rumkutschieren, wenn es gar nicht anderes geht. Ich war natürlich super happy darüber, nicht total verschwitzt am Bus anzukommen und in diesem Zustand im klimatisierten Buskühlschrank den ganzen Tag zu verbringen, um zum Abschluss der Reise noch richtig krank zu werden. Ich gab ihnen zum Dank eine Flasche Rotwein, die sie wiederum höflichkeitshalber einmal ablehnten und dann dankend entgegennahmen. An der Bushaltestelle traf ich die nette Schweizerin von der Wanderung wieder und sie grinste und meinte trocken: „Du hast es also noch vom Berg heruntergeschafft. Hätte ich nicht gedacht." Sie selber blieb von dem Gewitter und der Regenflut auch nicht verschont, war jedoch glücklicherweise schon an der Hälfte des Abstieges angekommen, als der Regen einsetzte. Ich unterhielt mich auf der Busfahrt mit ihr und sie gab mir nützliche Tipps zur anstehenden Auswanderung in die Schweiz. Was ist die beste Bank, wie läuft dies mit der Krankenversicherung und auf was für Mietkosten darf ich mich freuen? Zudem nahm sie mir die Angst, dass mein Aufenthaltsbewilligungsantrag nicht rechtzeitig bearbeitet werden wird, indem sie zuversichtlich sagte: „Wenn du einen unbefristeten Job in der Schweiz hast, geht es super schnell. Mach dir da mal keinen Kopf."

Nach unserem Austausch wurde mir das erste Mal so richtig bewusst, dass ich wirklich auswandern werde #heiligsblechle. Bis dato war es nur ein mögliches Szenario. Eine von meinen vielen Träumereien, die ich ausgiebig plane und nicht weiterverfolge. Aber mein nächster Lebensabschnitt bringt mich tatsächlich in die schöne Schweiz. Ich habe es einfach so entschieden und kann Ihnen gar nicht sagen, wie gut es sich anfühlt. Keine Be-

---

212 Wussten Sie, dass es SinTflut heilt? Ich dachte immer Sinnflut. Ähnlich wie bei dem Schrebergarten, aus dem ich den Strebergarten machte. I bims der fröhliche, aber dumme Lauch.

werbungsgespräche, keine pro/con Listen, kein was wäre wenn oder aber, sondern einfach nur ein Grüezi Luzern. Mir war durchaus bewusst, dass dadurch ein Berg an To-dos auf mich zukommt, wenn ich im April von der Reise zurückkehre. Aber diesen Themen darf sich Zukunft Markus annehmen. Der Hier-und-Jetzt-Markus genießt die letzten Wochen seines großen Abenteuers in vollen Zügen und erfreut sich an der wiedergewonnenen Leichtigkeit.

Neun Stunden Busfahrt für Sweet Nelson

Mit dieser Leichtigkeit war die ca. 9-stündige Busfahrt von Franz Josef nach Nelson gar kein Problem, vor allem da entlang der Strecke einige Highlights auf einen warteten. Die raue Westküste der Südinsel, war eine Seite Neuseelands, die ich bisher noch nicht erleben durfte. Hohe Wellen schlugen hier auf das Ufer ein und das Meer zog das Wasser mit beeindruckender Kraft hinaus. Ebbe und Flut – wow. Könnte man vielleicht mal genauer naturwissenschaftlich untersuchen.

Ich habe zuvor schon gehört, dass nicht gerade wenig unerfahrene Schwimmer in Neuseeland jährlich ertrinken und dass dies häufig auch entlang den Stränden der Westküste passiert. Wenn man dann sieht, mit was für einer Kraft das Meer hier waltet, versteht man schnell, dass es nicht viel braucht, um im offenen Meer zu landen. Aus der sicheren Entfernung betrachtet, gab das wilde Meer aber ein wirklich schönes Naturschauspiel ab. Bei der Halbzeit der Strecke warteten wir nur 1,5 Stunden auf einen Mitfahrgast und seinen Koffer, was ein wenig eine Unruhe in die Reisegruppe brachte. Und esta claro war ich auch super genervt, da aus 9 Stunden 10,5 Stunden Busfahrt wurden. Dabei hoffte ich noch ein wenig mehr von Nelson zu haben, da ich nur einen ganzen Tag dort hatte. Versetzt man sich aber in die Situation des Koffervermissenden, wie dankbar wäre man bitte selber, wenn man auf einen warten würde. So sah ich es einfach als Karmakontoaufladungsprozess, wobei der Busfahrer ja einfach nicht losfuhr und er der eigentliche Held war.

Nur eine halbe Stunde danach war der Mittagspausenstopp direkt bei den berühmten Pancake Rocks. Der Stopp war ein kleines Highlight des Tages. Das Meer hat sich einen Weg durch das Gestein gebahnt. Die gewaltigen Wellen brechen episch an den Klippen der Cabrio Wasserhöhle und enden als meterhohe Wasserfontänen zum großen Finale. Sie können sich vorstellen, was für eine Touristenmasse hier am Selfschießen war?

Wieso heißen die Steine Pancake Rocks? Na, weil sie aussehen wie eine Armee von Pancakes #suprise. Es erscheint einem wirklich, als wären hier zig meterhohe Pancaketürme vor einem und natürlich gibts am Parkplatz vor dem Aussichtspunkt ein Pancake Restaurant. Sweet Teeth, der ich bin, wollte ich natürlich Pancakes naschen, aber die Pause war dann auch schon wieder vorbei und den kurzen Walk zu dem Naturspektakel zu wählen, anstatt überteuerte Pancakes zu mampfen, war wahrscheinlich die bessere Wahl. In dem

Moment, als ich vor den Pancakes im Café stand, sah es aber eher nach einer fragwürdigen Choice aus.

Gegen 20 Uhr sind wir dann nach einer endlos erscheinenden Busfahrt, die gar nicht mehr ganz so lustig war, in Nelson angekommen. Dieses Mal war meine Unterkunft „nur" 25 Minuten von der Bushaltestelle entfernt. Easy, dachte ich. Hätte ich nicht gedacht, wenn ich gewusst hätte, dass 10 Minuten davon gefühlt 89,9 Grad bergauf gingen. Vor dem Aufstieg war ein kleiner Imbiss. Da ich wusste, dass ich mich heute nicht mehr bewegen werde, lief ich direkt hinein und der Inhaber sagte: „Sorry Mate, wir haben bereits geschlossen. Wobei, du siehst wirklich aus, als könntest du noch ein Bissen vertragen." So machte Rob aus London stammend mir noch Pommes und packte ein Brownie mit Vanillesoße dazu. So etwas passiert einem einfach nur in Neuseeland. Jeder ist versucht es dir möglichst schön und leicht zu machen. Nach dem Erklimmen des Berges fand ich mein traumhaft schönes Appartement, das den Namen Port Cutie trug, und das traf den Nagel auf den Kopf. Inez besitzt ein wunderschönes gelbes Holzhaus und hat dies mit Liebe zum Detail eingerichtet mit einem Mix aus neuem Modernen und Fundstücken aus den 50ern. Sie hatte die Lichterkette vor dem Eingang und einige Lampen im Appartement angemacht, so dass ich meinen Weg leichter finden konnte. Zum Appartement gehörte eine Terrasse mit Meerblick und ein wunderschöner Garten. Ich bereute es direkt nicht länger gebucht zu haben. Zum Ende des langen Tages zog ich mir bei Netflix eine Doku rein und verschlang die Pommes, bevor ich total erschöpft einschlief. Ein dickes Plus für Backpacker ist es ebenfalls, wenn man in der Küche alle Basics vorfindet, die man so braucht wie z. B. Öl, Essig, Salz, Pfeffer, Gewürze, Kaffeepulver, Müsli und Milch. Nichts musste ich neu kaufen und on top hatte das Appartement noch eine Waschmaschine samt Wäscheleine zum Lufttrocknen, was in Neuseeland superschnell geht. Der Kerle war also wunschlos glücklich.

Am nächsten Tag lief ich zunächst zu dem von Inez angepriesenen französischen Bäcker, der am Ende der Straße war und was soll ich sagen – you had me at Croissant. Die Croissants sahen so fluffig aus. Ich sagte mir vor dem Betreten der Bäckerei: „Übertreib es nicht, du bist auf einem guten Weg, deinen Körper in Form zu bringen, und denke daran, wie der Tag verläuft, wenn du dir zu viel Zucker reinballerst." Ich bestellte dann ein Croissant, ein Pain au Chocolat und eine Mini Tarte au Pommes. Der Wille war da ...[213]

Nachdem ich Kaffee getrunken hatte und das Croissant gemäß den Vorgaben von Adolph Freiherr von Knigge tadellos gerupft und verzehrt hatte, hielt ich aber inne und sagte mir, das Pain au Chocolat nimmst du morgen zum Frühstücken und den Apfelkuchen gibts heute Abend zum Dinner. Normalweise hätte ich alles 3 gemampft, selbst wenn da null Kapazität mehr gewesen wäre. #fortschrittefeiern.

Als ich nach dem Frühstück das Appartement verließ, traf ich Inez im Garten und wir unterhielten uns über meine Pläne für den viel zu kurzen Aufenthalt in Nelson. Ich sagte ihr, dass ich zum Naturschutzgebiet laufen werde und sie sagte mir, ich solle mich melden, wenn ich wieder da bin, dann nimmt sie mich zu ihrem Lieblingsstrand mit. Inez ist

---

213 Song der Seite: Baby Bash ft. Frankie J – Suga Suga

Maori und sie gab mir spannende Einblicke in die reiche Kultur, zudem ist sie, so banal es klingen mag, eine Frau von Welt, mit der man sich einfach unterhalten will, da sie spannende Geschichten in ihrem Repertoire hat, nicht belehrend agiert und on top noch witzig dabei ist. Nachdem ich die Wäsche aufgehängt hatte #firstthingsfirst, marschierte ich zum 1,5 Stunden entfernten Naturschutzgebiet los und verliebte mich dabei in das kleine, verträume Künstlerörtchen, das sich über mehrere Hügel erstreckt und wo die kleinen Holzhäuser sich perfekt in die grünen Hügel einordnen. Ich verbrachte zwei Stunden im Naturschutzgebiet. Lief über Brücken und Flüsse, betrachtete riesige Jahrhundert alte Bäume und genoss es besonders nochmals dem Klang der Vögel und des Busches zu lauschen, da ich wusste, dies war der letzte Buschwalk meiner Reise. Gleichzeitig merkte ich aber auch, dass das Limit meiner Aufnahmefähigkeit langsam erreicht war. Ich durfte in den letzten drei Monaten so viele zauberhafte magische Orte sehen, die ich hoffentlich, bis mein Gedächtnis versagt, immer mir wieder mir vor Augen führen werde, um im nicht ganz so ereignisreichen Alltag nicht zu vergessen, was für ein Abenteuer ich erlebt habe.

Zum ersten Mal hatte ich das Gefühl, dass es an der Zeit ist ins Heim, ins Schwabenlände, zu kehren.

Auf dem Nachhauseweg sah ich einen Partyzubehörladen. Ruben (der Kiwi aus Auckland) hat Chloe, Jennifer und mich zu einer seiner legendären Housepartys eingeladen. Das Motto lautete „Wet Dreams – Under the Sea". Ich besorgte für uns Meerjungfrauen und blaue glitzer Stoffe sowie Bodyglitter, Glitzer und Blaues Haarspray. Wir beschlossen als der Ocean an sich zur Party zu erscheinen und unsere „Next in Fashion" Nähkünste aus-zuleben. Da erinnerte ich mich, wie ich in MUM in der Realschule einen tollen Bär genäht habe. All dieses verschwendete Talent. Ich hätte quasi der Harald Glöckler von Bisingen werden können. Clevererweise habe ich uns bunte glitzernde kleine Sicherheitsnadeln ge-holt, mit denen wir den Stoff easy an bestehende Hosen/Shirts packen und superstylisch die Party crashen können. Ich kam etwas geschlaucht von dem Besuch des Naturschutz-gebietes, der Dauerbestrahlung durch die heute super aufdringliche Sonne[214] und vor allem von dem 2-stündigen Aufenthalt im Deko-Partyladen wieder an der Unterkunft an. So eine Wahl zwischen 30 unterschiedlichen Mermaid und Glitzerstoffen kostet aber auch einfach Zeit und soll wohl bedacht sein. Inez kam mir im Garten entgegen, musterte mich kurz und lachte von Herzen los.

„Ein Sprung ins Meer ist jetzt genau, das Richtige für dich oder?" Und wie recht sie haben sollte.

Wir fuhren zum 30 Minuten entfernten Strand, der fast menschenleer war und der einem einen tollen Blick sowohl auf Nelson als auch auf den Abel-Tasman-Nationalpark auf der anderen Seite gab. Die Abkühlung tat sooo gut, da es einer der heißesten Tage in Neu-seeland war. Ich genoss sogar den Wind im Gesicht, wie Beyoncé ihre geliebten Wind-maschinen.[215] Wir ließen uns schwerelos im Meer treiben und tauschten uns zu unseren schönsten Urlauben und dem Vulkanausbruch auf Te Puia o Whakaari (White Island) aus.

---

214 Mimimi

215 Kansas – Dust in the Wind

Sie sagte mir, dass sie die Dokumentation nicht sehen konnte. Außerdem erzählte sie mir von ihrem Maori Stamm, der vor Te Puia o Whakaari (White Island) beheimatet ist. Sie konnte nie verstehen, warum man Ausflüge auf einen aktiven Vulkan anbietet, bei dem man aufgrund der toxischen Gase Masken tragen muss. In ihrer Kindheit wurde ihr immer gepredigt, dass man nie auf den Vulkan gehen darf. Nicht nur weil es extrem gefährlich ist, sondern vor allem, weil es respektlos gegenüber dem Vulkan ist, ihn nicht zu ehren. Was soll ich sagen, sie hat absolut recht. Ich finde es an der Stelle aber auch falsch dem Tourenanbieter Vorwürfe zu machen. Ich sehe die Verantwortung eher bei den zuständigen Behörden, die den Vulkan für Touren freigegeben haben. Aber Fingerpointing bringt die Opfer nicht zurück und ist im Nachhinein immer leicht getan, geschrieben oder gesagt.

Ich kehrte total erfüllt von dem schönen Tag zurück ins Studio, schaute noch eine Dokumentation über den Malaysia Airlines Flight 370, der einfach von der Bildfläche verschwunden ist und es zig Theorien zu den Ursachen/dem Absturz gibt und ging früh schlafen, da ich um 7 Uhr bereits Richtung Flughafen aufbrechen musste und one last time nach Auckland reisen werde. Ich lag mit offenen Augen im Bett und wurde von ein wenig Wehmut heimgesucht. Es waren nur noch 8 Tage in Neuseeland. Es kam mir vor, als rieselte mir Neuseeland wie kleine Sandkörnchen unaufhaltbar durch meine Hände und übrig blieben am Ende nur ein paar wenige Sandkerne an Erinnerungen.

Auckland – Klappe die X.te Haben Sie mitgezählt? Ich nicht ...

Nachdem ich den Inlandflug überstanden hatte und einmal durch das öffentliche Netz Aucklands getingelt bin, checkte ich in das Airbnb Appartement ein. Ein wenig erschöpft und auch nicht ganz fit legte ich einen Mittagsschlaf ein. Ich hatte mich während des Regenabenteuers in Franz Josef etwas unterkühlt, hatte dazu noch einen leichten Ausschlag an der Hand und meine Haut spannte überall. Ich wusste nicht, ob es an den Schmerztabletten lag, welche ich die letzten zwei Tage eingenommen hatte, oder daran, dass ich bei jeder Unterkunft anderes Shampoo und Duschgel meiner Haut zumutete. Irgendwas passte meinem Körper/meiner Haut nicht. Nach dem kleinen Nap ging es auf das kleine Festival mit dem großen Namen „The Big Gay Out". Hier traf ich Chloe, die extrem sympathische Französin, wieder und wir schlenderten über das Festivalgelände. Es gab zig Stände mit Informationen zu Initiativen und einer Unmenge an Goodies. Wir liefen ungeplant direkt auf die Bar zu und gönnten uns Hochprozentiges. Mein persönliches Highlight neben der Zeit mit Chloe war die Ballroom Bühne, auf der die Künstler in verschiedenen Kategorien gegeneinander antraten. Die Stimmung war bombastisch und ich war super happy, dies endlich einmal live miterleben zu können, nachdem ich die Netflix Serie „Pose" gesucht und bei YouTube zig Videos und Reportagen zur Untergrund Ballroomszene konsumiert hatte. Nach der Show saßen wir standesgemäß mit einem Cocktail in der Hand auf eine Bank, genossen das gute Wetter und den Anblick der bunten diversen Festival-Besuchenden, die bewundernswert selbstbewusst ihre Outfits rockten und ohne zurückzuhalten ihre Persönlichkeiten in allen Facetten zur Schau trugen. Das Festival ging nur bis 18:30 Uhr, was mir entgegenkam, da ich immer noch groovy und froh war früh ins Bett zu gehen. Nach den 3 Wochen komplett alleine reisen, die ich sehr genoss und womit ich mittlerweile so gar keine Schwierigkeiten mehr hatte, war es schön zu wissen, dass ich mit Chloe, Ruben und Jennifer noch einen wunderbaren Reiseabschluss haben werde.

Ich gönnte mir noch ein indisches Abendessen, das ich mal wieder so semi vertrug. Hier ist zu erwähnen, dass ich indisches Essen über alles liebe, mein Magen ist aber leider kein großer Fan. Aber lernt er daraus? – Natürlich nicht. Palak Paneer, Spinat mit Käse und Knoblauch Naan-Brot ist einfach zu gut, um darauf zu verzichten.

Im Hangover-Modus, da aus einem Cocktail vier wurden, gönnte ich mir einen Chillertag, um ein wenig die New York Reise zu planen, wo ich bisher nur die Unterkunft und Flüge gebucht hatte. Dies hellte die Stimmung gleich auf und der super windige kühle Tag bot sich zudem auch einfach dafür an. Das Gute an Auckland als Abschluss war, dass hier nicht mehr viel passieren musste. Ich habe bereits viel erlebt und kann entspannt das Kapital – Allein allein in Aotearoa (Neuseeland) – schließen. Einer der schönsten Aussichtspunkte Aucklands ist Maungawhau (Mount Eden). Er bietet einen 360° Blick auf Auckland. Allen voran natürlich auf den Skytower, der sehr gut als Orientierungshilfe in Auckland fungiert. Man erblickt zudem die naheliegenden Inseln Rangitoto und Waiheke. Waiheke ist perfekt für eine kleine Auszeit eines Städters mit tollen Stränden (wobei es diese auch direkt in Auckland gibt) und Restaurants #dineandwine wo hingegen Rangitoto tollen Wanderrouten innerhalb dieser beeindruckenden Vulkankulisse bietet. Eigentlich wollte ich an diesem Tag Rangitoto mit meiner Anwesenheit beglücken. Ich entschied mich aber um und genoss stattdessen diesen tollen Ausblick und feilte ein wenig an dem sich in ihren Händen befindenden Staubfänger weiter. Nach einer Stunde und gefühlt 1000 deutschen Touristen später knallte die Sonne aber so stark, dass ich mich in ein schattiges Plätzchen verzog. Ich habe sogar eine leichte Sonnenallergie zum Ende hinbekommen, dabei vertrage ich die Sonne eigentlich ohne Probleme. Während ich immer mehr Wörter auf die leeren Seiten packte, setzte sich eine ältere Dame zu mir. Sie lief gerade den Weg zum Ausblickspunkt des Mount Eden hoch und überlegte kurz, ob sie eine Pause machen oder ihren Weg zum Hügel eiskalt durchziehen sollte. Sie entschied sich für Ersteres und wir unterhielten uns ein wenig. Sie erzählte mir, dass sie bei gutem Wetter jeden Tag von ihrem Haus in der Nähe zum Mount Eden läuft, das halte sie fit und solch ein Anblick wird nicht unspektakulärer. Sie fragte mich, woher ich komme, und war ein wenig überrascht, als ich mich als Deutscher outete. „Ich hätte dich nach Frankreich gepackt", sagt sie lachend und ergänzte noch, „was ja für dich spricht." Ich wusste nicht, ob ich ein wenig eingeschnappt des German Bashings sein sollte oder mich eher geschmeichelt fühlen sollte.

Recht unerwartet, ergab sich doch noch ein weiteres Abenteuer. Jenny, Chloe und ich entschieden super spontan, dass wir nach Coromandel gehen. Die Region wollte ich bereits vor einigen Wochen besuchen, da kamen aber die Überflutungen und der Zyklon dazwischen. Ich war positiv nervös, weil ich mir sicher war, dass wir drei auf der gleichen Welle surfen werden, aber man weiß ja nie. Jenny hatte unseren Mietwagen organisiert und so trafen wir uns direkt am Flughafen. Die Busfahrt von meiner Unterkunft im Stadtteil Mount Eden bis zum Flughafen dauerte insgesamt 1 Stunde 30. Genauso lange wie Jennys Flug von Nelson nach Auckland. Dies könnte an dem etwas übermäßigen Einsatz von Verkehrsampeln oder einfach nur dem Verkehr allgemein liegen. Die Fahrt kostete aber nur schlappe 1,20 €. Dafür darfst du in Stuttgart nicht mal das Gleis betreten. Als unser kleiner leicht lila angefärbter Flitzer von der netten, aber nicht ganz so motivierten Autovermietungsfachangestellten uns übergeben wurde, sagte Chloe direkt: „Ich kann gerne Co-Pilot spielen und dir den Weg weisen." Ich hörte mich nicht nein sagen, denn als Nicht-Autofahrer munkelt man, dass ich nicht der beste Navigator sei. Diese proaktive Art ist typisch für Chloe. Im Gegensatz zu Jenny und mir, die eher mit Entscheidungsunfreudigkeit und Zurückhaltung trumpfen, ist Chloe auf den Punkt selbstbewusst, ohne dabei arrogant zu sein, was ein schmaler Grat und ein wenig beneidenswert ist.

Einer der positivsten Entwicklungsschritte, die ich auf dieser Reise zurücklegte, ist, neben dem sich ein wenig mehr öffnen und fremde Menschen in sein Leben zu lassen, sich zu akzeptieren, mit all seinen Vorzügen und Macken. Natürlich möchte man wachsen und sich weiterentwickeln, aber ich habe eingesehen, dass ich nie die super selbstbewusste Person sein werde und es wird gemunkelt, dass ich zudem nie den Pokal für die entscheidungsfreudigste Persönlichkeit in meinen leeren Trophäenschrank stellen darf. Genug Selbsterkenntnis für eine Seite. Lassen Sie uns zurück zum Ausflug nach Coromandel schwenken. Okay, nur noch kurz. Stellen Sie sich vor, da wären drei Confidence Bomben zusammen in Urlaub. Das wäre ja nicht ertragbar gewesen und genau das machte unser Trio US-FR-DE aus, dazu später aber mehr.[216]

Es war mal wieder ein sonniger Tag in Auckland, als wir losfuhren. Jenny und Chloe hatten schon einiges recherchiert und so machten wir auf dem Weg zur Unterkunft bei einer alten Goldmine Halt und entschieden uns für einen Mini Buschwalk entlang einer dieser unwirklich türkisblauen Flüsse Neuseelands. Chloe war hin und weg, während Jenny und ich hingegen schon etwas abgestumpft waren. Hier merkte man, dass wir schon auf der Süd- und Nordinsel, die unfassbar schönsten Orte gesehen haben und Chloe bisher nur in Wellington und Auckland unterwegs war. Ich fand es schön Chloe zu beobachten, die, man möchte fast sagen, typisch französisch überschwänglich, emotional und begeistert sein konnte und aus dem Staunen nicht herauskam. Es passte halt auch alles. Es waren nicht zu viele Menschen unterwegs. Eine kleine schöne Brücke über dem Fluss, wo wir

---

216 Und wieder einmal wurde der Spannungsbogen gekonnt gespannt. Das klingt shitty af. Lieber – Wieder einmal wurde der Spannungsbogen ins Unermessliche angezogen? Ne des ist es auch nicht. Moment, jetzt habe ich es. Ähm ne doch nicht #gonewiththewind

natürlich zig Momentaufnahmen tätigten, der türkisblaue Fluss und der neuseeländische Busch mit Regenwaldflair. Ein guter Start in unseren 3-Tages-Trip würde ich sagen.

Wir gönnten uns wohlverdient ein Mittagessen in einem kleinen verträumten Örtchen, das direkt auf unserem Weg zu Hot Beach lag. Avocado Toast mit pochiertem Ei geht halt einfach immer. Danach sind wir noch in einem 1 Euro quasi 2 NZ Dollar Laden hängen geblieben, da Rubens Mottogeburtstagsparty vor der Tür stand. Der Laden hat den Umsatz seines Lebens gemacht. Wir waren aber wirklich gut unterwegs und haben uns gegenseitig nicht dem Motto entsprechendes Zeug erfolgreich ausgeredet. Als ich bezahlen wollte, ging meine Kreditkarte nicht. Ich wusste bereits, das Kreditlimit wird diesen Monat etwas knapp, da die Kreditkarte mit den ganzen New York Unterkunftskosten belastet wird. Aber laut meiner Rechnung hatte ich eigentlich ich noch 600 Euro Luft. Also versuchte ich es nochmal und steckte die Karte dieses Mal selbstbewusst in das Gerät. Der Verkäufer meinte, wenn es mit Auflegen nicht funktioniert, funktioniert es anders auch nicht. Ich dachte natürlich, dass ich es besser weiß. Was ich nicht tat und so half Jenny mir mal wieder aus. Langsam vermutete ich, dass sie mich für einen Schmarotzer hielt, der sich mit der Reise total übernommen hat. Nach dem Mittagsessen ging es weiter in Richtung Coromandel Hot Beach. Auf dem Weg lag noch eine wunderschöne Bucht, die wir als Abkühlungsstopp auserkoren hatten. Zunächst mussten wir aber über einen mit Schlaglöchern verzierten Kiesweg fahren. Jenny fuhr max. 10 km/h. Man merkte, dass das NYC Girl solche Straßen nicht gewohnt war und es gab Momente, da dachte ich, wir rollen gleich rückwärts. Kann ich natürlich als nicht Autofahrer easy und qualifiziert beurteilen. Chloe erwähnt beiläufig mehrmals, dass man schon etwas mehr Gas geben könnte, was Jenny gekonnt ignorierte. Ich finde es aber auch gut so. Sie sitzt am Steuer, also gibt sie das Tempo an. Auf der halben Strecke gab es einen kleinen Hügel, auf dem wir mutiger Weise anhielten und einen tollen Blick auf das Tal, die tollen Nadelwälder gepaart mit dem argentinischen Gastarbeitergras und auf diese unfassbar schönen tiefhängenden Wolken, die Neuseeland auszeichnen, ergattern konnten.

Bei der Zufahrt zum Parkplatz der Bucht war ein Schild angebracht, das uns etwas unter Zeitdruck brachte, da in 1,5 Stunden das Tor der Zufahrt geschlossen wird. Der Fußweg zur Bucht war dank des Unwetters abenteuerlicher, als wir vermutet hatten. Der Weg war mit roten Bändeln gekennzeichnet, da umgefallene Bäume ein abenteuerliches Labyrinth geformt hatten. Wir kamen aber alle drei unversehrt an und die Bucht war petite, schön und menschenleer. Jedoch hatte die Sonne keine Geduld mit uns und war bereits weitergelaufen. Dies nahm uns aber kein Funken der Glückseligkeit. Wir genossen die Zeit zusammen und saßen am Strand. Chloe holte ihre Ukulele raus. Ja, so cool ist diese Frau. Da saßen wir und sangen zusammen Let it be und Riptide am Strand. Wie idyllisch kann ein Trip sein? Genau, so!

Surreal schön[217]

---

217 Song der Seite: Israel „IZ" Kamakawiwo'ole – What A Wonderful World

Der Aufstieg war etwas anstrengender, da der leicht feuchte Untergrund uns Touristen in Sneakern nicht wohl gesinnt war. Am Auto angekommen stellte Jenny fest, dass sie ihr Handy verloren hatte. Jeder von uns durchleuchtete akribisch die gemeinsame Tasche, die wir für den Strand gepackt hatten, ohne Erfolg. Leichte Panik kam bei Jenny auf. Chloe und ich schauten uns an und dachten beide:" Holy Moly – was, wenn ihr Handy im Busch rausgefallen ist." Sagten aber natürlich das Gegenteil. „Das Handy hast du bestimmt im Auto irgendwo gelassen", sagte Chloe. Also durchleuchten wir den lila Flitzer, ohne Erfolg. Ich erinnerte mich daran, dass Jenny vor dem Abstieg zur Bucht an ihrem Koffer herumwurstelte. Ich sagte: „Ist es vielleicht im Koffer?" Jenny meinte leicht panisch: „Kann eigentlich nicht sein. Shit was mach ich jetzt, wenn es weg ist?" Sie kann schon süß sein, wie sie da mit ihrer unsicheren Körperhaltung stand. Ihre langen glatten dunklen Haare waren vom Wind etwas verweht und einen mit ihren unschuldigen (evtl. revidiere ich dies noch später) tiefbraunen Augen hilfesuchend anschaut. Ich öffnete den Koffer, schmunzelte etwas und sagte trocken: „Dann wäre deine Reise sowas von gelaufen. Du wärst so richtig am Arsch. Da ich dein Handy aber in der Hand halte, ist alles bueno. Thank me later."

Zurück im heile Welt Modus fuhren wir zurück Unterkunft. Wir hatten aber noch mehr als eine Stunde vor uns und das einzige Restaurant an unserem kleinen Ferienort hatte bereits geschlossen. Ich schlug vor, dass wir zuerst zum Supermarkt fahren, der etwas weiter weg war, und dann zur Unterkunft gehen, um was Leckeres zu kochen und anzukommen. Jenny wollte die Unterkunft aber zuerst sehen. Was nachvollziehbar war, da die Unterkunft bombastisch aussah, mein Hungergefühl sagte zu mir: „Nicht ihr Ernst. Überzeug die Alte, dass wir auf direktem Weg schnurstracks Essen kaufen gehen. Wenn nicht zieh ich deine Laune aber so gewaltig in Keller. Tatsache keine Drohung."

Jenny führte eine tagelange Unterkunftsrecherche durch und schickte mir nur 20 Ferienwohnung zur Auswahl. Ich bildete eine Top 3 und sie wählte davon eine Wohnung aus. Gut, dass wir beide wankelmütigen Leute die Entscheidung trafen, machte den Prozess sehr *lean*.

Wir diskutieren hin und her und irgendwann sagte ich: „Jenny, DU entscheidest und überraschst uns." Ich fühlte mich im Nachhinein schlecht, da ich mindestens genauso überfordert gewesen wäre. Man will es ja allen recht machen und eine tolle Unterkunft für einen hoffentlich hyper mega tollen supercalifragilistic-expialidocious Trip finden. Es wurde am Ende ein alleinstehendes Ferienhaus, das in der U-Form gebaut wurde und sich um einen schönen überdachten Innenhof schmiegte. Wir hatten zwei Schlafzimmer und eine Schlafcouch, ein großes Bad und eine schöne große Küche samt Wohnzimmer. Das Designerhaus war dank der großen bodentiefen Fenster transparent in Richtung des Innenhofes. Da wir zuerst das Ferienhaus bestaunten, hatten wir nur noch 10 Minuten Zeit für den Einkauf im Supermarkt, bevor er die Schotten dichtmachte. Da wir unsere guten Vibes nicht mit Stress mindern wollten, entschieden wir nur Wein und ein wenig Snacks zu kaufen und in der Kleinstadt in der sich der Supermarkt befand, essen zu gehen. Mir fiel die Zeitverschiebung ein und dass jetzt ein guter Zeitpunkt wäre bei meiner Bank nachzuhaken, wieso meine Kreditkarte mir den Zugriff auf meinen Dagobert Tresor unterband.

Ich liebe die Volksbank Hohenzollern-Balingen einfach, bin schon immer dort Kunde und habe auch nicht vor zu wechseln, auch wenn die Kontoführungsgebühren lächerlich hoch sind. Das wunderschöne von der Alb ra Schwäbisch, wenn man anruft. Ach, da geht mir das Herzle auf – so eine Brise Heimat tut richtig gut, wenn man am anderen Ende der Welt ist. Frau Schweizer, die Bankberaterin meines Vertrauens, half mir direkt total kompetent weiter und erhöhte mein Limit für März um weitere 3000 Euro – sicher ist sicher, dachte ich. Das Konsumkind in mir ist zwar nicht mehr ganz so präsent, aber wer weiß, was in New York passiert?

Jenny und Chloe hatten im Restaurant bereits Getränke und Fingerfood bestellt. Es herrschte das erste Mal kurz Stille, da wir alle etwas ausgehungert, müde und kurz vorm Hangry Modus standen. Es war aber keineswegs so ein peinliches Schweigen, weil man sich nichts mehr zu erzählen hat, sondern vielmehr ein zufriedenes Mampfschweigen.[218] Zudem gab es den örtlichen Fischerverein mit einigen Fischer Augenschmankerln zu begutachten. Als wir erschöpft vom Tag wieder im Ferienhaus ankamen, beschlossen wir trotzdem noch die ein oder andere Weinflasche zu köpfen und sprachen über die Welt und nicht Gott. Das ist das Tolle an unserer Gruppendynamik, jeder bringt seinen Beitrag und erzählt interessante Geschichten oder spricht Themen an, die uns alle bewegen. Es ist niemand deutlich im Lead oder schweigsam und wir können uns fast schon weirdly easy austauschen, obwohl wir uns erst seit ein paar Wochen kennen. Es hat platonisch gefunkt, könnte man sagen. Ein Thema, was uns alle bewegte, war Rubens Mottoparty. Wir machen ein do-it yourself camp und so schneiderte Chloe einfach aus einem transparenten rainbowschimmernden Stoff ein Top für mich, nähte einen Kragen hin und alles ohne Maß zu nehmen und dann sah das Ding am Ende einfach noch stylisch aus #nextinfashion.

Ich habe mich bereits in Auckland an einer Hose in einem blauen Meermaidglitzerstoff versucht, indem ich den Stoff auf meine Badehose nähte. Es sah mega fancy aus. Ich bekam die Hose aber nicht mehr über mein dickes Fiddla.

Jenny versucht auch ihr Glück, aber I'm too bootylicious[219] for this Short war unser Resümee. An der Stelle muss echt mal erwähnt werden, wie zwei „Fremde" stundenlang genäht haben, weil sie wollten, dass ich mit einem coolen Outfit auf der Party glänzen (im wahrsten Sinne des Wortes) kann. Vor allem Jenny nähte bis spät in die Nacht hinein und dann umsonst. Ich hatte so ein schlechtes Gewissen und entschuldigte mich für meinen Booty. Aber didn't have any complaints yet #haternichtgesagt.

* * *

Am nächsten Tag stand Beach und noch mehr Beach auf dem Programm und das Tolle war, er war nicht mal fünf Gehminuten entfernt von unserem tollen Ferienhaus. So machte sich das Trio auf den Weg und wir fanden schnell unseren Platz und genossen den sonnigen Tag in vollen Zügen. Das Meer hingegen war relativ unbeeindruckt von der Sonne und mehr als erfrischend. Der Wellengang war human d. h. nicht zu wild, so dass es einen nicht ins Meer rauszieht, aber stark genug, um mit der Welle sich an den Strand schießen

---

218 Mampfschweigen ist definitiv mein neues Lieblingswort.

219 Song der Seite ist of course Destiny's Child – Bootylicious

zu lassen. Man merkte aber, was für eine Kraft das Wasser hat und wie es einen immer wieder rausziehen wollte, daher sind wir nicht allzu weit rausgeschwommen. Nachdem wir uns abgekühlt hatten und ordentlich von der Sonne verwöhnt waren, beschlossen wir noch einen Abstecher in ein naheliegendes Dörfchen zu machen, dass für seine Church Cave bekannt ist, eine Höhle, die als das Standardtouristen Foto von Coromandel herhalten muss. Es sind riesige Felsenhöhlen, die wie ein episches Tor zum Meer wirkt – ein ~~episches~~ traumhaftes Motiv. Leider mussten wir wiedermal erkennen, dass der Sturm außerhalb unserer Bubble einfach unfassbaren Schaden angerichtet hatte und so war der Weg zur Church Cave leider nicht begehbar. Ein Kiwi, der zu den tollen Arbeitern gehört, die die Sturmschäden beseitigen, sagte uns, auf der gegenüberliegen Seite gebe es einen tollen Aussichtspunkt mit einem kleinen Spaziergang. Wir sollten doch dahingehen. Gesagt getan und er sollte recht behalten. Wir hatten einen tollen Blick auf das Dorf samt der Bucht und auf zig kleinen grünen Buschfelsinseln, die sich entlang der Küste erstrecken und mit ihrer Fauna uns Voyeure entzücken. Also beschloss das Trio US-Franco-Aleman eine kleine Fotosession einzulegen und machte gefühlt 100 Bilder mit 100 Kopfständen, bis die Birne pochte. Am anderen Ende des Aussichtspunktes war ein einzelner kahler Baum, der ebenfalls ein unfassbar schönes Motiv ergab. Der kleine Wanderweg öffnete einem auch Zugang zu einer kleinen menschenleeren Bucht, an dem eine Schaukel an einen Baum angebracht war, die die Mädels direkt einweihten. Ich hatte etwas schlecht geschlafen, weil es nachts einfach mittlerweile superkalt wurde und ich von meinem eigenen Zittern geweckt worden bin.[220] Daher saß ich lieber auf einer Treppe und schaute diesen beiden wunderbaren Menschen zu. Einmal mehr wurde mir bewusst, wie glücklich ich mich schätzen kann.

Der Abend war gekennzeichnet von intimen und interessanten Diskussionen zum Leben, zu der Liebe und Träumen und Sehnsüchten begleitet durch das ein oder andere Glas Wein. Chloe hat uns von einem spannenden Quiz erzählt, das man mit seinem potenziellen neuen Lover spielen kann. Es sind dutzende Fragen, durch die man sich besser kennenlernt und schnell merkt, ob man auf einer Wellenlänge ist. Fragen waren zum Beispiel: Was ist dein bisher größter Erfolg im Leben? Wenn du mit einer Person deiner Wahl auf ein Date gehen könntest, wer wäre es und warum? Und so entstanden interessante Diskussionen und man reflektierte seine eigenen Ansichten. Ich berichtete von meinen Lebenssinn-findungstruggels und dem Nicht-Dazugehören in meinen Jugendtagen. Chloe gab Einblicke in ihre auch nicht ganz leichte Kindheit und Jenny gab keinen Laut während ihrer High School Zeit, um nicht negativ aufzufallen. Wir vertrauten uns Ding an, die wir bis dato nicht trauten auszusprechen, so war das grande Finale unseres Trips ein schöner bindungsstärkender Abend mit sehr gutem Wein im Gepäck.

* * *

Am Abreisetag wollten wir noch ein wenig die Gegend erkunden, doch das Wetter war wieder einmal in Erscheinungsshifterstimmung. Bei unserem ersten Halt setzte ein starker Regenschauer ein, so blieb uns daher nichts anders übrig, als in ein Café zu gehen und ein wenig für Hüftgold zu sorgen. Wir beschlossen hierbei, dass wir uns alle ein Tattoo stechen lassen möchten. Als kleine Erinnerung an unser magisches Trio und an Neu-

---

220 Mimimi … Lebt er 3 Monate ohne zu arbeiten im Paradies und findet trotzdem etwas zum Motzen.

seeland. Zuerst war die Mehrjungfrau hoch im Kurs. Ich glänzte wieder mit ganz vielen Ideen, aber keiner Entscheidungsfreude. Chloe brachte jede Idee auf Papier, das kleine Zeichentalent. Jenny glänzte auch mit Malkünsten. Ich hingegen glänzte mit Ideen, die ich innerhalb von Sekunden über Bord warf. Ich hatte die Idee mehrere kleine Motive (1 Euro groß), eine Welle für die Ozeane und Seen Neuseelands, ein Vulkan, weil es einfach die tollste Erfahrung war auf einem Vulkanberg zu stehen, und eine Palme, die für meinen Lieblingsort in Neuseeland steht, die Buschregenwaldwelten. Die anderen waren nicht ganz so begeistert von meiner Idee und dann kam es mir. Euphorisch und leicht verunsichert zugleich (aufgrund der Ablehnung meines ersten Motivvorschlages) sagte ich: „Wie wäre es mit einer Wolke? Auf Maori heißt Neuseeland Aotearoa. Dies heißt weiße lange Wolke. So hätten wir mit einem Motiv Neuseeland wie eine Wolke quasi abgedeckt."
Die Idee war es. Chloe malte verschiedene Wolken und ich wollte eine fröhliche Wolke mit lachendem Gesichtsausdruck auf meiner Haut verewigt haben. Neuseeland wurde zu meinem Happy Place, noch nie zuvor war ich so sehr mit mir im Reinen. Aber verstehen Sie mich nicht falsch. Da gibt es noch genug BER / Stuttgart 21 äquivalente Baustellen in meinem Rucksack. Ich entschied mir noch einen kleinen Vulkan stechen zu lassen. Da mir das Motiv einfach gefällt und das Vulkan Crossing ein once in a lifetime Erlebnis war.

Kommen Sie mit in die Zeitkapsel und lassen Sie uns einen Tag in die Zukunft fliegen #zurückindiezukunft.

Ich trage jetzt einen Vulkan zwischen dem rechten Daumen und Zeigefinger und ein kleines Wölkchen auf dem rechten Handgelenk. Jenny, die genau so wankelmütig wie ich ist, ließ sich, nachdem ich meine zwei Motive auf der Haut hatte, doch keine Wolke stechen, sondern entschied sich ab heute den gleichen rauchenden Vulkan auf der rechten Ferse zu tragen. Chloe blieb bei ihrem ersten Motiv. Was, wie anfangs erwähnt, zu unseren drei Persönlichkeiten bestens passt. Chloe kommt zu einer Entscheidung und zieht es durch. Jenny und ich schwankten kräftig hin und her, aber und darauf kommt es ja auch an, wir sind am Ende mit unserer Entscheidung sehr glücklich, brauchen halt nur etwas länger.
    Glücklicherweise wurde aus einem windigen regnerischen Tag noch ein teils sonniger und wir konnten noch einen kleinen Spaziergang durch Coromandel Stadt unternehmen und besorgten auch gleich ein kleines Geburtstagsgeschenk, einen Weinkühler[221], für Ruben in einem dieser kleinen schönen Boutiquen, die von allem etwas haben, das man nicht unbedingt zum Überleben braucht, aber halt irgendwie trotzdem gerne erwerben möchte.

Auckland - One Last Time

Nach der 3 1/2 stündigen Rückfahrt kamen wir spät abends gegen 23 Uhr in Auckland an und ob wir wollten oder nicht, mussten wir mit einem Uber in die Stadt fahren, da von der Autovermietung aus keine Buse mehr verkehrten. Jenny schlief für zwei Nächte bei mir, so dass wir zusammen zu Rubens Party hin- und zurückfahren konnten. Wir zogen uns

---

221 You can go never wrong with wine. Wenn Sie winen, wie ich meine.

noch einen dieser absolut durchschnittlichen Netflix Filme rein und bestellten uns Sushi und eine Miso Suppe. Das Essen war sooooo gut. Ich weiß nicht, was sie in den Sushireis gegeben haben, aber ich hätte am liebsten einfach nur ne große Schüssel Reis verschlungen. Er war so saftig und lecker. Sushi bestellt man ja generell immer zu viel, vor allem, wenn man hungry Essen bestellt. Ist ähnlich, wie wenn man hungrig Lebensmittel shoppen geht. Es endet immer in einer Fressorgie. Wir hatten jedenfalls eine leckere Fressorgie. Zurückzukommen zu diesen Netflix Filmen/Serien. Finden Sie nicht auch, es ist mittlerweile einfach zu viel? Prime, Netflix, HBO, Disney+. Überall gibt es neue Serien, die es dann maximal auf 3 Staffeln schaffen. Es sei denn, man ist ein Meisterwerk wie Grey's Anatomy. Ich freue mich schon auf die 49. Staffel. Anderseits passt es aber auch zur Schnelllebigkeit unseres Seins. Überlegen Sie mal, wie lange wir früher eine Platte angehört haben. Ich weiß noch z. B. The Miseducation of Lauryn Hill oder Michael Jacksons Platten liefen Monate rauf und runter. Heute werde Songs nur noch 2 Minuten 20 Sekunden produziert, da es lediglich um den Stream bei TikTok geht. It's a mad world.

Apropos mad crazy world. Es war der Tag von Rubens Under the Water Party und zugleich unser Tattoo Tag. Jenny und ich fuhren mit dem Uber zu Chloe und entdeckten, dass ihre WG einfach ein dreistöckiges Reihenhaus ist. Läuft bei ihr, würde ich mal sagen. Wir öffneten eine Flasche Wein, warfen uns in unsere Outfits und deckten unsere Körper und Gesichter in Glitter ein. In dem vier Quadratmeter großen Bad versuchten Chloe und ich mit blauem Glitzerhaarspray meine Frise zu perfektionierten, während Jenny ihre Brüste mit Glitzer bedeckte, da sie ein transparentes Top trug.

Da ich hier bereits zuvor alle Infos zu unserer Tattoosession vorweggenommen habe, muss hierzu nicht mehr gesagt werden, außer dass wir alle sehr glücklich und ein wenig ärmer aus dem Studio rausliefen und zum Wachwerden einen ekelhaften Energiedrink verschlungen.

Chloe hatte ein türiksblaues Kleid an und eine Glitzerkriegerinnenbemalung. Ich hatte einen Seitenscheitel, der von blauem Glitzer bedeckt war, blaue Augenbrauen, ebenfalls eine leichte Kriegsbemalung und trug dazu eine kurze Jeanshose und Chloes transparentes ärmelloses Tanktop, das bei gewissem Lichteinfall einen Glitzerschimmer hatte. Ich traute mich natürlich nicht dies, ohne ein Unterhemd darunter zu tragen, weil #schwabbelrealeness. Meine Arme waren bedeckt mit Glitzer und Jenny, die wir an dem Abend nur Lola nannten, hatte eine grüne Bobperücke auf und auch ein transparentes Oberteil – ein Bandana Top durchsichtig. Daher hatte sie gefühlt 10 kg Glitzer auf Ihren Brüsten platziert, um ein erneutes Nippelgate zu verhindern. #justiceforjanet

Als der Uberfahrer uns sah, war er etwas sprachlos und sagte kurz und knapp: „Computer says no." Total berechtigterweise muss man leider sagen, da er natürlich keine Glitzerrücksitze wollte, für die die nächsten Fahrgäste ihm eine schlechte Bewertung serviert hätten. Daher zogen wir, smart wie wir sind, beim zweiten Versuch T-Shirts über unsere Outfits und voila, da waren wir auch schon bei Rubens Party angekommen. Was soll ich sagen, es war alles geboten. Zig männliche und weibliche Mermaids mal etwas nuttiger und dann wieder etwas arieliger, leicht bedeckte Partygäste mit Körperbemalung und natürlich welche mit Shark Onsies. Bei dem Anblick der selbstbewussten Gays in ihren engen Shirts und mit ihren trainierten Bodys, war all mein Selbstbewusstsein und mein heute biste du echt ne 7,9/10 komplett weg und ich fühlte mich direkt super unwohl. Dies passiert immer, wenn ich in dieses super durchtrainierten und confident Gay Men Bubble eintauche. Ich werde dann wieder zum unsicheren 14-jährigen schielenden übergewichtigen Jungen, der verstummt und am liebsten sich leise davonschleicht. Jenny merkte es und kraulte mir den Rücken und sagte: „Hier ist niemand super trainiert. Du siehst Hammer aus, steh dir nicht selber im Weg." Was ich aber natürlich standesgemäß tat. Ich trank einfach immer zwei Gläser Wein, während Jenny und Chloe eins tranken und schon bald war die Unsicherheit vergessen und ich genoss die sehr gute elektronische Musik, mit welcher die acht DJs uns auf der legendären Party versorgten. Es startete um 12 Uhr mittags und ging bis spät in die Nacht. Ruben hatte wirklich viel Zeit und Energie in die Dekoration gesteckt, so waren Quallen, Delphine, Haie, Lampions, Lichterketten uvm. Im Garten zu finden. Der Keller des Hauses war zur Tanzfläche transformiert worden. Bis es dunkel wurde, legten die DJs im Garten auf und es war eher eine gechillt Stimmung. Jeder saß gemütlich bei seinen Leuten, alle sichtlich glücklich in ihren verrückten Outfits und bereit in diese Phantasiewelt einzutauchen und bei Einbruch der Dunkelheit auf der Tanzfläche vollkommen loszulassen. Chloë, Jenny und ich hatten eine fantastische Zeit. Chloe war die Gayschminkbeauftragte und sorgte dafür, dass alle Boys genügend Glitzer in der Visage hatten, während Jenny und ich dafür sorgten, dass wir genug Wein intus hatten #teamwork. Man unterhielt sich mit Fremden wunderbar. Es freute mich einfach für Ruben sehr, dass alle Gäste so viel Spaß hatten und sich für das gemeinsame Bindeglied, also ihn (ja er hat Glied gesagt), freuten. Der Unterschied zu Partys in Deutschland ist, dass hier jeder sein eigenes Essen und Trinken mitbringt, was eigentlich ein cleveres System ist. Jeder bekommt die Drinks und das Essen seiner Wahl und keiner muss sich in immense Unkosten stürzen. Unser Trio tanzte zusammen bis kurz nach Mitternacht, bis Jenny und ich entschieden, nach 3 Flaschen Wein und stundenlangem Tanzen ist es Zeit zu gehen.

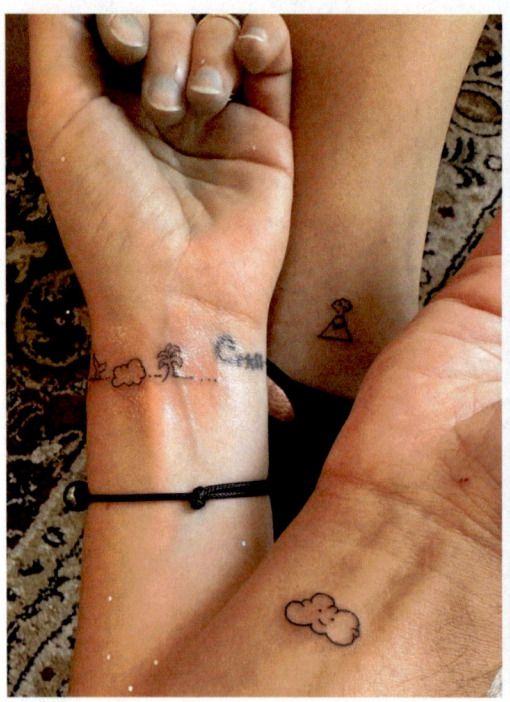

Am nächsten Tag kam die bittere Erkenntnis. Fuck me – ich geh wirklich stark auf die 40 zu. Hangover realness. Jenny versuchte mich zu überreden mit ihr auf eine Nachbarinsel zu gehen. Ich kenn mich aber gut genug. Ich hätte am Abreisetag mit dem Bus zur Fähre, mit der Fähre nach Auckland und dort mit dem Bus zum Flughafen mit den Backpacks im Schlepptau fahren müssen. It's a big no for me. Es war also Zeit Au Revoir zu sagen, dies fiel uns aber gar nicht schwer, weil wir alle nach den 5 Tagen des Aufeinander-Hockens wieder me time wollten und Jenny und ich wussten ja, dass wir uns in 4 Tagen in New York wiedersehen werden. Die letzten zwei Tage in Neuseeland verbrachte ich damit nochmals mit Ruben was essen zu gehen und ihn natürlich einzuladen, da er meinen Aufenthalt derart upgegraded hat und mich an Orte brachte, die ich sonst nie gesehen hätte. Zudem ging ich noch auf weitere Aussichtspunkte in Auckland und an den Stadtstrand an der Mission Bay, um so viel Sonne wie möglich zu tanken, bevor es ins kalte New York und nach Europa zurückgeht. Leider schafften Chloe und ich es uns nicht mehr persönlich zu verabschieden, weil sie sich noch etwas vom Party Exzess erholen musste und ich wie fast immer meinen Handy-Akku nicht aufgeladen hatte und als wir ausmachen wollten, wo wir uns kurz vor meinem Abflug noch treffen, mein Handy sich verabschiedete. Zurück an der Unterkunft war es wirklich Zeit, mein Hab und Gut in meine zwei Rucksäcke und meinen kleinen Handgepäck Rucksack zu verstauen. Beim Anblick war ich erstaunt darüber, wie ich mit dieser geringen Menge an Dingen, die letzten 4 Monate glücklich verbracht habe. Dies wäre vor dem Trip undenkbar gewesen. Selbst für Wochenendtrips hatte ich mehr Klamotten im Gepäck.

Ich fragte mich für einen vagen Moment, ob ich an den letzten beiden Tagen am anderen Ende der Welt nicht noch etwas mehr Gas hätte geben sollen, eine der kleinen Nachbarinseln von Auckland hätte sehen sollen, anstatt in der Sonne zu chillen. Komme ich wirklich nochmal zurück nach Neuseeland? Vielleicht ja, aber genauso gut kann es sein, dass ich nicht mehr die Zeit oder die finanziellen Mittel habe. Die Furcht etwas zu verpassen (FOM) ist auf so einer Reise allgegenwärtig. Es gibt immer noch mehr zu erleben, fantastische Orte und Abenteuer, die an jeder Ecke in einem unbekannten Land auf einen warten, die 10. Party, die man verpassen könnte. Die innere Ruhe und Zufriedenheit, das ein wenig mehr bei mir ankommen und mehr mit mir im Reinen sein, das mir die Erfahrungen dieser Reise bescherten, nahmen mir ab der Hälfte der Reise einen großen Batzen von diesem Druck raus.

Ich habe gelernt voll in dem Moment zu sein und durfte wunderbare Orte und Menschen kennenlernen, die diese Reise zu einem unvergesslichen Teil meines Lebens gemacht haben. Wenn ich jetzt zurückblicke, mit was für Ängsten ich im Flieger nach Sydney saß und mit was für einem Blumenstrauß an Erfahrungen und Erlebnissen ich nach Hause gehe, so kann ich mit Leichtigkeit sagen, dass ich noch nie in meinem Leben glücklicher mit einer Entscheidung war oder Geld besser investiert habe, denn ich habe in mich investiert. Ich habe mich fremden Menschen und Kulturen geöffnet. Durfte lernen alleine mit mir in Balance zu sein und 35 km all by myself zu wandern, ohne dass es sich ungut anfühlte. All dies hat zum Entschluss geführt, dass mein nächster Lebensabschnitt mich nach Luzern führen wird, dass es Zeit ist, die Ängste abzulegen und die Möglichkeiten in den Vordergrund zu stellen. Natürlich wird es Tiefen geben, wie es auch auf der Reise zu Genüge gab, wo all die Sicherheit sich in Luft aufgelöst hat, wo Wilma Wankelmut eine Szene hinlegte wie Ricky bei der TIC TAC TOE Pressekonferenz (90s Kid whoop whoop), wo ich mich nicht richtig fit fühlte, aber trotzdem mich zwang Touren zu machen aus Angst etwas zu verpassen. Aber ich bin mir sicher, dass der Mut belohnt wird und weitere unvergessliche Momente entstehen werden. Mit diesen positiven Gedanken und einer guten Portion Wehmut machte ich mich auf den Weg zum Flughafen.

„Kia Ora – Neuseeland. Du Perle an Natur und Menschen. Please call me Lucky Luke, denn du warst viel zu gut zu mir"

SIE SCHAFFEN DAS.
ICH GLAUBE AN SIE.

#heshouldbecomeamotivationalspeaker

Nur noch ein mini Kapitel gefüllt mit prickelnder Erotik (Spannungsbogen zack boom bang) und dann haben Sie Ihre Freiheit wieder. Wobei, wenn wir realistisch sind, ist zu diesem Zeitpunkt nur noch Mama zugeschaltet. Um es mit den Worten der größten Pop Musik Poetinnen unserer Zeit zu sagen:

MAMA I LOVE U (Und s Bibsele natürlich auch).

S kloine Äpfele trifft auf den Großen Apfel

Als ich in dem Uber Richtung Auckland Airport saß, gesellte sich Wilma Wankelmut zu mir, da ich meine Entscheidung nach New York City zu gehen, seit der Horrorstory von Chloe, die während unseres Coromandel Trips meinte: „Also, ich erzähle dir lieber nicht von meinen Erfahrungen in New York, sonst beeinflusse ich dich negativ … also da waren Häftlinge mit mir im Bus und Polizisten kamen und streckten allen bei der Ausweiskontrolle die Pistole vor die Visage …" doch ein wenig hinterfragte. Zudem ist mir nach 5 Tagen Auckland City wieder einmal klargeworden, dass, sosehr ich auch die Großstädte mag, ich im Herzen einfach ein Dorfkind bin und bleiben werde. Dass ich immer die Natur und Ruhe dem Trubel und Betonbergen vorziehen werde.

„Ja, Jung. Da dachtest du wirklich, du bist mich los. Guess who is back, back back (mit leichtem Echo untermalt) in town? Wie konntest du auch als Abschluss dieser überraschend reibungslos abgelaufenen Reise den Großstadttanker New York als letzten Stopp wählen. Du wirst dich verlaufen, wahrscheinlich in die falsche Bahn steigen, im schlimmsten Viertel rauskommen und ausgeraubt werden. Und was willst du hier 10 Tage tun? Du bist doch jetzt schon überfordert mit all den Eindrücken im Gepäck und dann zehn Tage durch den Großstadtdschungel bei kalten Temperaturen, die du ja so sehr liebst, schwingen? Wärst du doch nur bei deiner ersten Wahl, dem schönen Kanada geblieben. Aber nein, der Herr hat sich den größten Trubel für den Schluss aufgehoben und er glaubt, die Transformation zu Markus Bradshaw stünde bevor. All die Erholung, die Neuseeland dir gebracht hat, wird New York am ersten Tag direkt einkassieren." Aber hört man auf Tante Wilma?

Es schmerzte mich ein wenig es zuzugeben, aber genau diese Gedanken kamen mir auch.[222] In diesem Moment wünschte ich mir im Flieger nach Deutschland zu sitzen und dass ich nicht noch ein weiteres Abenteuer vor mir hätte. Noch eine weitere Kultur, ein anderes öffentliche Verkehrsmittelsystem und ein erneutes Zurechtfinden in einer komplett unbekannten Umgebung.

Mein Hoffnungsschimmer war Jenny, die mir bereits dutzende Tipps für New York geschickt hatte und 2 Tage nach mir auch ankommen wird. Die Wehmut wurde nichtsdestotrotz immer schwerer und ich musste zum ersten Mal seit langem wirklich mit den Tränen kämpfen. Der Abschied fiel mir sichtlich schwerer, als ich mir eingestehen wollte. Da ich aber ein stolzer Typ bin, habe ich natürlich nicht wie eine verrückte Person den Emotionen Einzug gewährt, saß nicht schluchzend im Uber, um den armen unschuldigen Uber Fahrer in eine unangenehme Situation zu katapultieren. Ich beschloss nicht traurig über den Abschied, sondern erfreut über die, bereits zu oft erwähnten (Gähnfaktor 500), unvergesslichen Momente zu sein und mich auf den Big Apple genauso einzulassen. Am meisten Angst hatte ich vor der Einreisekontrolle. Ich werde nach 16 h Flug total übermüdet sein und bereits, wenn ich fit bin, bin ich in solchen Situationen das verpeilteste Weißbrot, das Sie sich vorstellen können. Ich verstehe keine Anweisungen, sage einfach ja und lächle blöd, wenn ich etwas nicht verstehe, und fange an vor Stressschweiß zu müffeln. Dies kommt bei einem strengen US Border Control Officer sicherlich total sympathisch rüber und führt nicht zu mehr Fragen und einem längeren Verhör. Am Flughafen von Auckland angekommen, begeisterte mich einmal mehr der fortschrittliche Passagierabfertigungs-Prozess von Air New Zealand. Man checkt sich selber ein. Scan seinen Aus-

---

222 Was natürlich total überraschend ist, dass Wilma Wankelmut, eine von mir erzeugte imaginäre Persona, die gleichen Gedanken wie ich hegte.

weis, bringt seine Kleber am Koffer an, scannt diese am Gepäckband und kann direkt zum Sicherheitscheck. Es stehen aber natürlich immer noch Mitarbeitende zur Verfügung, die einem bei Bedarf assistieren, sonst könnte es ja den Eindruck erwecken, dass Maschinen Menschen ersetzen könnten … als ob, wir Menschen sind doch die Krone der Schöpfung …

Im Flugzeug angekommen, hatten meine Sitznachbarin und ich das Glück, dass nur 2 der drei Plätze belegt waren, so hatten wir ein wenig Freiraum, was bei einem 16 Stunden-Flug goldwert ist. Ich kämmte das Filmangebot durch und bäm, Ma'am. Alle 3 Teile der Hobbitfilmreihe, die ich während der Reise anschauen wollte, aber nicht dazu kam, waren verfügbar. Da fiel mir der eBook Reader wieder ein. Was für ein Glück, dass ich ihn gekauft hatte. Diese 15 Minuten eBook lesen hatten einen enormen positiven Einfluss auf die Reise, kann ich Ihnen sagen. Was hätte ich auch nur ohne gemacht?

Es war einfach immer etwas geboten, so dass ich weder groß zum Film schauen (okay mit Ausnahme von Klammer auf Netflix Klammer zu) noch zum Lesen gekommen bin. Von weitem höre ich Wilma rufen: „Dafür hat der Kerle lieber zig Stunden mit dem Erschaffen dieses Staubfängers, den höchstwahrscheinlich selbst Moni zum jetzigen Zeitpunkt nur noch überfliegt, verbracht. Choices!"

Ich blies mein Flugzeugumdenhalslegekissen schon mal auf #bornready. Das Flugzeug hob erst um 19 Uhr ab, daher lautete der Plan: ein Hobbitfilm, Abendessen und dann hoffentlich hundemüde einschlafen. Ich gönnte mir zum Abendessen auch einen Rotwein, um das Hundemüdesein zu fördern. Verrückterweise hörte man während des gesamten Fluges weder ein Kind schreien noch eine unsympathische Frau sich nachts dramatisch übergeben. Es war mit Abstand der ruhigste Flug der Reise. Zog er sich? Aber klaro. Konnte ich nur kurzzeitig dösen? – Si claro. Trotzdem vergingen die 16 Stunden gefühlt wie 12,3 Stunden. War doch ein guter Auftakt in das USA-Abenteuer?

Leicht gerädert verließ ich die Air New Zealand Maschine und aktivierte meine amerikanische eSim.[223] Die Nervosität in mir stieg an. Ich habe natürlich nicht die Horror Einreise Storys in die USA zuvor gegoogelt. Zunächst musste ich an einem Automaten meinen Ausweisen scannen. Dieser konnte natürlich meinen vom Gewitter leicht runtegerittenen Pass, dessen Seiten aneinander klebten und spannende Tintenkleckse ergaben, nicht lesen. Ich hatte ihn natürlich während des Flutregen-Gewitters auf dem Berg Drama in Franz Josef im Rucksack dabeigehabt. Sagen wir es mal so: Reisepässe mögen wohl nicht gerne tauchen. Der wenig motivierte Flughafenmitarbeiter sagte, das passe schon. Ich reihte mich in die Einreisekontrollschlange ein, die gefühlt aus 1000 Leuten vor mir bestand. Da nur 2 von den 19 Schaltern geöffnet waren, kam ich nach einer Stunde nicht wirklich viel weiter. Als dann der zweite Schalter die Schotten dichtmachte, fragte ich mich, ob ich wohl heute noch zur Unterkunft kommen würde. Wir landeten um 18.50 Uhr und es war mittlerweile bereits 20:45 Uhr. Endlich war ich an der Reihe. Da ich das erste Mal in die USA einreiste, wurden zunächst meine Fingerabdrücke genommen und Fotos geschossen. Der Mitarbeiter am einzigen geöffneten Schalter war natürlich maximal

---

223 SCHLEICHWERBUNG: Eine gute App für ausländische eSims ist Airalo.

genervt und ich stellte mich auf das Horrororinterview ein und es ging los. „Was ist ihr Grund für den Aufenthalt in den USA?", fragte José mürrisch. Ich antwortete freundlich, wie ich nur kann. „Ich war auf einer Weltreise zuerst in Südafrika, dann über Sydney in Neuseeland. Dort verbrachte ich drei Monate und jetzt bin auf der Rückreise nach Deutschland und mach noch 10 Tage Urlaub in New York." Er schaute mich kurz an und sagte anteilnahmslos: „Okay passt" und drückte mir den Ausweis in die Hand. Ich war etwas perplex. Dit war es schon? Ich lief etwas verunsichert weiter und sah ein Schild.

Wenn Sie zum ersten Mal in die USA kommen,
melden Sie sich bitte in dem Büro rechts.

Also ging ich als Vorbild Alleman den Regeln folgend in das Office. Es gab hier 5 geöffnete Schalter und keinen Touri #Einsatzplanungfail.

Eine Mitarbeiterin fragte mich: „Wie kann ich Ihnen weiterhelfen?" Zunächst stotterte ich etwas Unverständliches zusammen, bevor ich mich sammeln konnte und mit leicht zitternder Stimme sagte: „Ich melde mich als erstmaliger Besucher gemäß dem Schild an."

Die Mitarbeiterin fragte mich etwas verwirrt: „Hat man Sie hierher geschickt?"
Ich so: „Nein."
Sie legte nach und fragte, ob ich meinen Ausweis noch habe.
Ich erwiderte „ja" und zeigte ihn ihr.
Sie lachte und sagte: „Dann ist alles gut. Sie können ihr Gepäck holen."

Wow, die schlaflose Nacht samt Horrorszenarien mit der direkten Abschiebung nach Deutschland waren alle umsonst. Ich stand mittlerweile im Walking Dead Jet Lag Modus am Gepäckband, das schon lange zum Erliegen kam. Neben meinen beiden Rucksäcken warteten nur noch fünf weitere Gepäckstücke vom Auckland Flug auf ihre Eigentümer. Ist es nicht verrückt? Man fliegt am Montag um 19 Uhr in Auckland los, verbringt 16 Stunden in der Luft und landet dann in New York am Montag um 18:30 Uhr. Zeitgefühl und innere Uhr, tschau tschüss adele.

Ich lief vollbepackt mit meinen Rucksäcken an weiteren Zollmitarbeitern vorbei, die aber null Interesse an mir oder meinem Gepäck hatten. Gezielt lief ich direkt in die Hände von inoffiziellen Taxiunternehmern, die einem so richtig unangenehm auf die Pelle rückten und die Sicht auf die offiziellen gelben Taxis nahmen. Ich war einfach nur fertig und wollte ins Bett. Als leichtes Opfer saß ich auch schon bei Enrique im Taxi. Er gab mir sein Handy, um die Adresse einzutragen, und die Fahrt ging los. Als die beleuchtete Skyline von New York erschien, wollte ich vor Freude schreien.

Verdammte Scheiße, wie krass ist es bitte, wie in tausend Filmen gesehen. Ein Meer an Wolkenkratzern und ich all by myself in dieser Metropole. Craziness.

Enrique telefonierte mit seinen Kollegen und schaute TikTok Videos an. Das Fahren lief nur nebenbei. Er sprach kaum Englisch, so war der Small Talk schnell erledigt. Auf meine Herkunft antwortete er: „Good Germans. I know Hitler." „Gutes Gespräch, Enrique", dachte ich mir und verstummte. Ich gab vorsichtshalber bei Google auch mal die Adresse ein, um zu schauen, ob ich tatsächlich ankomme oder eher mit einem Raubüberfall irgendwo in

New York rechnen muss. Alle Sorge war mal wieder vergebens, außer in Bezug auf seinen Fahrstil, das Footballschauen ohne viel auf die Straße und den Verkehr zu achten und dreimal fast in ein anderes Auto zu rasen, war es ein wenig bedenklich. Nach 45 Minuten waren wir aber an der Unterkunft angekommen. Bei dem Anblick der Nachbarschaft war ich nicht sicher, ob ich die richtige Adresse eingegeben hatte. Ich landete im ortho-dox-jüdischen Viertel mit in die Jahre gekommenen Wohnblöcken in rotem Brickstein und riesigen Müllbergen auf den Gehwegen. Google sagte aber, you got what you ordered. Ich zahlte 80 Dollar für die Fahrt, die eigentlich maximal 60 hätte kosten sollen. Aber hey, ich habe es zur Unterkunft geschafft und das Bett war in greifbarer Nähe. Gefühlt war ich der einzige nicht Hasidic Jude auf den Straßen, was mir aber absolut nichts ausmachte. Ich fand es sehr spannend. Bisher hatte ich immer nur die streng religiösen Männer mit den Locken, Hüten und schwarzen Anzügen gesehen, doch hier hatten auch die Frauen einen Einheitslook. Schwarze Schuhe, wie meine Oma sie immer trug, ein schwarzer Rock, eine schwarze Jacke, schwarze Perücken und eine flache schwarze Mütze. Eine Farb-palette nach dem Motto monoton. Als ich aus dem Aufzug stieg, machte mein Airbnb Host Joseph bereits die Türe auf und der WG Hund begrüßte mich. Als Hundeliebhaber wusste ich direkt, das wird gut. Joseph war zudem super freundlich, zeigte mir die wunder-schöne mit zig Pflanzen aller Art dekorierte Altbauwohnung mit Dielenparkett. Es gab eine große Küche, die ich auch mitbenutzen durfte. Mein Zimmer hatte einen TV, ein Bad en Suite und einen kleinen Balkon, der im März aber eher ein unbrauchbares Accessoire ist #holddirdenWolf. Das Zimmer hatte eine gute Größe und ebenfalls viele Pflanzen, so dass ich mich direkt wohl fühlte. Ich duschte und ging sofort schlafen. Zuvor verabredete ich mich noch mit Zita zum Frühstücken für morgen. Wie cool ist es bitte, dass mein Best Work Buddy zur gleichen Zeit in New York ist und mein Start in New York mit einem Frühstück und Work-Update beginnt? Man ist ja doch neugierig, wie es bei seinem alten Arbeitgeber so läuft. Wie schlägt sich die Nachfolge. Ist man bereits vergessen? Wie die anderen Kollegen, die vor einem gegangen sind und nur noch als elektronische Personal-akte in SAP existieren.

* * *

Am nächsten Tag, bei Tageslicht und ein wenig Schlaf im Gepäck, sah die Gegend gar nicht so verkehrt aus. Eine richtige NYC Experience, wie man sich es vorstellt, mit Basket-ballplätzen, hektisch umherlaufenden stylischen Multi-Kulti New Yorker*innen und die silberne Subway, die zum Glück nur 10 Gehminuten entfernt war. Ich zog alles an, was ich dabeihatte. T-Shirt, Hemd, Pullover, die dünne Jacke und die etwas dickere Weste drüber. Ich hatte wirklich Glück, da es ein sonniger Tag war. So konnte ich in meinem Auckland Sommer Zwiebellook ohne Probleme die Straßen von NYC erkunden. Es soll aber die nächsten Tage deutlich kälter werden. Mensch, da muss ich wohl oder übel dickere Klamotten shoppen gehen. Dabei bin ich doch gar kein Konsumkind mehr. An der Sub-way angekommen löste ich mir ein 7-Tages-Ticket für die Subway. Als ich Zita erblickte, hatte ich Freudentränen im Gesicht. Ich habe ja wirklich tolle Menschen kennenlernen dürfen. Aber wenn man dann nach drei Monaten ein bekanntes Gesicht erblickt und dies dann noch Zita ist: Das ist schon ein mega Highlight. Wir gingen in ein Hipster Frühstückscafé, wovon es in NYC unzählige gibt. Ich genoss es einfach Zita zuzuhören und ein Update von meiner alten Arbeitswirkungstätte zu erhalten, genauso wie über die Abenteuer und die Reise zu sprechen und dabei wurde mir einmal mehr bewusste, was für ein Abenteuer es war. Der Kommentar „du hast aber krass abgenommen und bist ganz mager im Gesicht", nimmt jemand mit meiner Körperwahrnehmung als Kompliment auf und es hat meinen Tag noch mehr zu einem tollen ersten Tag in New York gemacht. Nach dem Frühstück liefen wir noch auf die Williamsburg Bridge, um ein Selfie zu schießen, aber weder Zita noch ich sind Selfie Experts. Man sieht mir stets an, dass ich von diesem Foto nicht überzeugt bin. Ein wenig traurig war ich, als ich Zita weglaufen sah, da ich mit New York zunächst etwas überfordert war. Der Schritt aus der neuseeländischen Naturoase in den Big Apple war vielleicht wirklich ein wenig zu groß. Mehr Kontrast ist nicht möglich. Die Menschenmassen in Verbindung mit dem Jetlag waren kräftezehrend. Aber Jenny war meine Rettung. Sie schrieb mir für die ersten beiden Tage einen Tourenplan, den ich wie ein Roboter ablief. Ich zog nur den Besuch im Central Parks vor, da es einfach ein zu schöner Tag war und ich etwas müde war. So legte ich mich auf einen großen Stein im Central Park und sog die Sonnenstrahlen auf (als hätte ich die letzten Monate nicht genug davon gehabt). Ich lief durch den Park und war fasziniert von dem Anblick der alten Bäume und der Wolkenkratzer, die den Park umgaben. Einige Frühblüher deckten die kahle Landschaft in ein wenig Farbe ein. Wenn der Park Ende März schon so toll ist, wie ist es hier dann erst im Frühling/Sommer?

Nach dem Central Park führte mich Jennys Tour zum Stonewall Memorial Park. Als homosexueller Mann ist mir durchaus bewusst, wie glücklich wir uns schätzen können heute so frei leben zu dürfen. Bis zur Gleichheit ist es zwar noch ein weiter Weg, aber man muss auch sehen, wo wir hergekommen sind und was für tapfere Seelen uns dies ermöglicht haben. Ich nahm in dem kleinen Park, der mit all den unterschiedlichen Fahnen verziert war, Platz und ließ ihn ein wenig auf mich wirken. Irgendwie berührte es mich sehr. Vor allem da sich in dem Park eine Gruppe von älteren Männern traf, die vermutlicher Weise Zeitzeugen waren und vielleicht ja sogar genau hier mit demonstrierten. Als Gay Boy der 2000er und Sex and the City Follower musste ich natürlich dann auch bei Carry Bradshaw's Appartement vorbeischauen, welches nur 5 Gehminuten entfernt war. Ich hatte gehofft, dass es ein wenig für uns Touristen hergerichtet ist. Es war aber das Gegenteil. Es waren überall Schilder angebracht, dass SATC Anhänger Rücksicht auf die Anwohner des Hauses nehmen sollen, was verständlich ist. Denken Sie mal, Sie haben eine Hammer Wohnung in Manhattan und die alternden Frauen und Gay Männer belagern ihr Haus tagein, tagaus. Von hier aus ging ich in den Washington Park. Jenny hatte mich vor einem großen Minuspunkt gewarnt und sie hatte nicht zu viel bzw. zu wenig versprochen. Es gibt kaum öffentliche Toiletten in New York. „Du wirst dir stets fast in die Hose pinkeln", waren ihre Worte und so war es auch.

Ich fing vor Urin-Innehalten schon leicht an zu schwitzen, als ich an der öffentlichen Toilette des Parks ankam. Man könnte jetzt sagen, ja dann geh halt in ein Café und frag, ob du aufs Klo darfst, das machen sie aber nicht, dann musst was kaufen. Ein Teufelskreis sag ich Ihnen. Wie oft ich in New York ein Kaffee gekauft hatte, weil ich aufs Klo musste und dann natürlich 30 Minuten später bereits wieder aufs Klo musste. Einmal in einem griechischen Kaffee, habe ich die Mitarbeiterin offenbar so verzweifelt angeschaut, dass sie zu mir direkt sagte: „Du musst aufs Klo oder? Geh erst aufs Klo. Du kannst danach auch noch bestellen."

Und ohne Witz, hätte sie das nicht gesagt, ich hätte höchstwahrscheinlich an der Theke gestanden meine Café Latte bestellt und mein Hösle wäre zu einem Teich geworden. Ich konnte gerade noch den Gürtel losen und ich entleerte Wassermassen, die ich in den letzten drei Tagen kombiniert nicht zu mir genommen hatte. Kennen Sie das, man pinkelt und pinkelt und hat eigentlich gar nichts getrunken? Wie funktioniert das, Herr Erklärbar?

You know what time it is? It's time for a Unterschriftenaktion.

Wie viele Millionen Tourist:innen und New Yorker:innen sollen sich weiterhin täglich fast in die Hose pinkeln? Über die Dunkelziffer der Hosennässer:innen möchte ich an dieser Stelle nicht sprechen. Es ist an der Zeit in das Wohl der überlasteten Blasen zu investieren?

Unterstützen Sie mit Ihrer Unterschrift die Petition
„Release the Pressure. Pee Freedom for NYC" auf
www.nocheineweiteremimimionlinepetition.com

Justice for all those weak bladders and wet pants

Nachdem ich wieder auf dem Rückweg zum Airbnb Appartement war und durch den beeindruckenden Wolkenkratzerwald von Manhattan lief, dachte ich mir, New York ist ja irgendwie schon ganz nett, aber wie soll ich hier 10 Tage verbringen. Joseph war wirklich ein toller Gastgeber und wir hatten eigentlich täglich nette kurze Unterhaltungen. Er sagte mir, ich solle bei Netflix the Unorthodox Life schauen. Das spielt und handelt von der jüdischen Gemeinde in Williamsburg. Und natürlich suchte ich die Serie. Ich war ein wenig überrascht, weil es eine Art jüdische Kardashians Show War und somit natürlich etwas trashig, aber sehr unterhaltsam ist. Zwei Tage später fragte er mich, wie ich die Serie so finde und so sagte ich: „Sehr unterhaltsam, aber schon ein wenig trashig." Joseph schien sichtlich überrascht zu sein, sagte aber nichts. Er ist eher der Typ, der jedem seine Meinung lässt und nicht in einen Diskurs geht.[224]

In den darauffolgenden Tagen wurde es deutlich kälter und ich war langsam ordentlich reisemüde. Kurz vor Ende setzte langsam tatsächlich das Heimweh ordentlich ein und mit dem Berg an To-dos für die Auswanderung und den Start in der Schweiz kehrte die

---

224 Lustige Geschichte: Als ich wieder in Deutschland ankam, habe ich herausgefunden, dass ich anstatt der unglaublich guten, emotional aufwühlenden Serie mit Tiefgang „Unorthodox" die gescriptete Reality Show „The Unorthodox Life" gesehen habe.

innere Unruhe zurück, die ich in Neuseeland erfolgreich ablegen konnte. Damn it. Winka Wankelmut musste gar nicht vorbeischauen, ich las mir selber die Leviten. Wäre ich doch lieber über Hawaii zurückgeflogen und hätte noch ein wenig Hulla Hulla getanzt, anstatt auf den Straßen von New York zu frieren und mir vor Gedanken zu führen, was mich zuhause erwartet. So schnell geht's zurück in Richtung – Ernst des Lebens. Auch wenn ich den Tag in New York genießen konnte, war ich froh mit dem restlichen Restjetlag gegen 20 Uhr wieder im Appartement zu sein und mir lecker Rahmen und Sushi zu gönnen. Das alleine abends im Restaurant essen gehen wird einfach nie mein Ding werden. Außerdem Ramen im Bett essen und dabei Netflix schauen, was willst du mehr?

Am nächsten Tag kam Jenny aus Neuseeland zurück und ich freute mich unglaublich darauf mit ihr zusammen New York erleben zu dürfen. Wir verabredeten uns für Drinks & Dinner abends. Der Tag bot aber auch ein paar Highlights. Nachdem ich am Tag zuvor eigentlich shoppen gehen wollte, aber in Manhattan von der Vielzahl der Einkaufsmöglichkeiten erschlagen wurde, hatte ich abends Shopping Menwear New York gegoogelt und mir so einen Shopping Tour Plan zurechtgelegt. Im ersten Laden kam ein wirklich netter Verkäufer auf mich zu und fragte, wie es sich für einen guten Verkäufer gehört. „Kann ich dir behilflich sein? Suchst du etwas Bestimmtes?"

Ich sagte: „Voll gut, Ja. Ich bin aus Neuseeland angereist und habe nur Sommer Klamotten dabei. Ich brauche bitte einmal alles." Er lachte und zeigte mir Hosen, Pullis, Hemden und Jacken und es war wirklich ein Glückstreffer, da der Laden für New Yorker Verhältnisse nicht sehr teuer war. Als ich die Hosen anprobierte, merkte ich zum ersten Mal, dass sich die Outdooraktivitäten in Neuseeland ausgezahlt haben. So stand ich zufrieden beim Anblick des Spiegels in der Kabine und kaufte mir eine Jacke, Hose und einen Pulli, danach ging es zu der japanischen Kette Uniqlo. Einfarbige Klamotten ohne Aufdruck, genau mein Still und so erfuhr das Konsumkind in mir seine Renaissance. Ich hatte dann aber fast alles, was ich brauchte, um in New York nicht zu erfrieren bis auf warme Schuhe. Natürlich lief ich an einen nicht ganz günstigen kleinen Klamottenladen ran, der für nachhaltige Mode steht und schwarze simple Stiefel und Sneaker im Sales hatten. Ich hörte nur Sales, schaute aber nicht auf die Preisschilder und die Verkäuferin konnte dem Glänzen in meinen Augen ablesen, dass heute ein guter Verkaufstag wird. Ich nahm ein Paar Stiefel und Sneaker und noch zwei Paar Socken, da die Socken in Neuseeland so verschmutzt wurden, dass sie trotz mehrmaligem Waschen, total egoistisch weiterhin versifft daherkamen. Das machte dann 580 Dollar. Ich wurde kreidebleich. 580 Dollar, holy moly. Das kannst du eigentlich nicht machen, sagte ich mir und ich schaute die beiden Schuhe abwechselnd an. Ein gut aussehender Mann Mitte 40 betrat den Laden und meinte. „Wow wie gut sehen diese Schuhe bitte an dir aus. Du musst die nehmen." Ich vermute, sie haben ihn engagiert, um die letzten Zweifel zu eliminieren. Was wirkte und so kaufte ich die Schuhe und das Konsumkind in mir führte einen inneren Freudentanz auf. Als ich arm, aber glücklich den Laden verließ, rannte ich in eine Frau und als ich aufblickte, sah ich Wilma. Sie schaute mich und meine 3 Taschen an und sagte „Gut gemacht, Markus. Du hast dich wirklich komplett verändert auf dieser Reise. Du lebst total minimalistisch, hängst dein Glück nicht an gekaufte Dinge auf und hast deine Finanzen voll im Griff."

Eiskalt erwischt. Aber. Ich möchte dieses **Aber** betonen. Gut, ich kaufte vielleicht ein wenig mehr als geplant ein, jedoch ohne die Pullis, warmen Schuhe und die Jacke wäre ich in den kommenden deutlich kälteren Tagen einfach blau angelaufen und umgefallen. Und jetzt du, Wilma? Doch Wilma war schon längst von der Bildfläche verschwunden. Sie ist nicht so die Diskutiererin[225] oder Zuhörerin. Sie ist eher ein Junkie ihrer „tiefgründigen" Monologe.

Man könnte sagen, es war nicht ganz so clever zuerst shoppen zu gehen und dann das Sightseeing Programm weiter zu führen. Aber man muss halt Prioritäten setzen. Vollgepackt ging ich zu der High Lane, eine alte Bahnlinie, die zu einem Park umgestaltet wurde und in der die Gleise mit der Grünanlage verschmelzen #industrialgarden. Einer meiner Lieblingsorte in New York bis dato. Ich setzte mich immer wieder auf eine Bank, um das an dem Tag überraschend gute Wetter und den Ausblick auf den Hudson River zu genießen. Ich holte mir einen Kaffee und verweilte über zwei Stunden an dem Ort. Das Gute war, die Highlane führte direkt zum nächsten Sightseeing Stopp dem Edge. Während die Highlane nicht vor Touristen überquoll, war das Edge DER Touristenmagnet. The Edge ist eine Aussichtsplattform mit einer 365 View auf New York.[226] Man kommt auf eine verglaste Dachterrasse und hat einen unfassbar beeindruckenden Blick auf die Skyline von New York, mit 100 anderen Touristen zusammen. Auf einem Abschnitt der Dachterrasse ist auch ein Teil vom Boden verglast worden, so dass man die 100 Stockwerke runtersieht. Hier legen sich „wagemutige" Touristen gerne flach auf den Boden, um ihren Mut auf einem „krassen" Schnappschuss für die Nachwelt festzuhalten. Meiner einer verzichtete darauf. Ich versuchte mich und den Ausblick mit Selfies vergebens einzufangen und so fragte ich eine junge Frau, ob sie vielleicht so nett wäre ein Foto von mir zu machen, was sie natürlich gerne machte. Dies hätte ich mich vor der Reise nie getraut. Wow, er ist stolz darauf eine Fremde zu fragen, ob sie ein Foto von ihm macht. Wenn die Latte tief genug gelegt wird, kann man wirklich viel erreichen.

Jenny verspätete sich wie immer (no shade just the truth) und so hatte ich noch eine Stunde zu überbrücken, keine öffentliche Toilette in der Nähe und meine Frise war vom Winde verweht. Ich lief spontan in einen stylisch daherkommenden Hipsterfriseurladen hinein und fragte, ob spontan ein Termin frei war und sie sagte: „Du hast Glück heute, gerade hat ein Kunde abgesagt." Juri kam an den Tressen und sagte: „Hallo mein Freund, ich freu mich darauf dich kennen zu lernen und dir die Haare zu schneiden." Und er sagte dies mit einem so überzeugenden Lächeln, dass ich das Sydney Friseur Fiasko komplett ausblenden konnte und mir sagte: „Juri ist ein Guter. Der zaubert aus dem Wirrwarr an dünnem krakeligem Haar was Anschauliches." Ich setzte mich in den Friseursessel, der ein wenig im Industrial meets 50s Barbershop Look daherkam und sagte, wie unglücklich ich mit den Locken bin, weil sie einfach keinem Wind standhalten und egal wie gut es zuhause aussieht, sobald ich ein paar Meter draußen laufe und es etwas windet, ist keine Frise mehr erkennbar. Er überlegte kurz, kämmte meine Haare und sagte freudestrahlend:

---

225 Die Rechtschreibprüfung von Pages sagt, dieses Wort gibt es nicht. Habe ich etwa gerade im Flixbus auf dem Rückweg von Luzern nach Stuttgart, untermalt von den zu leichten Kopfschmerzen führenden Dialogen der vier Jugendlichen, die hinter mir sitzen und natürlich ihre tiefgründige Sprachmusik auf Lautsprecher hören, einfach so neoglistisch ein neues Wort erschaffen?

226 Musiktipp der Seite natürlich Alicia Keys fest. Jay-Z – Empire State of Mind

„Ich habe die perfekte Frisur für dich." Er zeigte mir ein Beispielfoto und es war eine Kurz-haarfrisur, die trotzdem noch stylebar ist und einen strengen Pony hat.[227] „Wir schneiden die krauseligen dünnen Haare, die in alle Richtungen abstehen, einfach ab. Das wird super aussehen. Die Seiten kürzen wir ordentlich, machen aber keine harte Kante", sagte er total überzeugend. „Klingt hervorragend." Yuri war wirklich ein Glücksgriff. Nicht nur zauberte er eine echt tolle pflegeleichte Frisur, die die nächsten Jahre meinen Kopf zieren wird, er war darüber hinaus auch ein wirklich interessanter Mensch. Zunächst erzählte ich ein wenig von meiner Reise und dann er von seiner Kindheit in Aserbaidschan, seinen griechischen Wurzeln und wie happy er in New York und in seinem Job ist. Nach einer Stunde verließ ich total zufrieden den Salon und traf Jenny in einer Bar mit Livemusik. Wir drückten uns einen guten Moment lang.

Wer mich kennt, weiß, dass Nähe jetzt nicht so mein Favorit ist. Selbst bei weiblichen Freunden bin ich eher so der zweifache Schulterklopfer als der innige Umarmer. Wir gönnten uns wieder einen Prosecco mit Whiskey, der echt lecker war und dann kam diese komische amerikanische Bezahlweise. Man bezahlt per Karte, erhält dann die Rechnung, die man unterschreiben und das Trinkgeld angeben muss. Wie kann die Bar/das Restaurant, nachdem die Kartenzahlung schon erfolgt ist, noch Trinkgeld von der Kreditkarte abbuchen? Ich mein, wenn das möglich ist, kann ja theoretisch jeder beliebige Wunschbetrag abgebucht werden?[228]

Nach dem kleinen Umtrunk gingen wir nach Little Italy zum Essen. Als wir in das mit allen Klischees bestückte Restaurant hineinliefen, sah ich den Parmesanleib und wusste direkt, was ich nehmen werde. Spagetti aus dem Parmesanleib mit Trüffel #gönndirjunge. Jenny entschied sich für gegrillt und mit Käse überbackene Auberginen. Bei der Hälfte machten wir Switch und genossen dazu eine gute Flasche Wein. Als die Rechnung kam, wurde mein Hals trocken. Jupp, 10 Tage NYC werden so teuer wie 4 Wochen Neuseeland und Neuseeland ist schon nicht günstig. Es ist schon ein wenig traurig zu sehen, wie der höchste Kontostand meines Lebens verpufft, aber, wenn ich denke, wofür ich Geld aus-gegeben habe, bin ich vollkommen im Reinen damit. Nach einem Abend mit guten Drinks, tollen Unterhaltungen und leckerem Essen verabschiedeten wir uns und verabredeten uns für den nächsten Tag. Hier werden wir mit einem Freund von Jenny kleine Kunstgalerien besuchen und evtl. noch ein wenig Feiern gehen.

Es hatte die ganze Nacht durchgeregnet. Und das von Jenny angekündigte eher semi-mäßige März-New-York-Wetter zeigte sich von seiner besten Seite. Es regnete den ganzen Tag und so beschloss ich einfach den Tag im Bett zu verbringen und zu chillen. Alles in mir sträubte sich dagegen, weil Kerle, du bisch in New York City, aber ich sagte mir, bei dem Wetter ist jeder Tourist in einem Museum und drei Tage NYC all Day waren auch (mimimi) kräftezehrend, vor allem da meine Aufnahmefähigkeit eigentlich nicht mehr vorhanden war. Ich machte einen super erholsamen Nachmittagsschlaf und verpennte natürlich, sodass ich 1 Stunde später zu Jenny und Leandro dazustieß und die Galerien bereits geschlossen waren.

---

227 Wow, Frisuren beschreiben kann ich ja mal gar nicht.

228 Peter, du alter Banker, wie ist das möglich?

Leandro, der fast 2 Meter große sehr sympathische Künstler aus Kolumbien, hatte eine Hidden Bar für uns rausgesucht. Die Bar findet man bei Google nicht und es gibt auch keine Adresse nur eine ungefähre Gegend. Dann muss man den „Türsteher" finden, ansprechen und er weist einem den Weg. Der Türsteher an diesem Tag war ein unscheinbarer Mann Mitte 50, der neben einem Restaurant etwas gelangweilt stand. Als Jenny ihn ansprach, wich er zur Seite und es ging zunächst in einen Keller, dann wieder die Treppen hoch und als wir die Türe öffneten, waren wir in einer wunderschönen alten Bar, die mit prunkvollen Kronleuchtern und Bildern aus den 1920ern einen tollen Charme versprühte.

An der Bar gab es nur noch 2 Stühle. Ich sagte: „Kein Problem, ich stehe gerne." Jenny, die Gute, wollte aber unbedingt noch einen Stuhl organisieren, wurde dann aber mehrfach vom Barpersonal ermahnt bitte einfach alles stehen zu lassen, wie es ist. Wir bestellten drei Cocktails, die in einer Kaffeetasse serviert wurden. Das fand ich fast schon lächerlich. Wow schaut an, wie hipp wir sind, wir servieren Cocktails in Kaffeetassen. Übersetzt heißt dies: Ey ihr Idioten, ihr bezahlt für einen Cocktail aus einer kleinen Kaffeetasse doppelt so viel wie in einer normalen Bar. Nicht ganz passend zur Location lief keine 1920er Musik, sondern der neuste Chartmix. Jenny war nicht angetan und so gingen wir weiter, in die älteste Gaybar von NYC. Sagen wir es mal so, das Publikum bestätigte den Titel älteste Gaybar ohne Probleme. Und wenn ich von Publikum spreche, meine ich die 4 Männer, die den Weg in die trostlose Bar fanden. Die einfach in den 80er Jahren stehen geblieben ist. Musikalisch, deko- und publikumstechnisch. Nach einem Bier reichte es dann auch. Leandro grinste und sagte, es gebe noch eine weitere Bar. Sie sei nur 10 Gehminuten entfernt und Jenny und ich sagten: „Wieso eigentlich nicht?" Der Name der Bar lautet „Cock" und ich sag mal so, als der nette Angestellte an der Kasse Jenny fragte, ob sie weiß, wofür sie 10 Euro bezahlt, hätten wir eigentlich wissen müssen, was uns bevorsteht. Wir waren aber gut drauf, leicht angetrunken und ignorierten es gekonnt. Als wir den Vorhang öffneten, war augenblicklich klar, weswegen Jenny gefragt wurde, ob sie wusste, was ihr bevorsteht. Der Club war gezielt minimal ausgeleuchtet und es gab zwei Räume, die durch einen Vorhang getrennt waren. Es waren nackte! Tänzer[229] am lasziven Performen. Jenny und ich schauten uns mit dem exakt identischen Gesichtsausdruck an, what the actual fuck. Dieser Ausdruck ist quasi das Motto des Etablissements. An die Barwand wurden 80er Jahre Pornofilme projiziert und viele Gäste verzichteten auf überflüssige Kleidungsstücke. Ein Harnest oder ein Lederhut war alles, was manche ihrem Körper zumuteten. Und viele waren so gar nicht in Shape, aber waren einfach super selbstbewusst und präsentierten stolz ihre Körper. Auch wenn nackt in einem Club rumlaufen nicht auf meiner

Dinge-die-ich-vor-meinem-Ableben-einmal-machen-will-Liste

zu finden ist, hätte ich gerne einfach nur so 10 % von ihrem Selbstbewusstsein. Direkt nachdem wir uns Bier bestellt hatten, fiel Jenny spontan ein, dass sie ihr Auto umparken muss, da das Parkticket nur 3 Stunden gültig war. Ich sagte zu ihr: „Wenn du nicht zurückkommst, finde ich heraus, wo du wohnst und Karma ist ne Bitch." Sie lachte und sagte: „Niemals. Ich komme wieder." So unterhielt ich mich ein wenig mit Leandro, aber Small Talk ist einfach nicht mein Strongsuit, zudem waren wir von all den Eindrücken etwas

---

229 Also hang loose aka schwing dein Dick zum Beat. Kein Raum für Phantasie, kein knappes Höschen, sondern Auberginen und Pfirsich Emoji realness.

überfordert und aktives Zuhören fiel einem schwer. Ein gut aussehender Mitte 40-jähriger Belgier kam auf mich zu, etwas zu nah #socialawkwardness und unterhielt sich mit mir. Als er mich dann in den hinteren Teil der Bar mitnehmen wollte, sagte ich, dass ich auf eine Freundin warte. Leandro war mittlerweile auch weg und so dachte ich: „Glückwunsch, ich steh alleine im verruchtesten Sex-Schuppen und gebe das Bild des verklemmten Touristen ab." Der Belgier meinte: „Kein Problem ich warte mit dir". Aber wie man seinen Pupillen leicht entnehmen konnte, hat er einen bunten Mix an Drogen intus. Man merkte es auch daran, dass er die gleichen Fragen dreimal stellte und jedes Mal wieder überrascht war, dass ich Deutscher bin. Ich ließ ihn stehen und verließ den Club.

Der Türsteher rief mir nach: „Du bist also einer der effizienten schnell rein, raus und fertig."
    Ich lachte künstlich und sagte: „So sind wir Deutschen. Effiziente Maschinen."
    Ich lief um die Ecke und rief Jenny etwas genervt an: „Jenny wo zum Teufel bist du, Leandro hat sich auch verpisst und du bist gefühlt eine Stunde weg."
    „Was Leandro ist weg? Er hat mir gerade geschrieben, dass du weg bist", sagte Jenny etwas verwirrt.

Fünf Minuten später kam Jenny zurück und Leandro war einfach an der Bar, da der Club aber, wie man munkelt, bewusst schlecht ausgeleuchtet war, hatte ich den fast 2 m großen sympathischen Künstler übersehen. Mit einem Wodka Bull in der Hand standen wir drei wie das schüchterne Unschuldstrio vom Land an der Wand und bestaunten das bunte Treiben. Leandro in einem legeren Pulli mit Jeans, ich in einem simplen weißen Shirt und einer Jeans und Jenny war in ihrem Army Overall fast noch am passendsten angezogen. Teilweise sahen die Paar/Gruppenszenen mehr nach einem Battle Combat aus.
    Wie aus dem Nichts stand ein durchtrainierter attraktiver Mitte 30-jähriger Typ komplett nackt vor uns und sagte: „Wer seid ihr drei eigentlich?" Und dann schaute er Jenny an und fragte: „Was machst du bitte im ‚Cock'?" Jenny war maximal überfordert, so wie der Rest von uns auch. Nennen wir ihn mal Larry. Larry war wie gesagt komplett nackt und hatte offensichtlich die ein oder andere Viagra Pille intus und war erfreut mit uns zu sprechen. Während er mit uns sprach, rieb er seinen erregten riesigen Penis an unseren drei Knien. Er schaute mich an und sagte: „Komm mit mir, ich blas dir einen oder du bläst mir einen." Ich wählte meinen typischen leicht verkniffenen Gesichtsausdruck, schaute hilfesuchend Jenny und Leandro an und sagte kurz und knapp „Nope". Ich dachte mir, das ist doch ein schlechter Film und war komplett Lost in der Situation. Genau ich hol mir alle möglichen Krankheiten von Larry, der mit jedem zweiten Typ im Cock rummacht. Das wäre doch mal ein interessanter Reiseabschluss gewesen. Syphilis als Reisemitbringsel. Not today, Satan, not today. Als er nach ein paar Momenten weiterlief und sich mit zig anderen jeg-liches Alters und Körpertyps vergnügte, war dies unser Stichwort und wir liefen aus dem Club raus. Keiner von uns traute sich dort auf die Toilette zu gehen, weil das bunte Treiben auf den Toiletten seinen „Höhepunkt fand".[230] Jenny bestand darauf mich nachhause zu fahren. Ich sagte: „Nicht nötig, die U-Bahn fährt fast bis zum Appartement." „Nein. Nein, ich bestehe wirklich darauf. Ich habe ja mein Auto hier und es sind nur 15 Minuten", sagte Jenny fast schon ein wenig aufdringlich.

---

230 Was für ein Wortspiel #eristsogutmitworten

Ich dachte mir, was für eine wunderbare Person ist Jenny bitte. Ich realisierte aber bald, dass es nicht ganz so uneigennützig war. Meine Wohnung war einfach am nächsten an der Bar und sie und Leandro mussten dringend pinkeln. So füllte ich mein Karmakonto auf und stellte mein Ensuite Bad den beiden gerne zur Verfügung. Wir schauten uns an und kicherten wie kleine Mädchen. Was war das denn bitte für ein verrückter Abend.

Wir waren uns einig, den Abend im „Cock" werden wir nie vergessen und er kann definitiv nicht getoppt (hahaha) werden. Ich bin mir sicher, hätten wir gewusst, was dort auf uns wartet, wäre es nur halb so gut geworden bzw. realistischerweise hätten wir nicht 10 Dollar Eintritt gezahlt, um ungewollterweise Teil von Larrys Peepshow zu werden. Es war, wie wenn man keine Lust hat das Haus zu verlassen und dann es doch wagt und unerwartet denn besten Abend erlebt.

* * *

Als ich am nächsten Morgen gegen 11 Uhr es schaffte, meine Augen zu öffnen, und mein Spiegelbild ertragen musste, klopfte es an der Türe. Wilma Wankelmut betrat das Zimmer. Sie rümpfte ihre Nase, öffnete das Fenster und legte los „Alter, was tust du dir an. Du bist Almost 40, wobei heute siehst du eher aus wie Mitte 40. Du bist keine 21 mehr. Du brauchst mehr Schlaf, weniger Alkohol und wer zum Teufel trinkt mit 38 noch Red Bull. Wenn du jetzt ,aber Red Bull verleiht Flügel' sagst, klatscht es, aber kein Applaus. Grow up! Und wenn du jetzt denkst, dass du dich umdrehst und weiter pennst, haste dich getäuscht. Ich schalte das Gedanken Karussell an. Kerle mir seined in New York City. Netflix und Chill kansch in Möhringa macha, du daubes Gsiach."

Ausnahmsweise hatte sie recht. Red Bull, wie kann man es eigentlich freiwillig schlucken. Ich hatte 10 Stunden später immer noch leichten Herzrasen von dem Shit. Das Wetter machte die Gemütslage auch nicht besser. Es nieselte den ganzen Tag. Überraschenderweise schaffte ich es aus diesem unglaublich bequemen Bett. Es war fast so wie in Berlin, als Sindy und ich ein krasses Party Wochenende in Berlin vor uns hatten, aber das überdimensionale Hotelzimmerbett im The Weinmeister #Schleichwerbung so unfassbar comfy war, dass wir zwar die coolste Party ever mit Eis am Stiel um 2 Uhr in Berlin erlebten, aber sonst uns doch lieber für Deep Talk im Hotel Bett entschieden. Was verrucht klingen mag, es aber logischerweise Nullinger war (Hallo Micha). In solchen Momenten, wenn ich an meinen unglaublich wunderbaren Wegbegleiter ausm Ländle während der Reise dachte, merkte ich, dass da doch viel mehr Vorfreude auf meine Hood & Squad ist, als ich mir eingestehen wollte.

Lassen Sie uns den Faden, der mittlerweile total verloren ist, wieder aufheben. Trotz des Hangovers verließ ich kurz nach 13 Uhr das tolle Airbnb Appartement und traf Phillip den Spanier, den ich über eine App kennen gelernt habe und der auch alleine in New York unterwegs war, in der Nähe der Brooklyn Bridge. Wir entschieden uns an dem sonnigen, aber frischen Tag zusammen Brooklyn zu erkunden. Ich weiß nicht warum, aber wir entschieden uns nicht über die Brooklyn Bridge zu laufen. Wahrscheinlich weil wir einfach zu alternativ sind. Phillip ist wirklich ein aufgeweckter lustiger Typ, dem man gerne zuhört, nicht nur, weil er einen ausgeprägten spanischen Einschlag in seinem Englischen hat, sondern weil er smart und sehr funny ist. Wir entschieden zunächst ein wenig Brooklyn zu erkunden und uns in einem der Hipster Cafés einen überteuerten Kaffee zu gönnen. Als wir nach 30 Minuten immer noch kein Café fanden und uns immer noch im jiddischen Bezirk befanden und keine Toilette in der Nähe war, begann das Drama von Neuem. Ich bekam Magenschmerzen von diesem ganzen Harndrang und so gab es zwei Möglichkeiten let it go on a Tree und hoffen, dass es niemand sieht oder let it go ins Hösle. Ich entschied mich für Ersteres. Was ich mir den ganzen Tag anhören durfte. Phillip ist auch gar nicht so schlecht im Andere-Mocken. Da bin ich ja sofort dabei. Endlich fanden wir eines der Hipster Cafés und gönnten uns einen Kaffee. Das Publikum war wirklich so, wie man es sich vorstellte. Alle an ihren Laptops. Modestatements, die fragwürdig wie auch bewundernswert waren. Gut mit Koffein gefüllt, führten wir unsere Brooklyn Tour fort. Philipp fühlte sich zum Touristenguide auserkoren und vertraute Google blind. Natürlich ist er auch somit schuld, dass wir Brooklyn abgrasten und es dabei nicht einmal auf die Brooklyn Bridge geschafft haben. Insgesamt hat er aber echt einen guten Job gemacht. Wir haben wirklich unterschiedlichste Ecken von Brooklyn gesehen. Als wir wieder in der Nähe der Brooklyn Bridge rauskamen, machten das ganze gegenseitige Dissen und kilometerweite Laufen uns hungrig, so dass wir eine wirklich gute Pizza auf einer Terrasse mit dem perfekten Blick auf die Brooklyn Bridge verschlungen.[231] Dies sahen viele andere auch so. Wir wurden Zeugen von mehreren Influenzier Foto Shootings. Absoluter Favorit war ein asiatischer modebewusster Typ, der schon etwas über das TikTok-Alter hinausging. Er ließ mehrere Fotos von sich in diversen Posen von diversen Fremden machen. Nach jeder „Szene" ließ er sich die Fotos zeigen, justierte nach, zeigte den netten Touristen, die ihre Hilfsbereitschaft bereits nachvollziehbarer Weise bereuten, exakt aus welchem Winkel sie das Vergnügen haben, das It-Gurl abzulichten. Phillip und ich pinkelten uns fast in die Hose vor Lachen. Das Gute war, wir waren in einem Restaurant und konnten pinkeln gehen.[232]

Gestärkt dank der Pizza liefen wir noch etwas in der Gegend umher und kamen zufällig zu dem Platz, der wahrscheinlich einer der meistfotografierten Plätze neben dem Foto auf der Brooklyn Bridge ist. Es ist eine Straße, die einen sehr schönen Blick auf die Brooklyn Bridge gibt. Es war natürlich auch total überlaufen und es war fast nicht möglich ein Foto ohne Touristen als Statisten zu schießen. Ich war etwas überfordert. Als ich sah, dass gerade eine Gruppe ging, dachte ich, das ist unsere Möglichkeit und so rannte ich los, ohne auf den Weg zu schauen, und rannte fast ein kleines Kind um den Haufen.

„Diese Influencer sind einfach die schlimmsten Menschen, ohne Rücksicht auf Kinder preschen sie durch die Straßen von New York für das perfekte Foto", sagte Philipp lachend und auch ich musste wirklich herzhaft lachen. Da machen wir uns den ganzen Tag über die Poser lustig und am Ende bin ich das Klischee.

Wir verabschiedeten uns und ich fand es einfach super angenehm zwei schwule Männer, die eine gute Zeit haben, total platonisch ohne jegliche sexuellen Anspielungen. Wir waren auf einer Wellenlänge. Daher verabredeten wir uns für ein paar Tage später, um an dem

---

231 Pizza nach einem Saufabend isch einfach s Beschde.

232 Mir ist bewusst, dass es möglicherweise zu viel Fokus auf meinen Harndrang gibt, aber das Gefühl, mehrfach täglich in die Hose zu pinkeln, ist auch erwähnenswert.

nächsten regnerischen Tag die Museen unsicher zu machen. Hier werde ich dann als „Führer" agieren.

Ist es nicht verrückt, dass das Wort Führer einfach direkt immer einen Mittellippen Schnurrbart trägt? Den Ösi kriegen wir einfach nicht los.

Ich lief zur U-Bahn und genoss den Anblick der leuchtenden Skyline von New York. Zuerst dachte ich, Freitagabend und du bist nicht in den Clubs unterwegs … geht gar nicht, aber nach zwei Tagen Ausgang und dem ganzen Tag auf den Beinen freute ich mich auf nicht mehr als auf Sushi und Netflix (kann man nicht oft genug haben) in meinem neuen Lieblingsbett.

Das Wetter in New York war so beständig wie meine Wankelmut. Ein Tag wunderschön, wenn auch kalt und am nächsten Tag peitscht dir der Regen unerbittlich ins Gsichd. Jenny und ich hatten für Samstagabend eine richtig coole Party im Club House of Yes gefunden. Sie wollte eh schon ewig in den Club gehen und ich hatte über den Club auch schon einiges online gelesen. Es war orientalische Nacht mit Akrobaten und DJs aus Tel Aviv. Ach Tel Aviv. Inge wie schee war des bitte damals. Da der DJ aus Tel Aviv kam, war mir klar, die Party muss gut werden. Tagsüber trotzte ich dem Regen und erkundete ein wenig Williamsburg. Als Ziel hatte ich mir den Marsha P. Johnson Park, der zu ehren der LGBTQ+ Aktivistin eröffnet wurde. Der Park ist nicht groß, aber bietet einen wunderbaren Blick auf Manhattan und ist wirklich schön angelegt mit vielen Informationstafeln. Ich war hier etwas emotional, nicht nur, weil ich bereits die Dokumentation über diese mutige Seele gesehen habe und weil bis heute so viele vor allem transsexuelle Personen Opfer von Gewalttaten werden, sondern auch weil es gefühlt in die falsche Richtung geht. Drag Shows sollen für Kinder zensiert werden, obwohl die Drag Shows für Kids natürlich nicht den content haben wie die „normalen" Shows. Drei Schritte zurück anstatt vier voraus. Wie wunderbar dieser Ort erst bei schönem Wetter ist, werde ich bei meiner nächsten Reise nach NYC herausfinden. Denn eines ist sicher:

NYC – you haven't seen the last of me

und die Grenzbehörde so „Not today, Markus. Not today". Nachdem ich 30 Minuten lang den Park abgelaufen hatte und alle Informationen teilweise mehrfach total bewegt mir zumute führte[233], sagte mein Bäuchle: „Tschuldigung hen Sie mi vergessa? Gebbed Sie mir bidde ebbes zum Essa." Da erinnerte ich mich, dass Jenny meinte, in Williamsburg gebe es auch eine Filiale der angeblich besten Pizza von New York – Joey's Pizza. Also gönnte ich mir ein Stück. Als stolze Basic Pizza Bitch nehm ich stets eine Margarita. Die Magie, eine richtig gute Margarita zu zaubern, beherrschen nicht viele Pizzamagier. Und was soll ich sagen – Ekstase sieht anders aus. Es war nicht schlecht, aber viel zu fettig und zu wenig gewürzt, aber hey ich kann sagen, ich hatte eine Joey's Pizza. Eigentlich wollte ich noch für die Party in einem der vielen Second-Hand-Läden ein spannendes Partyoutfit ergattern. Nach dem zurückliegenden Shopping Exzess hielt ich es jedoch für keine gute Idee.

---

233 Normalweise bin ich eher so der Infotafelüberflieger. Ganz ehrlich, in Museen wird man ja sowieso immer müde; wenn man sich dann jede Infotafel zumutet, wäre ich nach dem ersten Raum am Nappen. TMI Alert hoch 10

Außerdem war ich auch nicht in der Klamotten-Anprobierlaune, kennen Sie das? Man will nicht mal ein Shirt anprobieren und man überlegt, ob durch das Hinhalten des T-Shirts an den Körper die Passung nicht erahnt werden kann, um zuhause festzustellen, dass man wohl zeitnah, also in Deutschland wäre, dass in so 9 Monaten, einen Termin bei seinem Augenarzt vereinbaren sollte.

Wie man es von mir kennt, war ich aber vernünftig und erwachsen und lief lieber im Regen in Williamsburg rum. Jenny hatte mit einer Freundin verabredet, dass wir um 19 Uhr bei ihr zum Vorglühen und Essen vorbeischauen. Im Laufe des Tages sagten alle anderen ab, so dass es nur noch Jenny, ich und die Gastgeberin samt Mann wären. Ich sagte zu Jenny: „Sollen wir nicht lieber später losgehen und das Essen skippen?" Wenn ich um 19 Uhr zum Essen gehe und wir die Wine Season des Tages einläuten, schlaf ich gegen 21 Uhr ein. Traurig aber wahr, die wilden vitalen Tage, an denen man an zwei Tagen pro Wochenende feiern geht und bis 4/5 Uhr morgens durchhält, waren halt von 20–33 spannend und sind heute so attraktiv wie ein Afterwork Event. Unter der Woche später als 22 Uhr zuhause ankommen? Are u kidding me?

Jenny war auch nicht mehr angetan von der Idee und so vereinbarten wir, dass wir uns um 21 Uhr bei mir zum Vorglühen trafen. Jenny brachte alles mit Tequila, Whiskey, Prosecco und Red Bull. Ich weiß nicht mehr, ob ich bisher die Gemeinsamkeiten von Jenny und mir genug herausgestellt habe, aber sie kam mit einem schwarzen Top, einer hellen Jeans und ihren neu erworbenen fancy weißen Sneakern. Ich hatte ein weißes T-Shirt eine helle Jeans und die neuen super fancy schwarzen Stiefel an. Wir schauten uns an und brachen nieder vor Lachen. Jeder wird denken, dass wir ein Paar sind. Ich nahm ihr die Angst und sagte: „Heute bin ich der Wingman des Jahres. Ich finde dir deinen Prince Charming, wenn auch vielleicht nur für eine Nacht, aber besser eine als keine Nacht oder?"

Wir tranken ein wenig vor und riefen ein Uber. Vor dem Club bildete sich bereits eine lange Schlange. Da wir aber Tickets online gebucht hatten, mussten wir nicht warten #soVIP. Die Location war sehr verwinkelt, aber super fancy. Um in die Garderobe zu gelangen, lief man entlang einer Bar, die perfekt ausgeleuchtet war und zum Verweilen einlud. Wir suchten natürlich den Weg zur Tanzfläche. Neben uns machten dies gefühlt weitere 5000 Leute auf die Reise. Der Club war total überlaufen und Menschen quollen aus jeder Ecke. Wir gönnten uns ein Drink, den wir hauptsächlich dem Boden spendeten, da man kontinuierlich angerempelt wurde. Selbst die super sexy akrobatischen Tänzer*innen, die mit ihren Einlagen am Trapez in schwindelerregender Höhe, einen mit offenem Mund auf der Tanzfläche stehen ließen, konnten das bedrückende Gefühl dieser Menschen-masse nicht überspielen. Nachdem wir über 30 Minuten benötigten, um auf die Toilette gehen zu können, da für die Meute nur vier Toiletten zur Verfügung standen, hatten wir die Schnauze voll und verließen den Club, was super schade war, weil die Showeinlagen genial und die Musik richtig gut war, aber der Ausblick, den Abend, ohne sich bewegen zu können, mit Ellbogen im Kreuz zu verbringen, war nicht attraktiv. Nicht weit entfernt war eine Party namens Horse Meat Disco Queens. Als wir an der Kasse ankamen, fragte die nette Kassierten: „In welchen Club und welche Etage wollt ihr?" Jenny schaut mich hilfesuchend an und so sagte ich souverän und voll überzeugt: „In den gaysten Club des Abends." Die Schlange und auch die Kassiererin lachten Tränen und sie gab uns immer noch lachend die Tickets. Schon am Eingang lernten wir ein weiteres Mal, dass die Namen der Clubs/Partys nicht sehr kreativ, sondern sehr wortwörtlich gemeint sind. Wo das Auge hinreicht, durchtrainierte Gay People. Ich so yahhh genau das Umfeld, in dem ich mich wohlfühle, nicht. Jenny sagte: „Sei bitte einfach still. Du bist super schlank. Hör auf den Abend mit deiner verzerrten Wahrnehmung zu vermiesen." Wow Jenny. Also das Austeilen lernte sie in den letzten Tagen irgendwie zu gut. Die schüchterne zurückhaltende Jenny blüht voll auf, dachte ich mir. Die Musik war super gut. Discobeats Deluxe. Wir hatten eine mega gute Zeit. Jenny war immer wieder weg, weil sie nicht zwischen mir und irgendwelchen Typen stehen wollte. Und egal wie oft ich ihr sagte, dass ich null Interesse habe, sondern mit ihr einen coolen Abend haben möchte, verschwand sie immer mal wieder, so dass ich dann total verunsichert, dank der 400 Sixpackträger um mich herum, in den Alleintanzmodus switchte. Blick auf den Boden und Two-Step-Modus on, bis Jenny wieder zurückkam. Wir gönnten uns Wodka Bull um Wodka Bull.[234] Gegen 4 Uhr verließen wir deutlich angetrunken den Club und waren beide einfach nur richtig gut drauf. Jenny ließ spontan ihr Handy auf den Asphalt fallen und Zack, da hatte der Handyscreen rechts oben einen riesigen Sprung.

Sie hob das Handy auf und sah mich schockiert an „Scheiße Markus, schau dir das an." Während sie dies sagte, fiel ihr das Handy ein weiteres Mal aus der Hand.

Ich hob es auf und sagte lachend zu ihr: „Nicht lustig, aber jetzt hast du zumindest sowohl unten als auch oben einen Sprung auf dem Screen. Sieht doch schöner aus."

„Ich weiß, was dir jetzt guttun wird – ein Falafelwrap."

Jenny lehnte dankend ab: „Nein, ich habe doch Bauchschmerzen, das ist keine gute Idee."

„Alles klar", sagte ich und bestellte zwei Falafelwraps.

Jenny aß aus Höflichkeit zwei Bissen, aber sagte ey das is ja widerlich.

Ich hingegen atmete den Wrap in wenigen Sekunden weg. Wir versuchten so ruhig wie möglich ins Airbnb Appartement zurückzukehren. Es blieb beim Versuch. Nicht nachvollziehbarerweise entschied Jenny sich im Wohnzimmer umzuziehen und ging dann anstatt in mein Zimmer in das Zimmer des Hosts, der maximal verwirrt aufwachte. Jenny kam danach in mein Schlafzimmer und berichtete von dem Fauxpas. Ich fühlte mich schlecht, weil die Gastgeber supernett waren und dann wird man von, sie mag auch noch so charming sein, Jenny geweckt. Wir schliefen bis ca. 12 Uhr. Da fiel mir ein, dass wir uns mit Philipp und zwei seiner Freundinnen, die seit gestern in der Stadt waren, spontan gestern Nacht noch für 14 Uhr verabredet hatten und das Wetter war uns gut gesinnt. Wir zwei Almost 40 Hangover Grannies waren aber noch nicht ganz ready für viel Bewegung und frische Luft. Umso besser, dass wir uns terminlich gebunden hatten. Nach einer Dusche sah die Welt schon anders aus. Ich schrieb noch an die Küchentafel; „Sorry fürs Aufwecken" als Nachricht an den Gastgeber. Als wir das Haus verließen, wurde uns erst bewusst, wie schön dieser Tag war. Die Sonne strahlte wie eine kleine Raupe Nimmersatt und es tat so gut nach den vergangenen Regentagen. Wir gönnten uns einen Kaffee und nutzten natürlich gleich noch die vorhandenen Toiletten, wer weiß wann die nächste Pipi

---

234 Die Lernkurve bezüglich des Verzehrs von Red Bull im gehobenen Alter fiel an dem Abend in einen der dunkleren Brooklyn Keller.

Möglichkeit kommt, bevor wir auf die drei Spanier bzw. zwei Katalanen und eine Spanierin trafen, um hier für kein Politikum zu sorgen. Wir saßen in einem kleinen Park in der Sonne und dann kam auch schon Viva Espania – Ariba anderle anderle.

Anfänglich war es etwas holprig, weil wir supermüde und nicht sonderlich kommunikativ waren. Die Gruppe musste sich halt erstmal ein wenig beschnuppern, ist doch auch vollkommen normal. Lustige Geschichte am Rande: Philipp heißt in Wirklichkeit Marco. Ja gut ehm, gehen wir einfach weiter im Text und geben meinem mickrig ausgebildeten Namensgedächtnis so wenig Aufmerksamkeit, wie es den Namen meiner Mitmenschen gibt. Jenny schlug vor, dass wir bei dem guten Wetter in eine Rooftopbar gehen, was wir direkt taten und nach nur 30 Minuten des Tisch Suchens war Philipp ähm Marco erfolgreich.[235]

Die Bar war der absolute Hammer. Man sah auf die Skyline von New York, es gab richtig gute Cocktails und Essen. Veggieburger nach Alkoholverzehr ist genauso geil wie PIZZA. Das Eis war gebrochen und wir hatten einfach eine gute Zeit, dissten uns gegenseitig, genossen die Sonne und die Drinks und dann stellten wir fest, dass el mujer espaniol ebenfalls wie Jenny mit einem Italiener verheiratet ist und beide die Scheidung eingereicht haben bzw. wollen und ich meine, mehr Bonding geht nicht. Nachdem wir 2 Stunden lachten und Sonne tankten, gingen wir als letzte Amtshandlung des Tages den Sonnenuntergang am Ufer des Hudson Rivers einfangen. Wir kamen gerade noch rechtzeitig an, bevor die Sonne hinter den Skyscrapern verschwand. Zuvor färbte sie aber den Himmel in einem unwirklich schönen rotorangenen Farbverlauf ein und wir schafften es noch schnell ein Foto zu schießen. Da wir Marco von der Cock Bar erzählten, wollte er noch unbedingt feiern gehen und diese Craziness auch mal erleben. Ich war aber super müde und so sagte ich, wir können gerne noch in eine Bar gehen, aber eher so gegen 23 Uhr. Als ich nach einem kurzen Power Nap mich richtete[236], schrieb Marco, er wisse nicht, ob er noch rauswill und ich war auch nicht überzeugt, nichtsdestotrotz gingen wir auf die Gasse. Oft wird es ja dann so richtig gut (Spoiler – heute wird nicht oft sein). Zunächst ging es in eine schwule Coyote Ugly Bar. Für mich war dies die bisher beste Bar. Beyoncé, Lady Gaga und andere Gay Ikonen wechselten sich mit Country Sänger*innen ab. Country ist mein guilty Pleasure, aber nur weibliche Country Sängerinnen. Dazu war die Bar total klischeehaft dekoriert mit viel Led Beleuchtung/Schriftzügen und die Barkeeper tanzten synchron auf den Tressen. Ich bitte Sie – was will man mehr? Leider waren nur 15 Leute da und so kam nicht wirklich Stimmung auf. Nicht wirklich überraschend für sonntags um 0 Uhr. Jenny kam doch auch noch mit dazu. Wir machten das Beste daraus und Jenny durfte dem tanzenden Barkeeper noch ein Dollar in die Hosentasche stecken. Ich mein, was willste mehr? Als wir die Bar verließen, merkte ich an: „Wie wär's, wenn wir doch hierbleiben, es füllt sich gerade etwas mehr und wir haben doch eine gute Zeit?" Es war mittlerweile 1:30 Uhr, aber Marco wollte den Zauber des Cocks erfahren, also gingen wir da hin und es war ernüchternd. Ich weiß nicht, ob wir beim ersten Mal so betrunken waren oder einfach der Überraschungseffekt weg war, ganz nach dem Motto been there seen it. Es war super versifft und dunkel. Man sah kaum die Hand vorm Gesicht. Es waren sehr wenig Leute da und das was da auf der Tanzfläche ablief, war so kinky und weird, dass

---

235 Wenn man selber Markus heißt und den Namen Marco sich nicht merken kann, ist das fast schon Kunst, oder?

236 Eine erneute Schwäbisch für Anfänger Lektion. Sich richten bedeutet sich aufbrezeln. Dies beinhaltet sowohl den Reinigungs- als auch Stylingprozess.

wir nach 3 Minuten die Bar wieder verlassen haben. Es tat mir ein wenig leid für Marco. Hätten wir den Abend in der Coyote Ugly Bar beendet, wäre es ein super letzter Abend in NYC gewesen, so war es so semi und ich war froh wieder im Bett zu sein, da das Schlafdefizit der letzten Tage sich deutlich erkennbar machte und ich so richtig schön müde war.

Ich wachte erst gegen 11 Uhr auf und bin schon wieder fast zu spät dran, um Marco zu treffen. Da fiel es mir auf. Ich kam langsam in NYC an. Wie ein echter New Yorker stand ich, als es noch rot war, bereits auf der Straße und wusste, wann man lospreschen konnte. Ich hatte die Subway fast im Griff, stand nicht mehr wie der Vorzeige-Tourist den New Yorker Pendlern im Weg, nur ganz selten verlief ich mich noch und ich hatte das New Yorker Gehtempo adaptiert.

ABER sosehr ich New York mittlerweile auch mochte, die Partys und Leute super cool fand, ich vermisste in dem Großstadtdschungel den ruhigen neuseeländischen Busch mit seiner unfassbar guttuenden Stille. Ich fragte mich wieder einmal, ob der Abschluss in Neuseeland nicht schöner für die Reise und mein Mindset gewesen wäre, aber ich kam zum Entschluss, dass es eine gute Entscheidung war, noch mal einen Kontrast in die Reise reinzubringen. Außerdem war es eine einmalige Möglichkeit New York mit einer waschechten New Yorkerin[237] zu erleben.

Das Wetter war tatsächlich den 2. Tag in Folge sonnig und so entschieden Marco und ich zunächst die MET Coisters zu sehen. Es ist eine Außenstelle des berühmten Metropolitan Museum of Art, das eine wunderschöne Gartenanlage und europäische Kunst / Architektur aus dem Mittelalter beherbergt. Marco sendete ein Foto von dem mittelalterlichen Gebäude, in dem sich eine Kulturwundertüte befindet und welches so gar nicht nach New York passt, seinen Eltern zu. Es steht wie ein Fremdkörper auf dem Hügel entlang des Hudson Rivers neben einer klassischen etwas in die Jahre gekommenen und leicht runtergerittenen New Yorker Nachbarschaft. Seine Mutter schrieb direkt zurück, dass dies das gestohlene Schloss aus Katalonien ist. Da verfrachtet man ein spanisches ehm katalanisches Schloss und Teile von französischen/ägyptischen historischen Gebäuden und stellt sie in ein Museum in New York, das macht Sinn. Klar ist es beeindruckend und wunderbar dies im Museum betrachten zu können. Wir beide waren einfach maximal verwirrt. Es fühlt sich episch und zugleich bauchgefühlstechnisch falsch an, in einem New Yorker Museum den ägyptischen Temple of Dendur zu bestaunen.
Ich setze mein Versprechen natürlich in die Tat um und spielte den Tourguide in den Coisters und wow, war da viel Grundlage vorhanden, um verrückte Bedeutungen zu spinnen. Einhörner und Gruppenorgien war hauptsächlich das Thema und so erläuterte ich auf Englisch, wie Einhörner die ersten Orgien einführten und ausgestorben sind. weil sie zugleich zur Jagd freigegeben wurden. da ihre weichen Einhörner die ersten Sextoys des Mittelalters wurden und dies war dann auch das Motto der Führung. Zu jedem Gemälde und jeder Statue dachte ich mir eine kinky Geschichte aus. Wir lachten uns schepp und eine ältere Dame mit Brille und strengem Pferdeschwanz hatte plötzlich genau die gleiche Route wie wir für sich auserkoren und lauschte meinem Nonsensvortrag. Ich war unschlüssig, ob sie es ein wenig feierte oder gleich die Security ruft, um uns vom Gelände verweisen

---

237 Ist Jenny eigentlich gar nicht. Sie lebt in Jersey City.

zu lassen. Wir hatten auf jedenfalls einen richtig lustigen Tag. Ich kam aber einfach nicht über das Schloss, das mit seinem wunderschönen Garten und den typischen Säulen auch gut in Rom hätte stehen können, sich aber auf einem Hügel in New York vis-à-vis von den riesigen traditionellen roten Ziegelhochhäusern befand, hinweg.

Nach dem wir die Kunstwerke, ohne aus dem Museum zu fliegen, betrachten hatten, ging es in das MET. Wir haben uns extra den Montag rausgesucht, da wir hofften, dass hier weniger Touristen unterwegs waren, es war aber einfach nur überfüllt und dies trotz der Größe des Museums. Es gab so viel zu sehen von Native American Kunst, über die Entstehung der Menschheit, amerikanische Kunst, man konnte ein Ausflug nach Ägypten machen oder nach Asien abbiegen. Für mich war es too much Information. Wir liefen aber vorbildlich von Raum zu Raum und als wir an die berühmte Treppe der MET Gala kamen, war das schon ein cooler Moment.

Nach all dem Laufen, Lesen, Betrachten und Philosophieren neigte sich der Tag auch schon wieder dem Ende zu. Die Tage in New York verflogen, als hätte jemand bei einer Sprachnachricht die Geschwindigkeit auf 4x gestellt. Zum Abschluss des unterhaltungsreichen Tages gingen wir noch zusammen Ramen essen und Marco hatte ein super Händchen. Ivan Ramen (absolute Restaurantempfehlung), ein authentisches japanisches Restaurant, lassen wir einmal den Namen außen vor, ist quasi der Ramen Laden von New York und wir hatten Dusel, dass ein Tisch für zwei Personen frei war. Wir aßen einen scharfen Bohnen Salat zur Vorspeise und jeder natürlich einen Ramen. Der Bohnen Salat war derbe scharf, hyper spacey würde Jessica wohl sagen, sodass wir uns sehr über das gratis Wasser freuten. Das Restaurant beschäftigt einen Mitarbeiter, der nur damit beschäftigt ist die Wassergläser zu füllen d. h., sobald man zwei Schlücke genommen hat, wurde das Glas wieder gefüllt. Gefühlt haben wir am Ende beide jeweils 2 Liter Wasser intus. Der Ramen war wirklich unfassbar lecker genauso wie der scharfe Salat. Vollgefressen und happy hieß es dann hasta luego Marc. Er heißt nicht Marco, sondern Marc, fiel mir auf, als ich ihn gerade nach dem Namen des Ramen Restaurant fragte. Wir haben bereits beim Lunch mit Jenny und den Mädels espanol ausgemacht, dass wir uns alle in Barcelona wieder treffen werden. Irgendwie schaffe ich es immer coole Locals kennen zu lernen, die einem dann das „echte" New York, Auckland oder in dem Fall Barcelona zeigen, wer Glück hat, braucht kein Verstand.

Heute war nicht nur Marcs letzter Tag in New York, sondern auch mein letzter Tag in dem tollen Appartement von Joseph. Als Nächstes ging es für mich von Williamsburg nach Brooklyn vom eigenen Zimmer mit Bad en suite ins Kellerzimmer mit mini Fenstern und einem Gemeinschaftsbadezimmer. Man merkt deutlich, dass gegen Ende der Reise auch das Ende der Abfindung in Sicht war. Ich hatte mir kurz überlegt ein tolles Hotelzimmer rauszulassen und die Unterkunft zu stornieren. Aber mein Konto sagte, wehe dir, du Lump.

Die erste Herausforderung war alle Klamotten in die Rucksäcke zu bekommen, daher musste ich ein wenig aussortieren. Die vom drei Monaten nonstop Tragen runtergerittenen Klamotten sowie die Schuhe, die ihr Profil in Franz Josef lassen mussten, wanderten in Richtung Tonne. Meine beiden Rucksäcke waren so vollgepackt, dass auch nicht mal mehr eine Underbuxe reinpassen würde. Ich nahm mir ein Uber zu der letzten Unterkunft der Reise. Die einen sagen, ich nahm das Uber selbstlos aus Rücksicht auf meine Mitfahrgäste, da ich sie sicherlich mit meinen vollgepackten Rucksäcken in der Subway verletzt hätte. Die anderen sagen, ich war einfach zu faul. Aber was wissen die anderen schon?

Als ich am Appartement ankam, war direkt klar, ein Upgrade ist es nicht, aber es ist Brooklyn realness und genau das wollte ich ja erleben. Ich betrat das Appartement und wunderte mich, dass überall kleine Heizöfen liefen, als ich die Schuhe auszog und der eiskalte Boden meine dicken Strümpfe ignorierte und direkt meine Füße belästigte, war mir klar warum. Ist halt eine Kellerwohnung Mitte März in New York, was habe ich auch erwartet? Das Zimmer war großzügig und hatte einen TV und ein Bett, das Bad sah auch gut und sauber aus und hatte eine Regenwalddusche. Da fiel mir auf, dass auf dem Bett nur ein dünnes Deckchen und keine Bettdecke lagen. Ähm, ja, das wird ein kuscheliger Abschluss der Reise. Ich schrieb der Gastgeberin, ob ich evtl. eine Bettdecke erhalten könnte, da es ein wenig frisch sei. Sie schrieb: „Gar kein Problem." Sie legt sie mir später ins Zimmer. Mir wurde schnell klar, dass ich nicht viel Zeit im Appartement verbringen werde und so machte ich mich zu Fuß auf den Weg in Richtung Brooklyn Bridge. Es ging eine gute Stunde durch Brooklyn, was ich aber super spannend fand. War ich zuvor der einzige Ungläubige in Mitten der orthodoxen Juden, so war ich jetzt einer der wenigen Weißen in diesem Teil von Brooklyn. Da kommt man schon ins Grübeln, wie es Ausländern in Deutschland ergeht. Dieses Gefühl so krass herauszustechen nur wegen deines Erscheinungsbildes. Ich habe mich nie unwohl gefühlt, geschweige denn ein mulmiges Gefühl gehabt. Ich habe viel mehr diese Momente absorbiert und mir bewusst gemacht, dass ich zukünftig noch viel offener agieren möchte.[238]

Als ich an der Brooklyn Bridge ankam, holte ich mir zunächst noch einen Coffee to-go, da es einen leichten Temperatursturz gab. Die Sonne schien zwar, aber es kam einem vor, als hätte sie enorm an Kraft eingebüßt. Natürlich ist die Brooklyn Bridge ein Publikumsmagnet, aber ich hatte Glück. Dank der Kälte war nicht ganz so viel los. Wie jede/r andere NY Tourist/-in wollte ich ein Foto von mir mit der Brooklyn Bridge im Hintergrund und so versuchte ich es zunächst mit Selfies, die aber miserabel wurden. Man konnte mir wie immer meine Zweifel am Motiv im Gesicht ablesen. So legte ich das Handy auf das Geländer der Bridge und dank der Timerfunktion konnte ich halbwegs okayishe Bilder schießen. Eine junge Frau beobachtete meine amateurhaften Versuche und fragte mich, ob sie ein Foto von mir machen soll. Und da fragte ich mich, warum ich mich nicht selber getraut hatte jemanden zu fragen. Habe ich Neuseeland ja auch gemacht. Der Vibe in Neuseeland ist eben einfach anders. Eine total lockere und offene Atmosphäre im Gegenteil zum New Yorker Big City Life, wo jeder vor sich hin marschiert und eher selten einem ein fröhliches Lächeln entgegengebracht wird. Ich bedankte mich und machte im Gegenzug auch Fotos von der jungen Frau und ihrer Mutter. Eine Touri-Hand wäscht die andere, total Corona-konform natürlich. Ich schaute die Bilder an und man sieht mir deutlich darauf an, dass die Partydays Spuren hinterlassen haben, aber ich war happy ein tolles Erinnerungsfoto zu haben. Glücklicherweise waren genau in dem Moment kaum Menschen auf dem Abschnitt der Brooklyn Bridge unterwegs.

Am Abend traf ich mich nochmals mit Jenny, um am Broadway das Musical Chicago zu sehen. Hier sah ich dann auch noch das New York must-see, den Times Square, der mich

238 Song der Seite Michael Jackson – Black or White

so gar nicht catchte. Große Menschenmassen in einem Leuchtreklamemeer sprechen mich so gar nicht an. Das Musical war wirklich nicht schlecht gemacht, aber Musicals sind irgendwie nicht mein Ding. Ich kann Ihnen gar nicht genau sagen, woran es liegt. Ich vermute, dass es mir etwas zu clean ist und die Ecken und Kanten sowie die Spontanität ein wenig fehlen.

Jenny war gesundheitlich ordentlich angeschlagen, daher gingen wir nicht noch etwas trinken, waren unseres Alters entsprechend vernünftig und jeder ging nach dem Stück nach Hause. Hätten wir gewusst, dass dies unser letzter gemeinsamer Abend ist, wären wir sicherlich unvernünftiger Weise noch auf die Gasse gegangen.

* * *

Am nächsten Tag setzte ein fieser Infekt Jenny komplett außer Gefecht und meine letzten zwei Tage waren für me myself and I bestimmt. Was einerseits sehr schade war, andererseits war es auch ein guter Abschluss für das Allein-Reisen. Alleine begonnen und alleine beendet, quasi. Als ich nach dem Musicalbesuch zurück ins Appartement kam und mir auf dem Weg bereits bei Uber Eats einen Falafel Wrap bestellt hatte, war leider keine Bettdecke in meinem Zimmer zu finden, so hieß es dick einpacken und im Zwiebellook einschlafen, was kein großes Ding war, aber comfy ist anders. Als ich am nächsten Tag aufwachte, war Sheila (die Gastgeberin) im Wohnzimmer. Was für eine wunderbare Aura hatte sie, bitte. Sie bot mir direkt einen Kaffee in ihrem Atelier an. Ich hörte mich nicht nein sagen. Sheila hat ihren Traum verwirklicht und ist die Kerzenqueen von Brooklyn (leicht überzogen gesagt). Sie stellt eigene Kerzen und Dekoartikel her und ist als freiberufliche Architektin tätig. Wir surften direkt auf einer Wellenlänge und sie gab mir spannende Einblicke in ihr Start-up-Leben und die damit verbundenen Herausforderungen. Ich sagte ihr, dass ich vor meiner Abreise unbedingt eine ihrer Kerzen als Andenken erwerben möchte und sie gab mir noch ein paar Tipps für meine beiden letzten Tage in New York.[239]

Ich nahm zunächst die Bahn zum Battery Park am Rande des Financial Districts in Manhattan, um noch den obligatorischen Blick auf die Freiheitsstatue erhaschen zu können. Soll ich die Touristen Fähre nehmen, um aus nächster Nähe ein Blick auf die alte Dame zu ergattern? Definitiv, Nope. Bereits am Ufer liefen meine Zehen und Finger blau an. Ich hatte kein Bedürfnis zu erfahren, wie der Wind an Bord der Fähre einem um die Ohren peitscht. Der eisige Wind suchte sich gewieft seinen Weg durch die Kleidungsschichten und nahm direkt in den Knochen Platz und das bei wolkenlosem Sonnenschein. Trotzend der Naturgewalten setzte ich mich auf eine Bank und ließ den Ausblick auf mich wirken. Da wir uns nicht richtig verabschieden konnten, machten Jenny und ich noch einen einstündigen Videocall. Nach dem Telefonat hatte meine Visage dann aber auch wirklich genug kalten Wind eingefangen.

Auf dem Weg zum Battery Park sah ich ein Museum über die Geschichte der Native Americans. Da ich bereits als Kind sehr ihren Bann gezogen wurde, der Museumsbesuch kostenlos war und ich definitiv nicht weiter in der Kälte rumlaufen wollte, verbrachte ich die nächste 1 1/2 Stunden im Museum. Die bunten traditionellen Kleidungsstücke und vor allem die Zitate von bedeutenden Persönlichkeiten blieben haften.

---

239 Ja. Konfetti Regen und Schampus für alle. Sie haben es bald geschafft. Es sind nicht mal mehr 10 Seiten! Native American Ehrenwort.

Nach dem eindrücklichen Museumsbesuch beschloss ich noch ein wenig durch Manhattan zu laufen, bevor sich der zweitletzte Tag meiner Reise zu Ende neigte. Sheila bot mir unaufgefordert an, meine Rucksäcke am Abreisetag bei ihr im Atelier abstellen zu können, da mein Rückflug nach Deutschland erst um 20 Uhr ging. Für den letzten Tag standen der Besuch des Botanischen Gartens wie auch ein Abstecher in das Brooklyn Museum auf dem Plan. Das Gute war, dass beide Orte direkt nebeneinander sind und zu Fuß sie nur 20 Minuten von dem Atelier von Sheila entfernt waren. Ich bin zwar deutlich entspannter auf der Reise geworden, aber am Abflugtag war ich super angespannt, vor allem wenn es zurück in die Heimat geht.

Auf den Botanischen Garten war ich sehr gespannt, da die Messlatte durch Kapstadts Kirstenbosch und die tollen Botanischen Gärten Neuseelands sehr hoch lag. Nach den neun Tagen im Wolkenkratzervalley fühlte es sich richtig gut an wieder in die Pflanzenwelt einzutauchen. Am meisten begeisterte mich das Tropenhaus. Man hatte das Gefühl in eine andere Welt einzutauchen und wenn zwischen den Blättern eine Herde Raptoren mitten in New York rausgesprungen wären, hätte es mich nicht überrascht. Für die meisten Pflanzen war es noch zu früh, nicht aber für die Magnolien. Sie blühten in Rosa und Weiß in all ihrer Pracht und ergaben mit den auf alt gemachten Gebäuden des Parks ein schönes Bild ab. Der Chinesische Garten hingegen passte nicht so ganz ins Konzept und kam ein wenig künstlich und zu klischeehaft daher. Ich setzte mich unter einen der schönen Magnolienbäume, genoss die Sonnenstrahlen und dabei wurde mir bewusst – this is it. Wie schnell können vier Monate an einem vorbeiziehen? Es kam mir vor, als wäre ich gerade erst in Frankfurt in das Flugzeug nach Kapstadt eingestiegen, was ein gutes Zeichen ist. Hätte ich mich unter Heimweh leidend durch die Monate gequält und dabei so viel Asche auf der Straße liegen lassen, hätten sie einen Deprischinken vor sich liegen, der Grey's Anatomys traurigste Geschichten in den Schatten stellen würde. Ich scrolle chronologisch durch die Fotos der verschiedenen Etappen und war erschrocken, wie schnelllebig unser Leben bzw. begrenzt mein Speicherplatz ist. Solch schöne Momente werden in kürzester Zeit archiviert. Neuseeland hat die Hyänen und Löwen aufs Abstellgleis befördert. Ich leite die Gleise aber um. Diese Momente sind zu kostbar, um als verstaubte Kiste im Gedankenarchiv zu landen.

Nachdem ich für Sie noch mehr Seiten verfasst hatte und genug Sonne getankt hatte, ging es ins Brooklyn Museum. Was zu einem meiner Lieblingsmuseen werden sollte. Natürlich nicht aufgrund der Akt Fotoausstellung eines schwulen Fotografens.

Nein mal ernsthaft, die Aufnahmen waren verstörend wie betörend zugleich #sindwirnichtalleeinwenigkinky. Die Werke einer afro-amerikanischen Künstlerin waren mindestens genauso schön wie die Gemälde aus den verschiedenen Zeitepochen von Künstlern aus der ganzen Welt. Es war eine extrem gute Mischung aus moderner und klassischer Kunst.

Zu guter Letzt war hinter dem Museum noch ein Duplikat der Freiheitsstatue aufgestellt. So konnte ich noch vortäuschen sie von Nahem gesehen zu haben. Ich nahm die letzten Schritte des Abenteuers von der Alb ra in die Welt hinaus mit einer ordentlichen Portion Wehmut im Gepäck und kaufte als letzte Tat, wie angekündigt, eine Kerze von der sympathischen Sheila und gab ihr all meine Dollar als Trinkgeld (es waren 15). „Die

Dollar werde ich eh nicht mehr los", dachte ich mir. Ich schnallte meine Rucksäcke um und lief in Richtung des Uber Fahrers.

Als ich gerade einsteigen wollte, hörte ich Sheila rufen „Stop! Markus. Please, Stop!" Sie rannte wie von der Tarantel gestochen auf mich zu und drückte mir meinen Geldbeutel in die Hand. Ich sagte von mir selber geschockt: „Nicht mein Ernst." Wie bitter wäre es bitte gewesen vier Monate relativ souverän durch die Welt zu waten, um dann auf der Zielgeraden den Fail des Jahres hinzulegen. Sheila du Heldin,[240] zwei Minuten spätere und ich wäre nichts ahnend zum Flughafen gefahren und wäre verhungert und verdurstet.

Am Flughafen angekommen, ging alles Schlag auf Schlag und ehe ich mich versah, saß ich im Flugzeug Richtung Frankfurt. Trotz aller Bemühungen und zwei Bechern Rotwein schaffte ich es wieder nicht viel Schlaf abzubekommen und quälte mich ein wenig durch den 7-stündigen Flug. Ich schaute Brendan Frasers Oscar Triumphwerk „The Whale". Man munkelt, ich hätte die ein oder andere Träne verdrückt. Abschließend gönnte ich mir noch ein paar Klassiker von Alicia Keys und dann hieß es auch schon „Liebe Passagiere, Ladys and Gentleman, welcome to Frankfurt".

Da die Koffer nicht sofort auf dem Band erschienen und warum auch immer am Ende auf zwei Bändern ihre Besitzer suchten, begann der German Motzkuh Wettbewerb 2023. Jeder wollte beweisen, dass er unsere Nationalsportart am besten beherrschte. Wenn ich für jedes „Ich glaube es ja gerade echt nicht", genervte schwere Atmen oder „war ja klar, dass in Deutschland wieder mal nichts funktioniert" einen Euro erhalten hätte, wären all meine Ausgaben der letzten vier Monate inklusive der Zinsen abgedeckt gewesen. Ich setzte meine Kopfhörer auf, grinste ein wenig vor mich hin und sehnte mich nach der Ruhe und positiven Einsamkeit des neuseeländischen Dschungels.[241]

Mit dem Zug ging es zurück nach Stuggi mit nur 10 Minuten Verspätung. DB once again, chapeaux. Ronny aka die gute alte sexy Molly, überraschte mich am Bahnhof, was eine unfassbar tolle Überraschung war. Zudem war ich froh einen der schweren Rucksäcke, die wirklich bis zum Anschlag vollgepackt waren, loszuwerden. Als ich dann endlich an „meiner" Haltestelle Landhaus ankam und mein Haus erblickte, strahlte ich bis über beide Ohren und noch viel weiter, als ich meine Wohnungstür öffnete und meine geliebte Dach-geschosswohnung betrat. Ich habe wirklich lange mit Stuttgart gefremdelt, aber in diesen 81 m² bin ich angekommen und es fühlte sich mehr als gut an zurück zu sein, wenn auch nur für einen kurzen Gastauftritt. Ich hatte Angst vor diesem Moment und befürchtete, dass ich heimkomme und den Umzug in die Schweiz mit der Unterstützung von Wilma Wankelmut in Frage stellen würde, in meiner typischen Manier alles um den Haufen werfe und mit beiden Füßen im absoluten Chaos erwache, Cyrill damit mega vor den Kopf stoße und verletzte. Sein Geduldsfaden reißt in dem Szenario nachvollziehbarer Weise und ich schlage somit nach den wunderbaren vier Monaten hart in der Realität ohne Partner

---

240 Irgendwie verliere ich immer meinen Geldbeutel, wenn New Yorkerinnen dabei sind? Ist es ein Muster? Die einen sagen so, die anderen sagen, er versucht mal wieder die Verantwortung für sein Handeln jemand anderem aufs Auge zu drücken.

241 Ja, erwischt. Ich motze gerade über motzende Deutsche und bin somit halt auch einfach nur ein Durchschnittsalleman. Eine Brezel, die mit weißen Socken in ihren Adiletten vorantrabt.

und Job wieder in Stuttgart auf. In diesem Szenario würde Wilma vom Balkon aus rufen: „Welcome to your Mid-Life Crisis!"

Selten habe ich mich und Wilma so überrascht. Denn es war kein Zweifel in Sichtweite. Natürlich fällt es mir unsagbar schwer meine wunderbaren Freunde und Familie in Stuttgart und auf der schönen Schwäbischen Alb zurückzulassen. Von meiner Abschiedsparty werde ich noch lange zehren können. Es war so schön an dem Abend und durch den April hinweg nochmal fast alle zu sehen, zusammen zu lachen und das ein oder andere Glas Wein zu trinken, aber nach 16 Jahren Stuggi Town war es Zeit für ein neues Kapitel.

Auch wenn eine meiner absoluten Lieblingsmenschen auf dieser Erde Sindy und ich es nicht hinbekommen uns mehr als einmal pro Monat / alle zwei Monate zu treffen, werden trotzdem aus 45 Minuten Anfahrt drei Stunden, was nicht förderlich sein wird. Dieser wunderbaren Freundschaft wird dies aber keinen Abbruch tun. Einen Soulmate findet man, wenn man Glück hat, ein- bis maximal dreimal im Leben.[242]
 Werde ich die spontanen Spaziergänge und Ausflüge mit Vanessa vermissen? Can I get an Amen in here.
 Wird es sonntags komisch sein nicht mit Nathan und Paula im Körschtal zu flanieren? Ein ganz klares Jupp.
 Das spontane Gläschen Wein mit Heiko bei geführten Katzenbegegnungen und den Erinnerungen an den tollsten Hund ever – Becksi, kann man ja auch in Luzern (minus den Katzenbegegnungen) trinken.
 Das Vergnügen, die sexy Molli aka Ronny kennen zu lernen, kam zwar erst sehr spät im Kapitel Stuttgart, aber ich bin mir sicher, dass auch ohne die spontanen Besuche im Gärtle die Verbindung bestehen bleibt.
 Moni, Oliver und Peter sind per Blutsverwandtschaft an mich gebunden. Ihnen bleibt also aufgrund der emotionalen Bindung an ihren Bub/s'Brüderle nichts anders übrig, als des Öfteren nach Luzern zu kommen.

Durch den April hinweg wurde mir einmal mehr bewusst, wie glücklich ich mich schätzen kann solche tolle Menschen als Wegbegleiter*innen, Zuhörer:innen Trostspender:innen, Party Crew und Trinkkumpan:innen, Kolleg:innen, Reisebuddys, Deep Talk Encounters und Markus Auf-den-Boden der-Tatsachen-zurück-Beförder:innen an meiner Seite zu wissen. Natürlich werden sich diese Beziehungen verändern. Realistisch wird mit manchen der Kontakt deutlich weniger werden oder gar verloren gehen. Aber so isch s Leba, halt a male, gell.
 In einer für mich untypischen Art und Weise bin ich total zuversichtlich, dass ich nicht an einem Silvesterabend im Jahre 2028 heulend im Wohnzimmer eines Freundes in Stuttgart sitze und sagen werde: „Ich verstehe gar nicht, worüber ihr euch unterhaltet. Ihr habt mich voll abgehängt und ich gehöre gar nicht mehr zum inneren Kreis. Wie konntet ihr es wagen einfach euer Leben ohne mich weiterzuleben."[243] Natürlich kann es sein das

---

242 Natürlich wurde die Soulmatefindungsrate (Moni Soulmate ist der Seelenverwandte) wissenschaftlich fundiert von einem Institut, dessen Namen ich aufgrund von Urheberrechtsstreitigkeiten hier nicht nennen darf, erhoben.

243 Song der Seite Glashaus – Haltet die Welt an (Bitte Moses und Cassandra und natürlich auch Martin – kommt zurück … neue Platte und so. Ich brauch ein wenig Melancholie in der Schweiz.) Soeben habe ich die 4.940 Staffel Grey's Anatomy zu Ende geschaut und (Spoiler) Meredith scheidet langsam aus #greysanatomyohnegreyitsanofor.

die Transformation von einer Fern in eine „Nah"-Beziehung scheitert, genauso gut kann der Job nicht dem entsprechen, was versprochen wurde, und die Kollegen*innen nicht auf meiner Wellenlänge sein. Dies ist aber nicht mehr mein Mindset. Ich sehe einen neuen tollen Lebensabschnitt mit einem smarten intelligenten attraktiven Mann, in einer wunderschönen Stadt/einem wunderschönen Land, das mit einer Naturkulisse aufwartet, die in einer Neuseeland Manier einem den Atem raubt. Ich freue mich auf einen spannenden herausfordernden Job bei einer tollen Arbeitgeberin mit tollen Kolleg*innen, die bereits vor dem Start des Jobs meinen Geburtstag auf dem Schirm hatten, bei LinkedIn mit mir in Kontakt getreten sind und dadurch durchweg positive Signale senden.

Zu guter Letzt stellt sich die Frage, wie endet man einen veganen Schinken halbwegs bedeutsam?[244] Na mit einem Zitat meines Lieblingshobbitcharakters, dem guten alten Bilbo Beutlin

244 Letzter Musiktipp: Nelly Furtado oder wie meine Mutter sagen würde Futado – All good things (come to an end). Ich liebe Monis Künstlerumbenneungsaktionen. Absoluter Favorit Christina Agorilla. Weiß eigentlich jemand, was aus Nelly Furtado wurde? Haut zwei mega Platten raus und dann Tschau Kakao. Achse, ja Mensch, fast hätte ich es vergessen. **Herzlichen Glückwunsch!** Sie sind neben meiner Mutter die zweite Person, die es bis hierhin geschafft hat. Darf ich Sie fragen, wie viele Katzen Sie besitzen?

Gerade als der Frischling-Autor total gehyped seinen Laptop zuklappen wollte, ertönt ein ironisches Slow-Motion Klatschen aus der dunklen Ecke der bewusst punktuell ausgeleuchteten Wohnung.

„Du hast doch nicht ernsthaft geglaubt, dass unsere jahrelang aufgebaute furcht… ähm fruchtbare Beziehung aufgrund eines kurzweiligen Adrenalin Hochs enden würde? Drei Monate Alleinreisen und du wirst konstant, entscheidungsfreudig und selbstsicher? Hat er sich nicht wirklich selber abgekauft oder? Ich meine, wie könnte ich mir das entgehen lassen. Eine Auswanderung in die Schweiz (die ja für ihre Offenheit bekannt sind) mit einem neuen Job, neuen Umfeld bzw. keinem Umfeld (wenn man ehrlich ist) und dann noch die Transformation der Fern- in einer Vorort-Beziehung? So viel Popcorn kann gar nicht gepopt werden, um diese Spannung zu ertragen. Genau aus diesem Material werden von Zweifeln durchzogene Geschichten am Vierwaldstätter See geschrieben. Was denkt er sich aber auch mal wieder?

Mit 40 sein lang und hart erarbeitetes Umfeld hinter sich zu lassen, um in einem Abenteuer aus Hirngespinsten und Montagsmalerei zu erwachen? Hast du dir mal ein paar Erfahrungsberichte von deutschen Auswanderungen in die Schweiz reingezogen?"

„Etwa ein Drittel der deutschen Auswanderer ist nach einem Jahr wieder weg", prophezeite gerüchteweise Helmut Lustig.

„Die Schweizer sind gefühlskalt. Wir sprechen zwar dieselbe Sprache, sind aber charakterlich meilenweit voneinander entfernt" sagt Karen Bäuerle.

„Mittlerweile bin ich seit 20 Jahren hier. Noch immer fühle ich mich nicht wohl in der Schweiz. Das liege etwa an Kommentaren, wie oh nee eine Dütschi", sagt Harmut König, Vorstandsmitglied des Vereins für den Erhalt der schwäbischen Kultur.

„Schweizer tendieren dazu, ihre Seilschaften aus dem Kindergarten bis ins Erwachsenenalter zu pflegen und niemanden sonst in ihr Leben aufnehmen zu wollen", beschwert sich Ingeborg Schmidt am Telefon bei ihrer Kindergartenfreundin Margarete Kransen.

Aber keine Angst. Bei uns wird das alles ganz anders laufen. Wir sind ja total offen, kommunikativ, engagieren uns gerne in Vereinen und unser Small-Talk-Game ist on fire. Es ist zweifellos der richtige Schritt Adele zur Wohlfühloase Stuggi und Grüezi zur unbekannten Schweiz zu sagen.

Vielleicht schreiben wir über die Auswanderung das nächste Buch?
Der Buchtitel könnte z. B. lauten:

„Deutsche Tränen auf dem Vierwaldstättersee"

Impressum

Bibliografische Information der
Deutschen Nationalbibliothek:

Die Deutsche Nationalbibliothek verzeichnet diese Publikation in
der Deutschen Nationalbibliografie;
detaillierte bibliografische Daten sind im Internet über
http://dnb.d-nb.de abrufbar.

© VERRAI-VERLAG · 70469 Stuttgart
Email: redaktion@verrai-verlag.de

1. Auflage April 2024

Umschlaggestaltung:
atelier ehrle

Illustrationen und Coverfoto:
Markus Sauter

Printed in Germany
ISBN 978-3-910919-11-2